国家技能型、实用型人才培养工程规划教材
国家示范性职业院校专业建设项目成果

电工基础

DIAGONG JICHU

主　审　汪　洋
主　编　李新德　李道臣
副主编　贾春东　程　泓
　　　　冯喜忠

中国商业出版社

图书在版编目(CIP)数据

电工基础/李新德,李道臣主编.—北京:中国商业出版社,2018.2
ISBN 978-7-5044-6513-9

Ⅰ.电… Ⅱ.①李…②李… Ⅲ.电工学-技术培训-教材 Ⅳ.TM1

中国版本图书馆CIP数据核字(2009)第085636号

责任编辑:刘树林

中国商业出版社出版发行
(100053 北京广安门内报国寺1号)
新华书店经销
北京市书林印刷有限公司印刷
* * * *
787×1092毫米 16开 18.25印张 430千字
2018年2月第1版 2018年2月第1次印刷

定价:38.80元
* * *
(如有印装质量问题可更换)

前　言

　　电工基础是一门理论性较强的专业基础课,是机电类专业一门重要的技术基础课。多年来,在"电工基础"课程的教学中,我们先后使用过多种教材和讲义,为适应电子技术和电路理论的迅速发展,根据国家教育部对高等职业技术院校的教学要求,在教学实施中,我们对教材内容不断地进行调整、提炼和更新,逐步形成了一定的教学特色,本书也正是在此基础上编写而成的。

　　电工基础的主要任务是为学生学习专业知识和从事工程技术工作打好电工基础的理论基础,并使他们受到必要的基本技能的训练。为此,在本书中对基本理论、基本定律、基本概念及基本分析方法都作了尽可能详细的阐述,并通过实例、例题和习题来说明理论的实际应用,以加深学生对理论的掌握和理解,同时了解电工基础的发展与生产发展之间的密切关系。

　　本书在编写过程中主要突出以下几个方面:

　　1. 内容广

　　"电工基础"作为机电类的基础学科,要求教材对电学的基础理论、基本概念、元件、定律、方法做一个详细介绍,涉及面较广,从直流到交流,从稳态到暂态。从不同角度、不同侧面组织材料,针对高职学生特点,本书做到知识面广而不杂,脉络清晰。

　　2. 深浅适中

　　高等职业技术院校是培养面向 21 世纪应用型人才的学校。为体现这一宗旨,我们在编写过程中尽可能避开抽象的理论推导,而注重强调各元件的外特性以及在电学中的应用,使学生既能学会分析电路的方法,又不会被其复杂的理论推导所困扰;强调理论以够用为度,突出实用性,充分体现高等职业技术院校的办学特色。

　　3. 实用性强

　　"电工基础"是与实际联系比较密切的一门学科,因此在编写过程中尽可能贴近实际。用充分的实例来说明,以帮助学生理解有关概念和理论。同时,在实践教学上，我们安排一部分旨在开发学生智力，探索创新的实训内容。比如功率因数的提高等。这些都以所学知识为基础，同时又是对理论知识的升华，使学生能学有所用。

为帮助学生进一步理解和掌握，本书每一小节后大部分留有一定的思考与练习，同时每章后又附有一定量的习题。

对于本书中有些内容，教师在讲授时可以灵活掌握，一般应视专业的需要、学时的多少和学生的实际水平而决定取舍。有些内容可以让学生通过自学掌握，不必全在课堂讲授。各章习题的数目较多一些，教师在选择时也可以灵活些，同时也可以满足部分学习成绩较好的学生希望多做一些习题的要求。不同专业可按需要选择其中部分内容讲授。

参加本书编写的有商丘职业技术学院的汪洋、李新德、李道臣、冯喜忠、张怀英、程泓（商丘技师学院）、张轩（天津大学建筑设计院）、张怀广（濮阳职业技术学院）等老师。其中李新德（第五章）、李道臣（十二章）、冯喜忠（第二、十一章）担任主编，张怀英（第十、三章）、程泓（第四、六章）、张轩（第一、九章）、张怀广（第七、八章）担任副主编，汪洋担任主审。全书由汪洋负责统稿。

由于编者水平有限，书中的错误和疏漏之处在所难免，敬请使用本书的教师和学生批评指正，以便我们及时改正。

编者
2018 年 2 月

目 录

第1章 电路的基本概念和基本定律 (1)
  1.1 电路的作用与组成部分 (1)
  1.2 电路模型 (2)
  1.3 电路中的基本物理量 (3)
    1.3.1 电流 (3)
    1.3.2 电压 (4)
    1.3.3 电位 (5)
    1.3.4 功率和能量 (5)
  1.4 基尔霍夫定律 (7)
    1.4.1 电路中常用的名词 (7)
    1.4.2 基尔霍夫电流定律(KCL) (8)
    1.4.3 基尔霍夫电压定律(KVL) (9)
  1.5 电源有载工作、开路与短路 (12)
    1.5.1 电源有载工作 (12)
    1.5.2 电源开路 (15)
    1.5.3 电源短路 (15)

第2章 电路的分析方法 (19)
  2.1 电阻的串联与并联 (19)
    2.1.1 电阻的串联 (19)
    2.1.2 电阻的并联 (20)
    2.1.3 电阻的混联 (24)
  2.2 电阻的星形连接和三角形连接的等效变换 (25)
    2.2.1 基本概念 (26)
    2.2.2 电阻的星形连接和三角形连接的等效变换 (26)
    2.2.3 应用举例 (27)
  2.3 电压源与电流源及其等效变换 (28)
    2.3.1 电压源 (29)
    2.3.2 电流源 (29)
    2.3.3 电压源与电流源的等效变换 (31)
  2.4 支路电流法 (36)
  2.5 节点电压法 (39)
  2.6 叠加原理 (42)

2.7　戴维宁定理与诺顿定理 …………………………………………………（45）
　　2.7.1　戴维宁定理 ……………………………………………………（45）
　　2.7.2　诺顿定理 ………………………………………………………（48）
　2.8　受控电源电路的分析 …………………………………………………（50）
　2.9　非线性电阻电路的分析 ………………………………………………（53）

第3章　正弦交流电路 …………………………………………………………（58）
　3.1　正弦电压与电流 ………………………………………………………（58）
　　3.1.1　频率与周期 ……………………………………………………（58）
　　3.1.2　幅值与有效值 …………………………………………………（59）
　　3.1.3　初相位 …………………………………………………………（61）
　3.2　正弦量的相量表示法 …………………………………………………（62）
　3.3　电阻元件、电感元件与电容元件 ……………………………………（66）
　　3.3.1　电阻元件 ………………………………………………………（67）
　　3.3.2　电感元件 ………………………………………………………（67）
　　3.3.3　电容元件 ………………………………………………………（70）
　3.4　电阻元件的交流电路 …………………………………………………（72）
　3.5　电感元件的交流电路 …………………………………………………（73）
　3.6　电容元件的交流电路 …………………………………………………（76）
　3.7　电阻、电感与电容元件串联的交流电路 ……………………………（79）
　3.8　交流电路的频率特性 …………………………………………………（84）
　　3.8.1　串联电路的频率特性 …………………………………………（84）
　　3.8.2　串联谐振 ………………………………………………………（88）
　　3.8.3　并联谐振 ………………………………………………………（91）
　3.9　功率因数的提高 ………………………………………………………（94）

第4章　三相电路 ………………………………………………………………（99）
　4.1　三相电压 ………………………………………………………………（99）
　4.2　负载星形联接的三相电路 ……………………………………………（102）
　4.3　负载三角形联接的三相电路 …………………………………………（108）
　4.4　三相功率 ………………………………………………………………（110）

第5章　电路的暂态分析 ………………………………………………………（115）
　5.1　换路定则与初始值 ……………………………………………………（115）
　　5.1.1　换路定则 ………………………………………………………（115）
　　5.1.2　电压、电流初始值的确定 ……………………………………（116）
　5.2　三要素分析法 …………………………………………………………（116）
　5.3　一阶电路的零状态响应 ………………………………………………（118）
　　5.3.1　一阶RC电路的零状态响应 …………………………………（118）

5.3.2 一阶RL电路的零状态响应 …………………………………………… (118)
5.4 一阶电路的零输入响应 ……………………………………………………… (119)
　　5.4.1 一阶RC电路的零输入响应 …………………………………………… (119)
　　5.4.2 一阶RL电路的零输入响应 …………………………………………… (120)
5.5 微分电路与积分电路 ………………………………………………………… (121)
　　5.5.1 微分电路 ……………………………………………………………… (121)
　　5.5.2 积分电路 ……………………………………………………………… (121)
5.6 一阶电路响应的分解 ………………………………………………………… (122)

第6章 磁路与铁心线圈电路 …………………………………………………… (124)

6.1 磁场的基本物理量 …………………………………………………………… (124)
　　6.1.1 磁感应强度 …………………………………………………………… (124)
　　6.1.2 磁通 …………………………………………………………………… (124)
　　6.1.3 磁场强度 ……………………………………………………………… (125)
　　6.1.4 磁导率 ………………………………………………………………… (125)
6.2 磁性材料的磁性能 …………………………………………………………… (126)
　　6.2.1 高导磁性 ……………………………………………………………… (126)
　　6.2.2 磁饱和性 ……………………………………………………………… (127)
　　6.2.3 磁滞性 ………………………………………………………………… (128)
6.3 磁路欧姆定律 ………………………………………………………………… (129)
6.4 交流铁心线圈电路 …………………………………………………………… (132)
　　6.4.1 电磁关系 ……………………………………………………………… (132)
　　6.4.2 线圈两端的电压与电流之间的函数关系 …………………………… (133)
　　6.4.3 功率损耗 ……………………………………………………………… (134)
　　6.4.4 等效电路 ……………………………………………………………… (135)
6.5 变压器 ………………………………………………………………………… (136)
　　6.5.1 变压器的结构和工作原理 …………………………………………… (136)
　　6.5.2 变压器的外特性 ……………………………………………………… (142)
　　6.5.3 变压器的损耗与效率 ………………………………………………… (143)
　　6.5.4 特殊变压器 …………………………………………………………… (143)
　　6.5.5 变压器绕组极性的测定 ……………………………………………… (145)
6.6 电磁铁 ………………………………………………………………………… (147)

第7章 异步电动机 ………………………………………………………………… (152)

7.1 三相异步电动机的结构 ……………………………………………………… (152)
7.2 三相异步电动机的工作原理 ………………………………………………… (158)
　　7.2.1 旋转磁场 ……………………………………………………………… (158)
　　7.2.2 三相异步电动机的工作原理 ………………………………………… (161)
　　7.2.3 异步电动机的转差率与分类 ………………………………………… (162)

7.3 三相异步电动机的电路分析 …………………………………………………… (163)
　　7.3.1 定子电路 …………………………………………………………………… (164)
　　7.3.2 转子电路 …………………………………………………………………… (164)
　　7.3.3 异步电动机的功率和转矩 ………………………………………………… (166)
7.4 三相异步电动机的机械特性 …………………………………………………… (168)
　　7.4.1 机械特性曲线上的特殊点 ………………………………………………… (168)
　　7.4.2 稳定工作区和非稳定工作区 ……………………………………………… (169)
7.5 三相异步电动机的启动 ………………………………………………………… (171)
　　7.5.1 三相异步电动机的直接启动 ……………………………………………… (171)
　　7.5.2 笼型异步电动机的降压启动 ……………………………………………… (172)
　　7.5.3 绕线转子电动机的启动 …………………………………………………… (173)
7.6 三相异步电动机的调速 ………………………………………………………… (175)
　　7.6.1 变极调速 …………………………………………………………………… (175)
　　7.6.2 改变转差率调速 …………………………………………………………… (176)
　　7.6.3 变频调速 …………………………………………………………………… (177)
7.7 电磁调速异步电动机 …………………………………………………………… (178)
　　7.7.1 转差离合器的结构 ………………………………………………………… (178)
　　7.7.2 转差离合器的工作原理 …………………………………………………… (179)
　　7.7.3 转差离合器的特点 ………………………………………………………… (179)
7.8 三相异步电动机的反转与制动 ………………………………………………… (180)
　　7.8.1 三相异步电动机的反转 …………………………………………………… (180)
　　7.8.2 三相异步电动机的制动 …………………………………………………… (180)

第8章 直流电动机 …………………………………………………………………… (185)
8.1 直流电动机的结构和工作原理 ………………………………………………… (185)
　　8.1.1 直流电动机的结构 ………………………………………………………… (185)
　　8.1.2 直流电动机的工作原理 …………………………………………………… (189)
8.2 直流电动机的电枢反应及换向 ………………………………………………… (190)
　　8.2.1 直流电动机的磁场 ………………………………………………………… (190)
　　8.2.2 电枢反应 …………………………………………………………………… (191)
　　8.2.3 直流电动机的换向 ………………………………………………………… (192)
8.3 直流电动机的功率、电动势和转矩平衡方程式 ……………………………… (194)
　　8.3.1 直流电动机的功率 ………………………………………………………… (194)
　　8.3.2 电动势平衡方程式 ………………………………………………………… (194)
　　8.3.3 转矩平衡方程式 …………………………………………………………… (195)
8.4 直流电动机的机械特性 ………………………………………………………… (196)
　　8.4.1 他励和并励电动机的机械特性 …………………………………………… (196)
　　8.4.2 串励电动机的机械特性 …………………………………………………… (197)
8.5 直流电动机的启动 ……………………………………………………………… (199)

8.5.1　降压启动 ……………………………………………………………… (199)
　　8.5.2　电枢回路串电阻启动 …………………………………………………… (200)
8.6　直流电动机的调速 ……………………………………………………………… (201)
　　8.6.1　改变电枢电压调速 ……………………………………………………… (201)
　　8.6.2　改变电枢回路电阻调速 ………………………………………………… (201)
　　8.6.3　改变励磁回路电阻调速 ………………………………………………… (202)
8.7　直流电动机的反转与制动 ……………………………………………………… (203)
　　8.7.1　直流电动机的反转 ……………………………………………………… (203)
　　8.7.2　直流电动机的制动 ……………………………………………………… (203)

第9章　继电-接触器控制系统 …………………………………………………… (206)
9.1　常用控制电器 …………………………………………………………………… (206)
　　9.1.1　组合开关 ………………………………………………………………… (206)
　　9.1.2　按钮 ……………………………………………………………………… (208)
　　9.1.3　交流接触器 ……………………………………………………………… (209)
　　9.1.4　中间继电器 ……………………………………………………………… (211)
　　9.1.5　热继电器 ………………………………………………………………… (211)
　　9.1.6　熔断器 …………………………………………………………………… (215)
　　9.1.7　自动空气断路器 ………………………………………………………… (220)
9.2　鼠笼式电动机正反转的控制电路 ……………………………………………… (223)
9.3　行程控制 ………………………………………………………………………… (225)
9.4　联锁控制 ………………………………………………………………………… (231)

第10章　可编程控制器及其应用 ………………………………………………… (234)
10.1　可编程控制器的结构和工作原理 …………………………………………… (235)
　　10.1.1　可编程控制器的结构及各自作用 …………………………………… (235)
　　10.1.2　可编程控制器的工作原理 …………………………………………… (237)
　　10.1.3　可编程控制器的主要性能指标 ……………………………………… (240)
　　10.1.4　可编程控制器的特点 ………………………………………………… (240)
10.2　可编程控制器的程序编制 …………………………………………………… (242)
　　10.2.1　可编程控制器的编程语言 …………………………………………… (242)
　　10.2.2　可编程控制器的编程原则和方法 …………………………………… (243)
　　10.2.3　可编程控制器的指令系统 …………………………………………… (245)
10.3　可编程控制器的应用 ………………………………………………………… (245)

第11章　工业企业供电与安全用电 ……………………………………………… (247)
11.1　发电与输电的概念 …………………………………………………………… (247)
11.2　工业企业配电 ………………………………………………………………… (248)
11.3　安全用电 ……………………………………………………………………… (250)

11.3.1　电流对人体的作用 ………………………………………（250）
　　11.3.2　触电方式 …………………………………………………（250）
　　11.3.3　接地和接零 ………………………………………………（251）
　11.4　节约用电 ………………………………………………………（254）

第12章　电工测量 ……………………………………………………（256）
　12.1　电工测量仪表的分类 …………………………………………（256）
　12.2　电工测量仪表型式 ……………………………………………（258）
　　12.2.1　磁电式仪表 ………………………………………………（258）
　　12.2.2　电磁式仪表 ………………………………………………（260）
　　12.2.3　电动式仪表 ………………………………………………（261）
　12.3　电流和电压的测量 ……………………………………………（262）
　　12.3.1　电流的测量 ………………………………………………（262）
　　12.3.2　电压的测量 ………………………………………………（263）
　12.4　万用表 …………………………………………………………（263）
　　12.4.1　指针式万用表 ……………………………………………（263）
　　12.4.2　数字式万用表 ……………………………………………（265）
　12.5　功率的测量 ……………………………………………………（267）
　　12.5.1　单相交流和直流功率的测量 ……………………………（267）
　　12.5.2　三相功率的测量 …………………………………………（267）
　12.6　兆欧表 …………………………………………………………（269）
　12.7　用电桥测量电阻、电容与电感 ………………………………（270）
　　12.7.1　直流电桥 …………………………………………………（270）
　　12.7.2　交流电桥 …………………………………………………（271）
　12.8　非电量的电测法 ………………………………………………（272）
　　12.8.1　应变电阻传感器 …………………………………………（273）
　　12.8.2　电感传感器 ………………………………………………（274）
　　12.8.3　电容传感器 ………………………………………………（275）
　　12.8.4　热电传感器 ………………………………………………（276）

第1章 电路的基本概念和基本定律

电路是电工技术和电子技术的基础,它是为学习后面的电子电路、电机电路及控制电路与测量电路打基础的。本章主要讨论电压和电流的参考方向、基尔霍夫定律、电源的工作状态以及电路中电位的概念及计算等,这些内容都是分析与计算电路的基础。有些内容虽然已在物理中讲过,但是为了加强理论的系统性和满足电工技术的需要,仍列入本章中,以便使读者对这些内容的理解能进一步巩固和加深,并能充分地应用和扩展这些内容。

1.1 电路的作用与组成部分

电路是电流的通路,它是为了某种需要由某些电工设备或元件按一定方式组合起来的。

电路的结构形式和所能完成的任务是多种多样的,最典型的例子是电力系统,其电路示意图如图 1.1(a)所示。它的作用是实现电能的传输和转换,其中包括电源、负载和中间环节三个组成部分。

发电机是电源,是供应电能的设备。在发电厂内可把热能、水能或核能转换为电能。除发电机外,电池也是常用的电源。

电灯、电动机、电炉等都是负载,是取用电能的设备,它们分别把电能转换为光能、机械能、热能等。

变压器和输电线是中间环节,是联接电源和负载的部分,它起传输和分配电能的作用。

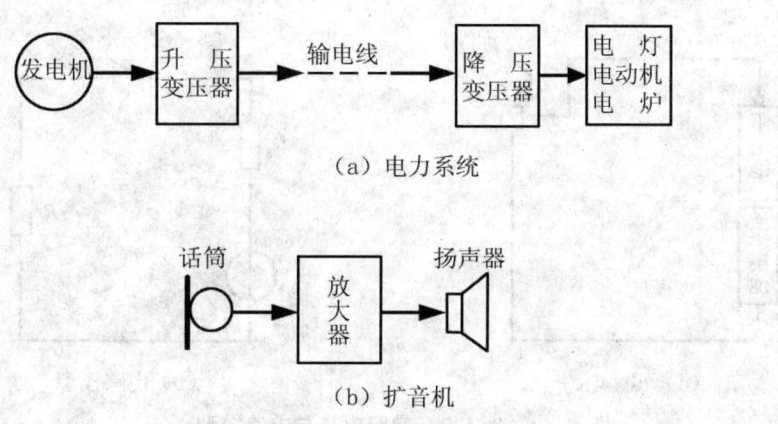

图 1.1 电路示意图

电路的另一作用是传递和处理信号,常见的例子如扩音机,其电路示意图如图 1.1(b)所示。先由话筒把语言或音乐(通常为信息)转换为相应的电压或电流,它们就是电信号。然后通过电路传递到扬声器,把电信号还原为语言或音乐。由于由话筒输出的电信号比较微弱,不足以推动扬声器发音,因此中间还要用放大器来放大。信号的这种转换和放大,称为信号的处理。

在图 1.1(b)中,话筒是输出信号的设备,称为信号源,相当于电源,但与上述的发电机、电池这种电源不同,信号源输出的电信号(电压和电流)的变化规律取决于所加的信息。扬声器是接受和转换信号的设备,也就是负载。

信号传递和处理的例子是很多的,如收音机和电视机,它们的接收天线(信号源)把载有语言、音乐、图像信息的电磁波接收后转换为相应的电信号,而后通过电路把信号传递和处理(调谐、变频、检波、放大等),送到扬声器和显像管(负载),还原为原始信息。

不论电能的传输和转换,或者信号的传递和处理,其中电源或信号源的电压或电流称为激励,它推动电路工作;由于激励在电路各部分产生的电压和电流称为响应。所谓电路分析:就是在已知电路的结构和元件参数的条件下,讨论电路的激励与响应之间的关系。

1.2 电路模型

在一定条件下,把实际元件加以近似化、理想化,忽略其次要性质,用足以表示其主要特征的"模型"来表示,我们把这种元件称为理想元件。例如,电阻器、电烙铁等,当电流通过时,在它内部把电能转换为热能,这样在电源频率不是很高的情况下,可以把它们看成是消耗电能的"电阻元件"。对于电感线圈,若其内阻较小可忽略不计时,在一定条件下可以把它们看成是存储磁场能的"电感元件"。对于各种电容器,在一定条件下可以把它们看成是存储电场能的"电容元件"。对于电池、直流稳压电源、发电机等,在一定条件下可以把它们看成是向外提供电能的"电源元件"。

由理想电路元件构成的电路称为实际电路的"电路模型"。如图 1.2 所示,图(a)为手电筒的实际电路,若把小灯泡看成是电阻元件,用 R 表示,考虑到电池内部自身消耗的电能,把电池看成是电阻元件 R_S 和电压源 U_S 串联,连接导线看成理想导线(其内阻为零)。这样,手电筒的实际电路就可以用电路模型来表示,如图 1.2(b)所示。

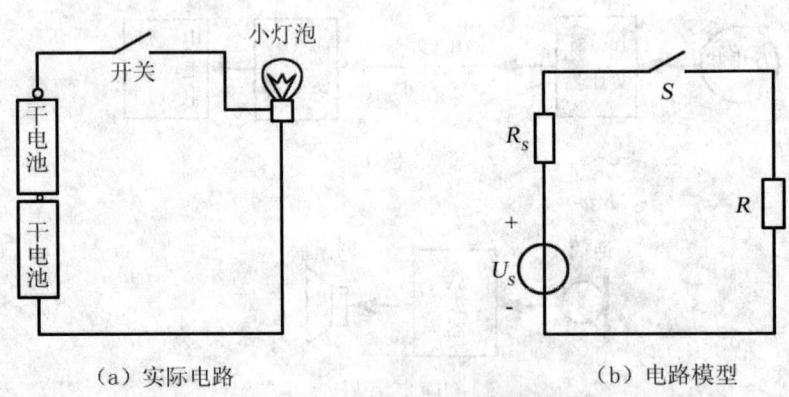

(a) 实际电路 (b) 电路模型

图 1.2 实际电路与电路模型

值得注意是,用理想电路元件或它们的组合模拟实际元件的过程,就是建立其模型的过程,简称建模。建模时必须考虑工作条件,并按不同精确度的要求把给定工作情况下的主要物理现象及功能反映出来。例如在直流情况下,一个线圈的模型可以是一个电阻元件;在较低频率下,可用电阻元件和电感元件的串联组合来模拟;在较高频率下,还应考虑导体表面的电荷作用,即电容效应,所以其模型需要包含电容元件。可见在不同的条件下,同一实际元器件可能采用不同的模型。模型取得恰当,电路的分析和计算结果就与实际情况接近;模型取得不恰当,则会造成很大误差,有时甚至导致自相矛盾的结果。如果模型取得太复杂就会造成分析的困难;反之,如果取得太简单,就不足以反映所需求解的真实情况。

今后所分析的都是指电路模型,简称电路。在电路图中,各种电路元件用规定的图形符号表示。

【思考与练习】

1. 电路有哪几部分组成?各部分在电路中起什么作用?
2. 实际电路和电路模型有什么关系?

1.3　电路中的基本物理量

在电路理论中,电路的基本物理量分为两类:基本变量和复合量。电路的基本变量有四个:电流、电压、电荷和磁通,其中最常用的有两个,即电流和电压。电路的基本复合量有两个:电功率和电能。

1.3.1　电流

在物理课中我们已经学过电荷的定向移动形成电流。电流的实际方向习惯上指正电荷运动的方向,电流的大小常用电流强度来表示。电流强度指单位时间内通过导体横截面的电荷量。电流强度习惯上简称为电流。电流主要分为两类:一类为大小和方向均不随时间改变的电流,称为恒定电流,简称直流,常简写作 dc 或 DC,其强度用符号 I 或 i 表示;另一类为大小和方向都随时间改变的电流,称为变动电流,其强度用符号 i 表示。其中一个周期内电流的平均值为零的变动电流称为交流,常简写作 ac 或 AC,其强度也用符号 i 表示。

图 1.3 给出了几种常见电流,(a)为直流,(b)、(c)均为交流。

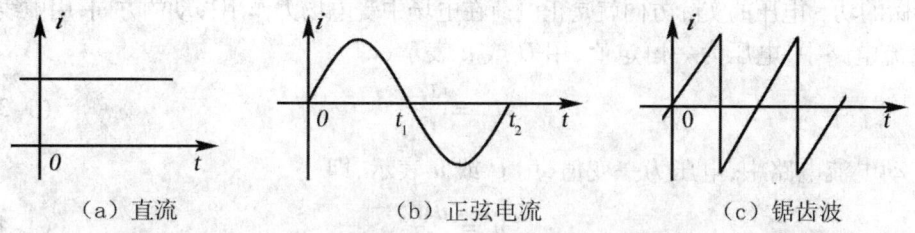

(a) 直流　　　　(b) 正弦电流　　　　(c) 锯齿波

图 1.3　几种常见电流

对于直流,单位时间内通过导体横截面的电荷量是恒定不变的,其电流强度为

$$I = \frac{Q}{t} \tag{1.1}$$

对于变动电流(含交流),若假设在一很小的时间间隔 dt 内,通过导体横截面的电量为 dq,则该瞬间的电流强度为

$$i = \frac{\mathrm{d}q}{\mathrm{d}t} \tag{1.2}$$

电流的单位是安培,ST 符号为 A。它表示 1 秒(s)内通过导体横截面的电荷为 1 库仑(C)。有时也用到千安(kA)、毫安(mA)或微安(μA)等,其关系如下:

$$1kA = 1000A = 10^3 A$$
$$1mA = 10^{-3} A$$
$$1\mu A = 10^{-6} A$$

在分析电路时,对复杂电路中某一段电路里电流的实际方向很难立即判断出来,有时电流的实际方向还会不断改变,因此在电路中很难标明电流的实际方向。为分析方便,在这里,我们引入电流的"参考方向"这一概念。

在某一电路或某一电路元件中事先选定一个电流方向作为电流的参考方向。我们用虚线箭头表示电流的实际方向,用箭头直接标在电路上表示电流的参考方向,也可用双下标表示,如 i_{ab} 表示其参考方向由 a 到 b。参考方向是任意选定的,而电流的实际方向是客观存在的。因此,所选定的电流参考方向并不一定就是电流的实际方向。当选定电流的参考方向与实际方向一致时,$i>0$;当选定电流的参考方向与实际方向相反时,$i<0$。因此,在参考方向选定之后,电流的值才有正、负之分。电流的参考方向和实际方向如图1.4所示。

电流的实际方向是客观存在的,它不因其参考方向选择的不同而改变,即存在 $i_{ab} = -i_{ba}$。本书中不加特殊说明时,电路中的公式和定律都是建立在参考方向的基础上的。

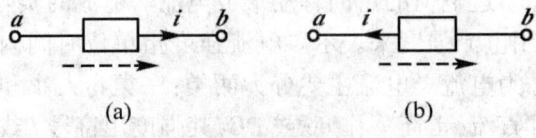

图1.4 电流的参考方向与实际方向

1.3.2 电压

在物理课中我们已学过,电路中 a、b 两点间电压的大小等于电场力把单位正电荷由 a 点移动到 b 点所做的功。电压的实际方向就是正电荷在电场中受电场力作用移动的方向,用虚线表示。

在直流电路中,电压为一恒定值,用 U 或 u 表示,即

$$U = \frac{W}{Q} \tag{1.3}$$

在变动电流电路中,电压为一变值,用 U 或 u 表示,即

$$u = \frac{dW}{dq} \tag{1.4}$$

电压的单位是伏特,简称伏,用符号 V 表示,即电场力将 1 库仑(C)正电荷由 a 点移到 b 点所做的功为 1 焦耳(J)时,a、b 两点间的电压为 1V。有时也需用千伏(kV)、毫伏(mV)或微伏(μV)作单位。

像需要为电流指定参考方向一样,在电路分析中也需要为电压指定参考方向。在元件或电路中两点间可以任意选定一个方向作为电压的参考方向。在电路图中,电压的参考方向一般用实箭头表示,如图1.5所示,也可用下标 u_{ab}(电压参考方向由 a 点指到 b 点)或"+"、"-"极性表示(电压参考方向由"+"极性指向"-"极性)。

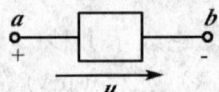

图1.5 电压的参考方向表示方法

当电压的参考方向与实际方向一致时,电压值为正,即 $u>0$;当电压的参考方向与实际方向相反时,电压值为负,即 $u<0$。电压的参考方向与实际方向的关系如图1.6所示。

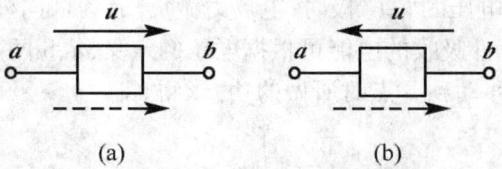

图1.6 电压的参考方向与实际方向

电压的实际方向也是客观存在的,它不因其参考方向选择的不同而改变。由此可知:$u_{ab}=-u_{ba}$。

一个元件的电流或电压的参考方向可以独立地任意指定。如果指定流过元件的电流的参考方向是从标以电压正极性的一端指向负极性的一端,即两者的参考方向一致,则我们把电流和电压的这种参考方向的关系称为关联参考方向,简称关联方向,如图1.7(a)所示;当两者不一致时,称为非关联参考方向,简称非关联方向。在图1.7(b)中,N表示电路的一个部分,它有两个端子与外电路连接,电流的参考方向自电压的正极性端流入,从负极性端流出,两者的参考方向一致,所以是关联方向;图1.7(c)中所示的电流和电压的参考方向则是非关联的。

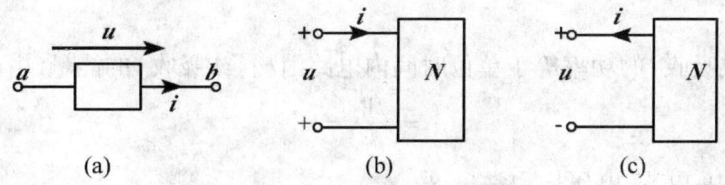

图1.7 关联方向与非关联方向

1.3.3 电位

在复杂电路中,经常用到电位的概念来分析电路。所谓电位是指在电路中任选一点作为参考点,某点到参考点的电压就叫做该点的电位。电位用V表示,电路中 a 点的电位可表示为 V_a,如图1.8所示,其参考方向规定为 a 点为参考正极性,参考点O为参考负极。电位的单位和电压的单位一样,用伏特(V)表示。

需要说明的是,电路中参考点是任意的,通常可把用电设备的接地点或电路的公共连线作为参考点。参考点的电位为零。

图1.8中,已知 a、b 两点的电位分别为 V_a、V_b,则此两点间的电压为

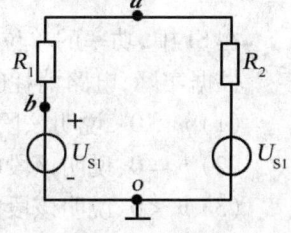

图1.8 电位的表示

$$U_{ab}=U_{ao}-U_{bo}=V_a-V_b$$

即
$$U_{ab}=V_a-V_b \quad (1.5)$$

由此可以看出,参考点选得不同,电路中各点的电位值随着改变,但是任意两点间的电压值是不变的,所以各点电位的高低是相对的,而两点间的电压是绝对的。

1.3.4 功率和能量

在电路的分析和计算中,能量和功率的计算是十分重要的。因为:一方面,电路在工作时总伴随着有其他形式的能量的相互交换;另一方面,电气设备和电路部件本身都有功率的限制,在使用时要注意其电流值或电压值是否超过额定值,过载会使设备或部件损坏或不能正常工作。

电功率与电压与电流密切相关。当正电荷从元件上电压的"+"极经过元件移动到电压的"-"极时,与此电压相应的电场力要对电荷做功,这时元件吸收能量;反之,正电荷从电压的"-"极经过元件移动到电压的"+"极时,电场力做负功,元件向外释放电能。

从 t_0 到 t 的时间内,元件吸收的电能可根据电压的定义(a、b 两点的电压在量值上等于电场力将单位正电荷由 a 点移动到 b 点时所做的功)求得,即

$$W = \int_{q(t_0)}^{q(t)} u\,dq$$

由于 $i = \dfrac{dq}{dt}$,因此

$$W = \int_{t_0}^{t} u(t)i(t)\,dt \tag{1.6}$$

在直流电路中,电流、电压均为恒值,在 $0 \sim t$ 段时间内电路消耗的电能

$$W = UIt \tag{1.7}$$

注意:上述两公式在使用时要求电压和电流为关联参考方向。计算的能量为元件或电路消耗的能量。

在 SI 中,能量的单位为焦耳,简称焦,SI 符号为 J。此外,能量还有一个常用的单位为度,1 度 = 1 千瓦时。

电路消耗(或吸收)的功率等于单位时间内电路消耗(或吸收)的能量,由此可定义

$$p = \frac{dW}{dt} = ui \tag{1.8}$$

在直流电路中,电流、电压均为常量,故

$$P = UI \tag{1.9}$$

以上两式中,电流和电压为关联参考方向,计算的功率为电路消耗(或吸收)的功率。若电流和电压为非关联参考方向,电路消耗(或吸收)的功率为

$$p = -ui \tag{1.10}$$

在 SI 中,功率的单位为瓦特,简称瓦,SI 符号为 W。

根据实际,电路消耗的功率有以下几种情况:

(1) $p > 0$,说明该段电路吸收功率为 p;
(2) $p = 0$,说明该段电路不消耗功率;
(3) $p < 0$,说明该段电路释放功率为 p。

例 1.1　试求图 1.9 中元件的功率。

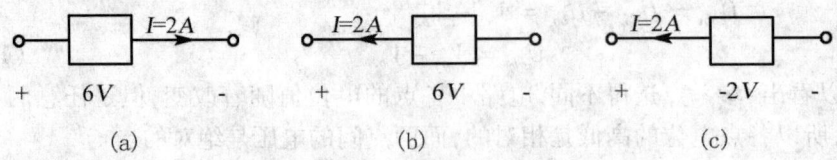

图 1.9　例 1.1 图

解:(a)电流和电压为关联参考方向,元件的功率为

$P = UI = 6 \times 2 = 12\text{W} > 0$,元件实际上是吸收功率。

(b)电流和电压为非关联参考方向,元件的功率为

$P = -UI = -6 \times 2 = -12W < 0$,元件实际上是释放功率。

(c) $P = -UI = -(-2) \times 2 = 4W > 0$,元件实际上是吸收功率。

【思考与练习】

1.在图 1.10 中,请用虚线箭头表示电流的实际方向,同时确定 i 是大于零还是小于零。

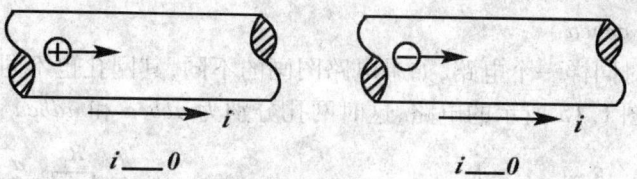

图 1.10 题 1 图

2.如图 1.11 所示,当 $U = -150V$ 时,试写出 U_{AB} 和 U_{BA} 各为多少伏。

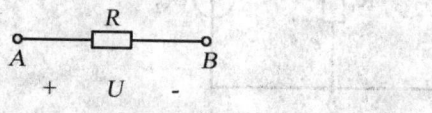

图 1.11 题 2 图

3.如图 1.12 所示,已知 $U_{AB} = 10V$,$U_{CB} = 20V$,$U_{AD} = 15V$,以 A 为参考点,试求 A、B、C、D 四点电位 V_A、V_B、V_C、V_D。若以 C 点为参考点,上述各点电位又是多少?

4.如图 1.13 所示,已知元件的吸收功率 $P = 30W$,求元件的端电压。若元件的释放功率为 $P = 30W$,元件的端电压又是多少?

图 1.12 题 3 图　　　　　　　　图 1.13 题 4 图

1.4 基尔霍夫定律

电路元件的伏安特性反映了元件本身电压与电流的关系,称为电路的元件约束。电路是由各种电路元件组成的,这些元件组成电路后,各支路电压之间和各支路电流之间也存在约束关系,这类约束由基尔霍夫定律体现。基尔霍夫定律包括基尔霍夫电流定律(KCL)和基尔霍夫电压定律(KVL)。

1.4.1 电路中常用的名词

1.支路:一般来说,电路中的每一个二端元件可视为一条支路。但是为了分析和计算方便,常常把电路中流过同一电流的几个元件互相连接起来的分支称为一条支路。如图 1.14 所示的电路中有三条支路,分别为 adb、aeb、acb。

2. 节点:一般来说,元件之间的连接称为节点,但若以电路中的每个分支作为支路,则节点是指三条或三条以上支路的连接点。如图 1.14 所示的电路中有两个节点,分别为 a 点和 b 点。

3. 回路:由一条或多条支路所组成的任何闭合电路称为回路。如图 1.14 所示的电路中有三个回路,分别为 $adbca$、$adbea$、和 $aebca$。

4. 网孔:在电路图中,内部不含支路的回路称为网孔。如图 1.14 所示的电路中有两个网孔,分别为 $adbea$、和 $aebca$。

需要注意的是:对同样一个电路,如果电路图画的不同,其网孔也不同。如图 1.14 所示的电路,也可以画成如图 1.15 所示的电路,这时网孔分别为 $aebca$ 和 $adbca$。

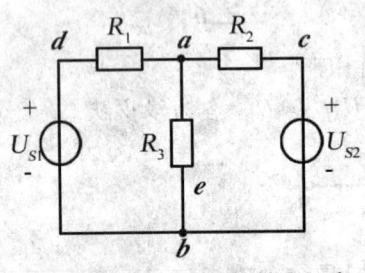

图 1.14　电路的基本概念 1

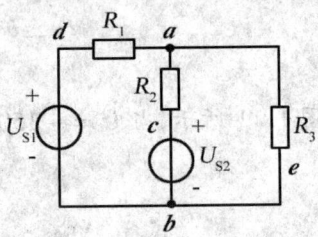

图 1.15　电路的基本概念 2

1.4.2　基尔霍夫电流定律(KCL)

基尔霍夫电流定律简称 KCL。它是根据电流的连续性,即电路中任一节点,在任一时刻均不能堆积电荷的原理来推导来的。在任一时刻,流入一个节点的电流之和等于从该点流出的电流之和,这就是基尔霍夫电流定律。

例如,在图 1.16 所示的电路中,各支路电流的参考方向已选定并标于图上,对于节点 a,KCL 可表示为

$$i_1 + i_4 = i_2 + i_3 + i_5 \text{ 或 } i_1 - i_2 - i_3 + i_4 - i_5 = 0$$

写成一般形式为

$$\Sigma i = 0 \tag{1.11}$$

对于直流电路也可以写成 $\Sigma I = 0$。

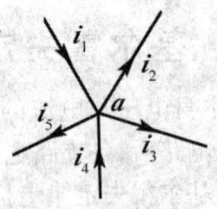

图 1.16　KCL

KCL 通常应用于电路节点上,但也可推广应用于电路中任一假设的闭合曲面。如图 1.17(a)所示的电路,若把用虚线表示的闭合曲面 S 看成一个节点,则与该节点连接有四条支路。其中 i_4 和 i_6 流出节点,i_1 和 i_2 流入节点。根据 KCL 可得 $i_1 + i_2 - i_4 - i_6 = 0$。对于

图 1.17(b),若把电路Ⅱ成一个节点,那么与该节点连接的只有一条支路。根据 KCL 可得 $i = 0$。同样道理可得如图 1.17(c)所示电路中接地线的电路 $i = 0$。

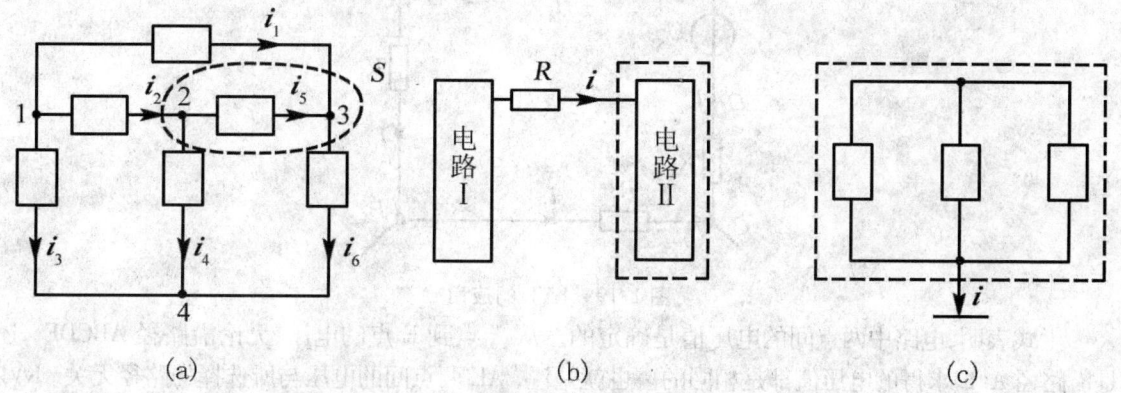

图 1.17 基尔霍夫电流定律的扩展

例 1.2 在图 1.18 中,已知 $I_1 = 2A$, $I_2 = -3A$, $I_3 = -2A$,试求 I_4。

解:由基尔霍夫电流定律列出 $I_1 - I_2 + I_3 - I_4 = 0$

即 $2 - (-3) + (-2) - I_4 = 0$

得 $I_4 = 3A$

由本例可见,式中有两套正负号,电流 I 前的正负号是由基尔霍夫定律根据电流的参考方向确定的,括号内数字前的正负号则是表示电流本身数值的正负。

1.4.3 基尔霍夫电压定律(KVL)

基尔霍夫电压定律简称 KVL。它是根据能量守恒定律推导来的,也就是说,当单位正电荷沿任一闭合路径移动一周时,其能量不改变。

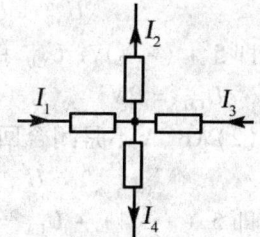

图 1.18 例 1.2 图

对于集中参数电路,在任一时刻,电路中任一闭合回路内各段电压的代数和恒等于零,这就是基尔霍夫电压定律,其数学表达式为

$$\sum u = 0 \tag{1.12}$$

在直流电路中,可表示为 $\sum U = 0$。

式(1.12)取和时,需要任意选定一个回路的绕行方向,凡电压的参考方向与绕行方向一致时,该电压前面取"+"号;凡电压的参考方向与绕行方向相反时,该电压前面取"-"号。如图 1.19 所示的电路是某一电路的一个回路,则有

$$U_{AB} + U_{BC} + U_{CD} + U_{DE} - U_{FE} - U_{AF} = 0$$

也可以写成 $U_{AB} + U_{BC} + U_{CD} + U_{DE} = U_{FE} + U_{AF}$

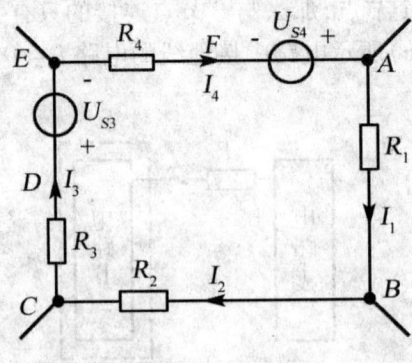

图 1.19 KVL 的应用

上式表明,电路中两点间的电压值是确定的。从 A 点到 E 点的电压,无论沿路径 ABCDE,还是沿路径 AFE 求得的电压值都是相同的。也就是说,AE 两点间的电压与所选择的路径无关。KVL 实质上反映了电压与路径无关这一性质。利用这一性质,KVL 可推广到非闭合回路中。

例 1.3 有一闭合回路如图 1.20 所示,各支路的元件是任意的,已知 $U_{AB}=5V$,$U_{BC}=-4V$,$U_{DA}=-3V$。试求(1)U_{CD};(2)U_{CA}。

解:(1)由基尔霍夫电压定律可列出

$$U_{AB} + U_{BC} + U_{CD} + U_{DA} = 0$$

即 $5 + (-4) + U_{CD} + (-3) = 0$

$U_{CD} = 2V$

(2)ABCA 不是闭合回路,也可应用基尔霍夫电压定律可列出

$$U_{AB} + U_{BC} + U_{CA} = 0$$

即 $5 + (-4) + U_{CA} = 0$

得 $U_{CA} = -1V$

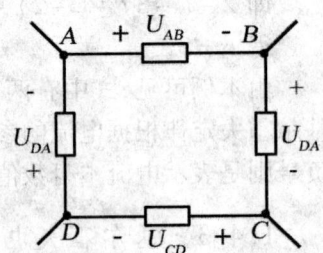

图 1.20 例 1.3 的图

例 1.4 如图 1.21 所示的电路中,已知 $R_1 = 10k\Omega$、$R_2 = 20k\Omega$,$U_{S1} = 6V$,$U_{S2} = 6V$,$U_{AB} = -0.3V$。试求电流 I_1、I_2 和 I_3。

解:对回路 Ⅱ 应用基尔霍夫电压定律得

$$-U_{S2} + R_2 I_2 + U_{AB} = 0$$

即 $-6 + 20I_2 + (-0.3) = 0$

得 $I_2 = 0.315mA$

对回路 Ⅰ 应用基尔霍夫电压定律得

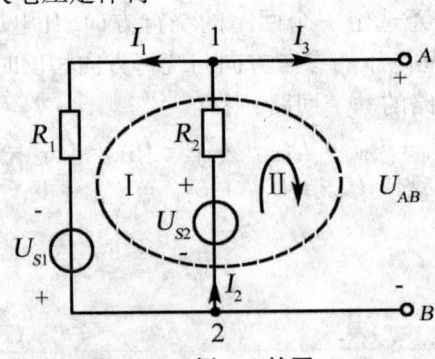

图 1.21 例 1.4 的图

$$U_{S1} - R_1 I_1 + U_{AB} = 0$$

即 $6 - 10I_1 + (-0.3) = 0$ 故 $I_1 = 0.57\text{mA}$

对节点 1 应用基尔霍夫电流定律得

$$-I_1 + I_2 - I_3 = 0$$

即 $\qquad -0.57 + 0.315 - I_3 = 0$

得 $\qquad I_3 = 0.255\text{mA}$

例 1.5 如图 1.22 所示的电路,设节点 b 为参考点,求电位 V_c, V_a, V_d。

解:在节点 a 上应用 KCL 定律得

$$I = 4 + 6 = 10\text{A}$$
$$V_a = U_{ab} = 6I = 6 \times 10 = 60\text{V}$$
$$V_c = U_{ca} + V_a = 20 \times 4 + 60 = 140\text{V}$$
$$V_d = U_{da} + V_a = 5 \times 6 + 60 = 90\text{V}$$

有时为了方便,可将电路图化简,用电位值代替电压源的电压。例如,图 1.22 可化简成图 1.23。

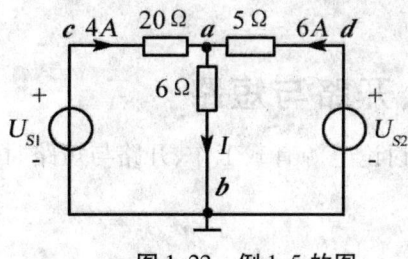

图 1.22　例 1.5 的图

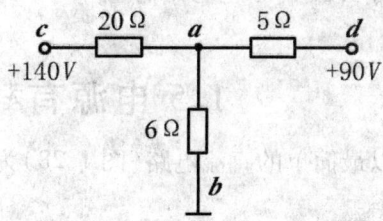

图 1.23　图 1.22 的简图

【思考与练习】

1. 如图 1.24 所示,根据 KVL 找出 U 与 I 的关系式,并对照一下,看一看有何规律?

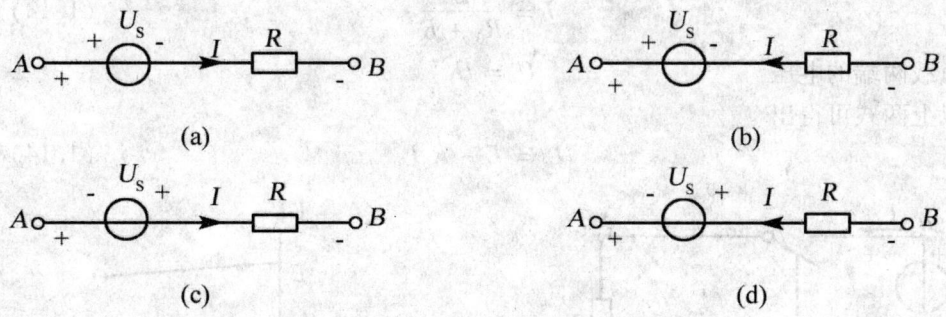

图 1.24　题 1 图

2. 图 1.25 是某电路的一个节点,已知电流的参考方向如图所示。试着判断一下,这三个电流有无可能都是正值?

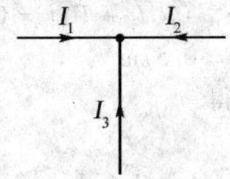

图 1.25 题 2 图

3. 在图 1.26 所示的两个电路中,各有多少个支路和节点? U_{ab} 和 I 是否等于零?

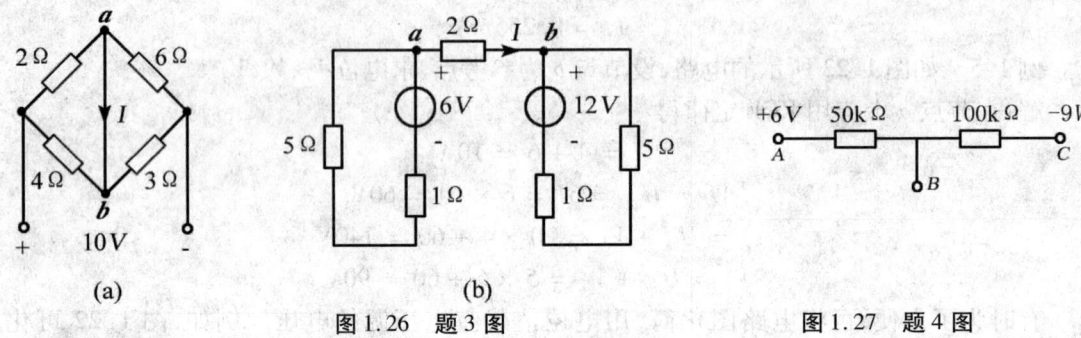

图 1.26 题 3 图　　　　　图 1.27 题 4 图

4. 求图 1.27 所示电路中的 V_B。

1.5 电源有载工作、开路与短路

本章以最简单的直流电路(图 1.28)为例,分别讨论电源有载工作、开路与短路时的电流、电压和功率。

1.5.1 电源有载工作

将图 1.28 中的开关合上,接通电源与负载,这就是电源有载工作。下面来分别讨论:

1. 电压与电流

应用欧姆定律可列出电路中的电流

$$I = \frac{E}{R_0 + R} \tag{1.13}$$

和负载两端的电压

$$U = IR$$

由以上两式可得出

$$U = E - R_0 I \tag{1.14}$$

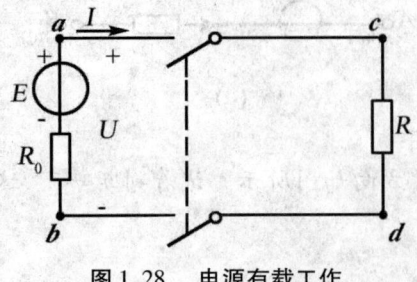

图 1.28 电源有载工作

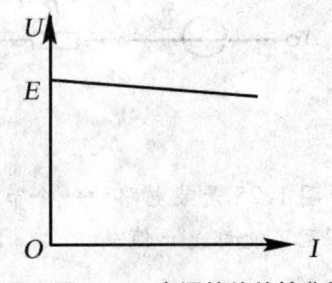

图 1.29 电源的外特性曲线

由式(1.14)可见,电源端电压小于电动势,两者之差为电流通过电源内阻所产生的电压降R_0I。电流愈大,则电源端电压下降得愈多。表示电源端电压U与输出电流I之间关系的曲线,称为电源的外特性曲线,如图1.29所示,其斜率与电源内阻有关,电源内阻一般很小。当R_0远远小于R时,则$U \approx E$,此式表明电流(负载)变动时,电源的端电压变动不大,这说明它带负载能力强。

2. 功率与功率平衡

式(1.14)各项乘以电流I,则得功率平衡式

$$UI = EI - R_0I^2 \qquad (1.15)$$
$$P = P_E - \triangle P$$

式中:$P_E = EI$,是电源产生的功率;$\triangle P = R_0I^2$,是电源内阻上消耗的功率;$P = UI$,是电源输出的功率。

例1.6 在图1.30所示的电路中,$U = 220V$、$I = 5A$,内阻$R_{01} = R_{02} = 0.6\Omega$。(1)试求电源的电动势$E_1$和负载的反电动势$E_2$;(2)试说明功率的平衡。

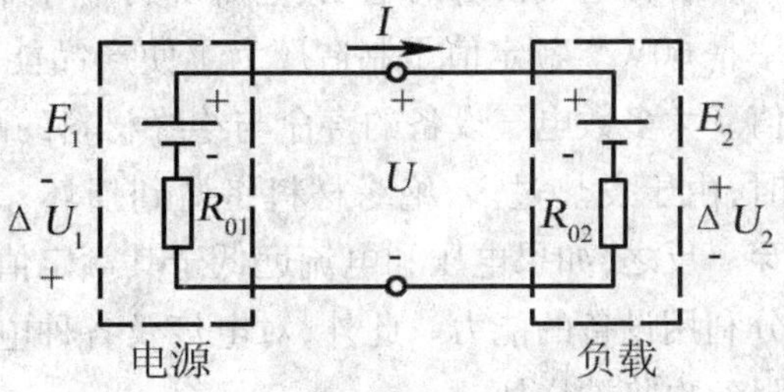

解:(1)电源
$$U = E_1 - \triangle U_1 = E_1 - R_{01}I$$
$$E_1 = U + R_{01}I = 220 + 0.6 \times 5 = 223V$$
负载
$$U = E_2 + \triangle U_2 = E_2 + R_{02}I$$
$$E_2 = U - R_{02}I = 220 - 0.6 \times 5 = 217V$$

(2)由(1)中两式可得

$$E_1 = E_2 + R_{01}I + R_{02}I$$

等式两边同乘以I,则得

$$E_1I = E_2I + R_{01}I^2 + R_{02}I^2$$
$$223 \times 5 = 217 \times 5 + 0.6 \times 5^2 + 0.6 \times 5^2$$
$$1115W = 1085W + 15W + 15W$$

图1.30 例1.6的图

其中,$E_1I = 1115W$,是电源产生的功率,即在单位时间内由机械能或其他形式的能转换成的电能的值;$E_2I = 1085W$,是负载取用的功率,即在单位时间内由电能转换成的机械能或化学能的值。$R_{02}I^2 = 15W$,是电源内阻上损耗的功率;$R_{01}I^2 = 15W$,是负载内阻上损耗的功率。

由上例可见,在一个电路中,电源产生的功率和负载取用的功率以及内阻上所损耗的功率是平衡的。

3. 电源与负载的判别

分析电路,还要判别哪个电路元件是电源(或起电源的作用),哪个是负载(或起负载的作用)。
由上例可见,根据电压和电流的实际方向(图1.30中,U和I的参考方向与实际方向一致)可确定某一元件是电源还是负载:

电源　　U和I的实际方向相反,电流从"+"端流出,发出功率;
负载　　U和I的实际方向相同,电流从"+"端流入,取用功率;

也可由 U 和 I 的参考方向来确定电源或负载。如果某一电路元件上两者的参考方向选得一致时：

电源　　　$P = UI$（负值）

负载　　　$P = UI$（正值）

如果 U 和 I 的参考方向选得相反时，则电源的功率为正值，负载的功率为负值，与上相反。

4. 额定值与实际值

通常负载（电灯、电动机等）都是并联运行的。因为电源的端电压是基本不变的，所以负载两端的电压也是基本不变的。因此当负载增加（并联的负载数目增加）时，负载所取用的总电流和总功率都增加，即电源输出的功率和电流都相应增加。就是说，电源输出的功率和电流决定于负载的大小。

既然电源输出的功率和电流决定于负载的大小，是可大可小的，那么，有没有一个最合适的数值呢？对负载而言，它的电压、电流和功率又是怎样确定的呢？要回答这个问题，我们引出额定值的概念。

各种电气设备的电压、电流及功率等都有一个额定值。例如一盏电灯的电压是220V，功率是60W。额定值是制造厂为了使产品能在给定的工作条件下正常运行而规定的正常容许值。大多数电气设备的寿命与绝缘材料的耐热性能及绝缘强度有关。当电流超过额定值过多时，由于发热过多，绝缘材料将遭到损坏；当所加电压超过额定值过多时，绝缘材料可能被击穿。反之，如果电压和电流远低于其额定值，不仅得不到正常合理的工作情况，而且也不能充分利用设备的能力。此外，对电灯及各种电阻器来说，当电压过高或电流过大时，其灯丝或电阻丝也将被烧坏。

因此，制造厂在制定产品的额定值时，要全面考虑使用的经济性、可靠性以及寿命等因素，特别要保证设备的工作温度不超过规定的容许值。

电气设备或元件的额定值通常标在铭牌上或写在其他说明书中，在使用时应充分考虑额定数据。例如一把电烙铁，标有220V　50W，这是额定值，使用时不能接在380V的电源上。额定电压、额定电流和额定功率分别用 U_N、I_N 和 P_N 表示。

使用时，电压、电流和功率的实际值不一定等于它们的额定值，这也是一个重要的概念。

究其原因，一个是受到外界的影响。例如电源的额定电压为220V，但电源电压经常波动，稍低于或稍高于220V。这样，额定值为220V、40W的电灯上所加的电压就不是220V，实际功率也就不是40W了。

另一个原因如上所述，在一定电压下电源输出的功率和电流决定于负载的大小，就是负载需要多少功率和电流，电源就给多少，所以电源通常不一定处于额定工作状态，但是一般不应超过额定值。对于电动机也是这样，它的实际功率和电流也决定于它轴上所带的机械负载的大小，通常也不一定处于额定工作状态。

例1.7　有一220V、60W的电灯，接在220V的电源上，试求通过电灯的电流和电灯在220V电压下工作时的电阻。如果每晚用3小时，问一个月消耗电能多少？

解：

$$I = \frac{P}{U} = \frac{60}{220} = 0.273\text{A}$$

$$R = \frac{U}{I} = \frac{220}{0.273} = 806\Omega$$

也可用 $R = \frac{P}{I^2}$ 或 $R = \frac{U^2}{P}$ 计算.

一个月用电：

$$W = Pt = 60(\text{W}) \times (3 \times 30)(\text{h}) = 5.4\text{KW}\cdot\text{h}$$

例1.8 有一额定值为5W、500Ω 的线绕电阻,其额定电流为多少？在使用时电压不得超过多大的数值？

解：根据瓦数和欧姆数可以求出额定电流,即

$$I = \sqrt{\frac{P}{R}} = \sqrt{\frac{5}{500}} = 0.1\text{A}$$

在使用时电压不得超过

$$U = IR = 500 \times 0.1 = 50\text{V}$$

因此,在选用时不能只考虑其欧姆数,还要考虑电流有多大,而后考虑瓦数。

1.5.2 电源开路

在图1.28所示的电路中,当开关断开时,电源则处于开路(空载)状态,如图1.31所示。开路时外电路的电阻对电源来说等于无穷大,因此电路中电流为零,这时电源的端电压(称为开路电压或空载电压)等于电源电动势,电源不输出电能。

如上所述,电源开路时的特征可用下列各式表示：

$$\left.\begin{array}{r}I = 0 \\ U = U_0 = E \\ P = 0\end{array}\right\} \quad (1.16)$$

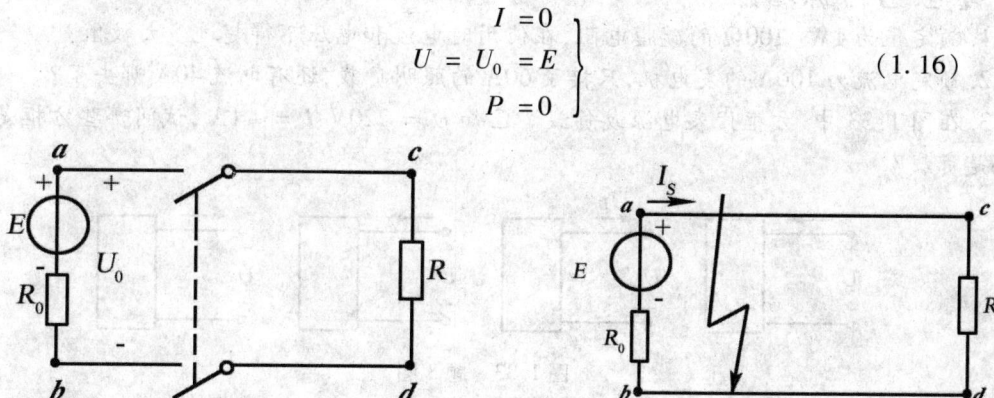

图1.31 电源开路　　　　　图1.32 电源短路

1.5.3 电源短路

在图1.28所示的电路中,当电源的两端由于某种原因而联在一起时,电源则被短路,如图1.32所示。电源短路时,外电路的电阻可视为零,电流有捷径可通,不再流过负载。因为在电流的回路中仅有很小的电源内阻 R_0,所以这时的电流很大,此电流称为短路电流 I_s。短路电

流可能使电源遭受损伤或损坏。短路时电源所产生的电能全被内阻所消耗。

电源短路时由于外电路的电阻为零,所以电源的端电压也为零。这时电源的电动势全部降在内阻上。

综上所述,电源短路时的特征可用下列各式表示:

$$\left. \begin{array}{l} U = 0 \\ I = I_S = \dfrac{E}{R} \\ P_E = \triangle P = R_0 I^2, P = 0 \end{array} \right\} \quad (1.17)$$

短路也可发生在负载端或线路的任何处。

短路通常是一种严重事故,应该尽力预防。产生短路的原因往往是由于绝缘损坏或接线不慎,因此经常检查电气设备和线路的绝缘情况是一项很重要的安全措施。此外,为了防止短路事故所引起的后果,通常在电路中接入熔断器或自动断路器,以便发生短路时,能迅速将故障电路自动切除。但是有时由于某种需要,可以将电路中的某一段短路(常称为短接)或进行某种短路实验。

例 1.9 若电源的开路电压 $U_0 = 12V$,其短路电流 $I_S = 30A$,试问该电源的电动势和内阻各为多少?

解:电源的电动势　　$E = U_0 = 12V$

电源的内阻

$$R_0 = \dfrac{E}{I_S} = \dfrac{U_0}{I_S} = \dfrac{12}{30} = 0.4\Omega$$

这是由电源的开路电压和短路电流计算它的电动势和内阻的一种方法。

【思考与练习】

1. 额定值为 1W 100Ω 的碳膜电阻,在使用时电流和电压不得超过多大数值?
2. 额定电流为 100A 的发电机,只接了 60A 的照明负载,还有电流 40A 哪去了?
3. 在图 1.33 中,方框代表电源或负载。已知 $U = 220V$、$I = -1A$,试问哪些方框是电源,哪些是负载?

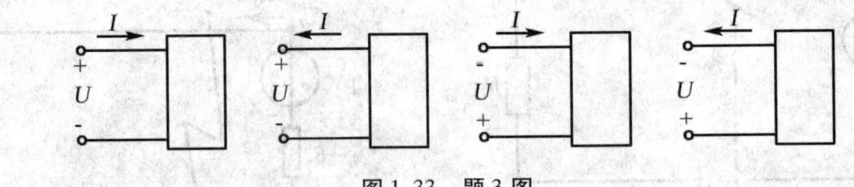

图 1.33　题 3 图

4. 一个电热器从 220V 的电源取用的功率为 1000W,如果将它接到 110V 的电源上,则取用的功率为多少?

习题

1.1 在图 1.34 中,五个元件代表负载,电流和电压的参考方向如图中所示,通过实验测量得知

$I_1 = -4A$、$I_2 = 6A$、$I_3 = 10A$

$U_1 = 140V$、$U_2 = -90V$、$U_3 = 60V$

$U_4 = -80V$、$U_5 = 30V$

(1) 试标出各电流的实际方向和各电压的实际极性;
(2) 判断哪些元件是电源？哪些是负载？
(3) 计算各元件的功率。电源发出的功率和负载取用的功率是否平衡？

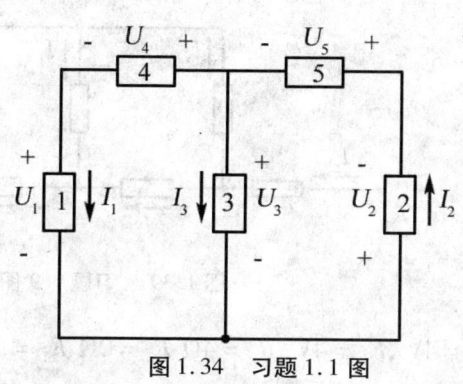

图1.34 习题1.1图　　　　图1.35 习题1.2图

1.2 在图1.35中，已知$I_1 = 3mA$、$I_2 = 1mA$。试确定电路元件3中的电流I_3和其两端电压U_3，并说明它是电源还是负载，校验整个电路的功率是否平衡。

1.3 有一直流电源，其额定功率$P_N = 200W$，额定电压$U_N = 50V$，内阻$R_0 = 0.5\Omega$，负载电阻R可以调节，其电路如图1.28所示。

试求：(1) 额定工作状态下的电流及负载电阻；(2) 开路状态下的电源端电压；(3) 电源短路状态下的电流。

1.4 有一台直流稳压电源，其额定输出电压为30V，额定输出电流为2A，从空载到额定负载，其输出电压的变化率为千分之一（即 $\Delta U = \dfrac{U_0 - U_N}{U_N} = 0.001$），试求该电源的内阻。

1.5 一只110V、8W的指示灯，现在要接在380V的电源上，试问串多大阻值的电阻？

1.6 在图1.36的两个电路中，要在12V的直流电源上使6V、50mA的电珠正常发光，应该采用哪一个联接电路？

1.7 图1.37所示电路可用来测量电源的电动势E和内阻R_0。图中$R_1 = 2.6\Omega$、$R_2 = 5.5\Omega$。当开关S_1闭合时，电流表读数为2A；断开S_1，闭合S_2后读数为1A。试求E和R。

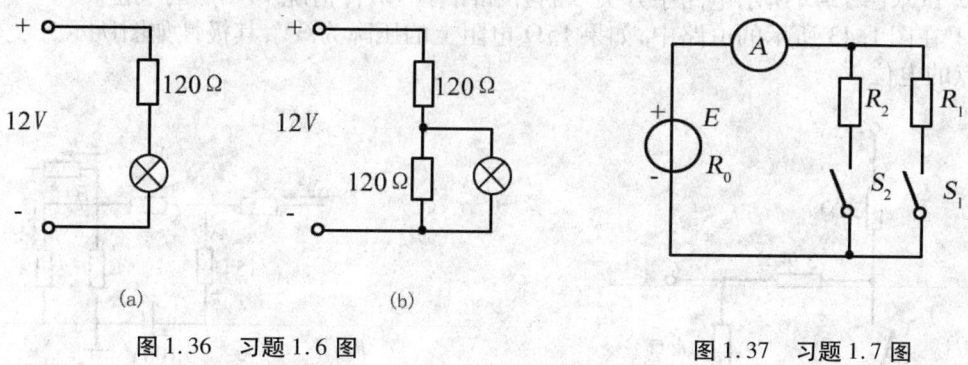

图1.36 习题1.6图　　　　图1.37 习题1.7图

1.8 图1.38是电源有载工作的电路，电源的电动势$E = 220V$，内阻$R_0 = 0.2\Omega$；负载电阻$R_1 = 10\Omega$、$R_2 = 6.67\Omega$；线路电阻$R_l = 0.1\Omega$。试求负载电阻并联前后：(1) 电路中电流I；(2) 电源端电压U_1和负载端电压U_2；(3) 负载功率P。当负载增大时，总的负载电阻、线路中电流、电源端和负载端的电压是如何变化的？

1.9 在图 1.39 中，已知 $I_1 = 0.01\mu A$、$I_2 = 0.3\mu A$，$I_5 = 9.61\mu A$ 试求电流 I_3、I_4 和 I_6。

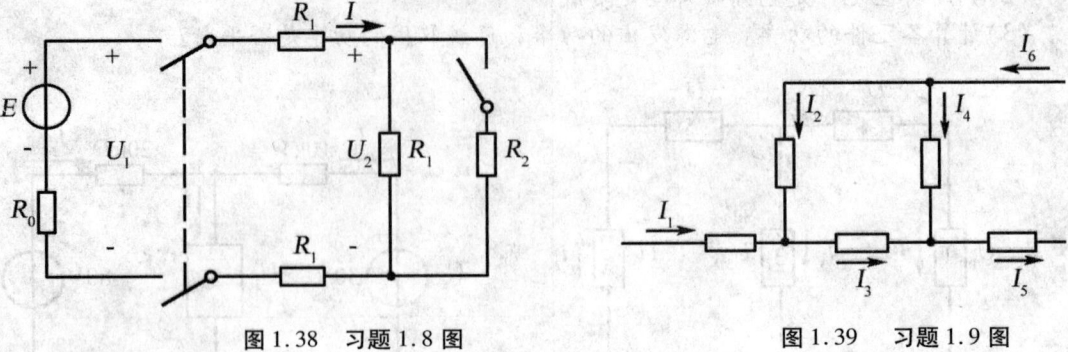

图 1.38 习题 1.8 图　　　　　图 1.39 习题 1.9 图

1.10 在图 1.40 所示的电路中，已知 $U = 10V$，$E_1 = 4V$，$E_2 = 4V$，$R_1 = 4\Omega$、$R_2 = 2\Omega$、$R_3 = 5\Omega$，1，2 两点间处于开路状态，试计算开路电压 U_2。

1.11 试求图 1.41 所示电路中 A 点的电位。

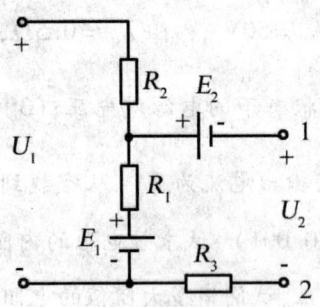 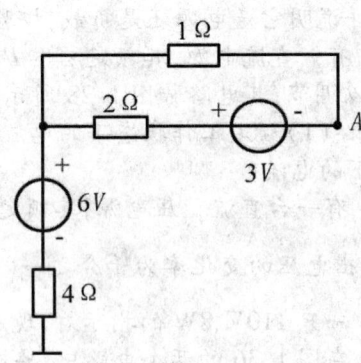

图 1.40 习题 1.10 图　　　　　图 1.41 习题 1.11 图

1.12 试求图 1.42 所示电路中开关 S 断开和闭合的两种情况下 A 点的电位。

1.13 在图 1.43 所示的电路中，如果 15Ω 电阻上的压降为 3V，其极性如图所示，试求电阻 R 及 B 点的电位。

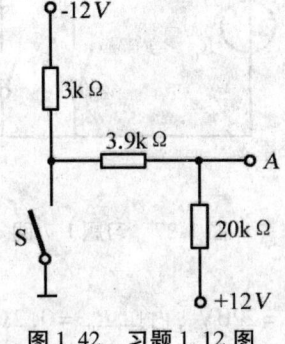 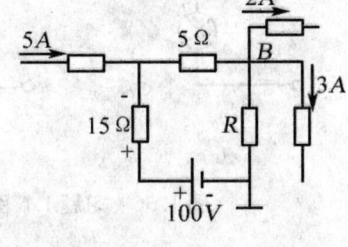

图 1.42 习题 1.12 图　　　　　图 1.43 习题 1.13 图

第2章 电路的分析方法

根据实际需要,电路的结构是很多的。最简单的电路只有一个回路,即所谓单回路电路。有的电路虽然有好多个回路,但是能够不太复杂地用串并联的方法化简为单回路电路。然而有的多回路电路(含有一个或多个电源)则不然,或者不能用串并联的方法化简为单回路电路,或者即使能化简也是相当复杂的。这种多回路电路称为复杂电路。

分析与计算电路要应用欧姆定律和基尔霍夫定律,往往由于电路复杂,计算极为复杂。因此,要根据电路的结构特点去寻找分析与计算的简便方法。在本章中以电阻电路为例扼要地讨论几种常用的分析方法,其中如等效变换、支路电流法、叠加原理、戴维南定理、节点电压法等,都是分析电路的基本原理和方法。

2.1 电阻的串联与并联

在电路中,电阻的联接形式是多种多样的,其中最简单的是电阻的串联与并联。

2.1.1 电阻的串联

如果电路中有两个或两个以上电阻一个接一个地顺序相连,并且在这些电阻中通过同一电流,则这样的联接法就称为电阻的串联。图2.1(a)所示是两个电阻串联的电路。

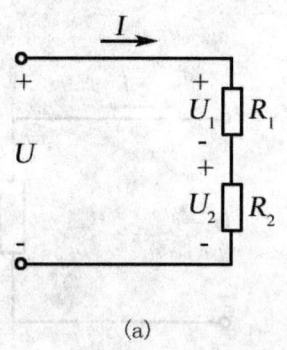
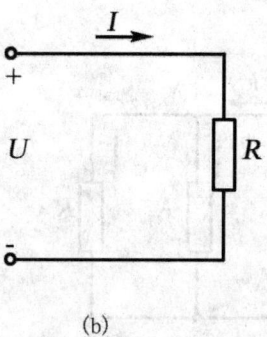

图2.1 电阻的串联

两个串联的电阻可用一个等效电阻 R 来代替[图2.1(b)],等效的条件是在同一电压 U 的作用下电流 I 保持不变。等效电阻等于各个串联电阻之和,

即
$$R = R_1 + R_2 \tag{2.1}$$

两个串联电阻上的电压分别为

$$\left. \begin{array}{l} U_1 = R_1 I = \dfrac{R_1}{R_1 + R_2} U \\ U_2 = R_2 I = \dfrac{R_2}{R_1 + R_2} U \end{array} \right\} \tag{2.2}$$

可见,串联电阻上电压的分配与电阻成正比。当其中某个电阻较其他电阻小很多时,在它两端的电压也较其他电阻上的电压低很多,因此,这个电阻的分压作用常可忽略不计。

电阻串联的应用很多,例如在负载的额定电压低于电源电压的情况下,通常需要与负载串联一个电阻,以降落一部分电压。有时为了限制负载中通过过大的电流,也可以与负载串联一个限流电阻。如果需要调节电路中的电流时,一般也可以在电路中串联一个变阻器来进行调节。另外,改变串联电阻的大小以得到不同的输出电压,这也是常见的。

2.1.2 电阻的并联

如果电路中有两个或两个以上电阻联接在公共的结点之间,则这样的联接法就称为电阻的并联。在各个并联支路(电阻)上受到同一电压。图2.2(a)所示是两个电阻并联的电路。

两个并联的电阻可用一个等效电阻 R 来代替[图2.2(b)],等效电阻的倒数等于各个并联电阻的倒数之和,即

$$\frac{1}{R} = \frac{1}{R_1} + \frac{1}{R_2} \tag{2.3}$$

上式也可写成

$$G = G_1 + G_2 \tag{2.4}$$

式中 G 称为电导,是电阻的倒数。在国际单位制中,电导的单位是西[门子](s)。并联电阻用电导表示,在分析计算多支路并联电路时可以简便些。

两个并联电阻上的电流分别为

$$\left. \begin{array}{l} I_1 = \dfrac{U}{R_1} = \dfrac{RI}{R1} = \dfrac{R_2}{R_1 + R_2} I \\ I_2 = \dfrac{U}{R_2} = \dfrac{RI}{R_2} = \dfrac{R_1}{R_1 + R_2} I \end{array} \right\} \tag{2.5}$$

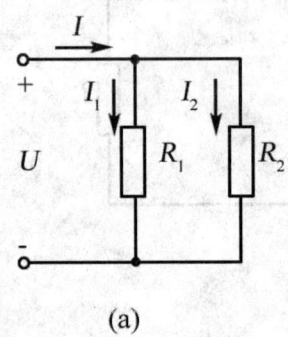
(a)

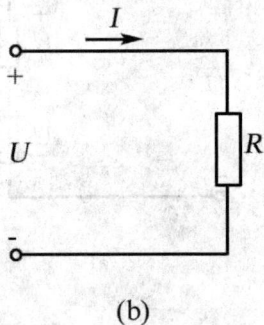
(b)

图 2.2 电阻的并联

可见,并联电阻上电流的分配关系与电阻成反比。当其中某个电阻较其他电阻大很多时,通过它的电流也较其他电阻上的电流小很多,因此,这个电阻的分流作用常可忽略不计。

一般负载都是并联运行的,负载并联运用时,它们处在同一电压之下,任何一个负载的工作情况基本上不受其他负载的影响。

并联的负载愈多(负载增加),则总电阻愈小,电路中的总电流和总功率也就愈大。但是每个负载的电流和功率却没有变动(严格讲,基本上不变)。

有时为了某种需要,可将电路中的某一段与电阻或变阻器并联,以起分流或调节电流的作用。

例2.1 图2.3是一复联电路(串联和并联),其中 $R_1 = 10\Omega, R_2 = 5\Omega, R_3 = 2\Omega, R_4 =$

3Ω,电源电压 $U = 125V$,试求电流 I_1。

解:(1) $R_{34} = R_3 + R_4 = 2 + 3 = 5 \Omega$

(2) $R_{ab} = \dfrac{R_2 R_{34}}{R_2 + R_{34}} = \dfrac{5 \times 5}{5 + 5} = 2.5\Omega$

(3) $R = R_1 + R_{ab} = 10 + 2.5 = 12.5\Omega$

(4) $I_1 = \dfrac{U}{R} = \dfrac{125}{12.5} = 10A$

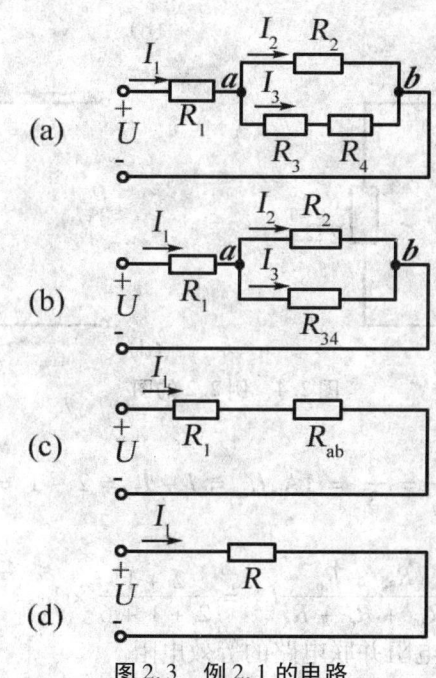

图 2.3 例 2.1 的电路

例 2.2 计算图 2.4(a)所示电阻电路的等效电阻 R,并求电流 I 和 I_5。

解:(1)首先从电路结构,根据电阻串联与并联的特征,看清哪些电阻是串联的,哪些电阻是并联的。在 2.4(a)中,

R_1 与 R_2 并联,得 $R_{12} = 1\Omega$

R_3 与 R_4 并联,得 $R_{34} = 2\Omega$

因而化简为图 2.4(b)所示的电路,在这个图中,R_{34} 与 R_6 串联,而后再与 R_5 并联,得 $R_{3456} = 2\Omega$,再化简为图 2.4(c)所示的电路,由此最后化简为图 2.4(d)所示的电路,等效电阻

$R = \dfrac{(1+2) \times 3}{1+2+3} = 1.5 \Omega$

(2)由图 2.4(d)得出

$I = \dfrac{U}{R} = \dfrac{3}{1.5} = 2A$

(3)电阻串联起分压作用,电阻并联起分流作用,式(2.2)和式(2.5)分别为两个电阻串联的分压公式和并联的分流公式。这两个公式在分析与计算电路时很有用处。

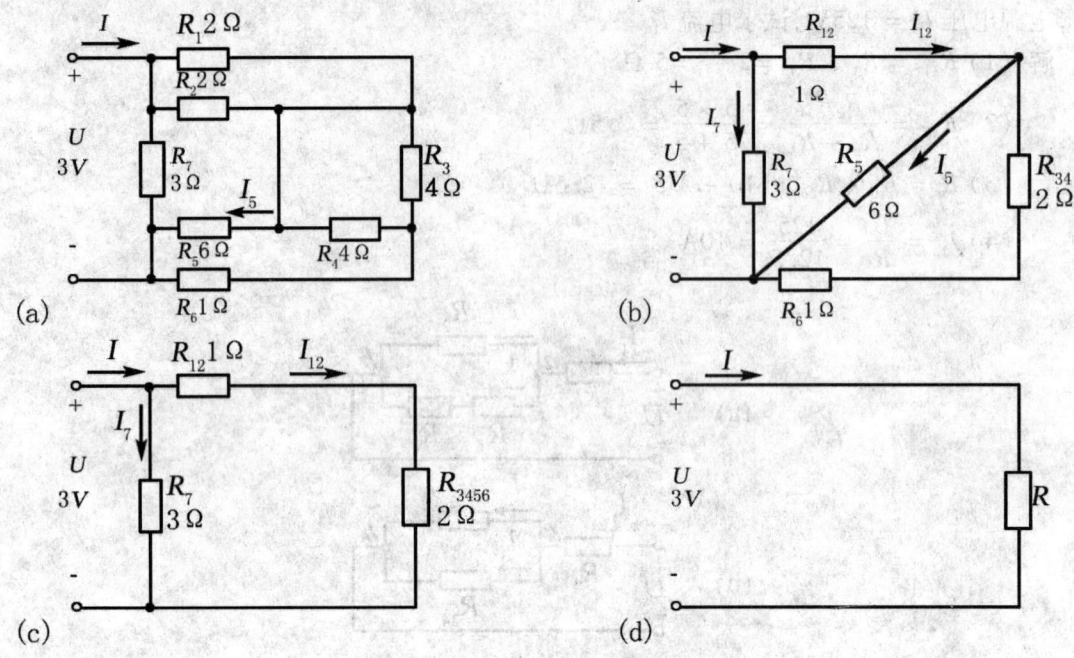

图 2.4 例 2.2 的图

在图 2.4(c)中,

$$I_7 = \frac{U}{R_7} = \frac{3}{3} = 1A, I_{12} = I - I_7 = 2 - 1 = 1A$$

于是应用分流公式可得

$$I_5 = \frac{R_{34} + R_6}{R_{34} + R_6 + R_5} I_{12} = \frac{2 + 1}{2 + 1 + 6} \times 1 = \frac{1}{3}A$$

例 2.3 计算图 2.5 所示电阻并联电路的等效电阻。

解:等效电阻,即

$$\frac{1}{R} = \frac{1}{R_1} + \frac{1}{R_2} + \frac{1}{R_3} = \frac{1}{30} + \frac{1}{15} + \frac{1}{0.8} = 1.35$$

$$R = \frac{1}{1.35} = 0.74k\Omega \approx 0.8k\Omega$$

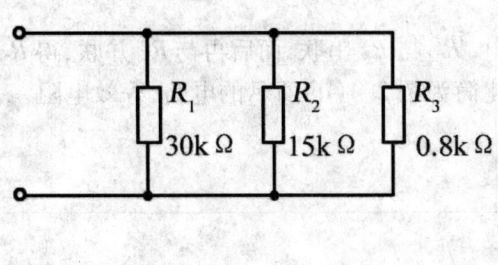

图 2.5 例 2.3 的图

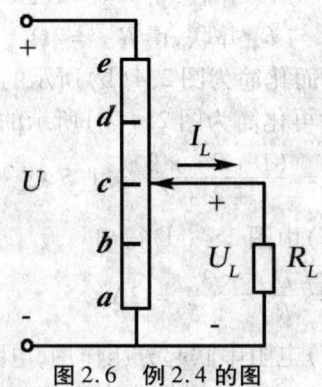

图 2.6 例 2.4 的图

有时不需要精确计算,只要求估算。阻值相差很大的两个电阻,小电阻的分压作用常可忽略不计;如果是并联,则大电阻的分流作用可忽略不计。在本例中,因 $R_1 \gg R_3, R_2 \gg R_3$,所以

R_1 和 R_2 的分流作用可忽略不计,可将等效电阻估算为 $0.8\text{k}\Omega$。

例 2.4 图 2.6 所示的是用变阻器调节负载 R_L 两端电压的分压电路,$R_L = 50\text{k}\Omega$,电源电压 $U = 220\text{V}$,中间环节是变阻器。变阻器的规格是 100Ω、3A。今把它平分四段,在图上用 a、b、c、d、e 等点标出。试求滑动触点分别在 a、c、d、e 点时,负载和变阻器各段所通过的电流及负载电压,并就流过变阻器的电流与其额定电流比较来说明使用时的安全问题。

解 (1) 在 (a) 点:

$$U_L = 0, I_L = 0$$

$$I_{ea} = \frac{U}{R_{ea}} = \frac{220}{100} = 2.2\text{A}$$

(2) 在 (c) 点:

等效电阻 R' 为 R_{ca} 与 R_L 并联,再与 R_{ec} 串联,即

$$R' = \frac{R_{ca}R_L}{R_{ca}+R_L} + R_{ec} = \frac{50 \times 50}{50+50} + 50 = 25 + 50 = 75\Omega$$

$$I_{ec} = \frac{U}{R'} = \frac{220}{75} = 2.93\text{A}$$

$$I_L = I_{ca} = \frac{2.93}{2} = 1.47\text{A}$$

$$U_L = R_L I_L = 50 \times 1.47 = 73.5\text{V}$$

注意,这时滑动触点虽然在变阻器的中点,但是输出电压不等于电源电压的一半,而是 73.5V。

(3) 在 (d) 点:

$$R' = \frac{R_{da}R_L}{R_{da}+R_L} + R_{ed} = \frac{75 \times 50}{75+50} + 25 = 55\Omega$$

$$I_{ed} = \frac{U}{R'} = \frac{220}{55} = 4\text{A}$$

$$I_L = \frac{R_{da}}{R_{da}+R_L} I_{ed} = \frac{75}{75+50} \times 4 = 2.4\text{A}$$

$$I_{da} = \frac{R_L}{R_{da}+R_L} I_{ed} = \frac{50}{75+50} \times 4 = 1.6\text{A}$$

$$U_L = R_L I_L = 50 \times 2.4 = 120\text{V}$$

因 $I_{ed} = 4\text{A} > 3\text{A}$,$ed$ 段电阻有被烧的危险。

(4) 在 e 点:

$$I_{ea} = \frac{U}{R_{ea}} = \frac{220}{100} = 2.2\text{A}$$

$$I_L = \frac{U}{R_L} = \frac{220}{50} = 4.4\text{A}$$

$$U_L = U = 220\text{V}$$

【思考与练习】

1. 试估算图 2.7 所示两个电路中的电流 I。

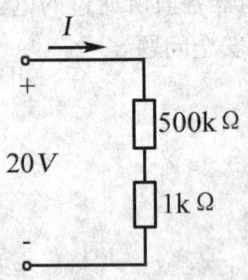 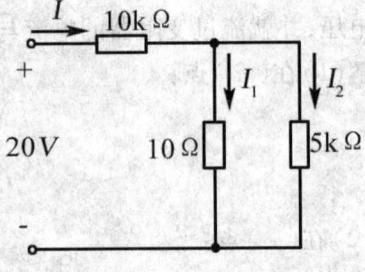

图 2.7 题 1 图

2. 通常电灯开得愈多,总负载电阻愈大还是愈小?

3. 计算图 2.8 所示两个电路中 a、b 间的等效电阻 R_{ab}。

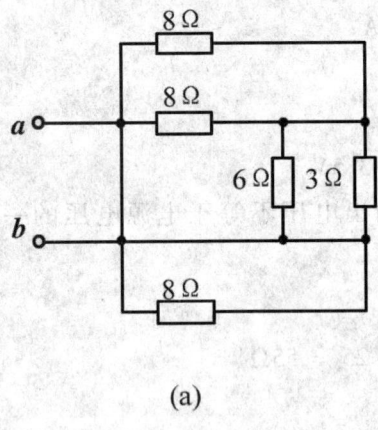 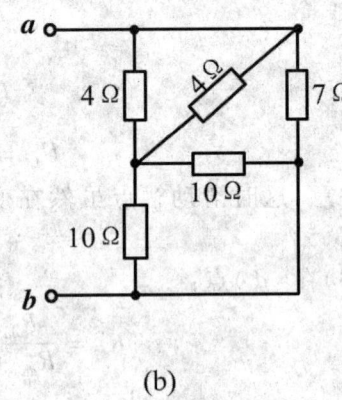

(a) (b)

图 2.8 题 3 图

2.1.3 电阻的混联

若在电阻的联接中既有串联又有并联,则把这种电路称为混联。在电阻的混联电路中,若各个电阻的串、并联关系直接为串、并联电路,则电路中的各量可根据串、并联电路的公式进行计算。

例 2.5 如图 2.9 所示的电路,已知 $u = 100V$,$R_1 = 7.2\Omega$,$R_2 = 64\Omega$,$R_3 = 6\Omega$,$R_4 = 10\Omega$,求电路的等效电阻及其各支路的电流。

解:由图 2.9 可知,R_3 与 R_4 串联,再与 R_2 并联,之后与 R_1 串联,其等效电阻为

$$R = R_1 + \frac{R_2(R_3 + R_4)}{R_2 + (R_3 + R_4)} = 7.2 + \frac{64 \times (6 + 10)}{64 + (6 + 10)} = 20\Omega$$

各支路电流分别为

$$i_1 = \frac{u}{R} = \frac{100}{20} = 5A$$

$$i_2 = \frac{R_3 + R_4}{R_2 + R_3 + R_4} i_1 = \frac{6 + 10}{64 + 6 + 10} \times 5 = 1A$$

$$i_3 = i_1 - i_2 = 5 - 1 = 4A$$

若电路中各个电阻的连接关系不是直接的串、并联关系,则可利用串、并联的特性进行等效,把它变成串、并联关系再进行计算。

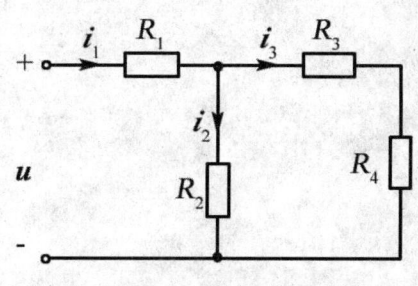

图 2.9 例 2.5 的图

例 2.6 求图 2.10(a)所示电路的等效电阻。

解:由图可知,6Ω、3Ω 和 2Ω 电阻分别连到 a 和 b 两点,而 4Ω 电阻的两端连到同一点 b 上,故被短路。这样图 2.10(a)的电路可以等效成图 2.10(b)的电路,其等效电阻为

$$R = \frac{1}{\frac{1}{6}+\frac{1}{3}+\frac{1}{2}} = 1\Omega$$

若电路中除了电阻,还包含受控源(后面章节详述),其等效电阻可用伏安法来计算。在端电压 u 与总电流 i 关联的方向下,等效电阻 $R = \dfrac{u}{i}$。

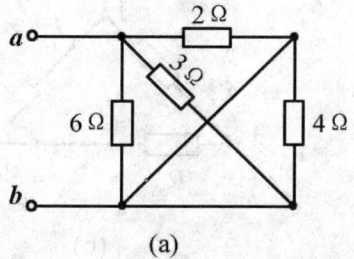
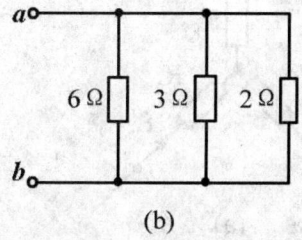

图 2.10 例 2.6 的图

2.2 电阻的星形连接和三角形连接的等效变换

在电阻性电路中,有时电阻的连接既不是串联又不是并联,这样我们用前面介绍的知识是不能解决问题的。例如在图 2.11(a)所示的电路中,要计算电阻 R_{ab} 就不能直接用串、并联的方法。如果对电路加以改变,如将连接到三个节点 1、2、3 且构成三角形连接的电阻 R_{12}、R_{23}、R_{31} 变成星形连接,如图 2.11(b)所示,用星形连接的三个电阻 R_1、R_2、R_3 等效替换 R_{12}、R_{23}、R_{31},这样就可以利用串、并联的方法计算等效电阻 R_{ab} 了。

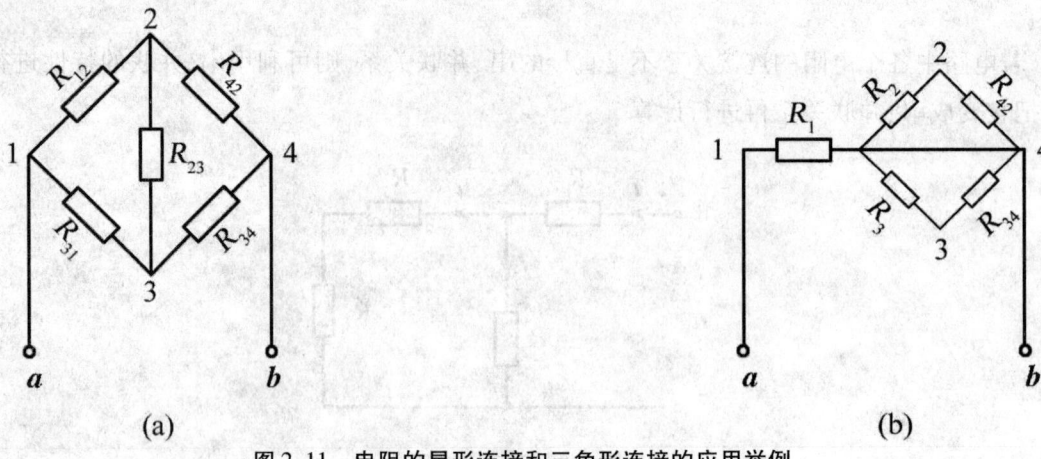

图2.11 电阻的星形连接和三角形连接的应用举例

2.2.1 基本概念

什么是电阻的星形连接和三角形连接呢?

电阻的星形连接也称为 Y 连接。如图 2.12(a)所示的电路中,三个电阻 R_1、R_2、R_3 一端接到一个公共节点上,另一端与外电路1、2、3 点相连,这样的三个电阻构成 Y 连接。

电阻的三角形连接也称为△连接。如图 2.12(b)所示的电路中,三个电阻 R_{12}、R_{23}、R_{31} 分别连到外电路1、2、3 点,这样的三个电阻构成△连接。

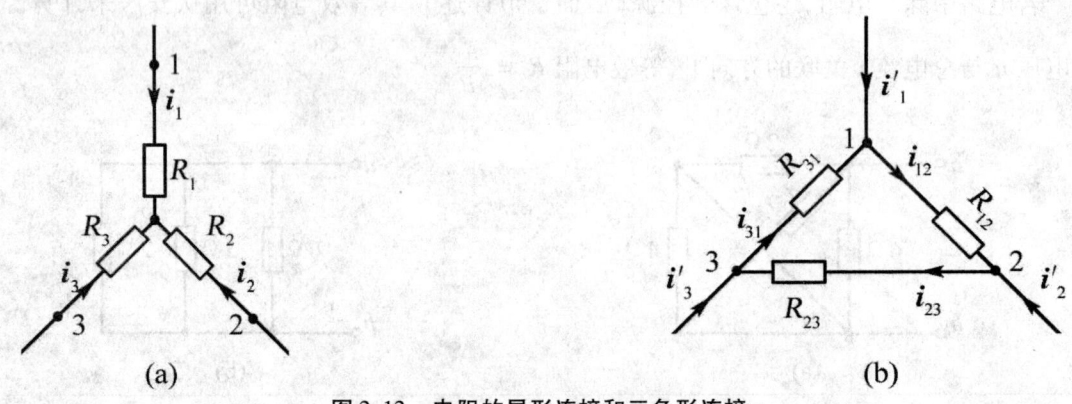

图2.12 电阻的星形连接和三角形连接

2.2.2 电阻的星形连接和三角形连接的等效变换

怎样实现电阻的星形连接和三角形连接的等效变换呢?我们可以根据等效变换的概念来实现。如图 2.12 所示的电路,在(a)图中,三个电阻构成星形连接,在(b)图中,三个电阻构成三角形连接,两电路对外均连在1、2、3 节点上,若在两电路的对应端加上相同的电压 u_{12}、u_{23}、u_{31},且流入对应端的电流分别相等,即 $i_1 = i'_1$、$i_2 = i'_2$、$i_3 = i'_3$,则这两个电路对外等效。

对于△连接电路,各电阻中的电流为

$$i_{12} = \frac{u_{12}}{R_{12}}, \quad i_{23} = \frac{u_{23}}{R_{23}}, \quad i_{31} = \frac{u_{31}}{R_{31}}$$

根据 KCL,各端电流分别为

$$\begin{cases} i'_1 = \dfrac{u_{12}}{R_{12}} - \dfrac{u_{31}}{R_{31}} \\ i'_2 = \dfrac{u_{23}}{R_{23}} - \dfrac{u_{12}}{R_{12}} \\ i'_3 = \dfrac{u_{31}}{R_{31}} - \dfrac{u_{23}}{R_{23}} \end{cases} \tag{2.6}$$

对于 Y 连接电路,根据 KCL 和 KVL 可得方程组

$$\begin{cases} i_1 + i_2 + i_3 = 0 \\ R_1 i_1 - R_2 i_2 = u_{12} \\ R_2 i_2 - R_3 i_3 = u_{23} \end{cases}$$

解方程组得

$$\begin{cases} i_1 = \dfrac{R_3 u_{12}}{R_1 R_2 + R_2 R_3 + R_3 R_1} - \dfrac{R_2 u_{31}}{R_1 R_2 + R_2 R_3 + R_3 R_1} \\ i_2 = \dfrac{R_1 u_{23}}{R_1 R_2 + R_2 R_3 + R_3 R_1} - \dfrac{R_3 u_{12}}{R_1 R_2 + R_2 R_3 + R_3 R_1} \\ i_3 = \dfrac{R_2 u_{31}}{R_1 R_2 + R_2 R_3 + R_3 R_1} - \dfrac{R_1 u_{23}}{R_1 R_2 + R_2 R_3 + R_3 R_1} \end{cases} \tag{2.7}$$

根据等效变换的条件,式(2.6)和式(2.7)各项对应系数应相等,于是得电阻的△连接计算公式,即

$$\begin{cases} R_{12} = \dfrac{R_{12} + R_{23} + R_{31}}{R_3} \\ R_{23} = \dfrac{R_{12} + R_{23} + R_{31}}{R_1} \\ R_{31} = \dfrac{R_{12} + R_{23} + R_{31}}{R_2} \end{cases} \tag{2.8}$$

利用式(2.8)可以将电阻的 Y 连接等效替换成电阻的△连接,同时利用式(2.8)也可以求出将电阻的△连接等效替换成电阻的 Y 连接计算公式,即

$$\begin{cases} R_1 = \dfrac{R_{12} R_{31}}{R_{12} + R_{23} + R_{31}} \\ R_2 = \dfrac{R_{12} R_{23}}{R_{12} + R_{23} + R_{31}} \\ R_3 = \dfrac{R_{23} R_{31}}{R_{12} + R_{23} + R_{31}} \end{cases} \tag{2.9}$$

式(2.8)和式(2.9)等效变换公式非常有规律,可结合电阻在不同电路中的表示方式来记忆。

一种特例,若 Y 连接中三个电阻相等,即 $R_1 = R_2 = R_3 = R_Y$,则等效△连接中三个电阻也相等,它们为 $R_{12} = R_{23} = R_{31} = R_\triangle = 3R_Y$。

2.2.3 应用举例

例 2.7 求图 2.13(a)所示桥形电路的总电阻 R_{ab}。

解:方法一:将连接到节点 1、2、3 上三个 △ 连接的电阻等效变换成 Y 连接,由于 $R_\triangle = 6\Omega$,可得 $R_Y = \frac{1}{3}R_\triangle = \frac{1}{3} \times 6 = 2\Omega$,等效电路如图 2.13(b)所示,对应等效电阻为

$$R_{ab} = 2 + \frac{(2+6) \times (2+2)}{(2+6) + (2+2)} = \frac{14}{3}\Omega$$

方法二:将连接到节点 2 上的三个电阻等效变换为 △ 连接。由于 $R_Y = 6\Omega$,可得 $R_\triangle = 3R_Y = 3 \times 6 = 18\Omega$,等效电路如图 2.13(c)所示,对应等效电阻为

$$R_{ab} = \frac{\left(\frac{6 \times 18}{6+18} + \frac{2 \times 18}{2+18}\right) \times 18}{\left(\frac{6 \times 18}{6+18} + \frac{2 \times 18}{2+18}\right) + 18} = \frac{14}{3}\Omega$$

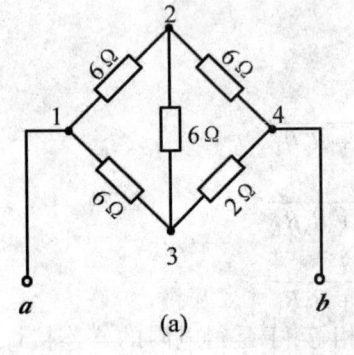 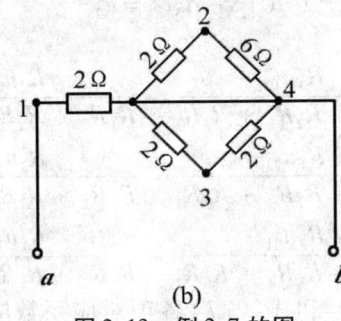 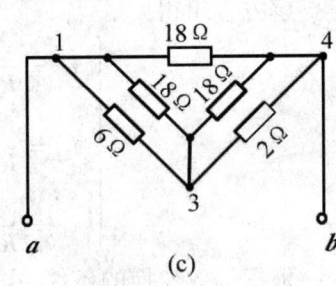

(a)　　　　　　　　　　(b)　　　　　　　　　　(c)

图 2.13　例 2.7 的图

【思考与练习】

1. 写出电阻的 Y 连接与 △ 连接的等效变换公式。
2. 电路如图 2.14 所示,若求电阻 R_{ab},有几种等效方法?试画出其等效电路。

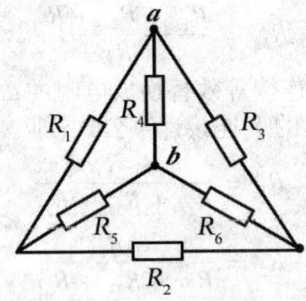

图 2.14　题 2 的图

2.3　电压源与电流源及其等效变换

一个电源可以用两种不同的电路模型来表示。一种是用电压的形式来表示,称为电压源;一种是用电流的形式来表示,称为电流源。

2.3.1 电压源

任何一个电源,例如发电机、电池或各种信号源,都含有电动势 E 和内阻 R_0。在分析与计算电路时,往往把它们分开,组成由 E 和 R_0 串联的电路模型,此即电压源,如图 2.15 所示。图中,U 是电压源端电压,R_L 是负载电阻,I 是负载电流。

图 2.15 电压源电路

根据图 2.15(a)所示的电路可得出

$$U = E - R_0 I \tag{2.10}$$

由此可作出电压源的外特性曲线,如图 2.16 所示。当电压源开路时,$I = 0$,$U = U_0 = E$;当短路时,$U = 0$,$I = I_S = \dfrac{E}{R_0}$,内阻 R_0 愈小,则直线愈平。

当 $R_0 = 0$,电压源 U 恒等于电动势 E,是一定值,而其中的电流 I 则是任意的,由负载电阻 R_L 及电压 U 本身确定。这样的电压源称为理想电压源或恒压源,其符号及电路如图 2.17 所示。它的外特性曲线将是与横轴平行的一条直线,如图 2.16 所示。

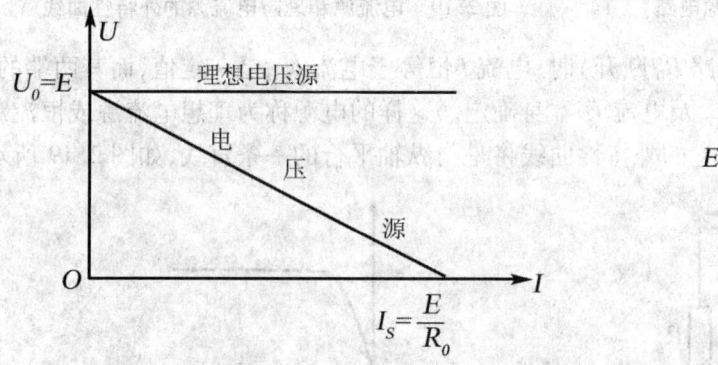

图 2.16 电压源和理想电压源的外特性曲线

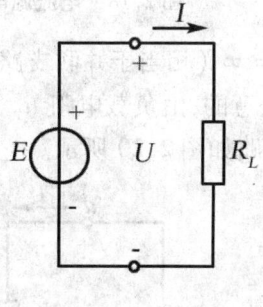

图 2.17 理想电压源电路

理想电压源是理想的电源,如果一个电源的内阻远较负载的电阻为小,即 R_0 远远小于 R_L 时,则内阻压降 $R_0 I$ 远远小于 U,于是 $U \approx E$,基本上恒定,可以认为是理想电压源。通常用的稳压电源也可以认为是一个理想电压源。

2.3.2 电流源

电源除用电动势 E 和内阻 R_0 串联的电路模型来表示外,还可用另一种电路模型来表示。如将式(2.10)两端除以 R_0,则得

$$\frac{U}{R_0} = \frac{E}{R_0} - I = I_S - I$$

即

$$I_S = \frac{U}{R_0} + I \qquad (2.11)$$

式中，$I_S = \frac{E}{R_0}$ 为电源的短路电流；

I 是负载电流；而 $\frac{U}{R_0}$ 是引出的另一个电流，如图2.18所示。

图2.18是用电流来表示电源的电路模型，此即电流源，两条支路并联，其中电流分别为 I_S 和 $\frac{U}{R_0}$。对负载电阻 R_L 讲，与图2.15(b)是一样的，其上电压 U 和通过的电流 I 没有改变。

由式(2.11)可作出电流源的外特性曲线，如图2.19所示。当电流源开路时，$I = 0$，$U = U_0 = I_S R_0$；当短路时，$U = 0$，$I = I_S$。内阻 R_0 愈大，则直线愈陡。

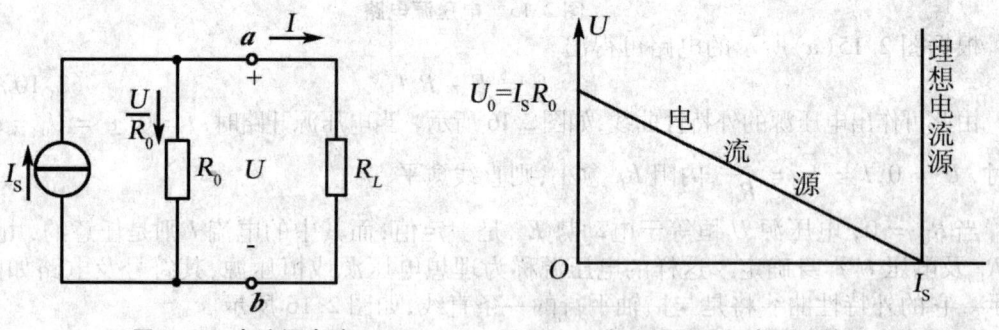

图2.18 电流源电路　　　图2.19 电流源和理想电流源的外特性曲线

当 $R_0 = \infty$（相当于并联支路 R_0 断开）时，电流 I 恒等于电流 I_S，是一定值，而其两端的电压 U 则是任意的，由负载电阻 R_L 及电流 I_S 本身确定。这样的电源称为理想电流源或恒流源，其符号及电路如图2.20所示。它的外特性曲线将是与纵轴平行的一条直线，如图2.19所示。

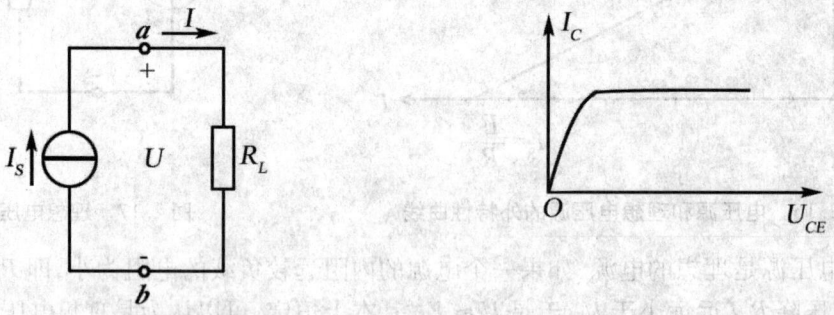

图2.20 理想电流源电路　　　图2.21 晶体管的输出特性

理想电流源也是理想的电源，如果一个电源的内阻远较负载的电阻为大，即 R_0 远远小于 R_L 时，则 $I \approx I_S$ 基本上恒定，可以认为是理想电流源。晶体管也可以近似地认为是一个理想电流源。因为从它的输出特性[图2.21]可见，当基极电流 I_B 为某个值并当 U_{CE} 超过一定值时，电流 I_C 可以近似地认为不随电压 U_{CE} 而变。

2.3.3 电压源与电流源的等效变换

电压源的外特性(图 2.16)和电流源的外特性(图 2.19)是相同的。因此,电源的两种电路模型,即电压源和电流源相互间是等效的,可以等效变换。

但是,电压源和电流源的等效关系是只对外电路而言的,至于对电源内部,则是不等效的。例如在图 2.15(b)中,当电压源开路时,$I = 0$,电源内阻 R_0 上不损耗功率;但在图 2.18 中,当电流源开路时,电源内部仍有电流,内阻 R_0 上有功率损耗。当电压源和电流源短路时也是这样,两者对外电路是等效的($U = 0, I_S = \frac{E}{R_0}$),但电源内部的功率损耗是不一样的,电压源有损耗,而电流源无损耗(R_0 被短路,其中不通过电流)。

例 2.8 有一直流发电机,$E = 230\text{V}, R_0 = 1\Omega$,当负载电阻 $R_L = 22\Omega$ 时,用电源的两种电路模型分别求电压 U 和电流 I,并计算电源内部的损耗功率和内阻压降,看是否也相等?

解 图 2.22 所示的是电压源电路和电流源电路。

(1)计算电压 U 和电流 I

在图 2.22(a)中

$$I = \frac{E}{R_L + R_0} = \frac{230}{22 + 1} = 10\text{A}$$

$$U = R_L I = 22 \times 10 = 220\text{V}$$

在图 2.22(b)中

$$I = \frac{R_L}{R_L + R_0} I_S = \frac{1}{22 + 1} \times 230 = 10\text{A}$$

$$U = R_L I = 22 \times 10 = 220\text{V}$$

(2)计算内阻压降和电源内部损耗的功率

在图 2.22(a)中

$$R_0 I = 1 \times 10 = 10\text{V}$$

在图 2.22(b)中

$$\triangle P_0 = R_0 I^2 = 1 \times 10^2 = 100\text{W} \qquad \frac{U}{R_0} R_0 = 220V$$

$$\triangle P_0 = (\frac{U}{R_0})^2 R_0 = \frac{U^2}{R_0} = \frac{220^2}{1} = 48400 W = 48.4\text{kW}$$

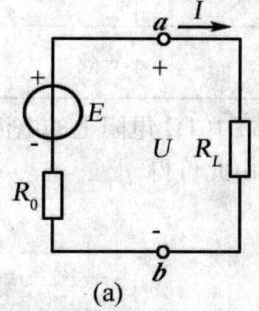
(a)

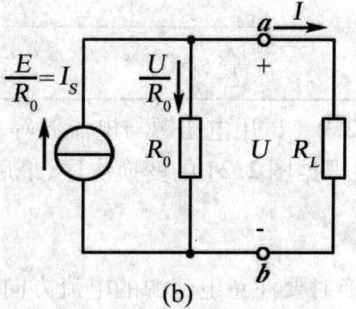
(b)

图 2.22 例 2.8 的电路

因此,电压源和电流源对外电路而言,相互间是等效的;但对电源内部讲,是不等效的。

上面所讲的电源的两种电路模型,实际上,一种是电动势为 E 的理想电压源和内阻 R_0 串联的电路;一种是电流为 I_S 的理想电流源和 R_0 并联的电路。

一般不限于内阻 R_0,只要一个电动势为 E 的理想电压源和某个电阻 R 串联的电路,都可以化为一个电流为 I_S 的理想电流源和这个电阻并联的电路,如图 2.23 所示,两者是等效的,其中

$$I_S = \frac{E}{R} \text{ 或者 } E = RI_S$$

在分析与计算电路时,也可以用这种等效变换的方法。

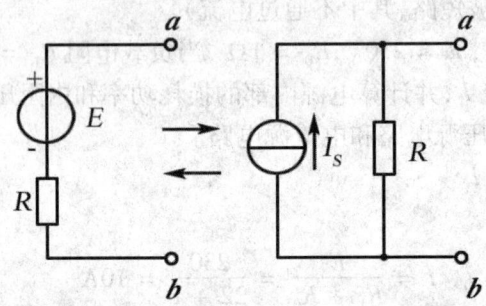

图 2.23 电压源和电流源的等效变换

但是,理想电压源和理想电流源本身之间没有等效的关系。因为对理想电压源讲,其短路电流为无穷大;对理想电流源讲,其开路电压为无穷大,都不能得到有效的数值,故两者之间不存在等效变换的条件。电压源和电流源的对照如表 2.1 所示。

表 2.1 电压源和电流源的对照

电源 状态		电压源	电流源	理想电压源	理想电压源
开路	U	E	$R_0 I_S$	E	×
	I	0	0	0	×
短路	U	0	0	×	0
	I	$\frac{E}{R_0}$	I_S	×	I_S
等效条件		$E = R_0 I_S, \frac{E}{R_0} = I_S$		不等效	

例 2.9 试用电压源与电流源等效变换的方法计算图 2.24(a)中 1Ω 电阻上的电流。

解:根据图 2.24 的变换次序,最后化简为图 2.24(f)的电路,由此可得

$$I = \frac{2}{2+1} \times 3 = 2A$$

变换时要注意电流源的电流方向和电压源的电压极性。

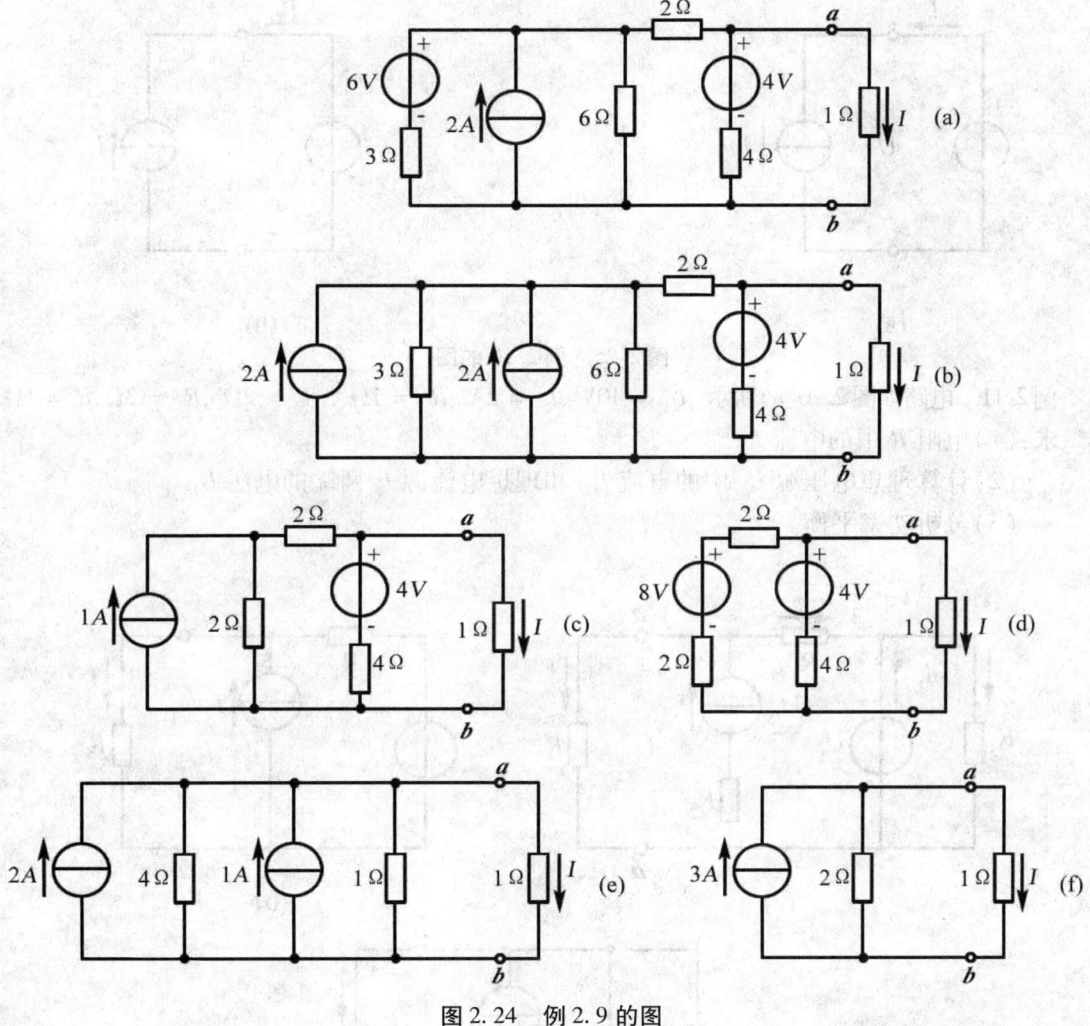

图 2.24 例 2.9 的图

例 2.10 在图 2.25 中，一个理想电压源和一个理想电流源相联，试讨论它们的工作状态。

解：在图 2.25 所示电路中，理想电压源中的电流（大小和方向）决定于理想电流源的电流 I，理想电流源两端的电压决定于理想电压源的电压 U。

在图 2.25(a) 所示电路中，电流从电压源的正端流出（U 和 I 的实际方向相反），而流进电流源（U 和 I 的实际方向相同），故电压源处于电源状态，发出功率 $P = UI$，而电流源则处于负载状态，取用功率 $P = UI$。

在图 2.25(b) 所示电路中，电流从电流源流出（U 和 I 的实际方向相反），而流进电压源的正端（U 和 I 的实际方向相同），故电流源发出功率，处于电源状态，而电压源取用功率，则处于负载状态。

(a)   (b)

图 2.25 例 2.10 的图

例 2.11 电路如图 2.26(a)所示，$U_1 = 10V$，$I_S = 2A$，$R_1 = 1\Omega$，$R_2 = 2\Omega$，$R_3 = 3\Omega$，$R = 1\Omega$。求：(1)电阻 R 中的电流 I；

(2)计算理想电压源 U_1 中的电流 I_{U1} 和理想电流源 I_S 两端的电压 U_{IS}；

(3)分析功率平衡。

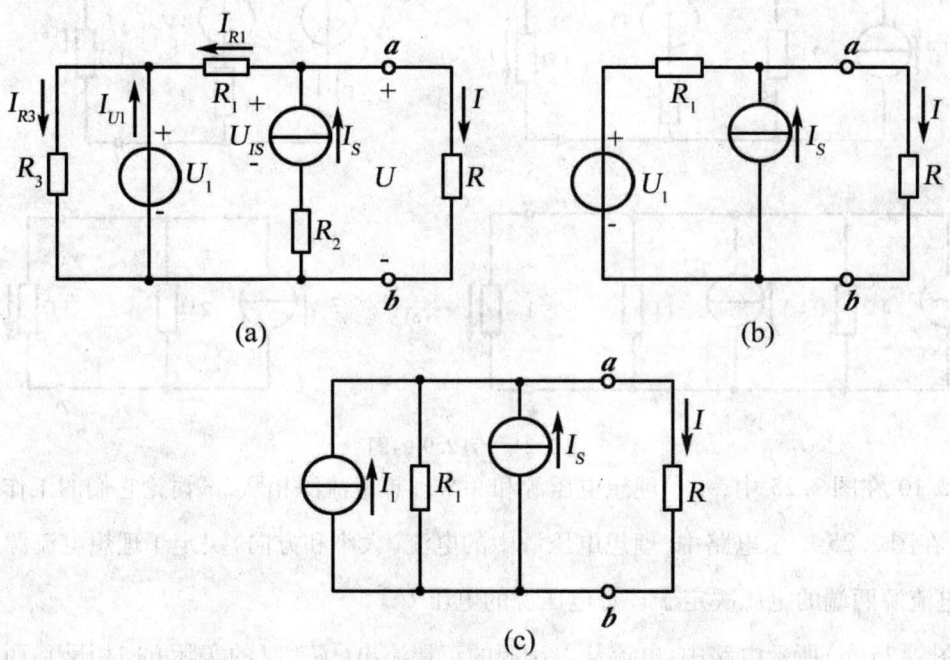

图 2.26 例 2.11 的图

解：(1)可将与理想电压源 U_1 并联的电阻 R_3 除去(断开)，并不影响该并联电路两端的电压 U_1，也可将与理想电流源串联的电阻 R_2 除去(短接)，并不影响该支路中的电流 I_S。这样化简后得出图 2.26(b)所示的电路。而后将电压源 (U_1, R_1) 等效变为电流源 (I_1, R_1)，得出图 2.26(c)所示的电路。由此可得

$$I_1 = \frac{U_1}{R_1} = \frac{10}{1} = 10A$$

$$I = \frac{I_1 + I_S}{2} = \frac{10 + 2}{2} = 6\text{A}$$

（2）应注意，求理想电压源 U_1 和电阻 R_3 中的电流和理想电流源 I_S 两端的电压以及电源的功率时，相应的电阻 R_3 和 R_2 应保留。

在图 2.26(a) 中

$$I_{R1} = I_S - I = 2 - 6 = -4\text{A}$$

$$I_{RS} = \frac{U_1}{R_3} = \frac{10}{5} = 2\text{A}$$

于是，理想电压源 U_1 中的电流

$$I_{U1} = I_{R3} - I_{R1} = 2 - (-4) = 6\text{A}$$

理想电流源 I_S 两端的电压

$$U_{IS} = U + R_2 I_S = RI + R_2 I_S = 1 \times 6 + 2 \times 2 = 10\text{V}$$

（3）本例中，理想电压源 U_1 和理想电流源 I_S 都是电源，它们发出的功率分别为

$$P_{U1} = U_1 I_{U1} = 10 \times 6 = 60\text{W}$$

$$P_{IS} = U_{IS} I_S = 10 \times 2 = 20\text{W}$$

各个电阻所消耗或取用的功率分别为

$$P_R = RI^2 = 1 \times 6^2 = 36\text{W}$$

$$P_{R1} = R_1 I_{R1}^2 = 1 \times (-4)^2 = 16\text{W}$$

$$P_{R2} = R_2 I_S^2 = 2 \times 2^2 = 8\text{W}$$

$$P_{R3} = R_3 I_{R3}^2 = 5 \times 2^2 = 20\text{W}$$

两者平衡

$$60 + 20 = 36 + 16 + 8 + 20$$

$$80\text{W} = 80\text{W}$$

【思考与练习】

1. 把图 2.27 中的电压源变换为电流源，电流源变换为电压源。

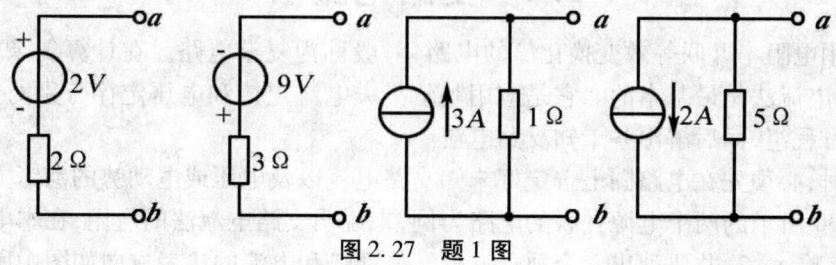

图 2.27 题 1 图

2. 如图 2.28 所示的两个电路，试问：

（1）R_1 是不是电源的内阻？

（2）R_2 中的电流 I_2 及其两端的电压 U_2 各等于多少？

（3）改变 R_2 的阻值，对 I_2 和 U_2 有无影响？

（4）理想电压源中的电流 I 和理想电流源两端的电压 U 各等于多少？

（5）改变 R_1 的阻值，对（4）中的 I 和 U 有无影响？

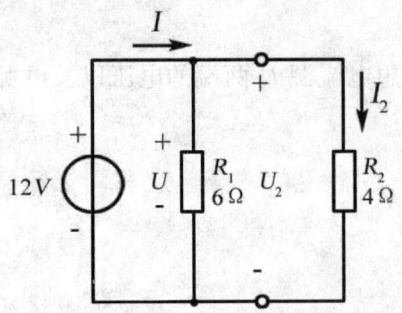
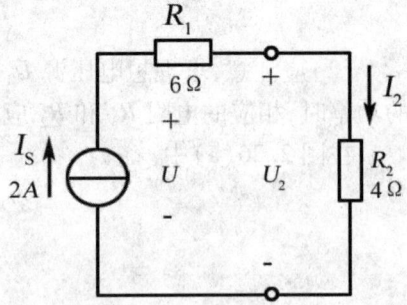

图 2.28 题 2 图

3. 如图 2.29 所示的两个电路,试问:

(1)负载电阻中的电流及其两端的电压各为多少?如果在图(a)除去(断开)与理想电压源并联的理想电流源,在图(b)除去(短接)与理想电流源串联的理想电压源,对计算结果有无影响?

(2)判别理想电压源和理想电流源,何者为电源,何者为负载?

(3)试分析功率平衡关系。

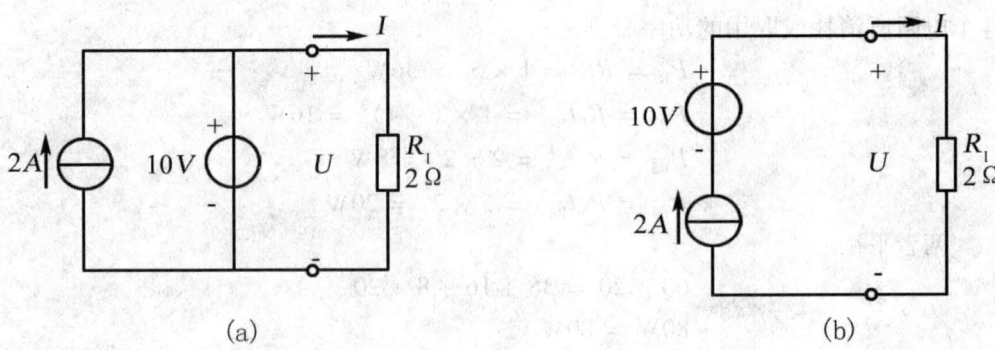

图 2.29 题 3 图

2.4 支路电流法

凡不能用电阻串并联等效变换化简的电路,一般称为复杂电路。在计算复杂电路的各种方法中,支路电流法是最基本的。它是应用基尔霍夫电流定律和电压定律分别对节点和回路列出所需的方程组,而后解出各未知支路电流。

列方程时,必须先在电路图上选定好未知支路电流以及电压或电动势的参考方向。

以图 2.30 所示的两个电源并联的电路为例,来说明支路电流法的应用,在本电路中,支路数 $b=3$,节点数 $n=2$,共要列出 3 个独立方程。电动势和电流的参考方向如图中所示。

首先,应用基尔霍夫电流定律对节点 a 列出

$$I_1 + I_2 - I_3 = 0 \tag{2.12}$$

对节点 b 列出 $\quad I_3 - I_1 - I_2 = 0 \tag{2.13}$

式(2.13)即为式(2.12),它是非独立的方程。因此,对具有两个节点的电路,应用电流定律只能列出 $2-1=1$ 个独立方程。

一般地说,对 n 个节点的电路应用基尔霍夫电流定律只能得到 $n-1$ 个独立方程。

其次,应用基尔霍夫电压定律列出其余 $b-(n-1)$ 个方程,通常可取单孔回路(或称网孔)列出。在图 2.30 中有两个单孔回路。对左面的单孔回路可列出

$$E_1 = R_1I_1 + R_3I_3 \quad (2.14)$$

对右面的单孔回路可列出

$$E_2 = R_2I_2 + R_3I_3 \quad (2.15)$$

单孔回路数目恰好等于 $b-(n-1)$。

应用基尔霍夫电流定律和电压定律一共可以列出 $n-1+[b-(n-1)]$ 个独立方程,所以能解出 b 个支路方程。

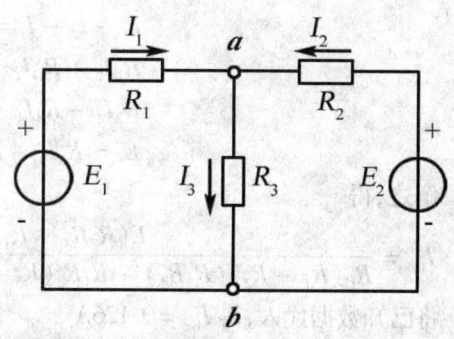

图 2.30 两个电源并联的电路

例 2.12 在如图 2.30 所示的电路中,设 $E_1 = 140V, E_2 = 90V, R_1 = 20\Omega, R_2 = 5\Omega, R_3 = 6\Omega$。试求各支路电流。

解:应用基尔霍夫电流定律和电压定律列出式(2.12)、式(2.14)及式(2.15),并将已知数据代入,即得

$$I_1 + I_2 - I_3 = 0$$
$$140 = 20I_1 + 6I_3$$
$$90 = 5I_2 + 6I_3$$

解之,得

$$I_1 = 4A$$
$$I_2 = 6A$$
$$I_3 = 10A$$

解出的结果是否正确,有必要时可以验算。一般方法有下列两种:

(1)选出求解时未用过的回路,应用基尔霍夫电压定律进行验算。

在本例中,可对外围回路列出

$$E_1 - E_2 = R_1I_1 - R_2I_2$$

代入已知数据,得

$$140 - 90 = 20 \times 4 - 5 \times 6$$
$$50V = 50V$$

(2)用电路中功率平衡关系进行验算

$$E_1I_1 + E_2I_2 = R_1I_1^2 + R_2I_2^2 + R_3I_3^2$$
$$140 \times 4 + 90 \times 6 = 20 \times 4^2 + 5 \times 6^2 + 6 \times 10^2$$
$$560 + 540 = 320 + 180 + 600$$
$$1100W = 1100W$$

即两个电源产生的功率等于各个电阻上损耗的功率。

例 2.13 在如图 2.31 所示的桥式电路中,设 $E = 12V, R_1 = R_2 = 5\Omega, R_3 = 10\Omega, R_4 = 5\Omega$。中间支路是一检流计,其中电阻 $R_G = 10\Omega$。试求检流计中电流 I_G。

解:这个电路的支路数 $b = 6$,节点数 $n = 4$。因此应用基尔霍夫定律列出下列六个方程:

$$I_1 - I_2 - I_G = 0$$
$$I_3 - I_G - I_4 = 0$$
$$I_2 - I_2 - I = 0$$
$$R_1I_1 + R_GI_G - R_3I_3 = 0$$
$$R_2I_2 - R_4I_4 - R_GI_G = 0$$
$$E = R_3I_3 + R_4I_4$$

解之,得

$$I_G = \frac{E(R_2R_3 - R_1R_4)}{R_G(R_1+R_2)(R_3R_4) + R_1R_2(R_3+R_4) + R_3R_4(R_1+R_2)}$$

将已知数据代入,得 $I_G = 0.126A$

当 $R_2R_3 = R_1R_4$ 时,$I_G = 0$,这时电桥平衡。

可见当支路数较多而只求一条支路的电流时,用支路电流法计算,步骤极为繁杂,我们将在后续章节中用其他方法计算。

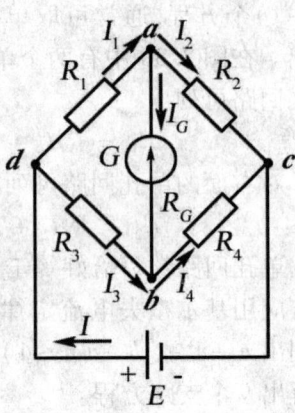

图 2.31 例 2.13 的电路

例 2.14 将例 2.12 的电路[重画于图 2.32(a)]中左边的支路化为用电流源表示的电路,如图 2.32(b)所示,用支路电流法求 I_3。

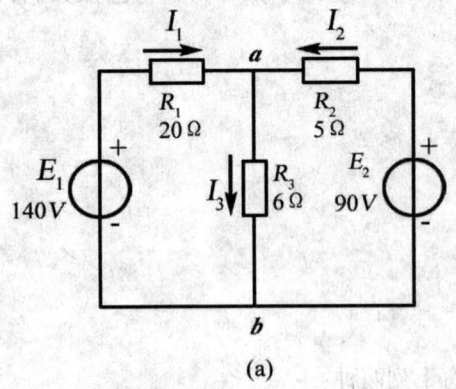

(a)

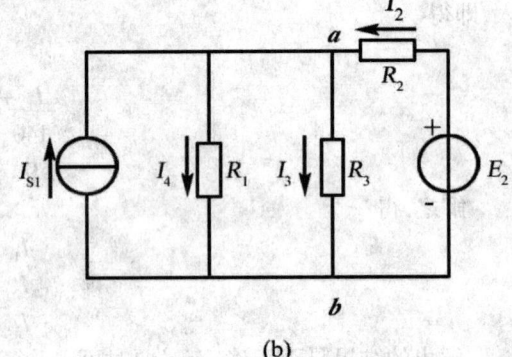

(b)

图 2.32 例 2.14 的电路

解:在图 2.32 中

$$I_{S1} = \frac{E_1}{R_1} = \frac{140}{20} = 7A$$

在图 2.32(b)中,虽然有四条支路,但因 I_{S1} 已知,故可少列一个回路电压方程。
用基尔霍夫电流定律对节点和应用电压定律对右、中两个单孔回路分别列出方程:

$$I_{S1} - I_4 - I_3 + I_2 = 0$$
$$R_2I_2 + R_3I_3 = 0$$
$$R_1I_4 - R_3I_3 = 0$$

将例 2.12 中的已知数据代入,得

$$7 - I_4 - I_3 + I_2 = 0$$
$$5I_2 + 6I_3 = 0$$
$$20I_4 - 6I_3 = 0$$

解之,得

$$I_3 = 10\text{A}$$

【思考与练习】

1. 图 2.30 所示的电路共有三个回路,是否也可应用基尔霍夫电压定律列出三个方程求解三个支路电流?

2. 对图 2.30 所示的电路,下列各式是否正确?

$$I_1 = \frac{E_1 - E_2}{R_1 + R_2}, I_1 = \frac{E_1 - U_{ab}}{R_1 + R_3}$$

$$I_2 = \frac{E_2}{R_2}, I_2 = \frac{E_2 - U_{ab}}{R_2}$$

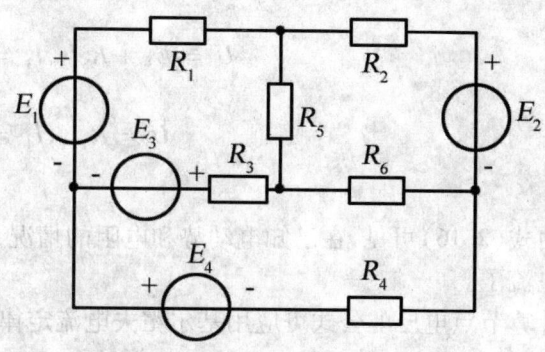

图 2.33 题 3 图

3. 图 2.33 所示电路有多少支路?在图上画出支路电流,并自选参考方向,而后列出求解各支路电流所需的方程。

4. 试总结用支路电流法求解复杂电路的步骤。

2.5 节点电压法

图 2.34 所示的电路有一特点,就是只有两个节点 a 和 b。节点间的电压 U 称为节点电压,在图中,其参考方向由 a 指向 b。

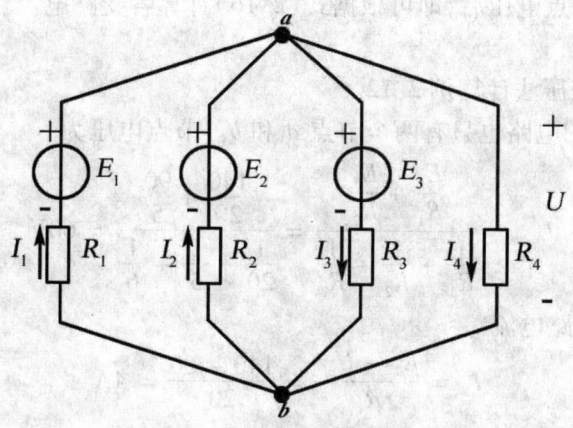

图 2.34 具有两个节点的复杂电路

各支路的电流可应用基尔霍夫电压定律或欧姆定律得出

$$U = E_1 - R_1 I_1, \quad I_1 = \frac{E_1 - U}{R_1}$$

$$U = E_2 - R_2 I_2, \quad I_2 = \frac{E_2 - U}{R_2}$$

$$U = E_3 + R_3 I_3, \quad I_3 = \frac{-E_3 + U}{R_3}$$

$$U = R_4 I_4, \quad I_4 = \frac{U}{R_4}$$

(2.16)

由式(2.16)可见,在已知电动势和电阻的情况下,只要先求出节点电压 U,就可以计算各支路电流了。

计算节点电压的公式可应用基尔霍夫电流定律得出。在图 2.34 中,

$$I_1 + I_2 - I_3 - I_4 = 0$$

将式(2.16)代入上式,则得

$$\frac{E_1 - U}{R_1} + \frac{E_2 - U}{R_2} - \frac{-E_3 + U}{R_3} - \frac{U}{R_4} = 0$$

经整理后即得出节点电压的公式

$$U = \frac{\dfrac{E_1}{R_1} + \dfrac{E_2}{R_2} + \dfrac{E_3}{R_3}}{\dfrac{1}{R_1} + \dfrac{1}{R_2} + \dfrac{1}{R_3} + \dfrac{1}{R_4}} = \frac{\sum \dfrac{E}{R}}{\sum \dfrac{1}{R}} \qquad (2.17)$$

在上式中,分母的各项总为正;分子的各项可以为正,也可以为负。当电动势和节点的电压参考方向相反时取正号,相同时则取负号,而与各支路电流的参考方向无关。

由式(2.17)求出节点电压后,即可根据式(2.16)计算各支路电流。这种计算方法就称为节点电压法。

例 2.15 用节点电压法计算例 2.12。

解 图 2.30 所示的电路也只有两个节点 a 和 b。节点电压为

$$U_{ab} = \frac{\dfrac{E_1}{R_1} + \dfrac{E_2}{R_2}}{\dfrac{1}{R_1} + \dfrac{1}{R_2} + \dfrac{1}{R_3}} = \frac{\dfrac{140}{20} + \dfrac{90}{5}}{\dfrac{1}{20} + \dfrac{1}{5} + \dfrac{1}{6}} = 60\text{V}$$

由此可计算出各支路电流:

$$I_1 = \frac{E_1 - U_{ab}}{R_1} = \frac{140 - 60}{20} = 4\text{A}$$

$$I_2 = \frac{E_2 - U_{ab}}{R_2} = \frac{90 - 60}{5} = 6\text{A}$$

$$I_1 = \frac{U_{ab}}{R_3} = \frac{60}{6} = 10\text{A}$$

例 2.16 用节点电压法计算例 2.14 的电路[图 2.32(b)]的电压 U_{ab}。

解:图 2.32(b)所示的电路有两个节点和四条支路,但与前不同,其中一条支路是理想电流源 I_{S1},故节点电压的公式要改为

$$U_{ab} = \frac{I_{S1} + \dfrac{E_2}{R_2}}{\dfrac{1}{R_1} + \dfrac{1}{R_2} + \dfrac{1}{R_3}}$$

在此，I_{S1} 与 U_{ab} 的参考方向相反，故取正号；否则，取负号。
将已知数据代入上式，则得

$$U_{ab} = \frac{7 + \dfrac{90}{5}}{\dfrac{1}{20} + \dfrac{1}{6} + \dfrac{1}{5}} = 60\text{V}$$

例2.17 试求图2.35所示电路中的 U_{A0} 和 I_{A0}。
解：图2.35所示电路也只有两个节点：A 点和参考点 O 点。U_{A0} 即为节点电压或 A 点的电位 V_A。

$$U_{A0} = \frac{-\dfrac{4}{2} + \dfrac{6}{3} - \dfrac{8}{4}}{\dfrac{1}{2} + \dfrac{1}{3} + \dfrac{1}{4} + \dfrac{1}{4}} = \frac{-2}{\dfrac{4}{3}} = -1.5\text{V}$$

$$I_{A0} = -\frac{1.5}{4} = -0.375\text{A}$$

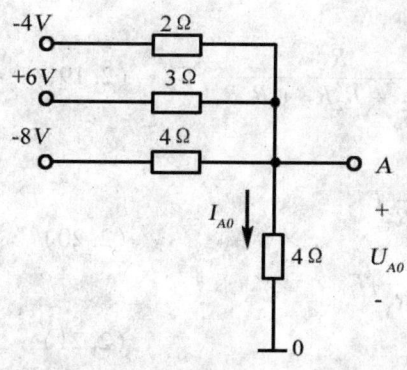

图2.35 例2.17 的电路

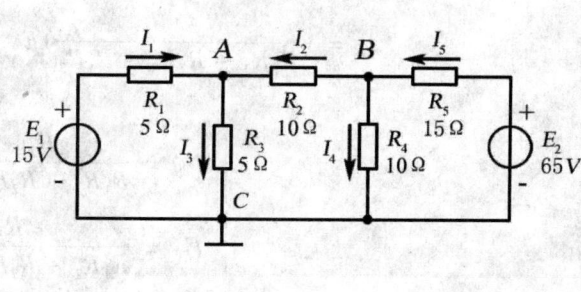

图2.36 例2.18 的电路

例2.18 计算图2.36所示电路中的 A 点和 B 点的电位。C 点为参考点（$V_C = 0$）。
解：图2.36所示电路有三个节点，设其中一个为参考点，则其他两个节点的电位也可按本节方法计算。
应用基尔霍夫电流定律对节点 A 和 B 列方程

$$\begin{cases} I_1 + I_2 - I_3 = 0 \\ I_5 - I_2 - I_4 = 0 \end{cases}$$

应用欧姆定律求各电流：

$$I_1 = \frac{15 - V_A}{5}, I_2 = \frac{V_B - V_A}{10}, I_3 = \frac{V_A}{5}, I_4 = \frac{V_B}{10}, I_5 = \frac{65 - V_B}{15}$$

将各电流代入上式

$$\begin{cases} \dfrac{15 - V_A}{5} + \dfrac{V_B - V_A}{10} - \dfrac{V_A}{5} = 0 \\ \dfrac{65 - V_B}{15} - \dfrac{V_B - V_A}{10} - \dfrac{V_B}{10} = 0 \end{cases}$$

化简

$$5V_A - V_B = 30$$
$$-3V_A + 8V_B = 130$$

解之，得 $V_A = +10\text{V}, V_B = +20\text{V}$

2.6 叠加原理

在图 2.37(a)所示电路中有两个电源，各支路中的电流是由这两个电源共同作用产生的。对于线性电路，任何一支路中的电流，都可以看成是由电路中各个电源(电压源或电流源)分别作用时，在此支路中所产生的电流的代数和，这就是叠加原理。

叠加原理的正确性可用下面的例子来说明：

如以图 2.37(a)中支路电流为例，它可用支路电流法求出，即应用基尔霍夫定律列出方程组

$$\begin{cases} I_1 + I_2 - I_3 = 0 \\ E_1 = R_1 I_1 + R_3 I_3 \\ E_2 = R_2 I_2 + R_3 I_3 \end{cases} \quad (2.18)$$

而后解之，得

$$I_1 = \left(\frac{R_2 + R_3}{R_1 R_2 + R_2 R_3 + R_1 R_3}\right) E_1 - \left(\frac{R_3}{R_1 R_2 + R_2 R_3 + R_1 R_3}\right) E_2 \quad (2.19)$$

设

$$\begin{cases} I'_1 = \dfrac{R_2 + R_3}{R_1 R_2 + R_2 R_3 + R_1 R_3} E_1 \\ I''_1 = \dfrac{R_3}{R_1 R_2 + R_2 R_3 + R_1 R_3}) E_1 \end{cases} \quad (2.20)$$

于是
$$I_1 = I'_1 - I''_1 \quad (2.21)$$

显然，I'_1 是当电路中只有 E_1 单独作用时，在第一支路中所产生的电流[图 2.37(b)]。而 I''_1 是当电路中只有 E_2 单独作用时，在第一支路中所产生的电流[图 2.37(c)]。因为 I''_1 的方向同 I_1 的参考方向相反，所以带负号。

同理
$$I_2 = I''_2 - I'_2 \quad (2.22)$$
$$I_3 = I'_3 + I''_3 \quad (2.23)$$

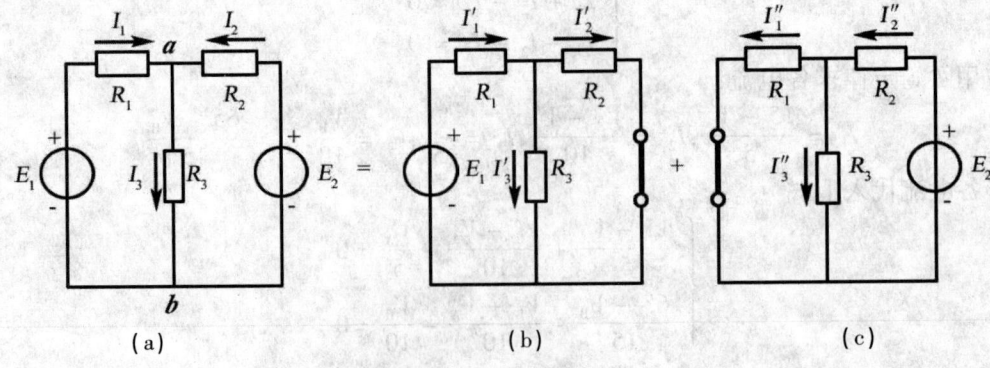

图 2.37 叠加原理

所谓电路中只有一个电源单独作用，就是假设将其余的电源均除去（将各个理想电压源短接，即其电动势为零；将各个理想电流源开路，即其电流为零），但是它们的内阻（如果给出的话）仍应计算在内。

用叠加原理计算复杂电路，就是把一个多电源的复杂电路化为几个单电源电路来进行计算。

从数学上看，叠加原理就是线性方程的可加性。由前面支路电流法和节点电压法得出的都是线性代数方程，所以支路电流或电压都可以用叠加原理来求解。但功率的计算就不能用叠加原理，如图2.37(a)中电阻R_3上的功率为例，显然

$$P_3 = R_3 I_3^2 = R_3(I'_3 + I''_3) \neq R_3 I'_3 + R_3 I''_3$$

这是因为电流与功率不成比例，它们之间不是线性关系。

叠加原理不仅可以用来计算复杂电路，而且也是分析与计算线性问题的普遍原理，以后经常用到。

例2.19 用叠加原理计算例2.12，即图2.37(a)所示电路中的各个电流。

解：图2.37(a)所示电路的电流可以看成由图2.37(b)所示电路和图2.37(c)所示两个电路的电流叠加起来的。

在图2.37(b)中

$$I'_1 = \frac{E_1}{R_1 + \frac{R_2 R_3}{R_2 + R_3}} = \frac{140}{20 + \frac{5 \times 6}{5 + 6}} = 6.16\text{A}$$

$$I'_2 = \frac{R_3}{R_2 + R_3} I'_1 = \frac{6}{5 + 6} \times 6.16 = 3.36\text{A}$$

$$I'_3 = \frac{R_2}{R_2 + R_3} I'_1 = \frac{5}{5 + 6} \times 6.16 = 2.80\text{A}$$

在图2.37(c)中

$$I''_2 = \frac{E_2}{R_1 + \frac{R_2 R_3}{R_2 + R_3}} = \frac{90}{5 + \frac{20 \times 6}{20 + 6}} = 9.36\text{A}$$

所以

$$I''_1 = \frac{R_3}{R_1 + R_3} I''_2 = \frac{6}{20 + 6} \times 9.36 = 2.16\text{A}$$

$$I''_3 = \frac{R_1}{R_1 + R_3} I''_2 = \frac{20}{20 + 6} \times 9.36 = 7.20\text{A}$$

所以：

$$I_1 = I'_1 - I''_1 = 6.16 - 2.16 = 4.0\text{A}$$
$$I_2 = I'_2 - I''_2 = 9.36 - 3.36 = 6.0\text{A}$$
$$I_3 = I'_3 - I''_3 = 2.80 + 7.20 = 10.0\text{A}$$

例2.20 用叠加原理计算例2.14。

解：图2.32(b)所示电路的电流I_3可以看成是由图2.38(a)和图2.38(b)两个电路的电流I'_3和I''_3叠加起来的。

当理想电流源I_{S1}单独作用时，可将理想电压源短接（$E_2 = 0$），如图2.38(a)所示，应用两个并联电阻分流的公式，得

$$I'_3 = \frac{R_1 // R_2}{(R_1 // R_2) + R_3} I_{S1}$$

式中 $R_1 // R_2$ 是电阻 R_1 和 R_2 并联的等效电阻,即

$$R_1 // R_2 = \frac{R_1 R_2}{R_1 + R_2} = \frac{20 \times 5}{20 + 5} = 4\Omega$$

代入上式,则得 $I'_3 = \frac{4}{4+6} \times 7 = 2.8A$

当理想电压源 E_2 单独作用时,可将理想电流源开路($I_{S1} = 0$),如图 2.38(b)所示。由图可得

$$I''_3 = \frac{R_1}{R_1 + R_3}\left(\frac{R_1}{R_1 // R_3 + R_2}\right)$$

式中

$$R_1 // R_3 = \frac{R_1 R_3}{R_1 + R_3} = \frac{20 \times 6}{20 + 6} = \frac{60}{13}\Omega$$

代入上式,则得

$$I''_3 = \frac{20}{20+6}\left(\frac{90}{5+\frac{60}{13}}\right) = 7.2A$$

所以 $I_3 = I'_3 + I''_3 = 2.8 + 7.2 = 10A$

与例 2.14 比较,所得结果是完全一致的。

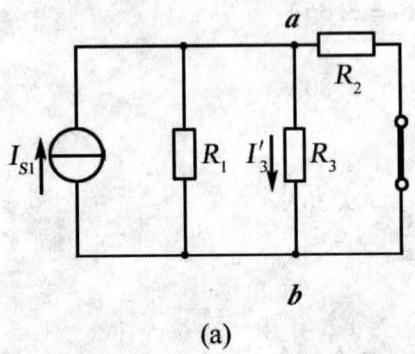

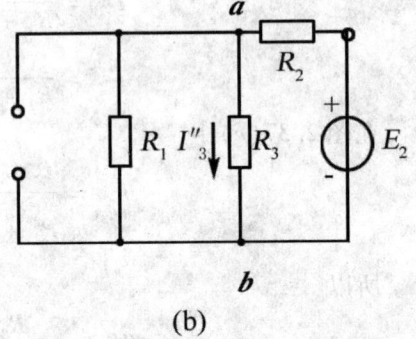

图 2.38 例 2.20 的电路

例 2.21 用叠加原理计算图 2.39(a)所示电路中 A 点的电位 V_A。

解:在图 2.39 中,$I_3 = I'_3 + I''_3$

$$I'_3 = \frac{50}{R_1 + \frac{R_2 R_3}{R_2 + R_3}} \times \frac{R_2}{R_2 + R_3} = \frac{50}{10 + \frac{5 \times 20}{5 + 20}} \times \frac{5}{5 + 20} = 0.714A$$

$$I''_3 = \frac{-50}{R_2 + \frac{R_1 R_3}{R_1 + R_3}} \times \frac{R_1}{R_1 + R_3} = \frac{-50}{5 + \frac{10 \times 20}{10 + 20}} \times \frac{10}{10 + 20} = -1.43A$$

$$I_3 = I'_3 + I''_3 = 0.714 - 1.43 = -0.716A$$

于是 A 点的电位

$$V_A = I_3 R_3 = -20 \times 0.716 = -14.3V$$

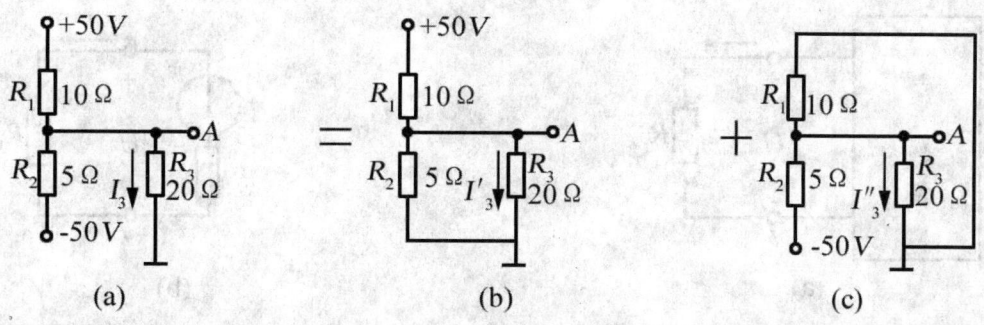

图2.39 例2.21的电路

2.7 戴维宁定理与诺顿定理

在有些情况下,我们只需要计算一个复杂电路中某一支路的电流,如果用前面几节所述的方法来计算时,必然会引出一些不需要的电流来。为了使计算简便些,常常应用等效电源的方法。

下面说明一下什么是等效电源。如果只需计算复杂电路中的一个支路时,可以将这个支路划出(图2.40中的 ab 支路,其中电阻为 R_L),而把其余部分看作一个有源二端网络(图2.40中的方框部分)。所谓有源二端网络,就是具有两个出线端的部分电路,其中含有电源。有源二端网络可以是简单的或复杂的电路。但是不论它的简繁程度如何,它对所要计算的这个支路而言,仅相当于一个电源;因为它对这个支路供给电能。因此,这个有源二端网络一定可以化简为一个等效电源。经这种等效变换后,ab 支路中的电流 I 及其两端的电压 U 没有变动。

根据电压源与电流源的等效变换一节所述,一个电源可以用两种电路模型来表示:一种是电动势为 E 的理想电压源和内阻 R_0 串联的电路(电压源);一种是电流为 I_S 的理想电流源和内阻 R_0 并联的电路(电流源)。因此,有两种等效电源,由此而得出下述两个定理。

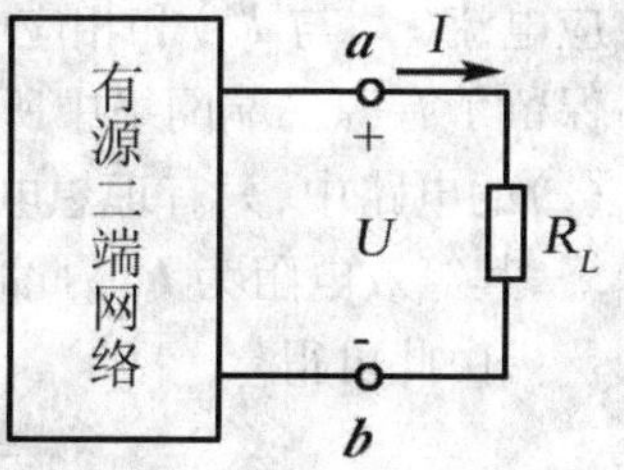

2.7.1 戴维宁定理

任何一个有源二端线性网络都可以用一个电动势为 E 的理想电压源和内阻 R_0 串联的电源来等效代替,如图2.41所示。等效电

图2.40 有源二端网络

源的电动势 E 就是有源二端网络的开路电压 U_0,即将负载断开后 a、b 两端之间的电压。等效电源的内阻 R_0 等于有源二端网络中所有电源均除去(将各个理想电压源短路,即其电动势为零;将各个理想电流源开路,即其电流为零)后所得到的无源网络 a、b 两端之间的等效电阻,这就是戴维宁定理。图2.41(b)的等效电路是一个最简单的电路,其中电流可由下式计算

$$I = \frac{E}{R_0 + R_L} \tag{2.24}$$

等效电源的电动势和内阻可通过实验或计算得出。

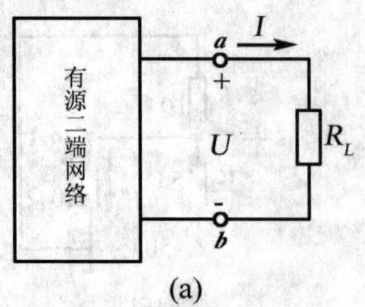 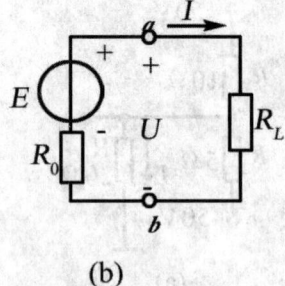

图2.41 等效电源

戴维宁定理的证明：

设在图2.41(a)的电路中，ab 支路用一理想电流源置换，其电流 I_S 与支路电流 I 相等，如图2.42(a)所示。这样置换后不会改变原有二端网络各支路的电压和电流。

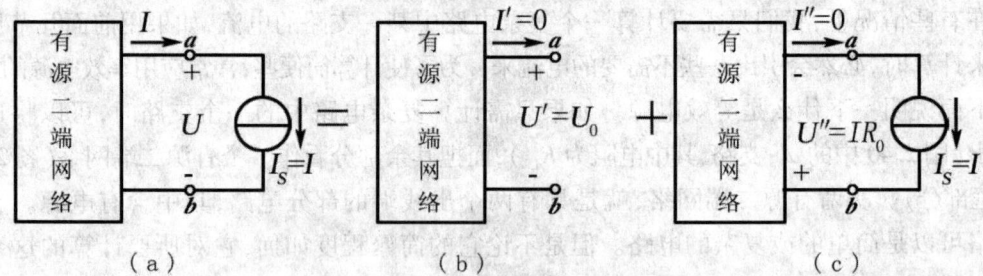

图2.42 戴维宁定理的证明

根据叠加原理，图2.42(a)电路中的电流 I 和电压 U 是图2.42(b)与图2.42(c)两个电路中相应电流（I' 与 I''）和相应电压（U' 与 U''）的叠加。在图2.42(b)的电路中，除去理想电流源，保留了有源二端网络中所有的电源；此时，a、b 两端开路，$I' = 0$，$U' = U_0 = E$。在图2.42(c)的电路中，只有理想电流源单独作用，有源二端网络中各电源均被除去而成为无源二端网络，其等效电阻为 R_0；此时，$I'' = I_S = I$，$U'' = IR_0$。

由此可得

$$U = U' - U'' = E - IR_0$$

因此，有源二端网络可用一个电动势为 E 的理想电压源和内阻 R_0 串联的等效电源代替。

例2.22 用戴维宁定理计算例2.12中支路电流 I_3。

解：图2.30的电路可化为图2.43所示的等效电路。

等效电源的电动势 E 可由图2.44(a)求得：

$$I = \frac{E_1 - E_2}{R_1 + R_2} = \frac{140 - 90}{20 + 5} = 2A$$

于是 $E = U_0 = E_2 + IR_2 = 90 + 5 \times 2 = 100V$

或 $E = U_0 = E_1 - IR_1 = 140 - 20 \times 2 = 100V$

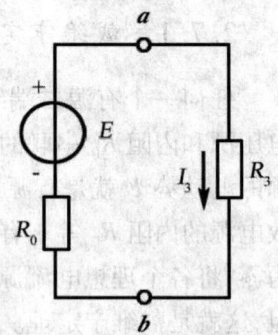

图2.43 图2.30的等效电路

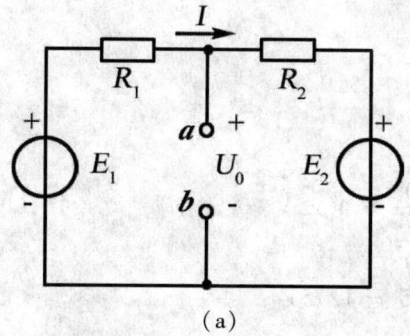 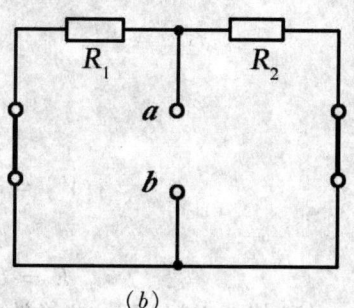

图 2.44 计算等效电源的 E 和 R_0 的电路

例 2.23 用戴维宁定理计算例 2.13 中的电流 I_G。

解：图 2.31 的电路可化为图 2.45 所示的等效电路。
等效电源的电动势 E' 可由图 2.46(a)求得：

$$I' = \frac{E}{R_1 + R_2} = \frac{12}{5+5} = 1.2\text{A}$$

$$I'' = \frac{E}{R_3 + R_4} = \frac{12}{10+5} = 0.8\text{A}$$

于是 $E' = U_0 = I''R_3 - I'R_1 = 10 \times 0.8 - 5 \times 1.2 = 2\text{V}$
或 $E' = U_0 = I'R_2 - I''R_4 = 5 \times 1.2 - 5 \times 0.8 = 2\text{V}$
等效电源的内阻 R_O 可由图 2.46(b)求得：$R_0 =$

$$\frac{R_1 R_2}{R_1 + R_2} + \frac{R_3 R_4}{R_3 + R_4} = \frac{5 \times 5}{5+5} + \frac{10 \times 5}{10+5} = 2.5 + 3.3 = 5.8\Omega$$

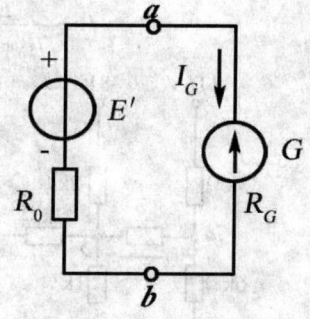

图 2.45 图 2.31 所示电路的等效电路

而后由图 2.45 求出 $I_G = \dfrac{E'}{R_0 + R_G} = \dfrac{2}{10+5.8} = 0.126\text{A}$

显然，比例 2.13 用支路电流法求解简单得多。

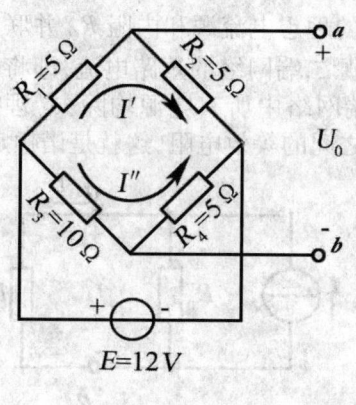 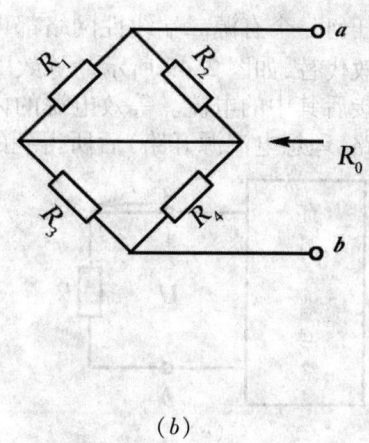

图 2.46 计算等效电源的 E' 和 R_0 的电路

例 2.24 电路如图 2.47 所示，试用戴维宁定理求电阻 R 中的电流 I。$R = 2.5\text{k}\Omega$
解：图 2.47 的电路和图 2.48 的电路是一样的。
(1) 将 a、b 间开路，求等效电源的电动势 E，即开路电压 U_{abo}。
应用节点电压法求 a、b 间开路时 a 和 b 两点的电位，即

$$V_{ao} = \frac{\dfrac{15}{3 \times 10^3} - \dfrac{12}{6 \times 10^3}}{\dfrac{1}{3 \times 10^3} + \dfrac{1}{6 \times 10^3}} = 6\text{V}$$

$$V_{bo} = \frac{\dfrac{-8}{2 \times 10^3} + \dfrac{7}{1 \times 10^3} + \dfrac{11}{2 \times 10^3}}{\dfrac{1}{2 \times 10^3} + \dfrac{1}{1 \times 10^3} + \dfrac{1}{2 \times 10^3}} = 4.25\text{V}$$

$$E = U_{abo} = V_{ao} - V_{bo} = 6 - 4.25 = 1.75V$$

（2）将 a、b 间开路，求等效电源的内阻 R_0。

$$R_0 = 3\text{k}\Omega \mathbin{/\mkern-5mu/} 6\text{k}\Omega + 2\text{k}\Omega \mathbin{/\mkern-5mu/} 1\text{k}\Omega \mathbin{/\mkern-5mu/} 2\text{k}\Omega = 2.5\text{k}\Omega$$

（3）求电阻 R 中的电流 I。

$$I = \frac{E}{R + R_0} = \frac{1.75}{(2.5 + 2.5) \times 10^3} = 0.35\text{mA}$$

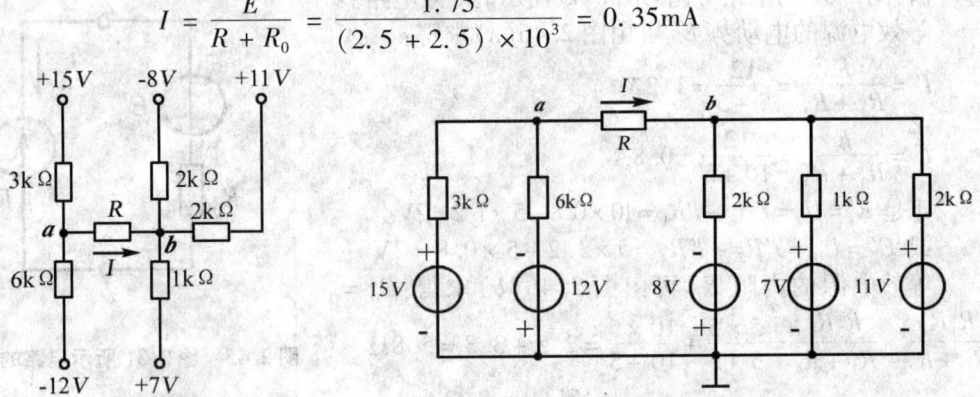

图 2.47　例 2.24 的电路　　　　图 2.48　图 2.47 所示电路的另一种画法

2.7.2　诺顿定理

任何一个有源二端线性网络都可以用一个电流为 I_S 的理想电流源和内阻 R_0 并联的电源来等效代替，如图 2.49 所示。等效电源的电流 I_S 就是有源二端网络的短路电流，即将 a、b 两端短接后其中的电流。等效电源的内阻 R_0 等于有源二端网络中所有电源均除去（理想电压源短路，理想电流源开路）后所得到的无源网络 a、b 两端之间的等效电阻，这就是诺顿定理。

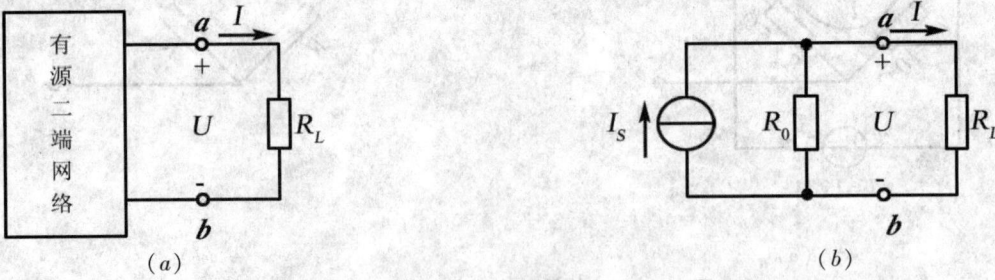

图 2.49　等效电源

由图 2.49(b) 的等效电路，可用下式计算电流：

$$I = \frac{R_0}{R_0 + R_L} \cdot I_S$$

因此，一个有源二端网络既可用戴维宁定理化为图 2.41 所示的等效电源（电压源），也可

用诺顿定理化为图2.49所示的等效电源(电流源)。两者对外电路而言是等效的,关系是

$$E = R_0 I_S \text{ 或 } I_S = \frac{E}{R_0}$$

例2.25 用诺顿定理计算例2.12中的支路电流I_3。

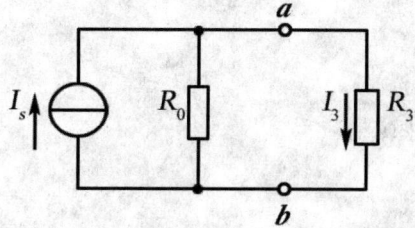

图2.50 图2.30的等效电路

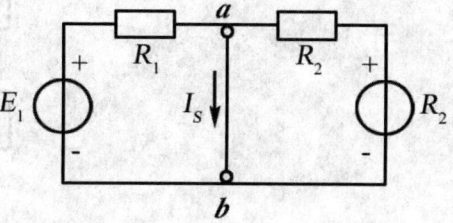

图2.51 计算I_S的电路

解:图2.30的电路可化为图2.51所示的等效电路。
等效电源的电流I_S可由图2.51求得

$$I_S = \frac{E_1}{R_1} + \frac{E_2}{R_2} = \frac{140}{20} + \frac{90}{5} = 25\text{A}$$

等效电源的内阻R_0同例2.22一样,可由图2.44(b)求得$R_0 = 4\Omega$

于是

$$I_3 = \frac{R_0}{R_0 + R_3} I_S = \frac{4}{4+6} \times 25 = 10\text{A}$$

【思考与练习】

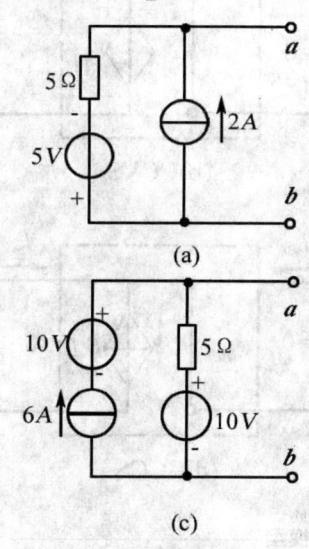

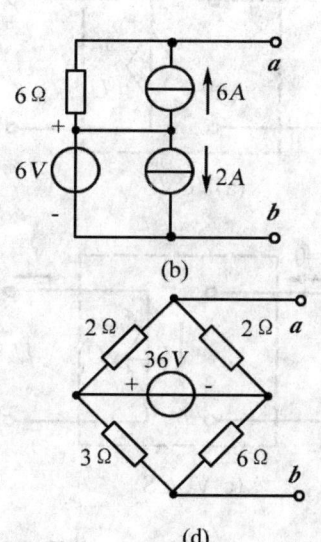

图 2.52

1. 分别应用戴维宁定理和诺顿定理将图2.52所示各电路化为等效电压源和等效电流源。
2. 分别应用戴维宁定理和诺顿定理计算图2.53所示电路中流过$8\text{k}\Omega$电阻的电流。
3. 在例2.22和例2.23中,将a、b支路短路求其短路电流I_S。在两例中,该支路的开路电

压 U_0 已求出。再用下式 $R_0 = \dfrac{U_0}{I_S}$ 求等效电源的内阻,其结果是否和上述两例中一致?

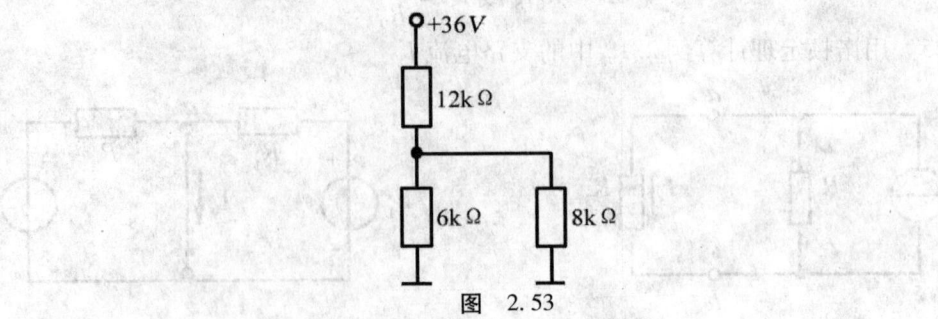

图 2.53

2.8 受控电源电路的分析

前面所讨论的电压源和电流源,都是独立电源。所谓独立电源,就是电压源的电压或电流源的电流不受外电路的控制而独立存在,此外,在电子电路中还将会遇到另一种类型的电源:电压源的电压和电流源的电流,是受电路中其他部分的电流或电压的控制,这种电源称为受控电源。当控制的电压或电流消失或等于零时,受控源的电压或电流也将为零。

根据受控电源是电压源还是电流源,以及受电压控制还是受电流控制,受控电源可分为电压控制电压源(VCVS)、电流控制电压源(CCVS)、电压控制电流源(VCCS)和电流控制电流源(CCCS)四种类型。四种理想受控电源的模型如图 2.54 所示。

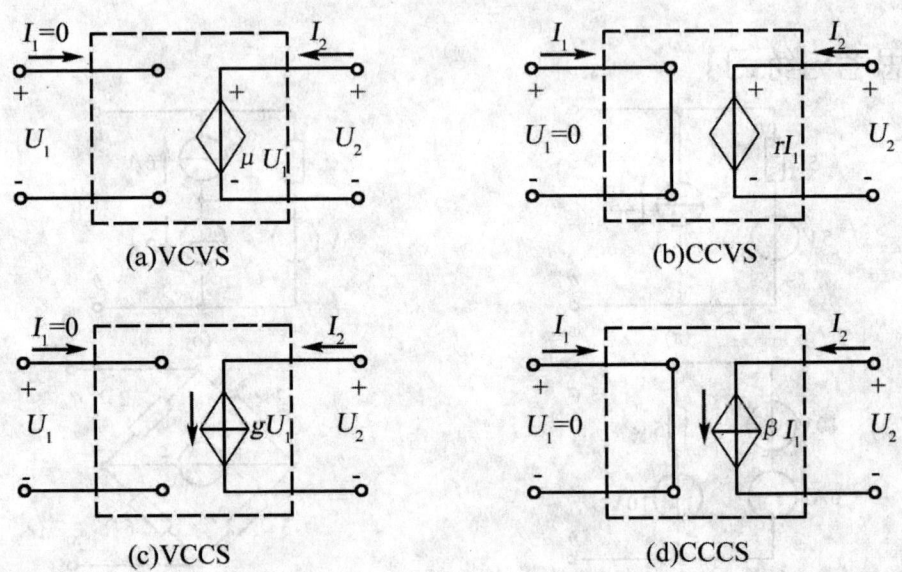

图 2.54 理想受控电源模型

所谓理想受控源,就是它的控制端(输入端)和受控端(输出端)都是理想的。在控制端,对电压控制的受控源,其输入端电阻为无穷大($I_1 = 0$);对电流控制的受控源,其输入端电阻为零($U_1 = 0$)。这样控制端消耗的功率为零。在受控端,对受控电压源,其输出端电阻为零,输出电压恒定;对受控电流源,其输出端电阻为无穷大,输出电流恒定。这点和理想独立电压源、电流源相同。如果受控电源的电压或电流和控制它们的电压或电流之间有正比关系,则这种控制作用是线性的,图 2.54 中的系数 μ、β、r 及 g 都是常数。这里 μ 和 β 是没有量纲的纯数,r 具有电阻的量纲,g 具有电导的量纲。在电路图中,受控电源用菱形表示,以便与独立电源的圆形符号相区别。

对含有受控电源的线性电路,也可以用前面所讲的电路分析方法进行分析与计算,但考虑到受控电源的特性,在分析与计算时有需要注意之点,将在下列例题中说明。

例 2.26 求图 2.55 所示电路中的电压 U_2。

解:图 2.55 的电路中,含有一个电压控制电流源,$\frac{1}{6}$ 即为图 2.54(c)中的 g,其单位为 S。在求解时,它和其他电路元件一样,也按基尔霍夫定律列出方程,即

$$\begin{cases} I_1 - I_2 + \frac{1}{6}U_2 = 0 \\ 2I_1 + 3I_2 = 8 \end{cases}$$

因 $U_2 = 3I_2$,故

$$I_1 - I_2 + \frac{1}{2}I_2 = 0$$
$$2I_1 + 3I_2 = 8$$

解之,得

$$I_2 = 2\text{A}$$
$$U_2 = 3I_2 = 3 \times 2 = 6\text{V}$$

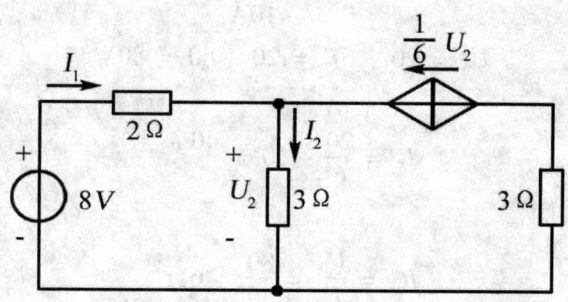

图 2.55 例 2.26 的图

例 2.27 利用叠加原理求图 2.56(a)所示电路中的电压 U 和电流 I。

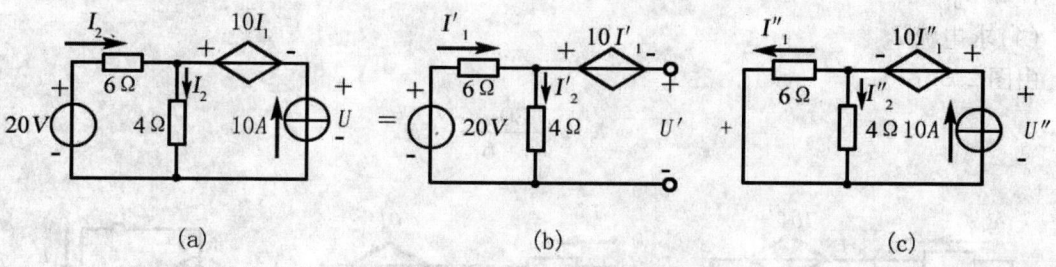

图 2.56 例 2.27 的图

解:根据叠加原理,图 2.56(a)电路中的电压 U 等于图 2.56(b)和图 2.56(c)两个电路中电压 U' 和 U'' 的代数和。图 2.56(b)电路中,20V 电压源单独作用;图 2.56(c)电路中,电流源单独作用。但在两个电路中,受控电源均保留。

在图 2.56(b)中,

$$I'_1 = I'_2 = \frac{20}{4+6} = 2\text{A}$$

在图 2.56(c)中，

$$U'_1 = -10I'_1 + 4I'_2 = -12\text{V}$$

$$I''_1 = \frac{4}{4+6} \times 10 = 4\text{A}$$

$$I''_2 = \frac{6}{4+6} \times 10 = 6\text{A}$$

$$U'' = 10I''_1 + 4I''_2 = 64\text{V}$$

所以

$$U = U' + U'' = -12 + 64 = 52\text{V}$$

$$I = I' + I'' = 2 + 6 = 8\text{A}$$

注意，在图 2.56(c)中，由于 I'' 的参考方向改变，所以受控源的参考方向要相应改变。

此外，我们也可以把受控电源当作独立电源处理，但当它单独作用时，应保留原来的受控量，在本例中即为 $10I_1$。读者可自行计算，看结果是否一致。

例 2.28 利用戴维宁定理求图 2.56(a)所示电路中的电流 I_2。

解 (1) 求开路电压 U_0

由图 2.57(a)

$$I' = -10\text{A}$$

$$U_0 = 20 - 6I' = 20 + 60 = 80\text{V}$$

(2) 求短路电流 I_S

$$I_S = \frac{20}{6} + 10 = \frac{40}{3}\text{A}$$

(3) 求等效电源的内阻

$$R_0 = \frac{U_0}{I_S} = \frac{80}{\frac{40}{3}} = 6\Omega$$

由于除去独立电源后的二端网络中含有受控源，一般不能用电阻串并联等效变换，所以用本法计算 R_0。

(4) 求电流 I_2

由图 2.57(c)

$$I_2 = \frac{80}{4+6} = 8\text{A}$$

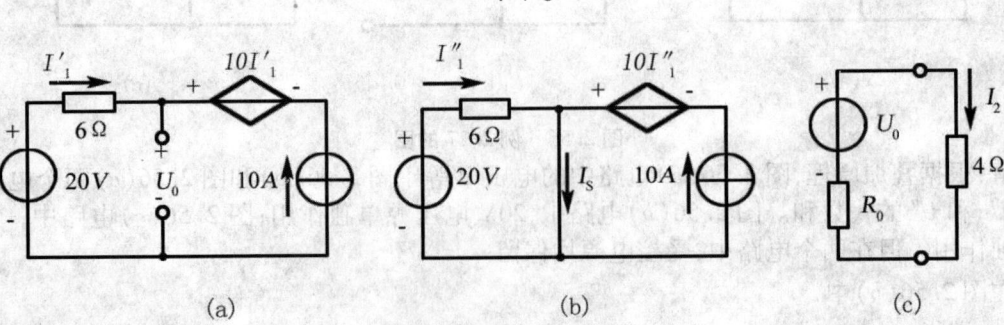

图 2.57 例 2.28 的图

例2.29 在图2.58(a)所示的电路中,用电压源与电流源的等效变换法求电流I。

解:受控电压源与受控电流源也可等效变换,但在变换过程中不能把受控电源的控制量变换掉,在本例中,即不能把电阻8Ω支路中的电流I变换掉。

进行变换后得出图2.58(c)的电路,由此应用基尔霍夫电流定律列出

$$1 - I - I' + I = 0$$

$$1 - I - \frac{8I}{4} + I = 0$$

即

$$2I = 1$$

$$I = 0.5\text{A}$$

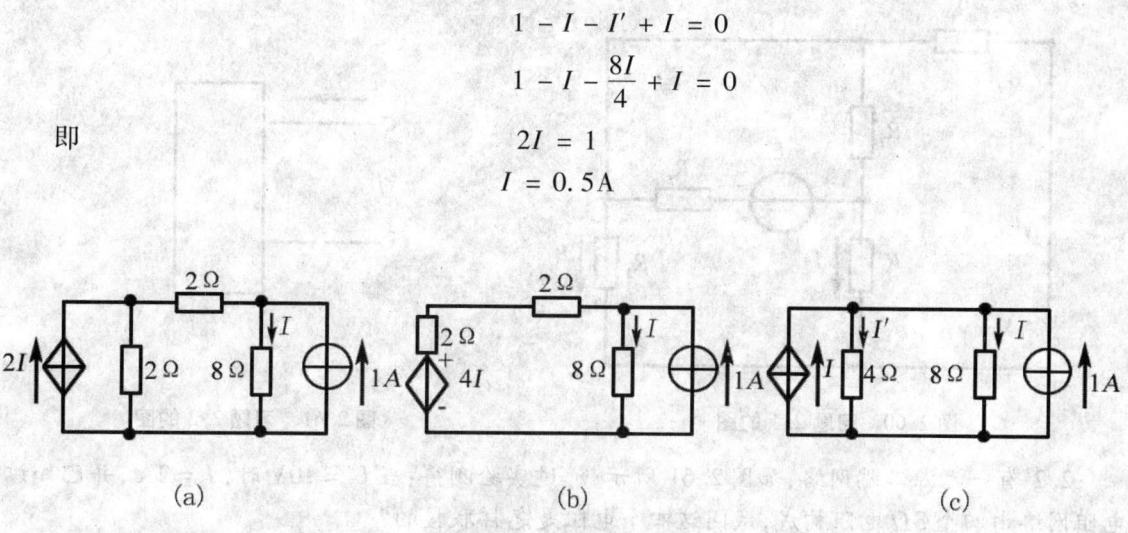

图2.58 例2.29的图

2.9 非线性电阻电路的分析

如果电阻两端的电压与通过的电流成正比,这说明电阻是一个常数,不随电压或电流而变动,这种电阻称为线性电阻。线性电阻两端的电压与其中电流的关系遵循欧姆定律,即

$$R = \frac{U}{I}$$

实际上绝对的线性电阻是没有的,如果能基本上遵循上式,就可以认为是线性的。

如果电阻不是一个常数,而是随着电压或电流变动,那么,这种电阻就称为非线性电阻。非线性电阻两端的电压与其中电流的关系不遵循欧姆定律,一般不能用数学式表示,而是用电压与电流的关系曲线$U = f(I)$或$I = f(U)$来表示。

非线性电阻元件在市场上应用很广。图2.59是非线性电阻的符号。

由于非线性电阻的阻值是随着电压或电流而变动的,计算它的电阻时就必须指明它的工作电流或工作电压。

非线性电阻元件的电阻有两种表示形式,一种称为静态电阻(或称为直流电阻),一种是动态电阻。由于非线性电阻的阻值不是常数,在分析与计算非线性电阻电路时一般都采用图解法。

有关非线性电阻电路的计算,有兴趣的同学可以参考其他资料,这里我们从略。

图2.59 非线性电阻的符号

习题

2.1 在图 2.60 的电路中，$E = 6V$，$R_1 = 6\Omega$，$R_2 = 3\Omega$，$R_3 = 4\Omega$，$R_4 = 3\Omega$，$R_5 = 1\Omega$ 试求 I_3 和 I_4。

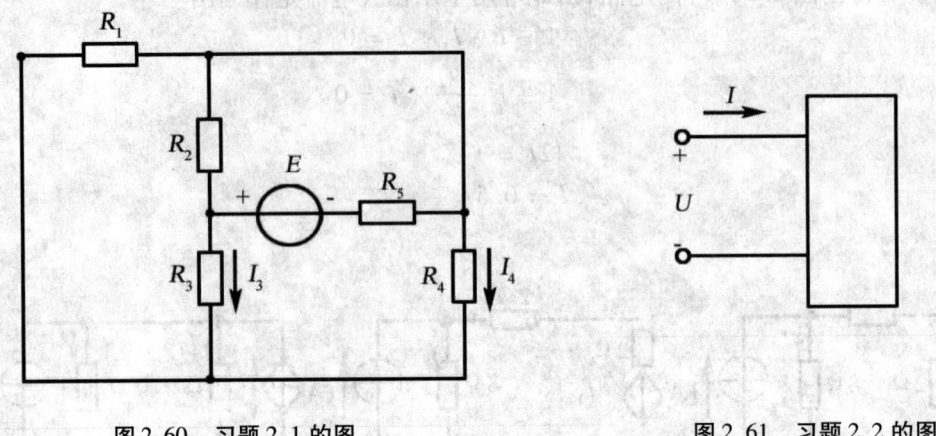

图 2.60 习题 2.1 的图　　　　　　　　图 2.61 习题 2.2 的图

2.2 有一无源二端网络，如图 2.61 所示，通过实验测得：当 $U = 10V$ 时，$I = 2A$，并已知该电阻网络由四个 3Ω 电阻构成，试问这四个电阻是怎样联接的？

2.3 在图 2.62 中，$R_1 = R_2 = R_3 = R_4 = 300\Omega$，$R_5 = 600\Omega$ 试求开关 S 断开和闭合时 a、b 之间的等效电阻 R_{ab}。

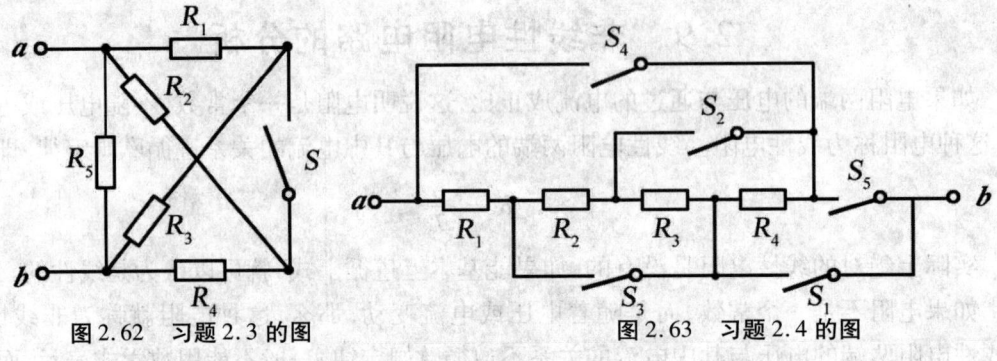

图 2.62 习题 2.3 的图　　　　　　　　图 2.63 习题 2.4 的图

2.4 图 2.63 所示的是直流电动机的一种调速电阻，它由四个固定电阻串联而成。利用几个开关的闭合或断开，可以得到多种电阻值。设四个电阻都是 1Ω，试求在下列三种条件下 a、b 两点间的电阻值：(1) S_1 和 S_5 闭合，其他断开；(2) S_2、S_3 和 S_5 闭合，其他断开；(3) S_1、S_3 和 S_4 闭合，其他断开。

2.5 图 2.64 所示是一衰减电路，共有四档。当输入电压 $U_1 = 16V$ 时，试计算各档输出电压 U_2。

2.6 图 2.65 所示的是由电位器组成的分压电路，电位器的电阻 $R_P = 270\Omega$，两边串联的电阻 $R_1 = 350\Omega$，$R_2 = 550\Omega$。设输入电压 $U_1 = 12V$，试求输出电压 U_2 的变化范围。

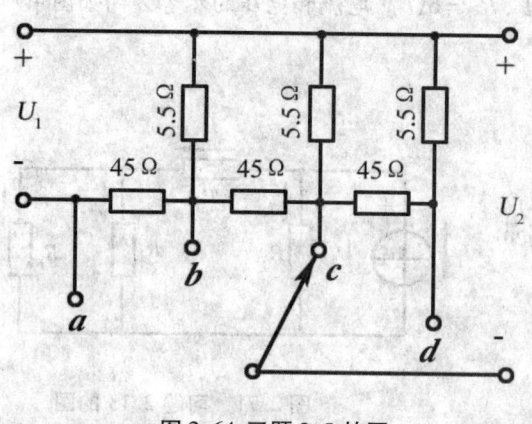

图 2.64 习题 2.5 的图

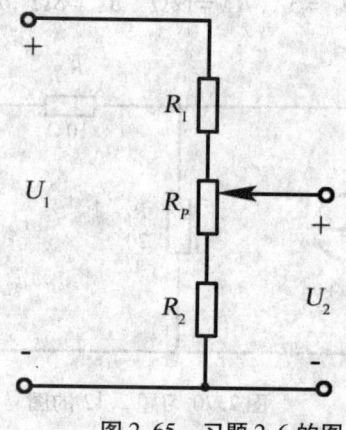

图 2.65 习题 2.6 的图

2.7 试用两个 6V 的直流电源、两个 1kΩ 的电阻和一个 10kΩ 的电位器联成调压范围为 -5V ~ +5V 的调压电路。

2.8 在图 2.66 所示的电路中,R_{P1} 和 R_{P2} 是同轴电位器,试问当活动触点 a、b 移到最左端、最右端和中间位置时,输出电压 U_{ab} 各为多少伏?

2.9 试求图 2.67 所示电路中输出电压与输入电压之比,即 U_2/U_1。

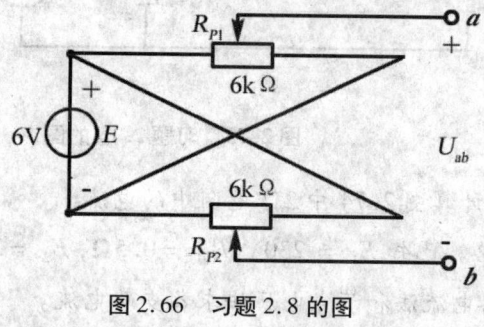

图 2.66 习题 2.8 的图

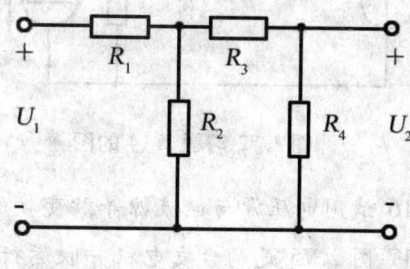

图 2.67 习题 2.9 的图

2.10 计算图 2.68 所示电路中 a、b 两端之间的等效电阻。

2.11 将图 2.69 的电路变换为等效 Y 形连接,三个等效电阻各为多少?图中各个电阻均为 R。

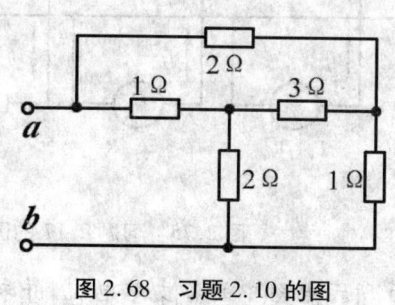

图 2.68 习题 2.10 的图

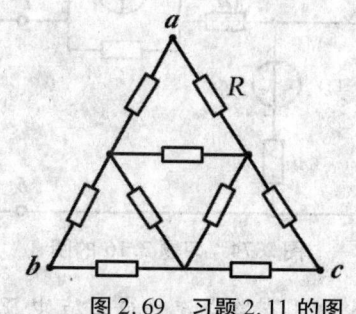

图 2.69 习题 2.11 的图

2.12 在图 2.70 所示的电路中,求各理想电流源的端电压、功率及各电阻上消耗的功率。

2.13 求图 2.71 所示的电路中各支路电流,并计算理想电流源的电压 U_1。

已知 $I_1=3A, R_2=12\Omega, R_3=8\Omega, R_4=12\Omega, R_5=6\Omega$。电流和电压的参考方向如图中所示。

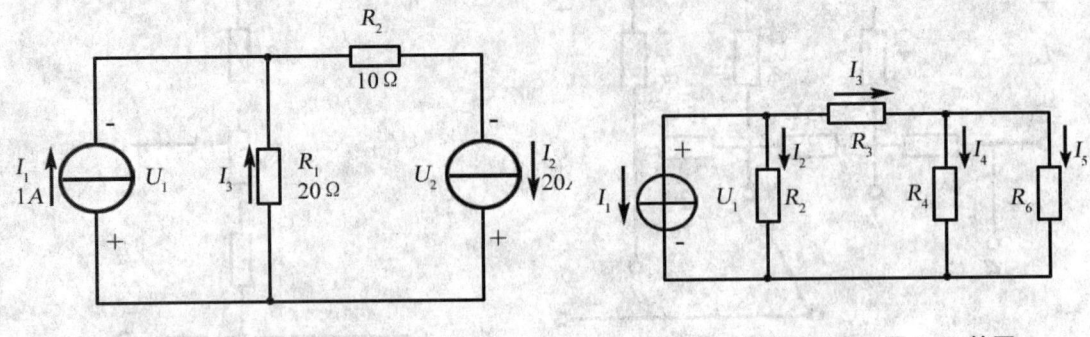

图2.70 习题2.12的图　　　　　　图2.71 习题2.13的图

2.14 计算图2.72中的电流 I_3。

2.15 计算图2.73中的电压 U_5。

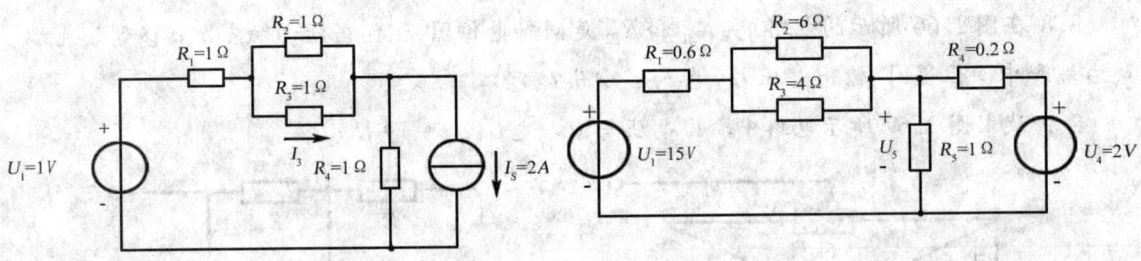

图2.72 习题2.14的图　　　　　　图2.73 习题2.15的图

2.16 试用电压源与电流源等效变换的方法计算图2.74中2Ω电阻中的电流I。

2.17 图2.75是两台发电机并联运行的电路。已知 $E_1=230V, R_{01}=0.5\Omega, E_2=226V$, $R_{02}=0.3\Omega$，负载电阻 $R_L=5.5\Omega$，试分别用支路电流法和节点电压法求各支路电流。

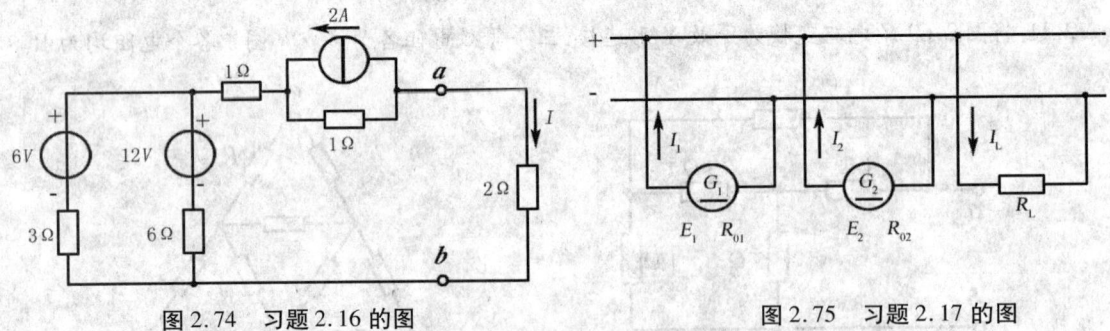

图2.74 习题2.16的图　　　　　　图2.75 习题2.17的图

2.18 试用支路电流法或节点电压法求图2.76所示电路中的各支路电流，并求三个电源的输出功率和负载电阻 R_L 取用的功率。0.8Ω 和 0.4Ω 分别为两个电压源的内阻。

2.19 试用节点电压法求图2.77所示电路中的各支路电流。

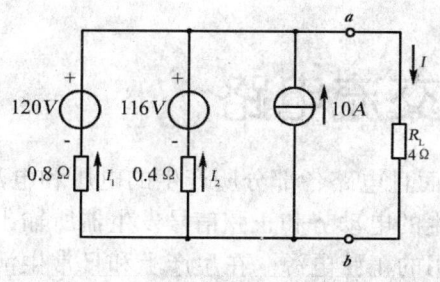
图2.76 习题2.18的图

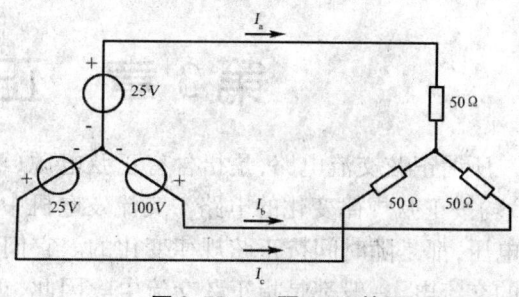
图2.77 习题2.19的图

2.20 用叠加原理计算图2.78中各支路中的电流。

2.21 图2.79所示是常见的分压电路,试用戴维宁定理和诺顿定理分别求负载电流I_L。

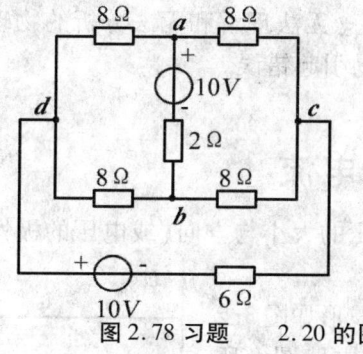
图2.78 习题2.20的图

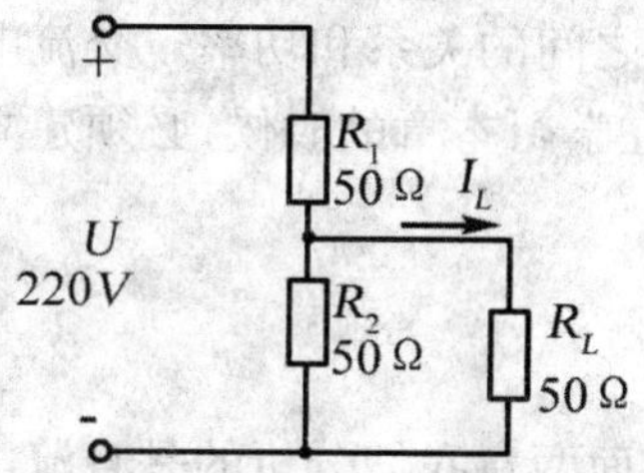

图2.79 习题2.21的图

2.22 在图2.80中,已知$E_1=15V$,$E_2=13V$,$E_3=4V$,$R_1=R_2=R_3=R_4=1\Omega$,$R_5=10\Omega$。(1)当开关S断开时,试求电阻R_5上的电压U_5和电流I_5;(2)当开关S闭合后,试用戴维宁定理计算I_5。

2.23 用戴维宁定理计算图2.81所示电路中的电流I。

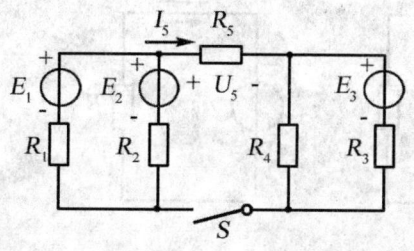
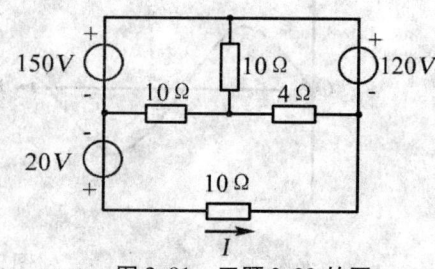

图2.80 习题2.22的图

图2.81 习题2.23的图

2.24 在图2.82中,(1)试求电流I;(2)计算理想电压源和理想电流源的功率,并说明是取用功率还是发出功率。

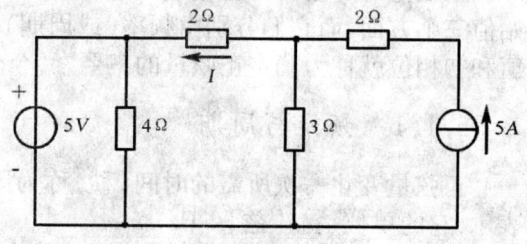

图2.82 习题2.24的图

第 3 章　正弦交流电路

所谓正弦交流电路,是指含有正弦电源(激励)而且电路各部分所产生的电压和电流(响应)均按正弦规律变化的电路。交流发电机中所产生的电动势和正弦信号发生器所输出的信号电压,都是随时间按正弦规律变化的。它们是常用的正弦电源。在生产上和日常生活中所用的交流电,一般都是指正弦交流电。因此,正弦交流电路是电工技术基础中很重要的一个部分。对本章中所讨论的一些基本概念、基本理论和基本分析方法,应很好地掌握,并能应用,为后面学习交流电机、电器及电子技术打下理论基础。

分析与计算正弦交流电路,主要是确定不同参数和不同结构的各种正弦交流电路中电压与电流之间的关系和功率。交流电路具有直流电路的概念无法理解和无法分析的物理现象,因此,在学习本章的时候,必须建立交流的概念,否则容易引起错误。

3.1　正弦电压与电流

前面两章我们分析的是直流电路,其中的电流和电压的大小与方向(或电压的极性)是不随时间而变化的,如图 3.1 所示。

正弦电压和电流是按照正弦规律周期性变化的,其波形如图 3.2 所示。由于正弦电压和电流的方向是周期性变化的,在电路图上所标的方向是指它们的参考方向,即代表正半周的方向。在负半周时,由于所标的参考方向与实际方向相反,则其为负值。图中的虚线箭标代表电流的实际方向;⊕、⊖代表电压的实际方向(极性)。

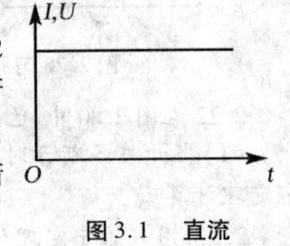

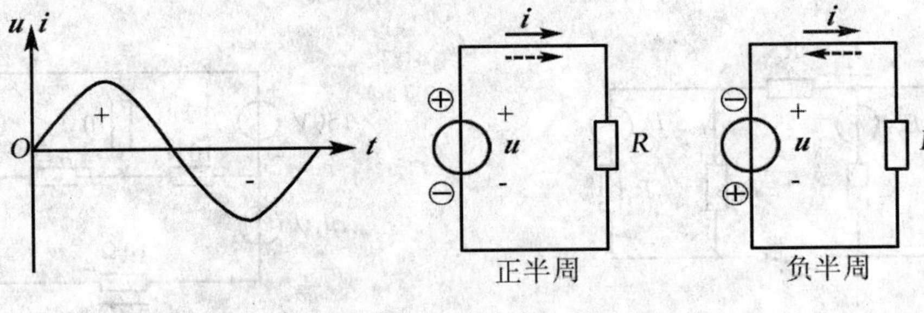

图 3.1　直流

图 3.2　正弦电压和电流

正弦电压和电流等物理量,常统称为正弦量。正弦量的特征表现在变化的快慢、大小及初始值三个方面,而它们分别由频率(或周期)、幅值(或有效值)和初相位来确定。所以频率、幅值和初相位就称为确定正弦量的三要素,今分述于后。

3.1.1　频率与周期

正弦量变化一次所需的时间(秒)称为周期,用 T 表示。每秒内变化的次数称为频率,用 f 表示,它的单位是赫[兹](Hz)。

频率是周期的倒数,即

$$f = \frac{1}{T} \tag{3.1}$$

目前我国和大多数国家都采用50Hz作为电力标准频率,有些国家(如美国、日本等)采用60Hz。这种频率在工业上应用广泛,习惯上也称为工频。通常的交流电动机和照明负载都用这种频率。

在其他不同的技术领域内使用着各种不同的频率。例如,高频炉的频率是200~300kHz;中频炉的频率是500~8000Hz;高速电动机的频率是150~2000Hz;通常收音机中波段的频率是530~1600kHz,短波段是2.3~23MHz。

正弦量变化的快慢除用周期和频率表示外,还可用角频率 ω 来表示。因为一周期内经历了 2π 弧度,如图3.3所示,所以角频率为

$$\omega = \frac{2\pi}{T} = 2\pi f \tag{3.2}$$

它的单位是弧度每秒(rad/s)。

上式表示 T、f、ω 三者之间的关系,只要知道其中之一,则其余均可求出。

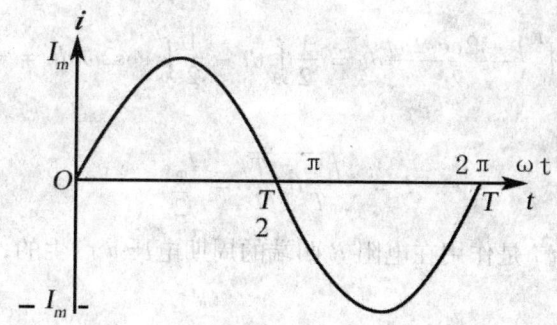

图3.3 正弦波形

例3.1 已知 $f = 50$Hz,试求 T 和 ω。

解:

$$T = \frac{1}{f} = \frac{1}{50} = 0.02\text{s}$$

$$\omega = 2\pi f = 2 \times 3.14 \times 50 = 314\text{rad/s}$$

3.1.2 幅值与有效值

正弦量在任一瞬间的值称为瞬时值,用小写字母来表示,如 i、u 及 e 分别表示电流、电压及电动势的瞬时值。瞬时值中最大的值称为幅值或最大值,用带下标 m 的大写字母来表示,如 I_m、U_m 及 E_m 分别表示电流、电压及电动势的幅值。

图3.3是正弦电流的波形,它的数学表达式为

$$i = I_m \sin\omega t \tag{3.3}$$

正弦电流、电压及电动势的大小往往不是用幅值来计量,而是常用有效值(均方根值)来计量的。

有效值是从电流的热效应来规定的,因为在电工技术中,电流常表现出热效应。无论是周期性变化的电流还是直流电,只要它们在相等的时间内通过同一电阻而两者的热效应相等,就把它们的安培值看作是相等的。就是说,某一周期电流 i 通过电阻 R(譬如电炉)在一个周期内产生的热量,和另一个直流电 I 通过同样大小的电阻在相等的时间内产生的热量相等,那么这个周期性变化的电流 i 的有效值在数值上就等于这个直流 I。

根据上述,可得

$$\int_0^T Ri^2 dt = RI^2 T$$

由此可得出周期电流的有效值

$$I = \sqrt{\frac{1}{T}\int_0^T i^2 dt} \tag{3.4}$$

式(3.4)适用于周期性变化的量,但不能用于非周期量。

当周期电流为正弦量时,即 $i = I_m\sin\omega t$,则

$$I = \sqrt{\frac{1}{T}\int_0^T I_m^2 \sin^2\omega t\, dt}$$

因为

$$\int_0^T \sin^2\omega t\, dt = \int_0^T \frac{1-2\cos 2\omega t}{2}dt = \frac{1}{2}\int_0^T dt - \frac{1}{2}\int_0^T \cos 2\omega t\, dt = \frac{T}{2} - 0 = \frac{T}{2}$$

所以

$$I = \sqrt{\frac{1}{T}I_m^2 \frac{T}{2}} = \frac{I_m}{\sqrt{2}} \tag{3.5}$$

如果考虑到周期电流 i 是作用在电阻 R 两端的周期电压 u 产生的,则由式(3.4)就可推得周期电压的有效值

$$U = \sqrt{\frac{1}{T}\int_0^T u^2 dt}$$

当周期电压为正弦量时,即 $u = U_m\sin\omega t$,则

$$U = \frac{U_m}{\sqrt{2}} \tag{3.6}$$

同理

$$E = \frac{E_m}{\sqrt{2}}$$

按照规定,有效值都用大写字母来表示,和表示直流的字母一样。

一般所讲的正弦电压或电流的大小,例如交流电压 380V 或 220V,都是指它的有效值。一般交流电流表和电压表的刻度也是根据有效值来定的。

例 3.2 已知 $u = U_m\sin\omega t$,$U_m = 310\text{V}$,$f = 50\text{Hz}$。试求有效值 U 和 $t = 0.1\text{s}$ 时的瞬时值。

解:

$$U = \frac{U_m}{\sqrt{2}} = \frac{310}{\sqrt{2}} = 220\text{V}$$

$$u = U_m\sin 2\pi ft = 310\sin 100\pi \times 0.1 = 0$$

3.1.3 初相位

正弦量是随时间而变化的,要确定一个正弦量还须从计时起点($t=0$)上看。所取的计时起点不同,正弦量的初始值($t=0$时的值)就不同,到达幅值或某一特定值所需的时间也就不同。

正弦量可用式(3.3)表示,其波形图如图 3.3 所示,它的初始值为零。

正弦量也可用下式表示

$$i = I_m \sin(\omega t + \Psi) \quad (3.7)$$

其波形图如图 3.4 所示,在这种情况下,初始值 $i_0 = \sin\Psi$,不等于零。

式(3.3)和式(3.7)中的角度 ωt 和 $\omega t + \Psi$ 称为正弦量的相位角或相位 Ψ,它反映出正弦量变化的进程。当相位角随时间连续变化时,正弦量的瞬时值随之作连续变化。

$t=0$ 时的相位角称为初相位角或初相位。在式(3.3)中的初相位为零;在式(3.7)中的初相位为 Ψ。因此,所取计时起点不同,正弦量的初相位不同,其初始值也就不同。

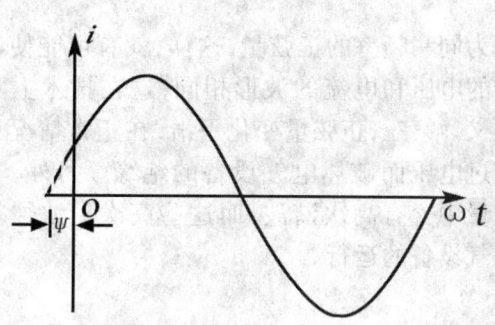

图 3.4 初相位不等于零的正弦波形

在一个正弦交流电路中,电压 u 和电流 i 的频率是相同的,但初相位不一定相同,例如图 3.5 所示。图中 u 和 i 的波形可用下式表示。

$$u = U_m \sin(\omega t + \Psi_1)$$
$$i = I_m \sin(\omega t + \Psi_2) \quad (3.8)$$

它们的初相位分别为 Ψ_1 和 Ψ_2。

两个同频率正弦量的相位角之差或初相位角之差,称为相位角差或相位差,用 φ 表示。在式(3.8)中,u 和 i 的相位差为

$$\varphi = (\omega t + \Psi_1) - (\omega t + \Psi_2) = \Psi_1 - \Psi_2$$
$$(3.9)$$

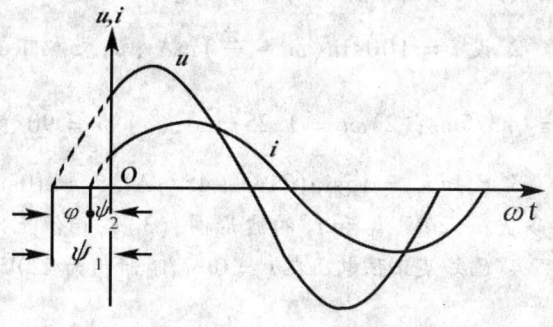

图 3.5 u 和 i 的初相位不相等

当两个同频率正弦量的计时起点($t=0$)改变时,它们的相位和初相位即跟着改变,但两者之间的相位差仍保持不变。

由图 3.5 的正弦波形可见,因为 u 和 i 的初相位不同(不同相),所以它们的变化步调不一致,即不是同时到达正的幅值或零值。图中,$\Psi_1 > \Psi_2$,所以 u 较 i 先到达正的幅值。这时我们说,在相位上 u 比 i 超前 φ 角,或者说 i 比 u 滞后 φ 角。

在图 3.6 所示的情况下,u 和 i 具有相同的初相位,即相位差 $\varphi=0$,则两者同相(相位相同);而 i_1 和 i_3 反相(相位相反),即两者的相位差 $\varphi = 180°$。

在近代电工技术中正弦量的应用极为广泛。在强电方面,可以说电能几乎都是以正弦交流的形式生产出来的,即使在有些场合下所需要的直流电,主要也是将正弦交流电通过整流设备变换得到的。在弱电方面,也常用各种正弦信号发生器作为信号源。

正弦量所以能得到广泛的应用,第一,是因为可以利用变压器把正弦电压升高或降低,这种变换电压的方法既灵活又简单经济。第二,在分析电路时常遇到加、减、求导及积分的问题,而由于同频率的正弦量之和或之差仍为同一频率的正弦量,正弦量对时间的导数($\frac{di}{dt}$)或积分($\int idt$)也仍为同一频率的正弦量,这样,就有可能使电路各部分的电压和电流的波形相同,这在技术上具有重大意义。第三,正弦量变化平滑,在正常情况下不会引起过电压而破坏电气设备的绝缘。另外,非正弦周期量中含有高次谐波,而这些高次谐波往往不利于电气设备的运行。

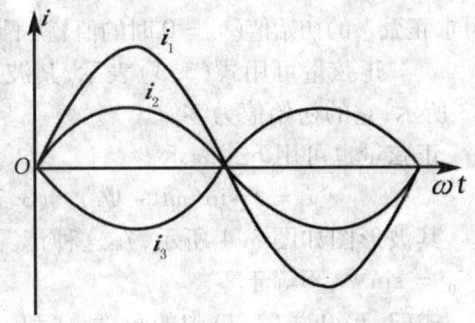

图 3.6　正弦量的同相和反相

【思考与练习】

1. 在某电路中,$i = 100\sin(6280t - \frac{\pi}{4})\text{mA}$,(1)试指出它的频率、周期、角频率、幅值、有效值及初相位各为多少;(2)画出波形图;(3)如果 i 的参考方向选得相反,写出它的三角函数式,画出波形图,并问(1)中各项有无改变?

2. 设 $i = 100\sin(\omega t - \frac{\pi}{4})\text{mA}$,试求在下列情况下电流的瞬时值:(1) $f = 1000\text{Hz}$,$t = 0.375\text{ms}$;(2) $\omega t = 1.25\pi\text{rad}$;(3) $\omega = 90°$;(4) $t = \frac{7}{8}T$。

3. 已知 $i_1 = 15\sin(314t + 45°)\text{A}$,$i_2 = 10\sin(314t - 30°)\text{A}$,(1)试问 i_1 与 i_2 的相位差等于多少?(2)画 i_1 和 i_2 的波形图;(3)在相位上比较 i_1 和 i_2,谁超前,谁滞后?

4. 已知某正弦电压在 $t = 0$ 时,瞬时值为220V,其初相位为45°,试问它的有效值等于多少?

3.2　正弦量的相量表示法

如上节所述,一个正弦量具有幅值、频率及初相位三个特征。而这些特征可以用一些方法表示出来。正弦量的各种表示方法是分析与计算正弦交流电路的工具。

我们已经讲过两种表示方法。一种是用三角函数式来表示,如 $i = I_m\sin\omega t$,这是正弦量的基本表示方法;一种是用正弦波形来表示,如图3.3所示。

此外,正弦量还可以用相量来表示。相量表示法的基础是复数,就是用复数来表示正弦量。

设有一正弦电压 $u = U_m\sin(\omega t + \Psi)$,其波形图如图3.7右边所示,左边是一旋转有向线段,在直角坐标系中,有向线段的长度代表正弦量的幅值 U_m,它的初始位置($t = 0$ 时的位置)与横轴正方向之间的夹角等于正弦量的初相位 Ψ,并以正弦量的角频率 ω 作逆时针方向旋转。可见,这一旋转有向线段具有正弦量的三个特征,故可用来表示正弦量。正弦量在某时刻的瞬时值就可以由这个旋转有向线段在该瞬时在纵轴上的投影表示出来。例如:在 $t = 0$ 时,$u_0 = U_m\sin\Psi$;在 $t = t_1$ 时,$u_1 = U_m\sin(\omega t_1 + \Psi)$。

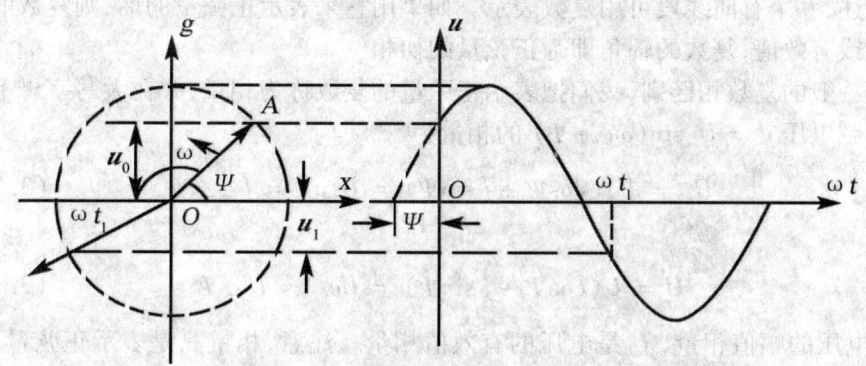

图3.7 用正弦波形和旋转有向线段来表示正弦量

正弦量可用旋转有向线段表示,而有向线段可用复数表示,所以正弦量也可用复数来表示,论证如下。

令一直角坐标系的横轴表示复数的实部,称为实轴,以 +1 为单位;纵轴表示复数的虚部,称为虚轴,以 +j 为单位。实轴与虚轴构成的平面称为复平面。复平面中有一有向线段 A,其实部为 a,虚部为 b,如图3.8所示,于是有向线段 A 可用下面的复数式表示为

$$A = a + jb \tag{3.10}$$

由图3.8可见,$r = \sqrt{a^2 + b^2}$,是复数的大小,称为复数的模;$\Psi = \arctan\dfrac{b}{a}$,是复数与实轴正方向间的夹角,称为复数的辐角。

因为 $a = r\cos\Psi$ 和 $b = r\sin\Psi$,

所以 $A = a + jb = r\cos\Psi + j r\sin\Psi = r(\cos\Psi + j\sin\Psi)$ \hfill (3.11)

根据欧拉公式

$$\cos\Psi = \frac{e^{j\Psi} + e^{-j\Psi}}{2} \text{ 和 } \sin\Psi = \frac{e^{j\Psi} - e^{-j\Psi}}{2j}$$

式(3.11)可写为

$$A = re^{j\Psi} \tag{3.12}$$

或简写为

$$A = r\angle\Psi \tag{3.13}$$

因此,一个复数可用上述几种复数形式来表示。式(3.11)称为复数的直角坐标形式;式(3.12)称为复数的指数式;式(3.13)称为复数的极坐标形式。三者可以互相转换。复数的加减运算可用直角坐标式,复数的乘除运算可用指数式或极坐标式。

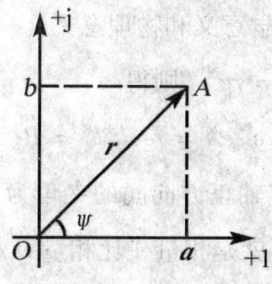

图3.8 有向线段的复数表示

如上所述，一个有向线段可用复数表示。如果用它来表示正弦量的话，则复数的模即为正弦量的幅值或有效值，复数的辐角即为正弦量的初相位。

为了与一般的复数相区别，我们把表示正弦量的复数称为相量，并在大写字母上打"·"。于是表示正弦电压 $u = U_m \sin(\omega t + \Psi)$ 的相量为

$$\dot{U}_m = U_m(\cos\Psi + j\sin\Psi) = U_m e^{j\Psi} = U_m \angle \Psi \tag{3.14}$$

或

$$\dot{U} = U(\cos\Psi + j\sin\Psi) = U e^{j\Psi} = U \angle \Psi \tag{3.15}$$

$\dot{U}_m$ 是电压的幅值相量，$\dot{U}$ 是电压的有效值相量。注意，相量只是表示正弦量，而不是等于正弦量。另外，如果与图 3.7 中的旋转有向线段对照的话，图 3.8 中的有向线段应是初始位置($t=0$ 时)的有向线段，表示它的复数只具有两个特征，即模和辐角。也就是正弦量的幅值（或有效值）和初相位，如式(3.14)和(3.15)所表示的那样。由于在分析线性电路时，正弦激励和响应均为同频率的正弦量，频率是已知的或特定的，可不必考虑，只要求出正弦量的幅值（或有效值）和初相位即可。

按照各个正弦量的大小和相位关系用初始位置的有向线段画出的若干个相量的图形，称为相量图。在相量图上能形象地看出各个正弦量的大小和相互间的相位关系。例如，在图 3.5 中用正弦波形表示的电压 u 和电流 i 两个正弦量，在式(3.8)中是用三角函数表示的，如用相量图表示则如图 3.9 所示。电压相量 $\dot{U}$ 比电流量相 $\dot{I}$ 超前 φ 角，也就是正弦电压 u 比正弦电流 i 超前 φ 角。

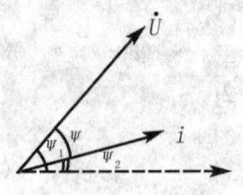

图 3.9　相量图

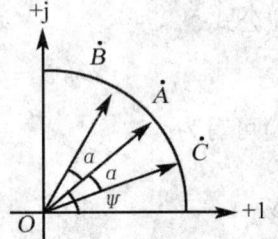

图 3.10　相量的超前与滞后

只有正弦周期量才能用相量表示，相量不能表示非正弦周期量。只有同频率的正弦量才能画在同一相量图上，不同频率的正弦量不能画在一个相量图上，否则就无法比较和计算。

由上可知，表示正弦量的相量有两种形式：相量图和复数式（相量式）。

最后讨论一下复数式中"j"的数学意义和物理意义。

在图 3.10 中，如以 $e^{j\alpha}$ 乘相量 $\dot{A} = re^{j\Psi}$，则得

$$re^{j\Psi} e^{j\alpha} = re^{j(\Psi+\alpha)} = \dot{B}$$

即相量 $\dot{B}$ 的大小仍为 r，但与实轴正方向间的夹角为 $(\alpha + \Psi)$。可见一个相量乘上 $e^{j\alpha}$ 后，即向前（逆时针方向）转了 α 角。就是相量 $\dot{A}$ 比相量 $\dot{B}$ 超前了 α 角。

同理，如以 $e^{-j\alpha}$ 乘相量 $\dot{A}$，则得

$$\dot{C} = re^{j(\Psi-\alpha)}$$

即向后（顺时针方向）转了 α 角。就是相量 $\dot{C}$ 比相量 $\dot{A}$ 滞后了 α 角。

当 $\alpha = \pm 90°$ 时，则

$$e^{\pm j90°} = \cos 90° \pm j\sin 90° = 0 \pm j = \pm j$$

因此任意一个相量乘上 $+j$ 后，向前（逆时针方向）转了 $90°$ 角；乘上 $-j$ 后，向后（顺时针方向）转了 $90°$ 角。所以 j 称为旋转 $90°$ 的算子。

显然，如将实轴的单位相量 $+1$ 乘以算子 $+j$，则该单位相量 $+1$ 就向前旋转 $90°$，变为虚轴的单位相量 $+j$；将虚轴的单位相量 $+j$ 乘以算子 $+j$，则它也要向前转过 $90°$，就变为实轴的单位相量 -1，即

$$(+j)(+j) = j^2 = -1$$

由上式可知，$j = \sqrt{-1}$，这就是复数中的虚数单位。

例 3.3 试写出 $u_A = 220\sqrt{2}\sin 314t\text{V}$，$u_B = 220\sqrt{2}\sin(314t - 120°)\text{V}$ 和 $u_C = 220\sqrt{2}\sin(314t + 120°)\text{V}$ 的相量，并画出相量图。

解：分别用有效值相量 $\dot{U}_A$、$\dot{U}_B$ 和 $\dot{U}_C$ 表示正弦电压 u_A、u_B 和 u_C，则

$$\dot{U}_A = 220\angle 0° = 220\text{V}$$

$$\dot{U}_B = 220\angle -120° = 220\left(-\frac{1}{2} - j\frac{\sqrt{3}}{2}\right)\text{V}$$

$$\dot{U}_C = 220\angle 120° = 220\left(-\frac{1}{2} + j\frac{\sqrt{3}}{2}\right)\text{V}$$

相量图如图 3.11 所示。

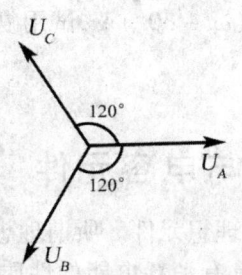

图 3.11 例 3.3 的图

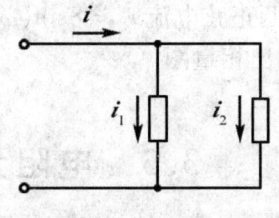

图 3.12 例 3.4 的图

例 3.4 在图 3.12 所示的电路中，设

$$i_1 = I_{1m}\sin(\omega t + \Psi_1) = 100\sin(\omega t + 45°)\text{A}$$
$$i_2 = I_{2m}\sin(\omega t + \Psi_2) = 60\sin(\omega t - 30°)\text{A}$$

试求总电流 i。

解：将 $i = i_1 + i_2$ 化为基尔霍夫电流定律的相量表示式，求 i 的相量 $\dot{I}_m$

$$\dot{I}_m = \dot{I}_{1m} + \dot{I}_{2m} = I_{1m}e^{j\Psi_1} + I_{2m}e^{j\Psi_2} = 100e^{j45°} + 60e^{-j30°}$$
$$= (100\cos 45° + j100\sin 45°) + (60\cos 30° - j60\cos 30°)$$
$$= (70.7 + j70.7) + (52 - j30)$$
$$= 122.7 + j40.7 = 129e^{j18°20'}\text{A}$$

表示正弦量的方法不止这一种方法,还有相量图法、正弦波形法、三角函数法等,同学们可以自己分别求解一下。三角函数式是正弦量的基本表示法,相量图法也是分析正弦量常用的方法。正弦波形虽可以将几个正弦量的相互关系在图形上清晰地表示出来,但作图不便,且所得结果也不太准确。至于复数运算,可以把正弦量用复数表示,使三角函数的运算变为代数运算,并能同时求出正弦量的大小和相位,是分析正弦交流电路的主要运算方法。

【思考与练习】

1. 写出下列正弦电压的相量(用直角坐标式表示):

(1) $u = 10\sqrt{2}\sin\omega t$ V

(2) $u = 10\sqrt{2}\sin(\omega t + \dfrac{\pi}{2})$ V

(3) $u = 10\sqrt{2}\sin(\omega t - \dfrac{\pi}{2})$ V

(4) $u = 10\sqrt{2}\sin(\omega t - \dfrac{3\pi}{4})$ V

2. 指出下列各式的错误:

(1) $i = 5\sin(\omega t - 30°) = 5e^{-j30°}$ A

(2) $U = 100e^{45°} = 100\sqrt{2}\sin(\omega t + 45°)$ V

(3) $i = 100\sin\omega t$

(4) $I = 10\angle 30°$ A

(5) $\dot{I} = 20e^{20°}$ A

3. 已知两正弦电流 $i_1 = 8\sin(\omega t + 60°)$ A 和 $i_2 = 6\sin(\omega t - 30°)$ A,试用复数计算电流 $i = i_1 + i_2$,并画出相量图。

3.3 电阻元件、电感元件与电容元件

电阻元件、电感元件与电容元件都是组成电路模型的理想元件。所谓理想,就是突出元件的主要电磁性质,而忽略次要因素。如前所述,电阻元件具有消耗电能的性质(电阻性),其他电磁性质均可忽略不计。同样,对电感元件,突出其中通过电流要产生磁场而储存磁场能量的性质(电感性);对电容元件,突出其上加了电压要产生电场而储存电场能量的性质(电容性)。电阻元件是耗能元件,后两者是储能元件。前面两章所讨论的是电阻电路。只引入了电阻元件。今后所讨论的各种电路中,除电阻元件外,还有电感元件和电容元件。电路元件都由相应的参数来表征。

在直流电路和交流电路中所发生的现象有着显著的不同。在直流电路中,当所加电压和电路参数不变时,电路中的电流、功率以及电场和磁场中所储存的能量也都不变化。但是在交流电路中则不然,由于所加电压是随时间而交变的,因此电路中的电流、功率以及电场和磁场中所储存的能量也都是随时间而变化的。所以在交流电路中,电感元件中的感应电动势和电容元件中的电流均不等于零,但在直流电路稳定状态下,电感元件可视作短路,电容元件可视作开路。

电路所具有的参数不同,其性质就不同,其中能量的转换关系也就不同。这种不同反映在电压与电流的关系上。因此,在分析各种具有不同参数的正弦交流电路之前,先来讨论一下不同参数的元件中电压与电流的一般关系以及能量的转换关系。

3.3.1 电阻元件

在图 3.13 中,u 和 i 的参考方向相同,根据欧姆定律得出

$$i = \frac{u}{R}$$

或
$$u = iR \tag{3.16}$$

即电阻元件上的电压与通过的电流成线性关系。

如将上式两边乘以 i,并积分之,则得

$$\int_0^t uidt = \int_0^t Ri^2 dt$$

上式表明电能全部消耗在电阻上,转换为热能。

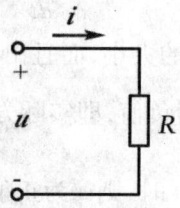

图 3.13 电阻元件

金属导体的电阻与导体的尺寸及导体材料的导电性能有关,即

$$R = \rho \frac{l}{S} \tag{3.17}$$

式中 ρ 称为电阻率,它是一个表示材料对电流起阻碍作用的物理量。在国际单位制中,电阻率的单位为欧[姆]·米($\Omega \cdot m$),也使用

$\frac{欧 \cdot 毫米^2}{米}(\frac{\Omega \cdot mm^2}{m})$。$1(\frac{\Omega \cdot mm^2}{m}) = 10^{-6} \Omega \cdot m$。

3.3.2 电感元件

设有一单匝线圈,如图 3.14 所示,当通过它的磁通发生变化时,线圈中要产生感应电动势。由试验得知,感应电动势 e 的大小等于磁通的变化率,即

$$|e| = |\frac{d\Phi}{dt}|$$

式中电动势 e 的单位是伏(V),时间 t 的单位是秒(s),磁通的单位是伏·秒(V·s),通常称为韦[伯](Wb)。

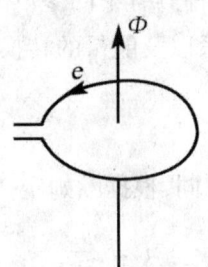

图 3.14　Φ 的参考方向与 e 的参考方向之间符合右螺旋定则

上式只表示了感应电动势的大小,至于它的方向应视磁通的变化情况(增大或减小)而定。可见它有两个可能的方向。为了用一代数值同时表达出感应电动势的大小和方向,必须先规定感应电动势及有关量的参考方向。如果选定其中一个方向为感应电动势的参考方向,习惯上规定感应电动势的参考方向与磁通的参考方向之间符合右螺旋定则,如图3.14所示。则在这样规定之下,上式可写成

$$e = -\frac{d\Phi}{dt} \tag{3.18}$$

式(3.18)不仅表示了感应电动势的大小,而且由此可确定它的方向。设当磁通的正值增大时,即 $\frac{d\Phi}{dt} > 0$ 时,式(3.18)中的 e 为负值,即实际方向与图3.14中所选定的参考方向相反。同理,当磁通的正值减小时,即 $\frac{d\Phi}{dt} < 0$ 时,则 e 为正值,即实际方向与图中的参考方向一致。

如果线圈有 N 匝,并且绕得比较集中。可以认为通过各匝的磁通相同,则线圈的感应电动势为单匝感应电动势的 N 倍,即

$$e = -N\frac{d\Phi}{dt} = -\frac{d\Psi}{dt} \tag{3.19}$$

式中 $\Psi = N\Phi$,称为磁链,即与线圈各匝相链的磁通总和。

通常磁链或磁通是由通过线圈的电流 i 产生的,当线圈中没有铁磁材料时,Ψ 或 Φ 与 i 有正比的关系,即

$$\Psi = N\Phi = Li \text{ 或 } L = \frac{\Psi}{i} = \frac{N\Phi}{i}$$

式中 L 称为线圈的电感,也常称为自感,是电感元件的参数。线圈的匝数 N 愈多,其电感愈大;线圈中单位电流产生的磁通愈大,电感也愈大。

将磁链 $\Psi = Li$ 代入式(3.19),则得

$$e_L = -L\frac{di}{dt} \tag{3.20}$$

称为自感电动势。

电感的单位是亨[利](H)或毫亨(mH)。由式(3.20)可见,亨[利]即欧·秒。

线圈的电感与线圈的尺寸、匝数以及附近介质的导磁性能等有关。例如,有一密绕的长线圈,其横截面积为 $S(\text{m}^2)$,长度为 $l(\text{m})$,匝数为 N,介质的导磁率为 $\mu(\text{H/m})$,则其电感 $L(\text{H})$ 为

$$L = \frac{\mu S N^2}{l} \tag{3.21}$$

图 3.15(a)所示的是一个电感线圈，今假设它只有电感。在图中，各个物理量的参考方向是这样规定的：电源电压 u 的参考方向可以任意选定（在图中，当 u 为正值时，则上端的电位高，下端的电位低）；电流 i 的参考方向与电压的参考方向一致；电流所产生的磁通 Φ 的参考方向根据电流的参考方向用右螺旋定则确定；规定感应电动势 e_L 的参考方向与磁通的参考方向之间符合右螺旋定则。因此，e_L 的参考方向与 i 参考方向一致。

（a）电感元件　　　　　　　　　（b）电感元件的符号

图 3.15

电压的方向是电位降低的方向，电动势的方向是电位升高的方向。根据基尔霍夫电压定律便可写出

$$u + e_L = 0$$

或

$$u = -e_L = L\frac{di}{dt} \tag{3.22}$$

此即电感元件上的电压与通过的电流的导数关系式。

式(3.22)是从基尔霍夫定律得出的，其正确性毋庸置疑。但是如何从物理意义上来解释它呢？我们要从感生电动势的性质说起。

由式(3.20)可见，当电流的正值增大时，即 $\frac{di}{dt} > 0$ 时，则 e_L 为负值，即其实际方向与电流的方向相反。这时 e_L 要阻碍电流的增大。同理，当电流的正值减小时，即 $\frac{di}{dt} < 0$ 时，则 e_L 为正值，即其实际方向与电流的方向相同。这时 e_L 要阻碍电流的减小。可见，自感电动势具有阻碍电流变化的性质，所以外加电压要平衡线圈中的感应电动势。

当线圈中通过不随时间而变化的恒定电流时，由式(3.22)可知，其上电压为零，电感元件可视作短路。

将式(3.22)两边积分，便可得出电感元件上电压与电流积分关系式，即

$$i = \frac{1}{L}\int_{-\infty}^{t} u dt = \frac{1}{L}\int_{-\infty}^{0} u dt + \frac{1}{L}\int_{0}^{t} u dt = i_0 + \frac{1}{L}\int_{0}^{t} u dt \tag{3.23}$$

式中 i_0 是初始值，即在 $t = 0$ 时电感中通过的电流。若 $i_0 = 0$，
则

$$i = \frac{1}{L}\int_{0}^{t} u dt \tag{3.24}$$

最后讨论电感元件中能量转换的问题。如将式(3.22)两边乘上 i，并积分之，则得

$$\int_0^t uidt = \int_0^i Lidt = \frac{1}{2}Li^2 \tag{3.25}$$

这说明当电感元件中的电流增大时,磁场能量增大;在此过程中电能转换为磁能,即电感元件从电源取用能量。上式中 $\frac{1}{2}Li^2$ 就是磁场能量。

当电流减小时,磁场能减小,磁场能转换为电能,即电感元件向电源放还能量。

3.3.3 电容元件

图3.16是一电容器。电容器极板(由绝缘材料隔开的两个金属导体)上所储集的电量 q 与其上电压 u 成正比,即 $\frac{q}{u} = C$ \qquad (3.26)

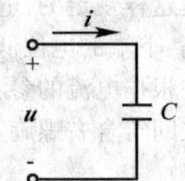

图3.16 电容元件

式中 C 称为电容,是电容元件的参数。电容的单位是法[拉]。当将电容器充上1V的电压时,极板上若储集了1C的电荷[量],则该电容器的电容就是1F。由于法[拉]的单位太大,工程上多采用微法(μF)或皮法(pF)。$1F = 10^6 \mu F = 10^{12} pF$。

电容器的电容与极板的尺寸及其间介质的介电常数有关。例如,有一极板间距离很小的平行板电容器,其极板面积为 S(m^2),极板间距离为 d(m),其间介质的介电常数为 ε(F/m),则其电容 C(F)为

$$C = \frac{\varepsilon S}{d} \tag{3.27}$$

在电压的参考方向如图3.16所示的情况下,则当电压为正值时,极板间的电场强度的方向是从上而下,即上极板上储集的是正电荷,下极板上储集的是等量负电荷。

当极板上的电荷量 q 或电压 u 发生变化时,在电路中就要引起电流

$$i = \frac{dq}{dt} = C\frac{du}{dt} \tag{3.28}$$

的变化,上式是在 u 和 i 的参考方向相同的情况下得出的,否则要加一负号。

当电容器两端加恒定电压时,则由上式可知 $i = 0$,电容元件可视作开路。

将式(3.28)两边积分,便可得出电容元件上的电压与电路中电流的另一种关系式,则

$$u = \frac{1}{C}\int_{-\infty}^{t} idt = \frac{1}{C}\int_{-\infty}^{0} idt + \frac{1}{C}\int_0^t idt = u_0 + \frac{1}{C}\int_0^t idt \tag{3.29}$$

式中 u_0 是初始值,即在 $t = 0$ 时电容元件上的电压。若 $u_0 = 0$ 或 $q = 0$,则

$$u = \frac{1}{C}\int_0^t idt \tag{3.30}$$

如将式(3.28)两边乘上 u,并积分之。则得

$$\int_0^t u\, idt = \int_0^u Cudt = \frac{1}{2}Cu^2 \tag{3.31}$$

这说明当电容元件上的电压增高时,电场能量增大;在此过程中电容元件从电源取用能量(充电)。上式中的 $\frac{1}{2}Cu^2$ 就是电容极板间的电场能量。当电压降低时,电场能量减小,即电

容元件向电源放还能量(放电)。

现将电阻元件、电感元件和电容元件在几个方面的特征列在表3.1中,以资比较。

表3.1　　　　　　　　　电阻元件、电感元件和电容元件的特征

元件 特征	电阻元件	电感元件	电容元件
电压电流关系	$u = Ri$	$u = L\dfrac{di}{dt}$	$i = C\dfrac{du}{dt}$
参数意义	$R = \dfrac{u}{i}$	$L = \dfrac{N\Phi}{i}$	$C = \dfrac{q}{u}$
能量	$\int_0^t Ri^2 dt$	$\dfrac{1}{2}Li^2$	$\dfrac{1}{2}Cu^2$

这里有两点要注意的:

(1)上表所列的电压电流瞬时值的关系是在 u 和 i 的参考方向一致的情况下得出的;否则式中有一负号。电压电流瞬时值的关系式很重要,在后面经常用到。

(2)本章所讲的都是线性元件。R、L 和 C 都是常数,即相应的 u 和 i,Φ 和 i 及 q 和 u 之间都是线性关系。

例3.5　有一电感元件 $L = 0.2$H,通过的电流 i 的波形如图3.17上方所示。求电感元件中产生的自感电动势 e_L 和两端电压 u 的波形。

解:当 $0 \leqslant t \leqslant 4$ms 时,$i = t$ mA

所以

$$e_L = -L\dfrac{di}{dt} = -0.2\text{V}$$

$$u = -e_L = 0.2\text{V}$$

当 $4\text{ms} \leqslant t \leqslant 6\text{ms}$ 时,

$$i = (-2t + 12)\text{mA}$$

所以

$$e_L = -L\dfrac{di}{dt} = [-0.2 \times (-2)]\text{V} = 0.4\text{V}$$

$$u = -e_L = -0.4\text{V}$$

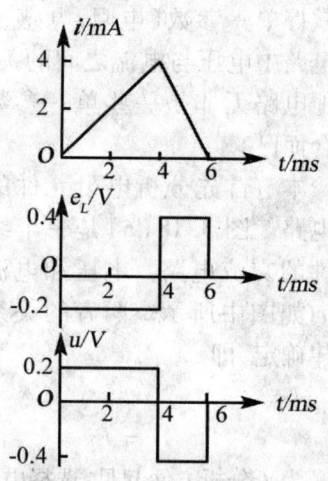

图3.17　例3.5的图

e_L 和 u 的波形如图3.17所示,由图可见:

(1)电流正值增大时,e_L 为负;电流正值减小时,e_L 为正。

(2)电流的变化率($\dfrac{di}{dt}$)小,则 e_L 也小;电流的变化率大,则 e_L 也大。

(3)电感元件两端电压 u 和其中电流 i 的波形是不一样的。

【思考与练习】

1. 将一线圈通过开关接到电池上,试分析在下列三种情况下线圈中感应电动势的方向:(1)开关合上瞬间;(2)开关合上较长的时间后;(3)开关断开瞬间。

2. 如果一个电感元件两端的电压为零,其储能是否也一定等于零?如果一个电容元件中的电流为零,其储能是否也一定等于零?

3. 电感元件中通过恒定电流时可视作短路。是否此时电感 L 为零?电容元件两端加恒定电压时可视作开路。是否此时电容 C 为无穷大?

3.4 电阻元件的交流电路

分析各种正弦交流电路,不外乎要确定电路中电压与电流之间的关系(大小和相位),并讨论电路中能量的转换和功率问题。

分析各种交流电路时,我们必须首先掌握单一参数(电阻、电感、电容)元件电路中电压与电流之间的关系,因为其他电路无非是一些单一参数元件的组合而已。

本节首先分析电阻元件的正弦交流电路。图 3.18(a)是一个线性电阻元件的交流电路。电压和电流的参考方向如图中所示。两者的关系由欧姆定律确定,即

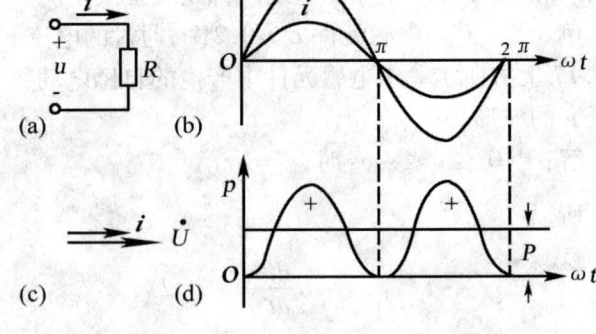

(a)电路图; (b)电压与电流的正弦波形;
(c)电压与电流的相量图; (d)功率波形图

图 3.18 电阻元件的交流电路

$$u = Ri$$

为了分析方便起见,选择电流经过零值并将向正值增加的瞬间作为计时起点($t = 0$),即设

$$i = I_m \sin\omega t$$

为参考正弦量,则

$$u = Ri = RI_m \sin\omega t = U_m \sin\omega t \tag{3.32}$$

也是一个同频率的正弦量。

比较上列两式即可看出,在电阻元件的交流电路中,电流和电压是同相的(相位差 $\varphi = 0$)。表示电压和电流的正弦波形如图 3.18(b)所示。

在式(3.32)中,$U_m = RI_m$ 或 $\dfrac{U_m}{I_m} = \dfrac{U}{I} = R$ \hfill (3.33)

由此可知,在电阻元件电路中,电压的幅值(或有效值)与电流的幅值(或有效值)之比值,就是电阻 R。

如果用相量表示电压与电流的关系,则为

$$\dot{U} = Ue^{j0°}, \dot{I} = Ie^{j0°}$$

$$\frac{\dot{U}}{\dot{I}} = \frac{U}{I}e^{j0°} = R$$

或

$$\dot{U} = R\dot{I} \qquad (3.34)$$

此即欧姆定律的相量表示式。电压和电流的相量图如图3.18(c)所示。

知道了电压与电流的变化规律和相互关系后,便可计算出电路中的功率。在任意瞬间,电压瞬时值u与电流瞬时值i的乘积,称为瞬时功率,用小写字母p代表,即$p = p_R = ui =$

$$U_m I_m \sin^2 \omega t = \frac{U_m I_m}{2}(1 - \cos 2\omega t) = UI(1 - \cos 2\omega t) \qquad (3.35)$$

由式(3.35)可见,p是由两部分组成的,第一部分是常数UI。第二部分是幅值为UI,并以2ω的角频率随时间而变化的交变量$UI\cos 2\omega t$。p随时间而变化的波形如图3.18(d)所示。

由于在电阻元件的交流电路中u与i同相,它们同时为正,同时为负,所以瞬时功率总是正值,即$p \geq 0$。瞬时功率为正,这表示外电路从电源取用能量。在这里就是电阻元件从电源取用的电能而转换为热能,这是一种不可逆的能量转换过程。在一个周期内,转换成的热能为

$$W = \int_0^T p dt$$

即相当于图中被功率波形与横轴所包围的那块面积。

通常用下式计算电能

$$W = pt$$

式中p是一个周期内电路消耗电能的平均速率,即瞬时功率的平均值,称为平均功率。在电阻元件电路中,平均功率为

$$p = \frac{1}{T}\int_0^T p dt = \frac{1}{T}\int_0^T UI(1 - \cos 2\omega t) = UI = RI^2 = \frac{U^2}{R} \qquad (3.36)$$

例3.6 把一个100Ω的电阻元件接到频率为50Hz,电压有效值为10V的正弦电源上,求电流。如果电压值保持不变,而电源频率变为500Hz,这时电流又为多少?

解: 因为电阻与频率无关,所以电压有效值保持不变时,电流有效值相等,即

$$I = \frac{U}{R} = \frac{10}{100} = 0.1A = 100mA$$

3.5 电感元件的交流电路

现在来分析一下非铁心线圈(线性电感元件)与正弦电源联接的电路。我们仍和上节一样来分析这个电感元件电路中电压与电流之间的关系,并讨论该电路中能量的转换和功率问题。

假定这个线圈只具有电感L,而电阻R极小,可以忽略不计。

当电感线圈中通过交流电i时,其中产生自感电动势e_L。设电流i,电动势e_L和电压u的

参考方向如图 3.19(a)所示。

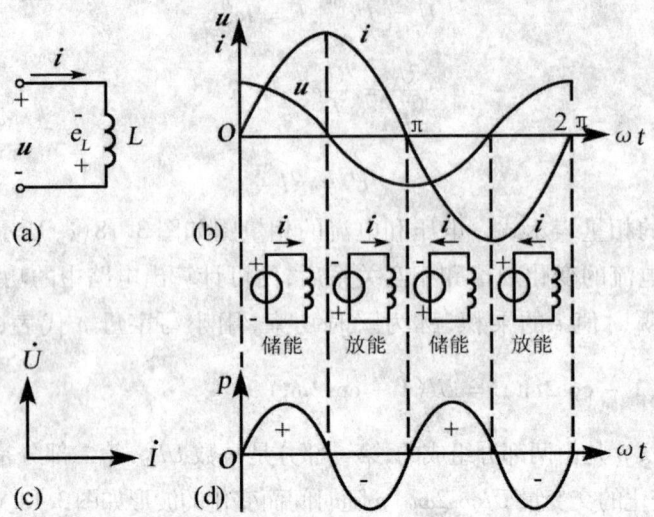

(a)电路图;(b)电压与电流的正弦波形;(c)电压与电流的相量图;(d)功率波形图
图 3.19 电感元件的交流电路

根据基尔霍夫电压定律得出式(3.22),即

$$u = -e_L = L\frac{di}{dt}$$

设电流为参考正弦量,即

$$i = I_m \sin\omega t$$

则

$$u = L\frac{d(I_m\sin\omega t)}{dt} = \omega L I_m \cos\omega t = \omega L I_m \sin(\omega t + 90°) = U_m \sin(\omega t + 90°)$$

(3.37)

也是一个同频率的正弦量。

比较上列两式可知,在电感元件电路中,在相位上电流比电压滞后 90°(相位差 φ=90°)。表示电压 u 和电流 i 的正弦波形如图 3.19(b)所示。

在式(3.37)中,

$$U_m = \omega L I_m$$

或

$$\frac{U_m}{I_m} = \frac{U}{I} = \omega L \tag{3.38}$$

由此可知,在电感元件电路中,电压的幅值(或有效值)与电流的幅值(或有效值)之比为 ωL。显然,它的单位为欧[姆]。当电压一定时,ωL 愈大,则电流 I 愈小。可见它具有对交流电流起阻碍作用的物理性质,所以称为感抗,用 X_L 代表,即

$$X_L = \omega L = 2\pi f L \tag{3.39}$$

感抗 X_L 与电感 L、频率 f 成正比。因此,电感线圈对高频电流的阻碍作用很大,而对直流

则可视作短路,即对直流讲,$X_L=0$(注意不是 $L=0$,而是 $f=0$)。

当 u 和 L 一定时,X_L 和 I 同 f 的关系表示在图 3.20 中。

应该注意,感抗只是电压与电流的幅值或有效值之比,而不是它们的瞬时值之比,即 $\frac{u}{i} \neq X_L$。

因为这与电阻电路不一样。在这里电压与电流之间成导数关系,而不是成正比关系。

如设电压为

$$u = U_m \sin\omega t$$

则电流应为

$$i = \frac{U_m}{X_L}\sin(\omega t - 90°) = I_m \sin(\omega t - 90°)$$

因此,在分析与计算交流电路时,以电压或电流作为参考量都可以,它们之间的关系(大小和相位差)是一样的。

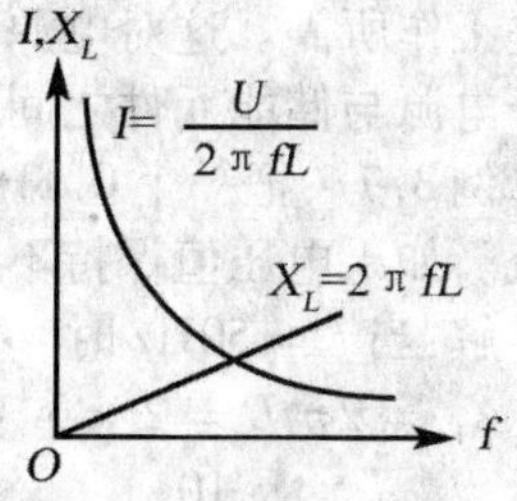

如用相量表示电压与电流的关系,则为

$$\dot{U} = Ue^{j90°}, \dot{I} = Ie^{j0°}$$

$$\frac{\dot{U}}{\dot{I}} = \frac{U}{I}e^{j90°} = jX_L$$

图 3.20 X_L 和 I 同 f 的关系

或

$$\dot{U} = jX_L\dot{I} = j\omega L\dot{I} \tag{3.40}$$

式(3.40)表示电压的有效值等于电流的有效值与感抗的乘积,在相位上比电流超前 90°。因电流相量 $\dot{I}$ 乘上算子 j 后,即向前(逆时针方向)旋转 90°。电压和电流的相量图如图 3.19(c)所示。

知道了电压 u 和电流 i 的变化规律和相互关系后,便可找出瞬时功率的变化规律,即

$$p = p_L = ui = U_m I_m \sin\omega t \sin(\omega t + 90°)$$

$$= U_m I_m \sin\omega t \cos\omega t = \frac{U_m I_m}{2}\sin 2\omega t = UI\sin 2\omega t \tag{3.41}$$

由上式可见,p 是一个幅值为 UI,并以 2ω 的角频率随时间而变化的交变量,其变化波形如图 3.19(d)所示。

在第一个和第三个 $\frac{1}{4}$ 周期内,p 是正的(和 正负相同);在第二个和第四个 $\frac{1}{4}$ 周期内,p 是负的(u 和 i 一正一负)。瞬时功率的正负可以这样来解释:当瞬时功率为正值时,电感元件处于受电状态,它从电源取用电能;当瞬时功率为负值时,电感元件处于供电状态,它把电能归还电源。在电感元件的交流电路(图 3.19)中,在第一个和第四个 $\frac{1}{4}$ 周期内,电流值在增大,即磁场在建立,电感线圈从电源取用电能,并转换为磁能储存在线圈的磁场内;在第二个和第四个 $\frac{1}{4}$ 周期内,电流值在减小,即磁场在消失,线圈放出原先储存的能量并转换为电能而归还给电源。这是一种可逆的能量转换过程。在这里,线圈从电源取用的能量一定等于它归还给电源的能量。因为已假定电路中的电阻很小,可以忽略不计,也就是说电路中没有消耗能量的元件。关于这一点也可以从平均功率看出;因为在电感元件电路中的平均功率

$$p = \frac{1}{T}\int_0^t p dt = \frac{1}{T}\int_0^t UI\sin 2\omega t dt = 0$$

从图 3.19(d)的功率波形也容易看出，p 的平均值为零。

从上述可知，在电感元件的交流电路中，没有能量消耗，只有电源与电感元件间的能量互换。这种能量互换的规模我们用无功功率 Q 来衡量。规定无功功率等于瞬时功率 p_L 的幅值，即

$$Q = UI = I^2 X_L \tag{3.42}$$

它并不等于单位时间内互换了多少能量。无功功率的单位是乏(var)或千乏(kvar)。

应当指出，电感元件和后面将要讲到的电容元件都是储能元件，它们与电源间进行能量互换是工作所需。这对电源来说，也是一种负担。但对储能元件本身说，没有消耗能量，故将往返于电源与储能元件之间的功率命名为无功功率。因此，平均功率也可称为有功功率。

例 3.7　把一个 0.1H 的电感元件接到频率为 50Hz，电压有效值为 10V 的正弦电源上，求电流。如果电压值保持不变，而电源频率变为 5000Hz，这时电流又为多少？

解：当 $f = 50$Hz 时

$$X_L = 2\pi fL = 2 \times 3.14 \times 50 \times 0.1 = 31.4\Omega$$

$$I = \frac{U}{X_L} = \frac{10}{31.4} = 0.318\text{A} = 318\text{mA}$$

当 $f = 5000$Hz 时

$$X_L = 2 \times 3.14 \times 5000 \times 0.1 = 3140\Omega$$

$$I = \frac{10}{3140} = 0.00318\text{A} = 3.18\text{mA}$$

可见，在电压有效值一定时，频率愈高，则通过电感元件的电流的有效值愈小。

3.6　电容元件的交流电路

图 3.21(a)是一个线性电容元件与正弦电源联接的电路，电路中的电流 i 和电容器两端的电压 u 的参考方向如图中所示。

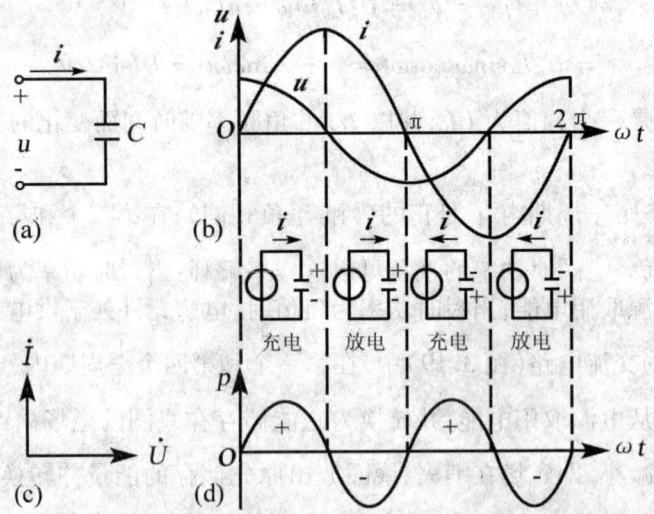

(a)电路图；　(b)电压与电流的正弦波形；　(c)电压与电流的相量图；　(d)功率波形图

图 3.21　电容元件的交流电路

当电压发生变化时，电容器极板上的电荷量也要随着发生变化，在电路中就引起电流

$$i = \frac{dq}{dt} = C\frac{du}{dt}$$

如果在电容器的两端加一正弦电压

$$u = U_m \sin\omega t$$

则

$$i = C\frac{d(U_m\sin\omega t)}{dt} = \omega C U_m \cos\omega t = \omega C U_m \sin(\omega t + 90°) = I_m \sin(\omega t + 90°) \quad (3.43)$$

也是一个同频率的正弦量。

比较上列两式可知,在电容元件电路中,在相位上电流比电压超前90°($\varphi = -90°$)。我们规定:当电流比电压滞后时,其相位差φ为正。当电流比电压超前时,其相位差φ为负。这样的规定是为了便于说明电路是电感性的还是电容性的。

表示电压和电流的正弦波形如图3.21(b)所示。

在式(3.43)中, $I_m = \omega C U_m$

或

$$\frac{U_m}{I_m} = \frac{U}{I} = \frac{1}{\omega C} \quad (3.44)$$

由此可知,在电容元件电路中,电压的幅值(或有效值)与电流的幅值(或有效值)的比值为$\frac{1}{\omega C}$。显然,它的单位是欧[姆]。当电压U一定时,$\frac{1}{\omega C}$愈大,则电流愈I小。可见它具有对电流起阻碍作用的物理性质,所以称为容抗,用X_C代表,即

$$X_C = \frac{1}{\omega C} = \frac{1}{2\pi fC} \quad (3.45)$$

容抗X_C与电容C频率f成反比。这是因为电容愈大时,在同样电压下电容器所容纳的电荷量就愈多,因而电流就愈大,当频率愈高时,电容器的充电与放电就进行得愈快,在同样电压下,单位时间内电荷的移动量就愈多,因而电流就愈大。所以电容元件对高频电流所呈现的容抗很小,是一捷径,而对直流($f = 0$)所呈现的容抗$X_C \to \infty$,可视作开路。因此,电容元件有隔断直流的作用。

当电压U和电容C一定时,容抗X_C和电流I同频率f的关系表示在图3.22中。

如用相量图表示电压与电流的关系,则为

$$\dot{U} = Ue^{j0°}, \dot{I} = Ie^{j90°}$$

$$\frac{\dot{U}}{\dot{I}} = \frac{U}{I}e^{-j90°} = -jX_C$$

或

$$\dot{U} = -jX_C\dot{I} = -j\frac{\dot{I}}{\omega C} = \frac{\dot{I}}{j\omega C} \quad (3.46)$$

式(3.46)表示电压的有效值等于电流的有效值与容抗的乘积,而在相位上比电流滞后90°。因为电流相量$\dot{I}$乘上算子($-j$)

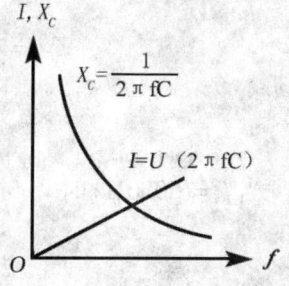

图3.22 X_C和I同f的关系

后,即向后(顺时针方向)旋转90°。电压和电流的相量图如图3.21(c)所示。

知道了电压 u 和电流 i 的变化规律和相互关系后,便可找出瞬时功率的变化规律,即

$$p = p_C = ui = U_m I_m \sin\omega t \sin(\omega t + 90°)$$

$$= U_m I_m \sin\omega t \cos\omega t = \frac{U_m I_m}{2}\sin 2\omega t = UI\sin 2\omega t \tag{3.47}$$

由上式可见,p 是一个幅值为 UI ,并以 2ω 的角频率随时间而变化的交变量,其变化波形如图3.21(d)所示。

在第一个和第三个 $\frac{1}{4}$ 周期内,电压值在增高,就是电容元件在充电。这时,电容元件从电源取用电能而储存在它的电场中,所以 P 是正的。在第二个和第四个 $\frac{1}{4}$ 周期内,电压值在降低,就是电容元件在放电。这时,电容元件放出在充电时所储存的能量,把它归还给电源,所以 p 是负的。

在电容电路中,平均功率

$$p = \frac{1}{T}\int_0^T p dt = \frac{1}{T}\int_0^T UI\sin 2\omega t dt = 0$$

这说明电容元件是不消耗能量的,在电源与电容元件之间只发生能量的互换。能量互换的规模用无功功率来衡量,它等于瞬时功率 p_c 的幅值。

为了同电感电路的无功功率相比较,我们也设电流

$$i = I_m \sin\omega t$$

为参考正弦量,则

$$u = U_m \sin(\omega t - 90°)$$

于是得出瞬时功率

$$p = p_c = ui = -UI\sin 2\omega t$$

由此可见,电容元件电路的无功功率

$$Q = -UI = -X_L I^2 \tag{3.48}$$

例3.8 把一个 $25\mu F$ 的电容元件接到频率为50Hz,电压有效值为10V的正弦电源上,问电流是多少? 如果电压值保持不变,而电源频率变为5000Hz,这时电流又为多少?

解:当 $f = 50Hz$ 时

$$X_C = \frac{1}{2\pi fC} = \frac{1}{2\times 3.14\times 50\times 25\times 10^{-6}} = 127.4\Omega$$

$$I = \frac{U}{X_C} = \frac{10}{127.4} = 0.078A = 78mA$$

当 $f = 5000Hz$ 时

$$X_C = \frac{1}{2\pi fC} = \frac{1}{2\times 3.14\times 5000\times 25\times 10^{-6}} = 1.274\Omega$$

$$I = \frac{U}{X_C} = \frac{10}{1.274} = 7.8A$$

可见,在电压有效值一定时,频率愈高,则通过电容元件的电流的有效值愈大。

3.7 电阻、电感与电容元件串联的交流电路

电阻、电感与电容元件的交流电路如图 3.23(a) 所示。电路的各元件通过同一电流。电流与各个电压的参考方向如图中所示。分析这种电路可以应用前面三节所得到的结果。

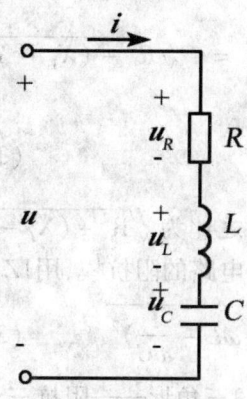 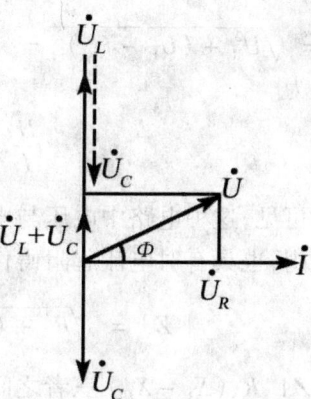

(a) 电路图　　　　　　(b) 相量图

图 3.23　电阻、电感与电容元件的交流电路

根据基尔霍夫电压定律可列出

$$u = u_R + u_L + u_C = Ri + L\frac{di}{dt} + \frac{1}{C}\int i\, dt \tag{3.49}$$

设电流

$$i = I_m \sin\omega t$$

为正弦参考量,则电阻元件上的电压与电流同相,即

$$u_R = RI_m \sin\omega t = U_{Rm}\sin\omega t$$

电感元件上的电压 u_L 比电流超前 90°,即

$$u_L = I_m \omega L \sin(\omega t + 90°) = U_{Lm}\sin(\omega t + 90°)$$

电容元件上的电压 u_C 比电流滞后 90°,即

$$u_C = \frac{I_m}{\omega C}\sin(\omega t - 90°) = U_{Cm}\sin(\omega t - 90°)$$

在上列各式中,

$$\frac{U_{Rm}}{I_m} = \frac{U}{I} = R$$

$$\frac{U_{Lm}}{I_m} = \frac{U_L}{I_m} = \omega L = X_L$$

$$\frac{U_{Cm}}{I_m} = \frac{U_C}{I_m} = \frac{1}{\omega C} = X_C$$

同频率的正弦量相加,所得出的仍为同频率的正弦量。所以电源电压为

$$u = u_R + u_L + u_C = U_m \sin(\omega t + \varphi)$$

其幅值为 U_m,与电流 i 之间的相位差为 φ。

利用相量图来求幅值(或有效值)和相位差最为简便。如果将电压 u_R、u_L、u_C 用相量 $\dot{U}_R$、$\dot{U}_L$、$\dot{U}_C$ 表示,则相量相加即可得出电源电压 u 的相量 $\dot{U}$,如图3.23(b)所示。由电压相量 $\dot{U}$、$\dot{U}_R$ 及 $(\dot{U}_L + \dot{U}_C)$ 所组成的直角三角形,称为电压三角形。利用这个电压三角形,可求得电源电压的有效值,即

$$U = \sqrt{U_R^2 + (U_L - U_C)^2} = \sqrt{(RI)^2 + (X_L I - X_C I)^2} = I\sqrt{R^2 + (X_L - X_C)^2}$$

也可写为

$$\frac{U}{I} = \sqrt{R^2 + (X_L - X_C)^2} \tag{3.50}$$

由上式可见,这种电路中电压与电流的有效值(或幅值)之比为 $\sqrt{R^2 + (X_L - X_C)^2}$。它的单位也是欧姆,也具有对电流起阻碍作用的性质,我们称它为电路的阻抗模,用|Z|代表,即

$$|Z| = \sqrt{R^2 + (X_L - X_C)^2} = \sqrt{R^2 + \left(\omega L - \frac{1}{\omega C}\right)^2} \tag{3.51}$$

可见|Z|、R、$(X_L - X_C)$ 三者之间的关系也可用一个直角三角形——阻抗三角形来表示,如图3.23所示。

至于电源电压 u 与电流 i 之间的相位差 φ 也可以从电压三角形得出,即

$$\varphi = \arctan\frac{U_L - U_C}{U_R} = \arctan\frac{X_L - X_C}{U} \tag{3.52}$$

因此,阻抗模|Z|、电阻 R、感抗 X_L 及容抗 X_C 不仅表示了电压 u 及其分量 u_R、u_L 及 u_C 与电流 i 之间的大小关系,而且也表示了它们之间的相位关系。随着电路参数的不同,电压 u 与电流 i 之间的相位差 φ 也就不同。因此 φ 角的大小是由电路(负载)的参数决定的。

由式(3.52)来看,在频率一定时,不仅相位差 φ 的大小决定于电路的参数,而且电流滞后还是超前于电压,也与电路的参数有关。如果 $X_L > X_C$,即 $\varphi > 0$,则在相位上电流 i 比电压 u 滞后 φ 角,这种电路是电感性的。如果 $X_L < X_C$,即 $\varphi < 0$,则在相位上电流 i 比电压 u 超前 φ 角,这种电路是电容性的。如果 $X_L = X_C$,即 $\varphi = 0$,则在相位上电流 i 与电压 u 同相,这种电路是电阻性的。

至此,我们应该注意,在分析与计算交流电路时必须时刻具有交流的概念,首先要有相位的概念。上述串联电路中四个电压的相位不同,电源电压应等于另外三个电压的相量和,如果直接写成 $U = U_R + U_L + U_C$,那就不对了。

如果用相量表示电压与电流的关系,则为,$\dot{U} = \dot{U}_R + \dot{U}_L + \dot{U}_C = R\dot{I} + jX_L\dot{I} - jX_C\dot{I}$

$= [R + j(X_L - X_C)]\dot{I}$

此即为基尔霍夫电压定律的相量表示式。

将上式写成

$$\frac{\dot{U}}{\dot{I}} = R + j(X_L - X_C) \tag{3.53}$$

式中的 $R + j(X_L - X_C)$ 称为电路的阻抗，用大写字母 Z 代表，即

$$Z = R + j(X_L - X_C) = \sqrt{R^2 + (X_L - X_C)^2} e^{j\arctan \frac{X_L - X_L}{R}}$$
$$= |Z| e^{j\varphi}$$

由上式可见，阻抗的实部为"阻"，虚部为"抗"，它表示了电路的电压与电流之间的关系，既表示了大小关系，又表示了相位关系。

阻抗的辐角 φ 即为电压与电流之间的相位差。对电感性电路，φ 为正；对电容性电路，φ 为负。

阻抗不同于正弦量的复数表示，它不是一个相量，而是一个复数计算量。

用电压与电流的相量和阻抗来表示的 RLC 串联电路如图 3.24 所示。

上面讨论的是电压与电流之间的关系，现在来讨论功率。

知道了电压 u 和电流 i 的变化规律与相互关系后，便可找出瞬时功率来，即

$$p = ui = U_m I_m \sin(\omega t + \varphi) \sin\omega t$$

因为

$$\sin(\omega t + \varphi) \sin\omega t = \frac{1}{2}\cos\varphi - \frac{1}{2}\cos(2\omega t + \varphi)$$

及

$$\frac{U_m I_m}{2} = UI$$

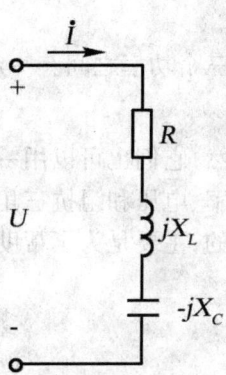

图 3.24 用相量和阻抗来表示的电路

所以

$$p = UI\cos\varphi - UI\cos(2\omega t + \varphi)$$

由于电阻元件上要消耗电能，相应的平均功率为

$$p = \frac{1}{T}\int_0^T p dt = \frac{1}{T}\int_0^T [UI\cos\varphi - UI\cos(2\omega t + \varphi)] dt$$
$$= UI\cos\varphi \tag{3.54}$$

从电压三角形（图 3.23）可得出

$$UI\cos\varphi = U_R = RI$$

于是

$$p = U_R I = RI^2 = UI\cos\varphi \tag{3.55}$$

而电感元件与电容元件要储放能量，即它们与电源之间要进行能量互换，相应的无功功率可根据式（3.42）和式（3.48）得出

$$Q = U_L I - U_C I = (U_L - U_C)I = I^2(X_L - X_C) = UI\sin\varphi \tag{3.56}$$

式（3.55）和式（3.56）是计算正弦交流电路中平均功率（有功功率）和无功功率的一般公式。

由上述可知，一个交流发电机输出的功率不仅与发电机两端电压及其输出电流的有效值的乘积有关，而且还与电路（负载）的参数有关。电路所具有的参数不同，则电压与电流的相

位差 φ 就不同,在同样电压 U 和电流 I 下,这时电路的有功功率和无功功率也不同。式(3.55)中的 $\cos\varphi$ 称为功率因数。

交流电路中,平均功率一般不等于电压与电流有效值的乘积,如将两者的有效值相乘,则得出所谓视在功率 S,即

$$S = UI = |Z|I^2 \tag{3.57}$$

交流电气设备是按照规定了的额定电压和额定电流来设计和使用的,变压器的容量就是以额定电压和额定电流的乘积,即所谓的视在功率 $S_N = U_N I_N$ 来表示的。

视在功率的单位是伏·安(V·A)或千伏·安(kV·A)。

由于平均功率、无功功率和视在功率三者所代表的意义不同,为了区别起见,各采用不同的单位。

这三个功率之间有一定的关系,即

$$S = \sqrt{P^2 + Q^2} \tag{3.58}$$

显然,它们也可以用一个直角三角形——功率三角形来表示。

功率、电压和阻抗三角形是相似的,现在把它们同时表示在图 3.25 中。引出这三个三角形的目的,主要是为了帮助我们分析和记忆。

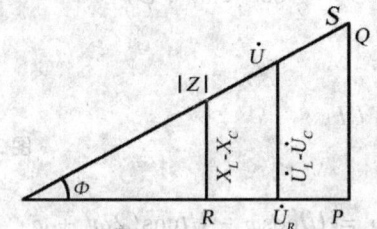

图 3.25 功率、电压、阻抗三角形

应当注意:功率 P, Q 及 S 都不是正弦量,所以不能用相量表示。

例 3.9 在电阻、电感、电容元件相串联的电路中,已知 $R = 30\Omega$, $L = 127\text{mH}$, $C = 40\mu\text{F}$,电源电压 $u = 220\sqrt{2}\sin(314t + 20°)\text{V}$。

(1)求感抗、容抗和阻抗模;

(2)求电流的有效值 I 与瞬时值 i 的表达式;

(3)求各部分电压的有效值与瞬时值的表达式;

(4)作相量图;

(5)求功率 P 和 Q。

解:(1)

$$X_L = \omega L = 314 \times 127 \times 10^{-3} = 40\Omega$$

$$X_C = \frac{1}{\omega C} = \frac{1}{314 \times 40 \times 10^{-6}} = 80\Omega$$

$$|Z| = \sqrt{R^2 + (X_L - X_C)^2} = \sqrt{30^2 + (40 - 80)^2} = 50\Omega$$

(2)
$$I = \frac{U}{|Z|} = \frac{220}{50} = 4.4\text{A}$$
$$\varphi = \arctan\frac{X_L - X_C}{R} = \arctan\frac{40-80}{50} = -53°（电容性）$$
$$i = 4.4\sqrt{2}\sin(314t + 20° + 53°) = 4.4\sqrt{2}\sin(314t + 73°)\text{A}$$

(3)
$$U_R = RI = 30 \times 4.4 = 132\text{V}$$
$$u_R = 132\sqrt{2}\sin(314t + 73°)\text{V}$$
$$U_L = X_L I = 40 \times 4.4 = 176\text{V}$$
$$u_L = 176\sqrt{2}\sin(314t + 73° + 90°)\text{V} = 176\sqrt{2}\sin(314t + 163°)\text{V}$$
$$U_C = X_C I = 80 \times 4.4 = 352\text{V}$$
$$u_C = 352\sqrt{2}\sin(314t + 73° - 90°)\text{V} = 176\sqrt{2}\sin(314t - 17°)\text{V}$$

显然，$U \neq U_R + U_L + U_C$

(4) 相量图如图 3.26 所示。

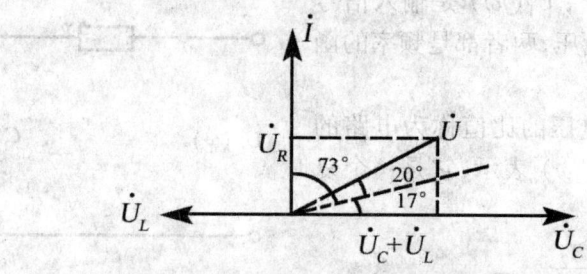

图 3.26 例 3.9 的图

(5)
$$P = UI\cos\varphi = 220 \times 4.4 \times \cos(-53°) = 220 \times 4.4 \times 0.6 = 580.8\text{W}$$
$$Q = UI\sin\varphi = 220 \times 4.4 \times \sin(-53°) = 220 \times 4.4 \times (-0.8) = -774.4\text{var}（电容性）$$

【思考与练习】

1. RL 串联电路的阻抗 $Z = 4 + j3\Omega$，试问该电路的电阻和感抗各为多少？并求电路的功率因数和电压与电流间的相位差。

2. 有一 RLC 串联的交流电路，已知 $R = X_L = X_C = 10\Omega$，$I = 1\text{A}$。试求其两端的电压 U。

3. 有一 RC 串联电路，已知 $R = 4\Omega$、$X_C = 3\Omega$，电源电压 $\dot{U} = 100\angle0°\text{V}$，试求电流 $\dot{I}$。

3.8 交流电路的频率特性

在交流电路中,电容元件的容抗和电感元件的感抗都与频率有关,在电源频率一定时,它们有一确定值。但当电源电压或电流(激励)的频率改变(即使它们的幅值不变)时,容抗和感抗值都随着改变,而使电路中各部分所产生的电流和电压(响应)的大小和相位也随着改变。响应与频率的关系称为电路的频率特性或频率响应。在电力系统中频率一般是固定的,但在电子技术和控制系统中,经常要研究不同频率下电路的工作情况。

本章前面几节所讨论的电压和电流都是时间函数,在时间领域内对电路进行分析,所以常称为时域分析。本节是在频率领域内对电路进行分析,就称为频域分析。

3.8.1 串联电路的频率特性

首先讨论由 RC 电路组成的几种滤波电路。所谓滤波电路就是利用容抗或感抗随频率而改变的特性,对不同频率的输入信号产生不同的响应,让需要的某一频带的信号顺利通过,而抑制不需要的其他频率的信号。

滤波电路通常可分为低通、高通和带通等多种。除 RC 电路外,其他电路也可组成各种滤波电路。

1. 低通滤波电路

图 3.27 是 RC 串联电路,$U_1(j\omega)$ 是输入信号电压,$U_2(j\omega)$ 是输出信号电压,两者都是频率的函数。

电路输出电压与输入电压的比值称为电路的传递函数或转移函数,用 $T(j\omega)$ 表示,它是一个复数。由图 3.27 可得

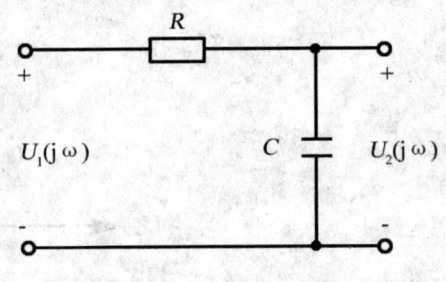

图 3.27 RC 低通滤波电路

$$T(j\omega) = \frac{U_2(j\omega)}{U_1(j\omega)} = \frac{\frac{1}{j\omega C}}{R + \frac{1}{j\omega C}} = \frac{1}{1 + J\omega RC}$$

$$= \frac{1}{\sqrt{1 + (\omega RC)^2}} \angle -arctan(\omega RC)$$

$$= |T(j\omega)| \angle \varphi(\omega) \tag{3.59}$$

式中

$$|T(j\omega)| = \frac{U_2(j\omega)}{U_1(j\omega)} = \frac{1}{\sqrt{1 + (\omega RC)^2}}$$

是传递函数 $T(j\omega)$ 的模,是角频率 ω 的函数;

$$\varphi(\omega) = -\arctan(\omega RC)$$

是 $T(j\omega)$ 的辐角,也是 ω 的函数。

设

$$\omega_0 = \frac{1}{RC}$$

则

$$T(j\omega) = \frac{1}{1 + j\dfrac{\omega}{\omega_0}} = \frac{1}{\sqrt{1 + \left(\dfrac{\omega}{\omega_0}\right)^2}} \angle -\arctan\dfrac{\omega}{\omega_0}$$

表示 $|T(j\omega)|$ 随 ω 变化的特性称为幅频特性，表示 $\varphi(\omega)$ 随 ω 变化的特性称为相频特性，两者统称为频率特性。

由上列式子可见，当

$$\omega = 0 \text{ 时}, |T(j\omega)| = 1, \varphi(\omega) = 0$$

$$\omega = \infty \text{ 时}, |T(j\omega)| = 0, \varphi(\omega) = -\frac{\pi}{2}$$

又当

$$\omega = \omega_0 = \frac{1}{RC} \text{ 时}, |T(j\omega)| = \frac{1}{\sqrt{2}} = 0.707, \varphi(\omega) = -\frac{\pi}{4}$$

频率特性如表 3.2 所示，并见图 3.28 所示。

表 3.2　　　　　　　　　　　　　　频率特性

ω	0	ω_0	∞
$\|T(j\omega)\|$	1	0.707	0
$\varphi(\omega)$	0	$-\pi/4$	$-\pi/2$

在实际应用中，输出电压不能下降过多。通常规定：当输出电压下降到输入电压的 70.7%，即 $|T(j\omega)|$ 下降到 0.707 时为最低限。此时，$\omega = \omega_0$，而将频率范围 $0 < \omega \leqslant \omega_0$ 称为通频带。ω_0 称为截止频率，它又称为半功率点频率或 3dB 频率。

当 $\omega < \omega_0$ 时，$|T(j\omega)|$ 变化不大，接近等于 1；当 $\omega > \omega_0$ 时，$|T(j\omega)|$ 明显下降。这表明上述 RC 电路具有使低频信号较易通过而抑制较高频率信号的作用，故常称为低通滤波电路。

2. 高通滤波电路

图 3.29 所示的电路与图 3.27 的电路所不同者，是从电阻 R 两端输出。电路的传递函数为

$$T(j\omega) = \frac{U_2(j\omega)}{U_1(j\omega)} = \frac{R}{R + \dfrac{1}{j\omega C}}$$

$$= \frac{1}{1 - j\dfrac{1}{\omega RC}} = \frac{1}{\sqrt{1 + \left(\dfrac{1}{\omega RC}\right)^2}} \angle \arctan\left(\dfrac{1}{\omega RC}\right)$$

$$= |T(j\omega)| \angle \varphi(\omega)$$

式中

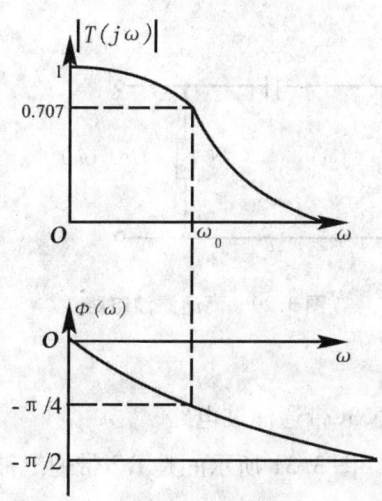

图 3.28　低通滤波电路的频率特性

$$|T(j\omega)| = \frac{U_2(j\omega)}{U_1(j\omega)} = \frac{1}{\sqrt{1+(\frac{1}{j\omega RC})^2}} \qquad \angle\varphi(\omega) = \angle\arctan(\frac{1}{\omega RC})$$

设

$$\omega_0 = \frac{1}{RC}$$

则

$$T(j\omega) = \frac{1}{1-j\frac{\omega_0}{\omega}} = \frac{1}{\sqrt{1+(\frac{\omega_0}{\omega})^2}} \angle\arctan\frac{\omega_0}{\omega}$$

频率特性如表 3.3 所示,并见图 3.30 所示。

表 3.3　　　　　　　　　　频率特性

ω	0	ω_0	∞
$|T(j\omega)|$	0	0.707	1
$\varphi(\omega)$	$-\pi/2$	$-\pi/4$	0

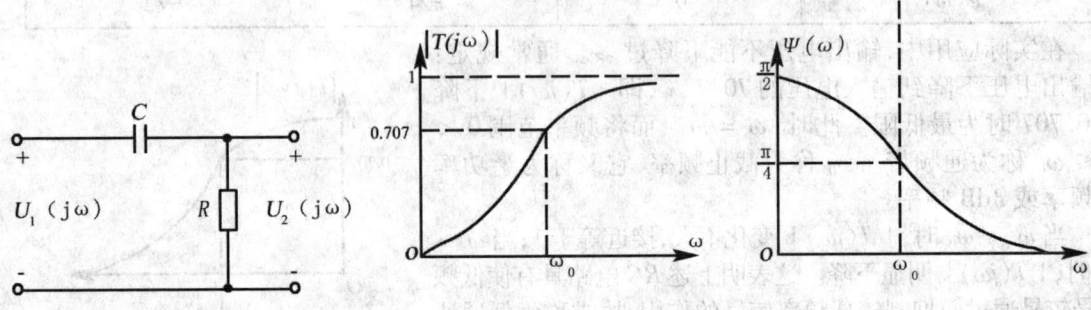

图 3.29　高通滤波电路　　　　　　　图 3.30　高通滤波电路的频率特性

3. 带通滤波电路

图 3.31 所示的是 RC 带通滤波电路。电路的传递函数为

$$T(j\omega) = \frac{U_2(j\omega)}{U_1(j\omega)} = \frac{\frac{R}{j\omega C}}{R+\frac{1}{j\omega C}+\frac{\frac{R}{j\omega C}}{R+\frac{1}{j\omega C}}}$$

$$= \frac{\dfrac{R}{1+j\omega RC}}{\dfrac{1+j\omega RC}{j\omega RC}+\dfrac{R}{1+j\omega RC}} = \frac{j\omega RC}{(1+j\omega RC)^2+j\omega RC}$$

$$= \frac{1}{3+j(\omega RC - \dfrac{1}{\omega RC})}$$

$$= \frac{1}{\sqrt{3^2+(\omega RC - \dfrac{1}{\omega RC})^2}} \angle -\arctan\frac{\omega RC - \dfrac{1}{\omega RC}}{3}$$

$$= |T(j\omega)| \angle \varphi(\omega)$$

式中

$$|T(j\omega)| = \frac{1}{\sqrt{3^2+(\omega RC - \dfrac{1}{\omega RC})^2}} \qquad \angle \varphi(\omega) = \angle -\arctan\frac{\omega RC - \dfrac{1}{\omega RC}}{3}$$

设

$$\omega_0 = \frac{1}{RC}$$

则

$$T(j\omega) = \frac{1}{3+j(\dfrac{\omega}{\omega_0}-\dfrac{\omega_0}{\omega})} = \frac{1}{\sqrt{3^2+(\dfrac{\omega}{\omega_0}-\dfrac{\omega_0}{\omega})^2}} \angle -\arctan\frac{\dfrac{\omega}{\omega_0}-\dfrac{\omega_0}{\omega}}{3}$$

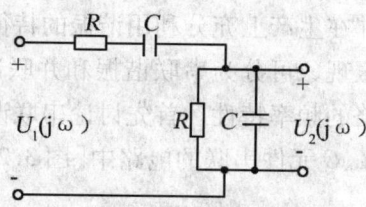

图 3.31　带通滤波电路

频率特性如表 3.4 所示,并见图 3.32 所示。

表 3.4　　　　　　　　　　　　　　频率特性

ω	0	ω_0	∞
$|T(j\omega)|$	0	1/3	1
$\varphi(\omega)$	$\pi/2$	0	$-\pi/2$

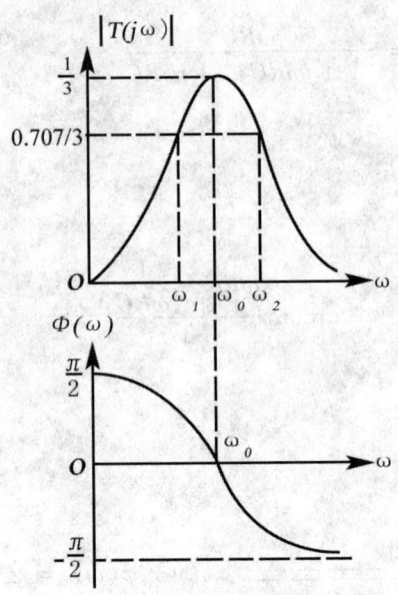

图 3.32　带通滤波电路的频率特性

由图可见，当 $\omega = \omega_0 = \dfrac{1}{RC}$ 时，输入电压 $\dot{U}_1$ 与输出电压 $\dot{U}_2$ 同相，且 $\dfrac{\dot{U}_2}{\dot{U}_1} = \dfrac{1}{3}$。同时也规定，当 $|T(j\omega)|$ 等于最大值（即 1/3）的 70.7% 处频带的上下限之间宽度称为通频带宽度，简称通频带，即

$$\triangle\omega = \omega_2 - \omega_1$$

3.8.2　串联谐振

在具有电感和电容元件的电路中，电路两端的电压与其中的电流一般是不同相的。如果我们调节电路的参数或电源的频率而使它们同相，这时电路中就发生谐振现象。研究谐振的目的就是要认识这种客观现象，并在生产上充分利用谐振的特征，同时又要预防它所产生的危害。按发生谐振的电路不同，谐振现象可分为串联谐振和并联谐振。我们将分别讨论这两种谐振的条件和特征，以及谐振电路的频率特性。首先讨论串联谐振。

在 3.7 节中已经提到，在 R、L、C 元件串联的电路中[图 3.23(a)]，当 $X_L = X_C$ 或 $2\pi f L = \dfrac{1}{2\pi f C}$ 时，则 $\varphi = \arctan\dfrac{X_L - X_C}{R} = 0$ 即电源电压 u 与电路中的电流 i 同相，这时电路中发生谐振现象。因为发生在串联电路中所以称为串联谐振。

由 $X_L = X_C$ 或 $2\pi f L = \dfrac{1}{2\pi f C}$ 得出谐振频率

$$f = f_0 = \dfrac{1}{2\pi\sqrt{LC}} \tag{3.60}$$

即当电源频率 f 与电路参数 L 和 C 之间满足上式关系时，则发生谐振，可见只要调节 L 和 C 或电源频率 f 都能使电路发生谐振。

串联谐振具有下列特征：

（1）电路的阻抗模 $Z = \sqrt{R^2 + (X_L - X_C)^2} = R$，其值最小。因此，在电源电压 U 不变的情况下，电路中的电流将在谐振时达到最大值，即 $I = I_0 = \dfrac{U}{R}$。

在图 3.33 中分别画出了阻抗模和电流等随频率变化的曲线。

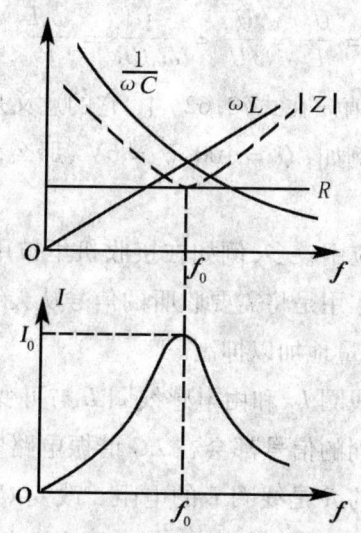

图 3.33　阻抗模与电流等随频率变化的曲线

（2）由于电源电压与电路中的电流同相（$\varphi = 0$），因此电路对电源呈现电阻性。电源供给电路的能量全被电阻所消耗，电源与电路之间不发生能量的互换。能量的互换只发生在电感线圈与电容器之间。

（3）由于 $X_L = X_C$，于是 $U_L = U_C$。而 $\dot{U}_L$ 与 $\dot{U}_C$ 在相位上相反，互相抵消，对整个电路不起作用，因此电源电压 $\dot{U} = \dot{U}_R$，如图 3.34 所示。

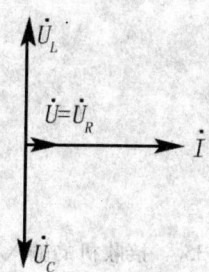

图 3.34　串联谐振时的相量图

但是，$\dot{U}_L$ 和 $\dot{U}_C$ 的单独作用不容忽视，因为

$$\left. \begin{array}{l} \dot{U}_L = X_L I = X_L \dfrac{U}{R} \\ \dot{U}_C = X_C I = X_C \dfrac{U}{R} \end{array} \right\} \tag{3.61}$$

当 $X_L = X_C > R$ 时，U_L 和 U_C 都高于电源电压 U。如果电压过高时，可能会击穿线圈和电容器的绝缘。因此，在电力工程中一般应避免发生串联谐振。但在无线电工程中则常利用串联谐振以获得较高电压，电容或电感元件上的电压常高于电源电压几十倍或几百倍。

因为串联谐振时 U_L 和 U_C 可能超过电源电压许多倍，所以串联谐振也称电压谐振。

U_L 和 U_C 与电源电压 U 的比值，通常用 Q 来表示

$$Q = \frac{U_C}{U} = \frac{U_L}{U} = \frac{1}{\omega_0 CR} = \frac{\omega_0 L}{R} \tag{3.62}$$

Q 称为电路的品质因数或 Q 值。在式(3.62)中，它的意义是表示在谐振时电容或电感元件上的电压是电源电压的 Q 倍。例如，$Q = 100$，$U = 6V$，那么在谐振时电容或电感元件上的电压就高达 $600V$。

串联谐振在无线电工程中的应用较多，例如在接收机里被用来选择信号。图 3.35(a)是接收机里典型的输入电路。它的作用是将需要收听的信号从天线收到的许多频率不同的信号之中选出来，其他不需要的信号尽量地加以抑制。

输入电路的主要部分是天线线圈 L_1 和由电感线圈 L 与可变电容器 C 组成的串联谐振电路。天线所接收到的各种频率不同的信号都会在 LC 谐振电路中感应出相应的电动势 e_1、e_2、$e_3\cdots\cdots$，如图 3.35(b)所示，图中的 R 是线圈 L 的电阻。改变 C，对所需信号频率调到串联谐振，那么这时 LC 回路中该频率的电流最大，在可变电容器两端的这种频率的电压也就较高。其他各种不同频率的信号虽然也在接收机里出现，但由于它们没有达到谐振，在回路中引起的电流很小。这样就起到了选择信号和抑制干扰的作用。

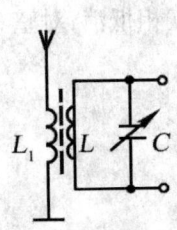
(a)电路图

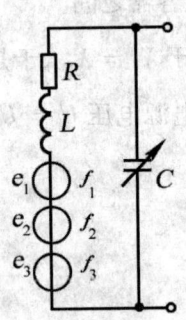
(b)等效电路

图 3.35　接收机的输入电路

这里有一个选择性的问题。如图 3.36 所示，当谐振曲线比较尖锐时，稍有偏离谐振频率 f_0 的信号，就大大减弱。就是说，谐振曲线越尖锐，选择性就越强。此外，也引用通频带宽度的概念。就是规定，在电流 I 值等于最大值 I_0 的 70.7 % 处频率的上下限之间宽度称为通频带宽度，即 $\triangle f = f_2 - f_1$

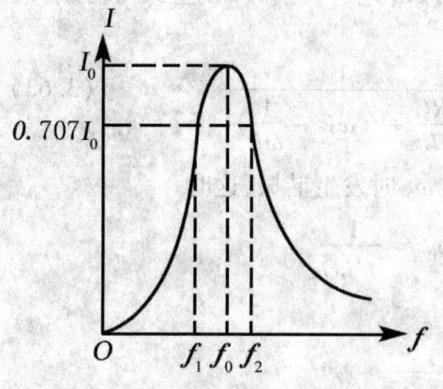
图 3.36 通频带宽度

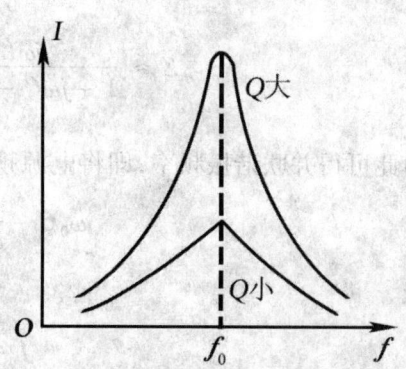
图 3.37 Q 与谐振曲线的关系

通频带宽度越小,表明谐振曲线越尖锐,电路的频率选择性就越强。而谐振曲线的尖锐与平坦同 Q 值有关,如图 3.37 所示。设电路的 L 和 C 值都不变,只改变 R 值。R 值越小,Q 值越大,则谐振曲线越尖锐,也就是选择性越强。这是品质因数 Q 的另外一个物理意义。减小 R 值,也就是减小线圈导线的电阻和电路中的各种能量损耗。

例 3.10 将一线圈($L = 4\text{mH}, R = 50\Omega$)与电容器($C = 160\text{pF}$)串联,接在 $U = 25\text{V}$ 的电源上。(1)当 $f_0 = 200\text{kHz}$ 时发生谐振,求电流与电容器上的电压;(2)当频率增加 10% 时,求电流与电容器上的电压。

解:(1)当 $f = 200\text{kHz}$ 电路发生谐振时,

$$X_L = 2\pi f_0 L = 2 \times 3.14 \times 200 \times 10^3 \times 4 \times 10^{-3} = 5000\Omega$$

$$X_C = \frac{1}{2\pi f_0 C} = \frac{1}{2 \times 3.14 \times 200 \times 10^3 \times 160 \times 10^{-12}} = 5000\Omega$$

$$I_0 = \frac{U}{R} = \frac{25}{50} = 0.5\text{A}$$

$$U_C = X_C I_0 = 5000 \times 0.5 = 2500 (> U)$$

(2)当频率增加 10% 时,

$$X_L = 5500\Omega$$
$$X_C = 4500\Omega$$
$$|Z| = \sqrt{50^2 + (5500 - 4500)^2} \approx 1000\Omega (> R)$$
$$I = \frac{V}{|Z|} = \frac{25}{1000} = 0.025\text{A} (< I_0)$$
$$U_C = X_C I = 4500 \times 0.025 = 112.5\text{V} (< 2500\text{V})$$

可见偏离谐振频率 10% 时,I 和 U_C 就大大减小。

3.8.3 并联谐振

图 3.38 所示的是电容器与线圈并联的电路。电路的等效阻抗为

$$Z = \frac{\frac{1}{j\omega C}(R + j\omega L)}{\frac{1}{j\omega C} + (R + j\omega L)} = \frac{R + j\omega L}{1 + j\omega C - \omega^2 LC}$$

通常要求线圈的电阻很小,所以一般在谐振时,ωL 远远大于 R,则上式可写成

$$Z \approx \frac{j\omega L}{1 + j\omega C - \omega^2 LC} = \frac{1}{\dfrac{RC}{L} + j(\omega C - \dfrac{1}{\omega L})} \quad (3.63)$$

由此可得并联谐振频率,即将电源频率 ω 调到 ω_0 时发生谐振,这时

$$\omega_0 C - \frac{1}{\omega_0 L} \approx 0, \omega_0 \approx \frac{1}{\sqrt{LC}}$$

或

$$f = f_0 \approx \frac{1}{2\pi\sqrt{LC}}$$

与串联谐振频率近于相等。

并联谐振具有下列特征:

(1)由式(3.63)可知,谐振时电路的阻抗模为

$$|Z_0| = \frac{1}{\dfrac{RC}{L}} = \frac{L}{RC}$$

其值最大,即比非谐振情况下的阻抗模要大。因此在电源电压 U 一定的情况下电路中的电流 I 将在谐振时达到最小,即

$$I = I_0 = \frac{U}{\dfrac{L}{RC}} = \frac{U}{|Z_0|}$$

例如一个并联电路(图 3.38 所示)的参数为 $C = 0.002\mu F, L = 20\mu H, R = 5\Omega$,则谐振频率为

$$f_0 \approx \frac{1}{2\pi\sqrt{LC}} \approx 8 \times 10^5 \text{Hz}$$

谐振时电路的阻抗模为

$$|Z_0| = \frac{L}{RC} = \frac{20 \times 10^{-6}}{5 \times 0.002 \times 10^{-6}} = 2000\Omega$$

这表明该电路在频率为 8×10^5Hz 时发生谐振,谐振时对电源所呈现的阻抗模为 2000Ω。阻抗模与谐振曲线如图 3.39 所示。

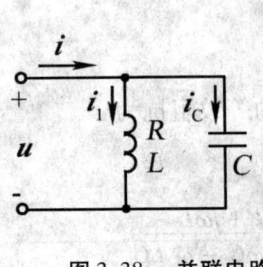

图 3.38 并联电路

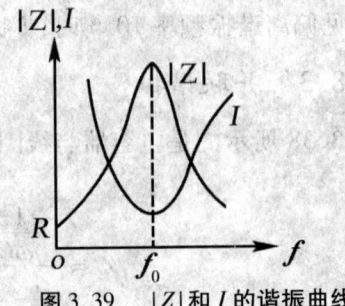

图 3.39 $|Z|$ 和 I 的谐振曲线

(2)由于电源电压与电路中的电流同相（$\varphi = 0$），因此，电路对电源呈现电阻性。谐振时电路的阻抗模$|Z|$相当于一个电阻。

(3)谐振时各并联支路的电流为

$$I_1 = \frac{U}{\sqrt{R^2 + (2\pi f_0 L)^2}} \approx \frac{U}{2\pi f_0 L}$$

$$I_C = \frac{U}{\dfrac{1}{2\pi f_0 C}} = 2\pi f_0 C U$$

而

$$|Z| = \frac{L}{RC} = \frac{2\pi f_0 L}{R(2\pi f_0 C)} \approx \frac{(2\pi f_0 L)^2}{R}$$

当$2\pi f_0 L \gg R$时，

$$2\pi f_0 L \approx \frac{1}{2\pi f_0 C} \ll \frac{(2\pi f_0 L)^2}{R}$$

于是可得$I_1 \approx I_C \gg I_0$，如图3.40所示，即在谐振时并联支路的电流近于相等，而比总电流大许多倍。因此，并联谐振也称电流谐振。

I_C或I_1与总电流I_0的比值为电路的品质因数

$$Q = \frac{I_1}{I_0} = \frac{2\pi f_0 L}{R} = \frac{\omega_0 L}{R} = \frac{1}{\omega_0 CR} \tag{3.64}$$

即在谐振时，支路电流I_C或I_1是总电流I_0的Q倍，也就是谐振时电路的阻抗模为支路阻抗模的Q倍。

这种现象在直流电路中是不会发生的。在直流电路中，并联电路的等效电阻一定小于任何一个支路的电阻，而总电流一定大于支路电流。

(4)如果图3.38的并联电路改由恒流源I供电，当电源为某一频率时电路发生谐振，电路阻抗最大，电流通过时在电路两端产生的电压也是最大。当电源为其他频率时电路不发生谐振，阻抗模较小，电路两端的电压也最小。这样就起到了选频的作用。电路的品质因数Q值越大（在L和C值不变时R值越小），谐振时电路的阻抗模$|Z_0|$也越大，阻抗谐振曲线也越尖锐，如图3.41所示，选择性也就越强。

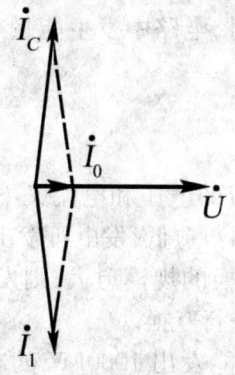

图3.40 并联谐振时的相量图

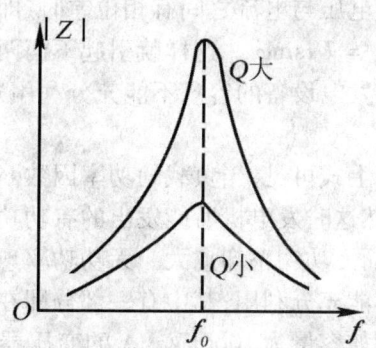

图3.41 不同Q值时的阻抗谐振曲线

并联谐振在无线电工程和工业电子技术中也常应用。例如利用并联谐振时阻抗高的特点来选择信号或消除干扰。

例 3.11 图 3.38 所示的并联电路中，$L = 0.25\text{mH}$，$R = 25\Omega$，$C = 85\text{pF}$，试求谐振角频率 ω_0、品质因数 Q 和谐振时电路的阻抗模 $|Z_0|$。

解：

$$\omega_0 = \sqrt{\frac{1}{LC}} = \sqrt{\frac{1}{0.25 \times 10^{-3} \times 85 \times 10^{-12}}}$$

$$= \sqrt{4.7 \times 10^{13}} = 6.86 \times 10^6 \text{rad/s}$$

$$f_0 = \frac{\omega_0}{2\pi} = \frac{6.86 \times 10^6}{2\pi} = 1100\text{kHz}$$

$$Q = \frac{\omega_0 L}{R} = \frac{6.86 \times 10^6 \times 0.25 \times 10^{-3}}{25} = 68.6$$

$$|Z_0| = \frac{L}{RC} = \frac{0.25 \times 10^{-3}}{25 \times 85 \times 10^{-12}} = 117\text{k}\Omega$$

【思考与练习】

1. 图 3.35(a)中，L 与 C 似乎是并联的，为什么说是串联谐振电路？
2. 试分析电路发生谐振时能量的消耗和互换的情况。
3. 试说明当频率低于和高于谐振频率时，RLC 串联电路时电容性还是电感性的？
4. 在图 3.38 中设线圈的电阻 R 趋向零，试分析发生并联谐振时的情况（$|Z_0|, I_1, I_C, I$）。

3.9 功率因数的提高

大家都知道，直流电路的功率等于电流与电压的乘积，但交流电路则不然。在计算交流电路的平均功率时还要考虑电压与电流间的相位差 φ，即

$$P = UI\cos\varphi$$

上式中的 $\cos\varphi$ 是电路的功率因数。在前面已经讲过，电压与电流间的相位差或电路的功率因数决定于电路（负载）的参数。只有在电阻负载（例如白炽灯、电阻炉等）的情况下，电压和电流才同相，其功率因数为 1。对其他负载来说，其功率因数均介于 0 和 1 之间。

当电压与电流之间有相位差时，即功率因数不等于 1 时，电路中发生能量互换，出现无功功率 $Q = UI\sin\varphi$。这样就引起下面两个问题：

1. 发电设备的容量不能充分利用

$$P = U_N I_N \cos\varphi$$

由上式可见，当负载的功率因数 $\cos\varphi < 1$ 时，而发电机的电压和电流又不容许超过额定值，显然这时发电机所能发出的有功功率就减小了。功率因数愈低，发电机发出的有功功率就愈小，而无功功率却愈大。无功功率愈大，即电路中能量互换的规模愈大，则发电机发出的能量就不能充分利用，其中有一部分即在发电机与负载之间进行互换。

例如容量为 1000kV·A 的变压器，如果 $\cos\varphi = 1$，即能发出 1000kW 的有功功率，而在 $\cos\varphi = 0.7$ 时，则只能发出 700kW 的功率。

2. 增加线路和发电机绕组的功率损耗

当发电机的电压 U 和输出的功率 P 一定时,电流 I 与功率因数成反比,而线路和发电机绕组上的功率损耗 $\triangle P$ 则与 $\cos\varphi$ 的平方成反比,即

$$\triangle P = rI^2 = (r\frac{P^2}{U^2}\frac{1}{\cos^2\varphi})$$

式中,r 是发电机绕组和线路的电阻。

由上述可知,提高电网的功率因数对国民经济的发展有着极为重要的意义。功率因数的提高,能使发电设备的容量得到充分利用,同时也能使电能得到大量节约。也就是说在同样的发电设备的条件下能够多发电。

功率因数不高,根本原因就是由于电感性负载的存在。例如生产中最常用的异步电动机在额定负载时的功率因数约为 $0.7\sim0.9$ 左右,如果在轻载时其功率因数就更低。其他如工频炉、电焊变压器以及日光灯等负载的功率因数也都是较低的。电感性负载的功率因数之所以小于 1,是由于负载本身需要一定的无功功率。从技术经济观点出发,如何解决这个矛盾,也就是如何才能减少电源与负载之间能量的互换,而又使电感性负载取得所需的无功功率,这就是我们所提出的要提高功率因数的实际意义。

提高功率因数,常用的方法就是与电感性负载并联静电容器(设置在用户或变电所中),其电路图和相量图如图 3.42 所示。

(a)电路图　　　　　　　　　　　　(b)相量图

图 3.42　电容器与电感性负载并联以提高功率因数

并联电容器以后,电感性负载的电流 $I_1 = \dfrac{U}{\sqrt{R^2 + X_L^2}}$ 和功率因数 $\cos\varphi_1 = \dfrac{U}{\sqrt{R^2 + X_L^2}}$ 均未变化,这是因为所加电压和负载参数没有改变。但电压 u 和线路电流 i 之间的相位差 φ 变小了,即 $\cos\varphi$ 变大了。这里我们所讲的提高功率因数,是指提高电源或电网的功率因数,而不是指提高整个电感性负载的功率因数。

在电感性负载上并联了电容器以后,减少了电源与负载之间的能量互换。这时电感性负载所需的无功功率,大部分或全部都是就地供给(由电容器供给),就是说能量的互换现在主要或完全发生在电感性负载与电容器之间,因而使发电机容量能得到充分利用。

其次,由相量图可见,并联电容器以后线路电流也减小了(电流相量图相加),因而减小了功率损耗。

应该注意,并联电容器以后有功功率并未改变,因为电容器是不消耗电能的。

例 3.12　有一电感性负载,其功率 $P = 10\text{kW}$,功率因数 $\cos\varphi_1 = 0.6$,接在电压 $U = 220\text{V}$ 的电源上,电源频率 $f = 50\text{Hz}$。(1)如要将功率因数提高到 $\cos\varphi = 0.95$,试求与负载并联的电容器的电容值和电容器并联前后的线路电流。(2)如要功率因数从 0.95 再提高到 1,试问并

联电容器的电容值还需增加多少?

解:计算电容器的电容值,可从图 3.42 的相量图中导出一个公式。由图可得

$$I_C = I_1\sin\varphi_1 - I\sin\varphi = \left(\frac{P}{U\cos\varphi_1}\right)\sin\varphi_1 - \left(\frac{P}{U\cos\varphi}\right)\sin\varphi$$

$$= \frac{P}{U}(\tan\varphi_1 - \tan\varphi)$$

又因

$$I_C = \frac{U}{X_C} = U\omega C$$

所以

$$U\omega C = \frac{P}{U}(\tan\varphi_1 - \tan\varphi)$$

由此得

$$C = \frac{P}{\omega U^2}(\tan\varphi_1 - \tan\varphi)$$

(1) $\cos\varphi_1 = 0.6$,即 $\varphi = 53°$,$\cos\varphi = 0.95$,即 $\varphi = 18°$,因此所需电容值为

$$C = \frac{10 \times 10^3}{2\pi \times 50 \times 220^2}(\tan53° - \tan18°) = 656\mu F$$

电容器并联前的线路电流(即负载电流)为

$$I_1 = \frac{P}{U\cos\varphi_1} = \frac{10 \times 10^3}{220 \times 0.6} = 75.6\text{A}$$

电容器并联以后的线路电流为

$$I = \frac{P}{U\cos\varphi} = \frac{10 \times 10^3}{220 \times 0.95} = 47.8\text{A}$$

(2) 如要将功率因数再由 0.95 提高到 1,则需要增加的电容值为

$$C = \frac{10 \times 10^3}{2\pi \times 50 \times 220^2}(\tan18° - \tan0°) = 213.6\mu F$$

可见在功率因数已经接近 1 时再继续提高,则所需的电容值是很大的,因此一般不必提高到 1。

习题

3.1 图 3.43 所示的是时间 $t = 0$ 时电压和电流的相量图,并已知 $U = 220\text{V}$,$I_1 = 10\text{A}$,$I_2 = 5\sqrt{2}\text{A}$,试分别用三角函数式和复数式表示各正弦量。

3.2 已知通过线圈的电流 $i = 10\sqrt{2}\sin314t\text{A}$,线圈的电感 $L = 70\text{mH}$(电阻忽略不计),设电源电压 u、电流 i 及感应电动势 e_L 的参考方向如图 3.44 所示,试分别计算在 $t = \frac{T}{6}$、$t = \frac{T}{4}$ 和 $t = \frac{T}{2}$ 瞬间的电流、电压及电动势的大小,并在电路图上标出它们在该瞬间的实际方向,同时用正弦波形表示出三者之间的关系。

图 3.43　习题 3.1 的图　　　　　　图 3.44　习题 3.2 的图

3.3 在图 3.45 中，电流表 A_1 和 A_2 的读数分别为 $I_1 = 3A$，$I_2 = 4A$。(1)设 $Z_1 = R$，$Z_2 = -jX_C$，则电流表 A_0 的读数应为多少？(2)设 $Z_1 = R$，问 Z_2 为何种参数才能使电流表 A_0 的读数最大？此读数应为多少？(3)设 $Z_1 = jX_L$，问 Z_2 为何种参数才能使电流表 A_0 的读数最小？此读数应为多少？

3.4 在图 3.46 中，$I_1 = 10A$，$I_2 = 10\sqrt{2}A$，$U = 200V$，$R = 5\Omega$，$R_2 = X_L$，试求 I、X_C、X_L 及 R_2。

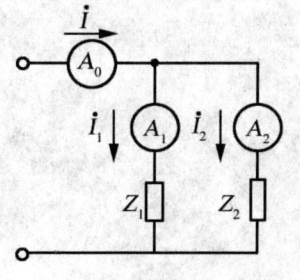
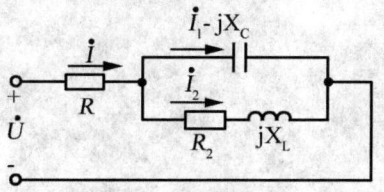

图 3.45　习题 3.3 的图　　　　　　图 3.46　习题 3.4 的图

3.5 一个线圈接在 $U = 120V$ 的直流电源上，$I = 20A$；若接在 $f = 50Hz$，$U = 220V$ 的交流电源上，则 $I = 28.2A$。试求线圈的电阻 R 和电感 L。

3.6 无源二端网络(图 3.47)输入端的电压和电流为 $u = 220\sqrt{2}\sin(314t + 20°)V$，$i = 4.4\sqrt{2}\sin(314t - 33°)A$。试求此二端网络由两个元件串联的等效电路和元件的参数值，并求二端网络的功率因数及输入的有功功率和无功功率。

3.7 有一 RC 串联电路，电源电压为 u，电阻和电容上的电压分别为 u_R 和 u_C，已知电路阻抗为 2000Ω，频率为 $1000Hz$，并设 u 与 u_C 之间的相位差为 $30°$，试求 R 和 C，并说明在相位上 u_C 比 u 超前还是滞后。

3.8 某收音机输入电路的电感约为 $0.3mH$，可变电容器的调节范围为 $25 \sim 360pF$。试问能否满足收听中波段 $535 \sim 1605kHz$ 的要求。

3.9 有一 R、L、C 串联电路，$R = 500\Omega$，$L = 60mH$，$C = 0.053\mu F$。试计算电路的谐振频率、通频带宽度 $\triangle f = f_2 - f_1$ 及谐振时的阻抗。

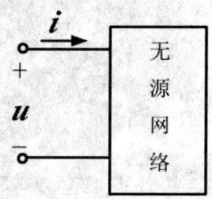

图 3.47　习题 3.6 的图

3.10 电路如图 3.48 所示，已知 $R = R_1 = R_2 = 10\Omega$，$L = 31.8mH$，$C = 318\mu F$，$f = 50Hz$，$U = 10V$ 试求并联支路端电压 U_{ab} 及电路的 P、Q、S 及 $\cos\varphi$。

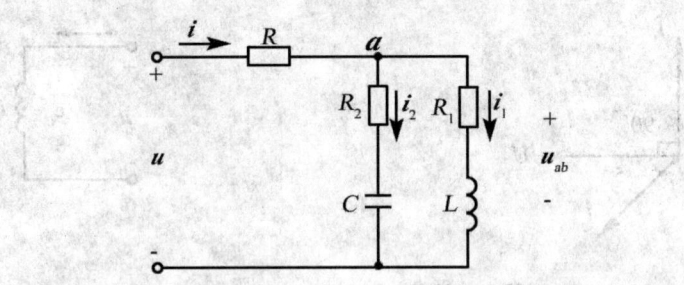

图 3.48　习题 3.10 的图

3.11 今有 40W 的日光灯一个,使用时灯管与镇流器(可近似地把镇流器看作纯电感)串联在电压为 220V,频率为 50Hz 的电源上。已知灯管工作时属于纯电阻负载,灯管两端的电压等于 110V,试求镇流器的感抗与电感。这时电路的功率因数等于多少? 若将功率因数提高到 0.8,问应并联多大电容。

第4章 三相电路

三相电路在生产上应用最为广泛。发电和输、配电一般都采用三相制。在用电方面最主要的负载是交流电动机,而交流电动机多数是三相的。

在本章中着重讨论负载在三相电路中的联接使用问题。

4.1 三相电压

图4.1是三相交流发电机的原理图,它的主要组成部分是电枢和磁极。

电枢是固定的,亦称定子。定子铁心的内圆周表面冲有槽,用以放置三相电枢绕组。每相绕组是同样的,如图4.2所示。它们的始端(头)标以A、B、C,末端(尾)标以X、Y、Z。每个绕组的两边放置在相应的定子铁心的槽内。但要求绕组的始端之间或末端之间彼此相隔120°。

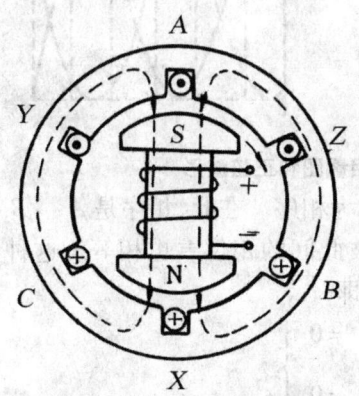
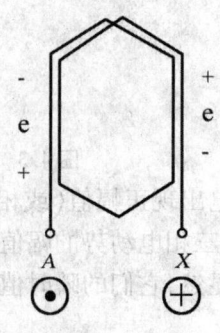

图4.1 三相交流发电机的原理图　　图4.2 电枢绕组及其中的电动势

磁极是转动的,亦称转子。转子铁心上绕有励磁绕组,用直流励磁。选择合适的极面形状和励磁绕组的布置情况,可使空气隙中的磁感应强度按正弦规律分布。

当转子由原动机带动,并以匀速按顺时针方向转动时,则每相绕组依次切割磁力线,其中产生频率相同、幅值相等的正弦电动势 e_A、e_B 及 e_C。电动势的参考方向选定为自绕组的末端指向始端。

由图4.1可见,当S极的轴线正转到A处时,A相的电动势达到正的幅值。经过120°后S极轴线转到B处,B相的电动势达到正的幅值。同理,再由此经过120°后,C相的电动势达到正的幅值,周而复始。所以 e_A 比 e_B 在相位上超前120°,e_B 比 e_C 也超前120°,而 e_C 又比 e_A 超前120°。如以A相为参考,则可得出

$$\left. \begin{array}{l} e_A = E_m \sin\omega t \\ e_B = E_m \sin(\omega t - 120°) \\ e_C = E_m \sin(\omega t - 240°) = E_m \sin(\omega t + 120°) \end{array} \right\} \quad (4.1)$$

也可用相量表示

$$\left.\begin{aligned}\dot{E}_A &= E\angle 0° = E \\ \dot{E}_B &= E\angle -120° = E\left(-\frac{1}{2}-j\frac{\sqrt{3}}{2}\right) \\ \dot{E}_C &= E\angle 120° = E\left(-\frac{1}{2}+j\frac{\sqrt{3}}{2}\right)\end{aligned}\right\} \quad (4.2)$$

如果用相量图和正弦波形来表示,则如图4.3所示。

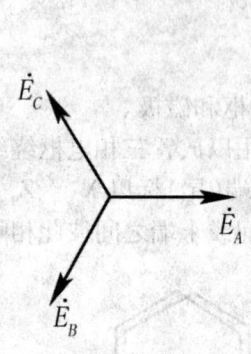 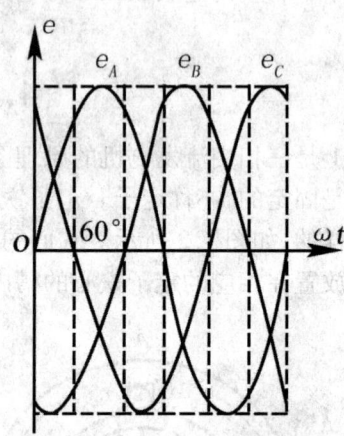

图4.3 表示三相电动势的相量图和正弦波形

三相交流电出现正幅值(或相应零值)的顺序称为相序。在此,相序是 $A\rightarrow B\rightarrow C$。

由上可见,三相电动势的幅值相等,频率相同,彼此间的相位差也相等。这种电动势称为对称电动势。显然,它们的瞬时值或相量之和为零,即

$$\left.\begin{aligned}e_A + e_B + e_C &= 0 \\ \dot{E}_A + \dot{E}_B + \dot{E}_C &= 0\end{aligned}\right\} \quad (4.3)$$

发电机三相绕组的接法通常如图4.4所示,即将三个末端联在一起,这一联接点称为中性点或零点,用 N 示。这种联接法称为星形联接。从中性点引出的导线称为中性线或零线。从始端 A、B、C 引出的三根导线称为相线或端线,俗称火线。

在图4.4中,每相始端与末端间的电压,亦称相线与中线间的电压,称为相电压,其有效值用 U_A、U_B、U_C 或一般地用 U_P 表示。而任意两始端间的电压,亦即两相线间的电压,称为线电压。其有效值用 U_{AB},U_{BC},U_{CA} 或一般地用 U_l 表示。

各相电动势的参考方向,如前所述,选定自绕组的末端指向始端;相电压的参考方向,选定为自始端指向末端(中性点);线电压的参考方向,例如 U_{AB},是自 A 端指向 B 端。

当发电机的绕组联成星形时,相电压和线电压显然是不相等的。现在来确定它们之间的关系。在图4.4中,A、B 两点间电压的瞬时值等于 A 相电压和 B 相电压之差,即

$$u_{AB} = u_A - u_B$$

同理,

$$u_{BC} = u_B - u_C$$
$$u_{CA} = u_C - u_A$$

因为它们都是同频率的正弦量,所以可以用相量和来表示

$$\left.\begin{array}{l}\dot{U}_{AB} = \dot{U}_A - \dot{U}_B \\ \dot{U}_{BC} = \dot{U}_B - \dot{U}_C \\ \dot{U}_{CA} = \dot{U}_C - \dot{U}_A\end{array}\right\} \tag{4.4}$$

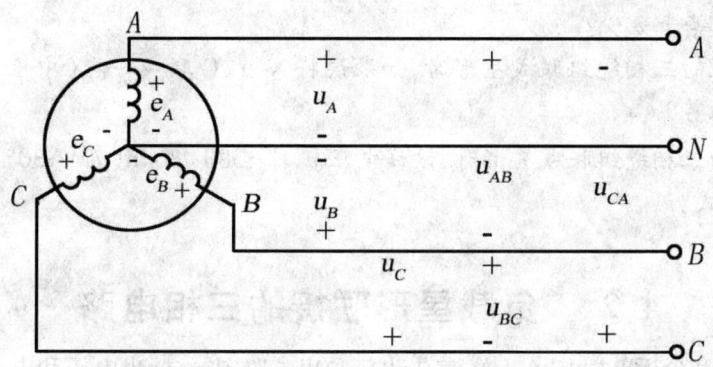

图 4.4 发电机的星形联接图

图 4.5 是它们的相量图。由于发电机绕组上的内阻抗压降同相电压比较是很小的，可以忽略不计，于是相电压和对应的电动势基本上相等，因此可以认为相电压也是对称的。作相量图时，可以先作出 $\dot{U}_A$、$\dot{U}_B$、$\dot{U}_C$，而后根据式(4.4)分别作出相量 $\dot{U}_{AB}$、$\dot{U}_{BC}$、$\dot{U}_{CA}$。由图可见，线电压也是对称的，在相位上比相应的相电压超前30°。

至于线电压和相电压在大小上的关系，也很容易从相量图上得出

$$\frac{1}{2}U_l = U_P\cos 30° = \frac{\sqrt{3}}{2}U_P$$

由此得

$$U_l = \sqrt{3}U_P \tag{4.5}$$

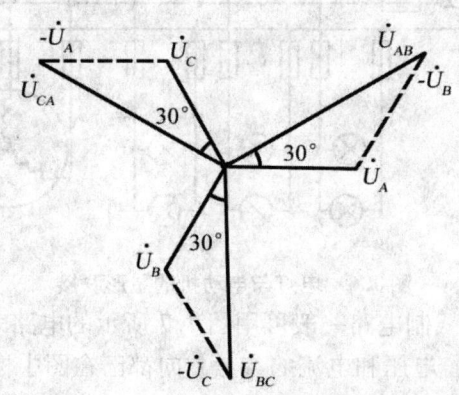

图 4.5 发电机星形联接时相电压和线电压的相量图

发电机(或变压器)的绕组联成星形时,可引出四根导线(三相四线制),这样就有可能给予负载两种电压。通常在低压配电系统中相电压为220V,线电压为380V($380 = \sqrt{3} \times 220$)。

当发电机(或变压器)的绕组联成星形时,不一定都引出中线。

【思考与练习】

1. 如果交流发电机是两个极的,如图4.1所示,要得到频率为50Hz的电压,那么原动机的转速(r/min)应该等于多少?

2. 欲将发电机的三相绕组联成星形时,如果误将 X、Y、C 联成一点(中性点),是否也可以产生对称三相电动势?

3. 当发电机的三相绕组联成星形时,设线电压 $u_{AB} = 380\sqrt{3}\sin(\omega t - 30°)$V,试写出相电压 u_A 的三角函数式。

4.2　负载星形联接的三相电路

分析三相电路和分析单相电路一样,首先也应画出电路图,并标出电压和电流的参考方向,而后应用电路的基本定律找出电压和电流之间的关系。知道了电压和电流的关系,再确定三相功率。

三相电路中负载的联接方法有两种——星形联接和三角形联接。

图4.6所示的是三相四线制电路,设其线电压为380V。负载如何联接,应视其额定电压而定。通常电灯(单相负载)的额定电压为220V,因此要接在相线与中线之间。电灯负载是大量使用的,不能集中接在一相中,从总的线路来说,它们应当比较均匀地分配在各相之中,如图4.6所示。电灯的这种联接法称为星形联接。至于其他单相负载(如单相电动机、电炉、继电器吸引线圈等),该接在相线之间还是相线与中线之间,应视额定电压是380V还是220V而定。如果负载的额定电压不等于电源电压,则需要用变压器。例如,机床照明灯的额定电压为36V,就需要用一个 380/36V 的降压变压器。

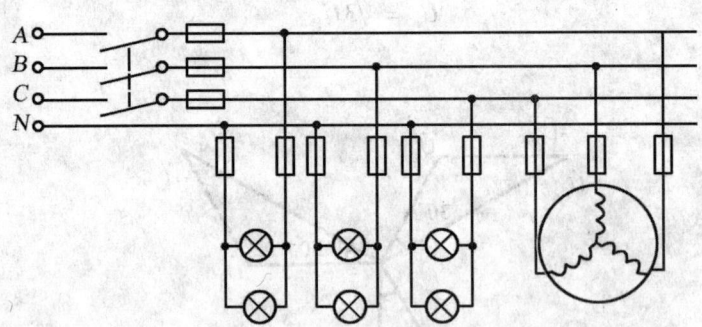

图4.6　电灯与电动机的星形联接

负载星形联接的三相四线制电路一般可用图4.7所示的电路表示。每相负载的阻抗模分别为 $|Z_A|$、$|Z_B|$、$|Z_C|$。电压和电流的参考方向都已在图中标出。

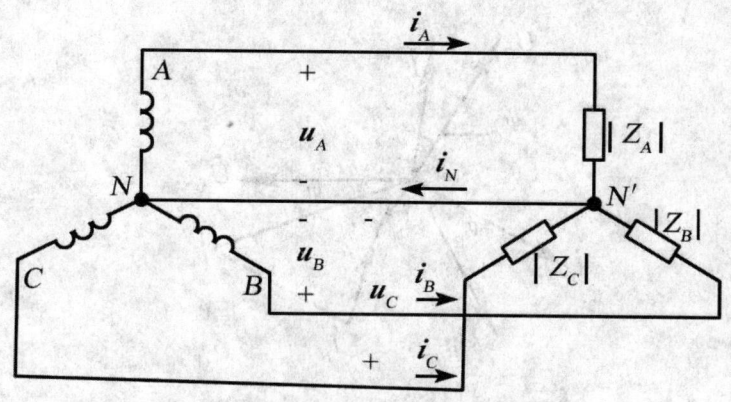

图 4.7 负载星形联接的三相四线制电路

三相电路中的电流也有相电流与线电流之分。每相负载中的电流 I_P 称为相电流,每根相线中的电流 I_l 称为线电流。在负载为星形联接时,显然,相电流即为线电流,即

$$I_P = I_l \tag{4.6}$$

对三相电路应该一相一相计算。

设电源相电压 $\dot{U}_A$ 为参考正弦量,则得

$$\dot{U}_A = U_A \angle 0°, \dot{U}_B = U_B \angle -120°, \dot{U}_C = U_C \angle 120°$$

在图 4.7 的电路中,电源相电压即为每相负载电压。于是每相负载中的电流可分别求出,即

$$\left. \begin{aligned} \dot{I}_A &= \frac{\dot{U}_A}{Z_A} = \frac{U_A \angle 0°}{|Z_A| \angle \varphi A} = I_A \angle -\varphi_A \\ \dot{I}_B &= \frac{\dot{U}_B}{Z_B} = \frac{U_B \angle -120°}{|Z_B| \angle \varphi B} = I_B \angle -120° -\varphi_B \\ \dot{I}_C &= \frac{\dot{U}_C}{Z_C} = \frac{U_C \angle 120°}{|Z_C| \angle \varphi C} = I_C \angle 120° -\varphi_C \end{aligned} \right\} \tag{4.7}$$

式中:每相负载中电流的有效值分别为

$$I_A = \frac{U_A}{|Z_A|}, I_B = \frac{U_B}{|Z_B|}, I_C = \frac{U_C}{|Z_C|} \tag{4.8}$$

各相负载的电压与电流之间的相位差分别为

$$\varphi_A = \arctan \frac{X_A}{R_A}, \varphi_B = \arctan \frac{X_B}{R_B}, \varphi_C = \arctan \frac{X_C}{R_C} \tag{4.9}$$

中性线中的电流可以按图 4.7 中所选定的参考方向,应用基尔霍夫电流定律得出,即

$$\dot{I}_N = \dot{I}_A + \dot{I}_B + \dot{I}_C \tag{4.10}$$

电压和电流的相量图如图 4.8 所示。作相量图时,先画出以 $\dot{U}_A$ 为参考相量的电源相电压 $\dot{U}_A$、$\dot{U}_B$、$\dot{U}_C$ 的相量;而后逐相按照式(4.8)和式(4.9)画出各相电流 $\dot{I}_A$、$\dot{I}_B$、$\dot{I}_C$ 的相量;再由式(4.10)画出中性线电流 $\dot{I}_N$ 的相量。

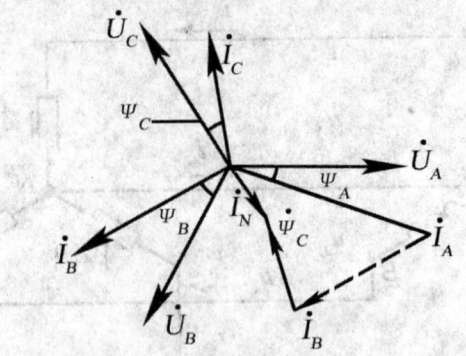

图4.8 负载星形联接时电压和电流的相量图

现在来讨论图4.7所示电路中负载对称的情况。所谓负载对称,就是指各相阻抗相等,即
$$Z_A = Z_B = Z_C = Z$$
或阻抗模和相位角相等,即
$$|Z_A| = |Z_B| = |Z_C| = |Z| \text{ 和 } \varphi_A = \varphi_B = \varphi_C = \varphi$$
由式(4.8)和式(4.9)可见,因为电压对称,所以负载相电流也是对称的,即
$$I_A = I_B = I_C = I_P = \frac{U_P}{|Z|}$$
$$\varphi_A = \varphi_B = \varphi_C = \varphi = \arctan\frac{X}{R}$$
因此,这时中性线电流等于零,即
$$\dot{I}_N = \dot{I}_A + \dot{I}_B + \dot{I}_C = 0$$
电压和电流的相量图如图4.9所示。

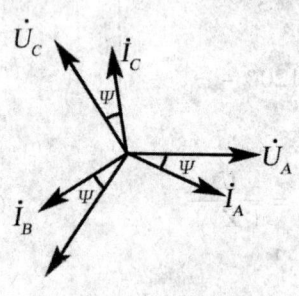 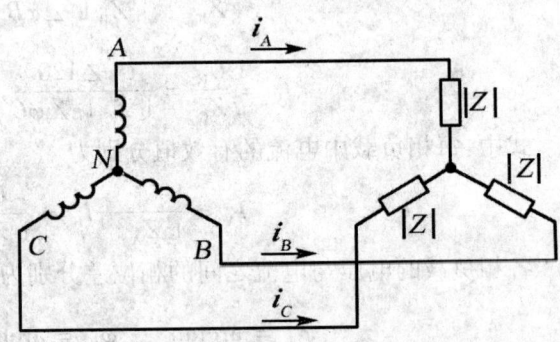

图4.9 对称负载星形联接时电压和电流的相量图　　图4.10 对称负载星形联接的三相三线制电路

中性线既然没有电流通过,中性线就不需要了。因此图4.7所示的电路就变为图4.10所示的电路,这就是三相三线制电路。三相三线制电路在生产上的应用极为广泛,因为生产上的三相负载(通常所见的是三相电动机)一般都是对称的。

看到图4.10,可能会有人提出疑问,三个电流都流向负载中性点,而又没有中性线,那么电流从哪里流回去呢?所以在这里还有必要再提一下参考方向的概念。图4.10中所标的三个电流的方向,都是指它们的参考方向。究竟电流如何流法,则要对各个瞬间的电流加以具体分析。当电流是正值时,它的实际方向和选定的参考方向相同;当电流是负值时,它的实际方向和选定的参考方向相反。在图4.10中,这三个电流是对称的,其正弦波形如图4.11所示。在 t_1 瞬间,$i_C = 0$,$i_A = -i_B$,这时电流的实际方向如图4.12(a)所示。在 t_2 瞬间,$i_A = -i_B - i_C = -2i_B$,这时电流的实际方向如图4.12(b)所示。

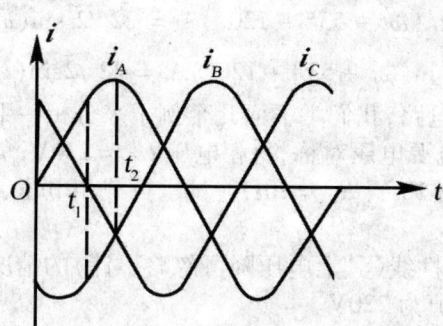

图 4.11 对称电流用正弦波形表示

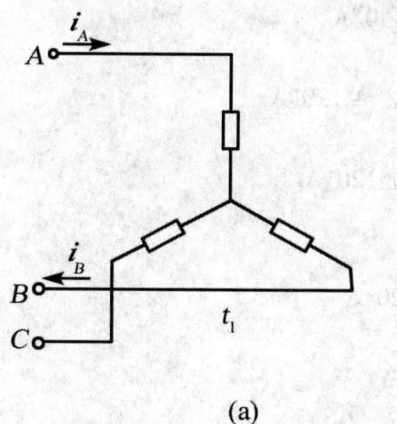
(a)

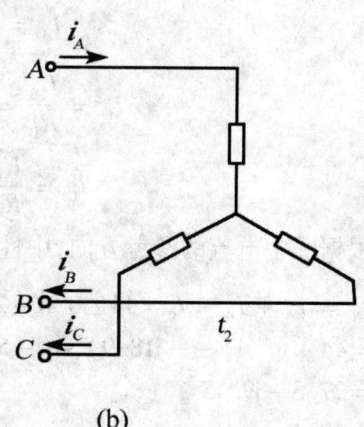
(b)

图 4.12 在 t_1 和 t_2 瞬间电流的实际方向

计算对称负载的三相电路,只需计算一相即可,因为对称负载的电压和电流也是对称的,即大小相等,相位互差120°。

例 4.1 有一星形联接的三相负载,每相的电阻 $R = 6\Omega$,感抗 $X_L = 8\Omega$,电源电压对称,设 $u_{AB} = \sqrt{2}\sin(\omega t + 30°)\text{V}$,试求电流(参照图4.10)。

解:因为负载对称,只需计算一相(譬如 A 相为例)即可。

由图4.5的相量图可知,$U_A = \dfrac{U_{AB}}{\sqrt{3}} = \dfrac{380}{\sqrt{3}} = 220\text{V}$,$u_A$ 比 u_{AB} 滞后 30°,

即

$$u_A = 220\sqrt{2}\sin\omega t \text{ V}$$

A 相电流

$$I_A = \frac{U_A}{|Z_A|} = \frac{220}{\sqrt{6^2 + 8^2}} = 22\text{A}$$

i_A 比 u_A 滞后 φ 角,即

$$\varphi = \arctan\frac{X_L}{R} = \arctan\frac{6}{8} = 53°$$

所以
$$i_A = 22\sqrt{2}\sin(\omega t - 53°)\text{A}$$

因为电流对称，其它两相的电流则为

$$i_B = 22\sqrt{2}\sin(\omega t - 53° - 120°)\text{A} = 22\sqrt{2}\sin(\omega t - 173°)\text{A}$$

$$i_C = 22\sqrt{2}\sin(\omega t - 53° + 120°)\text{A} = 22\sqrt{2}\sin(\omega t + 67°)\text{A}$$

关于负载不对称的三相电路，我们举下面几个例子来分析一下。

例4.2 在图4.13中，电源电压对称，每相电压 $U_P = 220\text{V}$；负载为电灯组，在额定电压下其电阻分别为 $R_A = 5\Omega$，$R_B = 10\Omega$，$R_C = 20\Omega$。试求负载相电压、负载电流及中性线电流。电灯的额定电压为220V。

解 在负载不对称而有中性线(其上电压降可忽略不计)的情况下，负载相电压和电源相电压相等，也是对称的，其有效值为220V。

本题如用复数计算，求中性线电流较为容易。先计算各相电流：

$$\dot{I}_A = \frac{\dot{U}_A}{R_A} = \frac{220\angle 0°}{5} = 44\angle 0°\text{A}$$

$$\dot{I}_B = \frac{\dot{U}_B}{R_B} = \frac{220\angle -120°}{10} = 22\angle -120°\text{A}$$

$$\dot{I}_C = \frac{\dot{U}_C}{R_C} = \frac{220\angle 120°}{20} = 11\angle 120°\text{A}$$

根据图中电流的参考方向，中性线电流

$$\dot{I}_N = \dot{I}_A + \dot{I}_B + \dot{I}_C = 44\angle 0°\text{A} + 22\angle -120°\text{A} + 11\angle 120°\text{A}$$
$$= 44 + (-11 - j18.9) + (-5.5 + j9.45)$$
$$= 27.5 - j9.45$$
$$= 29.1\angle -19°\text{A}$$

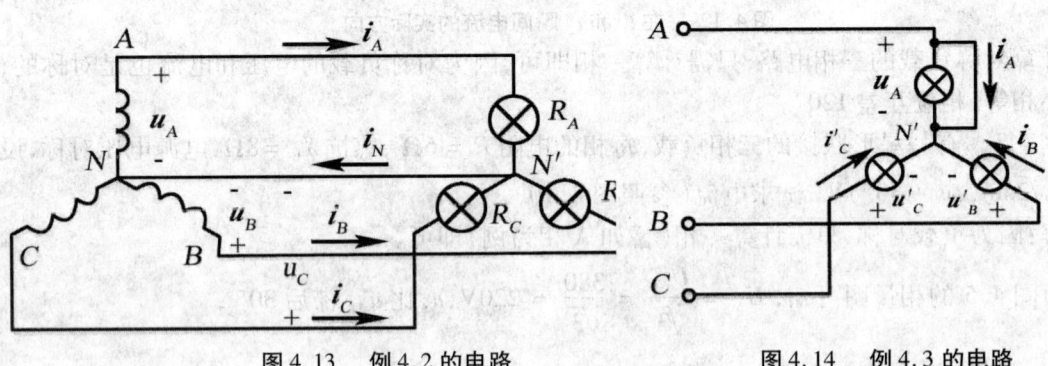

图4.13 例4.2的电路　　　　图4.14 例4.3的电路

例4.3 在上例中，(1)A相短路时，(2)A相短路而中性线又断开时，(图4.14所示)，试求各相负载上的电压。

解：(1)此时A相短路电流很大，将A相中的熔断器熔断，而B相和C相未受影响，其相电压仍为220V。

(2)此时负载中性点 N' 即为A，因此负载各相电压为

$$\dot{U}_A = 0, \dot{U}'_A = 0,$$
$$\dot{U}'_B = \dot{U}'_{BA}, U'_B = 380\text{V},$$
$$\dot{U}'_C = \dot{U}'_{CA}, U'_C = 380\text{V},$$

在这种情况下，B 相 C 相的电灯组上所加的电压都超过电灯的额定电压(220V)，这是不允许的。

例 4.4 在例 4.2 中，(1)A 相断路时，(2)A 相断路而中性线又断开时(如图 4.15 所示)，试求各相负载上的电压。

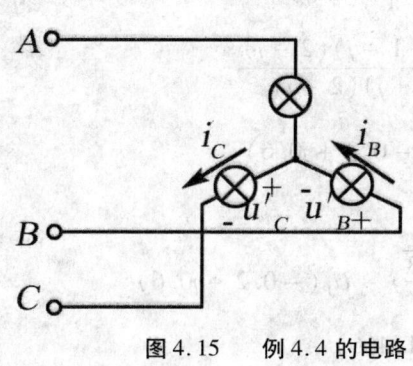

图 4.15 例 4.4 的电路

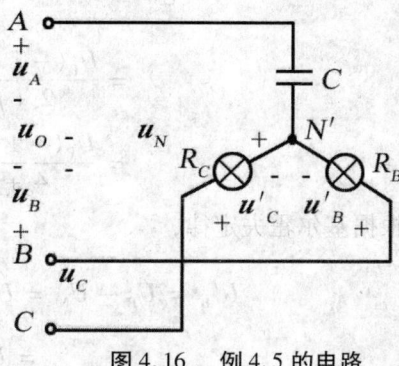

图 4.16 例 4.5 的电路

解：(1)B 相和 C 相未受影响。

(2)这时电路已成为单相电路，即 B 相的电灯组和 C 相的电灯组串联，接在线电压 $U_{BC} = 380\text{V}$ 的电源上，两相电流相同。至于两相电压如何分配，决定于两相的电灯组电阻。如果 B 相的电阻比 C 相的电阻小，则其相电压低于电灯的额定电压，而 C 相的电压可能高于电灯的额定电压，这是允许的。

从上面所举的几个例题可以看出：

(1)负载不对称而又没有中性线时，负载的相电压就不对称。当负载的相电压不对称时，势必引起有的相的电压过高，高于负载的额定电压；有的相的电压过低，低于负载的额定电压，这都是不允许的。三相负载的相电压必须对称。

(2)中性线的作用就是在于使星形联接的不对称负载的相电压对称。为了保证负载的相电压对称，就不应让中性线断开。因此，中性线(指干线)内不接入熔断器或闸刀开关。

例 4.5 图 4.16 所示的电路是一种相序指示器的电路。相序指示器是用来测定电源的相序 A、B、C 的。它是由一个电容器和两个电灯联接成星形的电路。如果电容器所接的是 A 相，则灯光较亮的是 B 相，试证明之。(相序 A、B、C 相是相对的，任何一相都可作为 A 相，但 A 相确定后，B 相和 C 相也就一定了。)

解：本题可用节点电压法证明。节点电压即为中性点电压(负载中性点与电源中性点的电压)。

$$\dot{U}_N = \frac{\dfrac{\dot{U}_A}{Z_A} + \dfrac{\dot{U}_B}{Z_B} + \dfrac{\dot{U}_C}{Z_C}}{\dfrac{1}{Z_A} + \dfrac{1}{Z_B} + \dfrac{1}{Z_C}}$$

设 $X_C = R_B = R_C = R$, $\dot{U}_A = U_P \angle 0° = U_P$, 则

$$\dot{U}_N = \frac{U_P(\frac{1}{-jR}) + U_P(-\frac{1}{2} - j\frac{\sqrt{3}}{2})\frac{1}{R} + U_P(-\frac{1}{2} + j\frac{\sqrt{3}}{2})\frac{1}{R}}{-\frac{1}{jR} + \frac{1}{R} + \frac{1}{R}}$$

消去 $\frac{1}{R}$，并因 $-\frac{1}{j} = j$，则上式可化为

$$\dot{U}_N = \frac{U_P[j + (-\frac{1}{2} - j\frac{\sqrt{3}}{2}) + (-\frac{1}{2} + j\frac{\sqrt{3}}{2})]}{j + 1 + 1}$$

$$= \frac{U_P(-1 + j)}{2 + j} = \frac{U_P(-1 + j)(2 - j)}{(2 + j)(2 - j)}$$

$$= \frac{U_P(-1 + 3j)}{4 + 1} = U_P(-0.2 + j0.6)$$

根据基尔霍夫定律，

$$\dot{U}'_B = \dot{U}_B - \dot{U}_N = U_P(-\frac{1}{2} - j\frac{\sqrt{3}}{2}) - U_P(-0.2 + j0.6)$$

$$= U_P(-0.3 - j1.466)$$

即

$$U'_B = \sqrt{(0.3)^2 + (1.466)^2} U_P = 1.49 U_P$$

$$\dot{U}'_C = \dot{U}_C - \dot{U}_N = U_P(-\frac{1}{2} + j\frac{\sqrt{3}}{2}) - U_P(-0.2 + j0.6)$$

$$= U_P(-0.3 + j0.266)$$

即

$$U'_C = \sqrt{(0.3)^2 + (0.266)^2} U_P = 0.4 U_P$$

由于 $U'_B > U'_C$，故 B 相灯光较亮。

【思考与练习】

1. 什么是三相负载、单相负载和单相负载的三相联接？三相交流电动机有三根电源线接到电源的三端，称为三相负载，电灯有两根电源线，为什么不称为两相负载，而称为单相负载？

2. 在图 4.6 的电路中，为什么中性线中不接开关，也不接入熔断器？

3. 有 220V、100W 的灯泡 66 个，应如何接入线电压为 380V 的三相四线制电路？求负载在对称情况下的线电流。

4. 为什么电灯开关一定要接在相线（火线）上？

4.3 负载三角形联接的三相电路

负载三角形联接的三相电路一般可用图 4.17 所示的电路来表示。每相负载的阻抗模分别为 $|Z_{AB}|$、$|Z_{BC}|$、$|Z_{CA}|$。电压和电流的参考方向都已在图中标出。

因为各相负载都直接接到电源的线电压上,所以负载的相电压与电源的线电压相等。因此,无论负载对称与否,其相电压总是对称的,即

$$U_{AB} = U_{BC} = U_{CA} = U_l = U_P \tag{4.11}$$

在负载三角形联接时,相电流和线电流是不一样的。各相负载的相电流的有效值分别为

$$I_{AB} = \frac{U_{AB}}{|Z_{AB}|}, I_{BC} = \frac{U_{BC}}{|Z_{BC}|}, I_{CA} = \frac{U_{CA}}{|Z_{CA}|} \tag{4.12}$$

各相负载的电压与电流之间的相位差分别为

$$\varphi_{AB} = \arctan\frac{X_{AB}}{R_{AB}}, \varphi_{BC} = \arctan\frac{X_{BC}}{R_{BC}}, \varphi_{CA} = \arctan\frac{X_{CA}}{R_{CA}} \tag{4.13}$$

负载的线电流可应用基尔霍夫电流定律列出下列各式进行计算

$$\dot{I}_A = \dot{I}_{AB} - \dot{I}_{CA}$$
$$\dot{I}_B = \dot{I}_{BC} - \dot{I}_{AB}$$
$$\dot{I}_C = \dot{I}_{CA} - \dot{I}_{BC}$$

$$\tag{4.14}$$

如果负载对称,即

$$|Z_{AB}| = |Z_{BC}| = |Z_{CA}| = |Z| \text{ 和 } \varphi_{AB} = \varphi_{BC} = \varphi_{CA} = \varphi$$

则负载的相电流也是对称的,即

$$I_{AB} = I_{BC} = I_{CA} = I_P = \frac{U_P}{|Z|}$$

$$\varphi_{AB} = \varphi_{BC} = \varphi_{CA} = \varphi = \arctan\frac{X}{R}$$

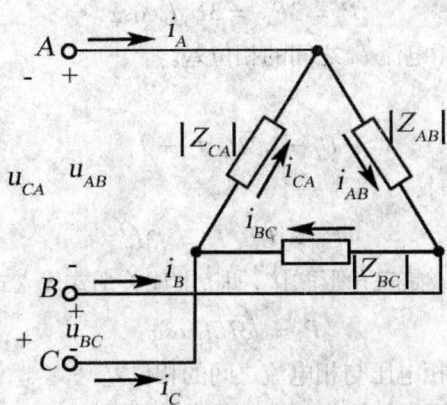

图 4.17 负载三角形联接的三相电路

至于负载对称时线电流和相电流的关系,则可从根据式(4.14)所作出的相量图看出,如图 4.18 所示。显然,线电流也是对称的,在相位上比相应的电流滞后 30°。

线电流和相电流在大小上的关系,也很容易从相量图得出,即

$$\frac{1}{2}I_l = I_P\cos30° = \frac{\sqrt{3}}{2}I_P$$

由此得

$$I_l = \sqrt{3}\, I_P \tag{4.15}$$

三相电动机的绕组可以联接成星形,也可以联接成三角形,而照明负载一般都联接成星形(具有中性线)。

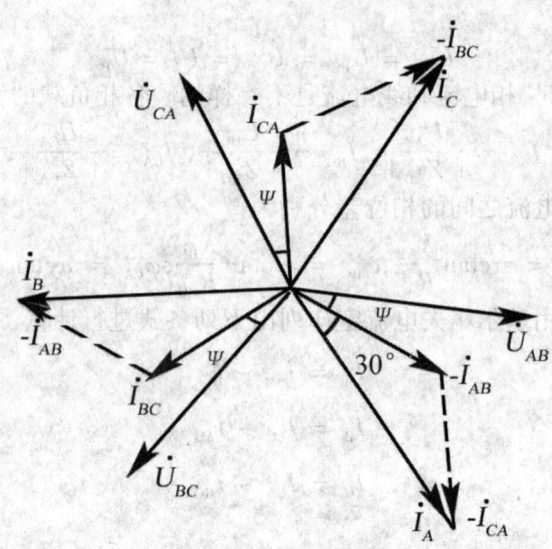

图4.18 对称负载三角形联接时电压与电流的相量图

4.4 三相功率

不论负载是星形联接或是三角形联接,总的有功功率必定等于各相有功功率之和。当负载对称时,每相的有功功率是相等的。因此三相总功率为

$$P = 3P_P = 3U_P I_P \cos\varphi \tag{4.16}$$

式中 φ 角是相电压 U_P 与相电流 I_P 之间的相位差。

当对称负载是星形联接时,

$$U_l = \sqrt{3}U_P, I_l = I_P$$

当对称负载是三角形联接时,

$$U_l = U_P, I_l = \sqrt{3}I_P$$

不论对称负载是星形联接或是三角形联接,如将上述关系式代入式(4.16),则得

$$P = \sqrt{3}U_l I_l \cos\varphi \tag{4.17}$$

应注意上式中的 φ 角仍为相电压与相电流之间的相位差。

式(4.16)和式(4.17)都是用来计算三相有功功率的,但通常多应用式(4.17);因为线电压和线电流的数值是容易测量出的,或者是已知的。

同理,可得出三相无功功率和视在功率:

$$Q = 3U_P I_P \sin\varphi = \sqrt{3} U_l I_l \sin\varphi \tag{4.18}$$

$$S = 3U_P I_P = \sqrt{3} U_l I_l \tag{4.19}$$

例4.6 有一三相电动机,每相的等效电阻 $R = 29\Omega$,等效阻抗 $X_L = 21.8\Omega$,试求在下列两种情况下电动机的相电流、线电流以及从电源输入的功率,并比较所得结果:(1)绕组联成

星形接于 $U_l = 380$V 的三相电源上;(2)绕组联成三角形接于 $U_l = 220$V 的三相电源上。

解

(1) $I_P = \dfrac{U_P}{|Z|} = \dfrac{220}{\sqrt{29^2 + 21.8^2}} = 6.1$A

$I_l = 6.1$A

$P = \sqrt{3} U_l I_l \cos\varphi = \sqrt{3} \times 380 \times 6.1 \times \dfrac{29}{\sqrt{29^2 + 21.8^2}}$

$ = \sqrt{3} \times 380 \times 6.1 \times 0.8 = 3200$W $= 3.2$kW

(2) $I_P = \dfrac{U_P}{|Z|} = \dfrac{220}{\sqrt{29^2 + 21.8^2}} = 6.1$A

$I_l = \sqrt{3} I_P = \sqrt{3} \times 6.1 = 10.5$A

$P = \sqrt{3} U_l I_l \cos\varphi = \sqrt{3} \times 220 \times 10.5 \times \dfrac{29}{\sqrt{29^2 + 21.8^2}}$

$ = \sqrt{3} \times 220 \times 10.5 \times 0.8 = 3200$W $= 3.2$kW

比较(1)、(2)结果:

有的三相电动机有两种额定电压,譬如 220/380V。这表示当电源电压(指线电压)为 220V 时,电动机的绕组应联接成三角形;当电源电压为 380V 时,电动机的绕组应联接成星形。在两种联接方法中,相电压、相电流及功率都未改变,仅线电流在(2)的情况下增大为(1)的情况下的 $\sqrt{3}$ 倍。

例 4.7 线电压 U_l 为 380V 的三相电源上接有两组对称三相负载:一组是三角形联接的电感性负载,每相阻抗 $Z_\triangle = 36.3\angle 37°\Omega$;另一组是星形联接的电阻性负载,每相电阻 $R = 10\Omega$,如图 4.19 所示。试求:(1)各组负载的相电流;(2)电路线电流;(3)三相有功功率。

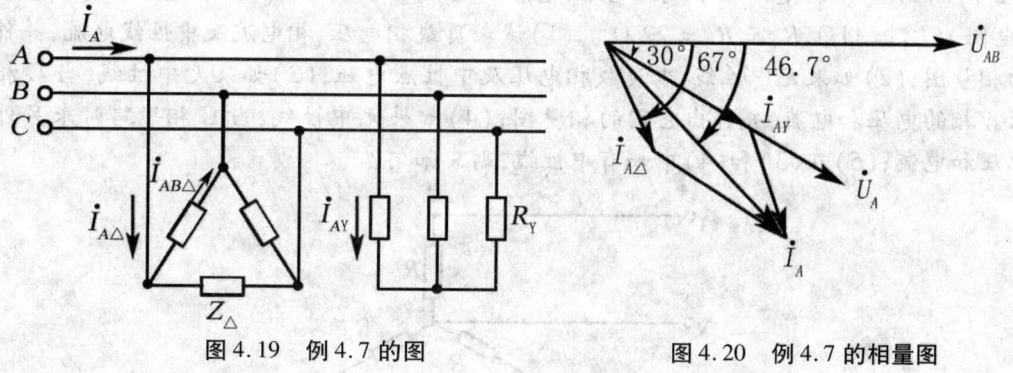

图 4.19 例 4.7 的图　　　　图 4.20 例 4.7 的相量图

解:设线电压 $\dot{U}_{AB} = 380\angle 0°$V,则相电压 $\dot{U}_A = 220\angle -30°$V。

(1)由于三相负载对称,所以计算一相即可,其他两相可以推知。

对于三角形联接的负载,其相电流为

$$\dot{I}_{AB\triangle} = \dfrac{\dot{U}_{AB}}{Z_\triangle} = \dfrac{380\angle 0°}{36.3\angle 37°} = 10.47\angle -37°$$

对于三角形联接的负载,其相电流即为线电流

$$\dot{I}_{AY} = \frac{\dot{U}_A}{R_Y} = \frac{220\angle -30°}{10} = 22\angle -30°$$

(2)先求三角形联接的电感性负载的线电流 $\dot{I}_{A\triangle}$。由图4.18可知,$\dot{I}_{A\triangle} = \sqrt{3}\dot{I}_{AB\triangle}$,且 $\dot{I}_{A\triangle}$ 较 $\dot{I}_{AB\triangle}$ 滞后 30°,于是得出

$$\dot{I}_{A\triangle} = 10.47\sqrt{3}\angle -37° -30° = 18.13\angle -67°\text{A}$$

$\dot{I}_{AY}$ 与 $\dot{I}_{A\triangle}$ 相位不同,不能错误地把 22 A 和 18.13 相加作为电路线电流。两者相量相加才对,即

$$\dot{I}_A = \dot{I}_{A\triangle} + \dot{I}_{AY} = 18.13\angle -67° + 22\angle -30° = 38\angle -46.7°\text{A}$$

电路线电流也是对称的。

一相电压与电流的相量图如图 4.20 所示。

(3)三相电路有功功率

$$\begin{aligned}P &= P_\triangle + P_Y = \sqrt{3}U_l I_{A\triangle}\cos\varphi_\triangle + \sqrt{3}U_l I_{AY} \\ &= \sqrt{3}\times 380\times 18.13\times 0.8 + \sqrt{3}\times 380\times 22 \\ &= 9546 + 14480 = 24026\text{W} \approx 24\text{kW}\end{aligned}$$

习题

4.1 有一三相对称负载,其每相的电阻 $R = 8\Omega$,感抗 $X_L = 6\Omega$。如果将负载联成星形接于线电压 $U_l = 380\text{V}$ 的三相电源上,试求相电压、相电流及线电流。

4.2 图 4.21 所示的是三相四线制电路,电源线电压 $U_l = 380\text{V}$。三个电阻性负载联成星形,其电阻为 $R_A = 11\Omega, R_B = R_C = 22\Omega$。(1)试求负载相电压、相电流及中性线电流,并作出它们的相量图;(2)如果无中性线,求负载相电压及中性点电压;(3)如果无中性线,当 C 相短路时求各相的电压和电流,并作出它们的相量图;(4)如果无中性线,当 C 相短路时求另外两相的电压和电流;(5)在(3)和(4)中如有中性线,则又如何?

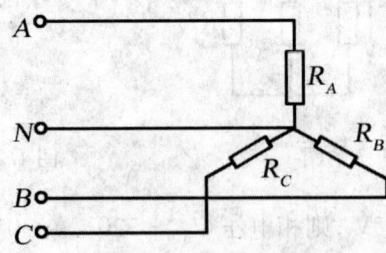

图 4.21 习题 4.2 的图

4.3 有一次某楼电灯发生故障,第二层和第三层楼的所有电灯突然都暗淡下来,而第一层楼的电灯亮度未变,试问这是什么原因?这楼的电灯是如何联接的?同时又发现第三层的电灯比第二层的还要暗些,这又是什么原因?画出电路图。

4.4 有一台三相发电机,其绕组联成星形,每相额定电压为 220V。在一次试验时,用电压

表测得相电压 $U_A = U_B = U_C = 220V$,而线电压则为 $U_{AB} = U_{CA} = 220V$, $U_{BC} = 380V$,问这种现象是如何造成的?

4.5 在图4.22所示的电路中,三相四线制电源电压为380/220V,接有对称星形联接的白炽灯负载,其总功率为180W。此外,在C相上接有额定电压为220V,功率为40W,功率因数 $\cos\varphi = 0.5$ 的日光灯一支。试求电流 $\dot{I}_A$、$\dot{I}_B$、$\dot{I}_C$ 及 $\dot{I}_N$。设 $\dot{U}_A = 220\angle 0°V$。

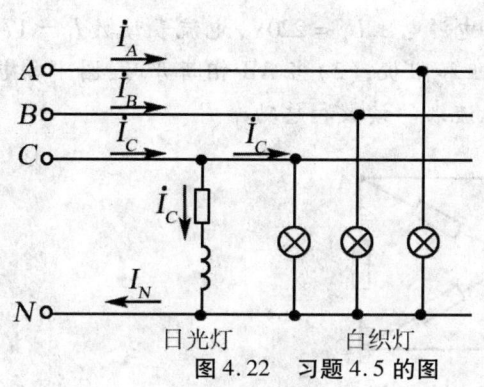

图4.22 习题4.5的图

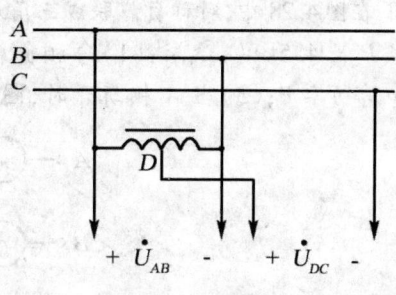

图4.23 习题4.6的图

4.6 图4.23是两相异步电动机的电源分相电路,D是铁心线圈的中心抽头。试用相量图说明 $\dot{U}_{AB}$ 和 $\dot{U}_{DC}$ 之间相位差为90°。

4.7 在图4.24所示的电路中,$R_1 = 3.9k\Omega$, $R_2 = 5.5k\Omega$, $C_1 = 0.47\mu F$, $C_2 = 1\mu F$,电源对称,$\dot{U}_{AB} = 380V$, $f = 50Hz$。试求电压 $\dot{U}_0$。

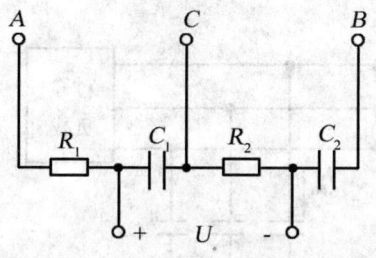

图4.24 习题4.7的图

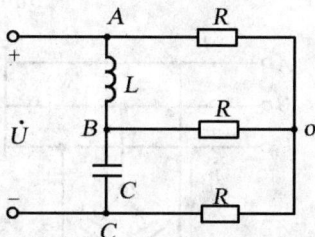

图4.25 习题4.8的图

4.8 图4.25是小功率星形对称电阻性负载从单相电源获得三相对称电压的电路。已知每相负载电阻 $R = 10\Omega$,电源频率 $f = 50Hz$,试求所需的L和C的数值。

4.9 在线电压为380V的三相电源上,接两组电阻性对称负载,如图4.26所示,试求线路电流I。

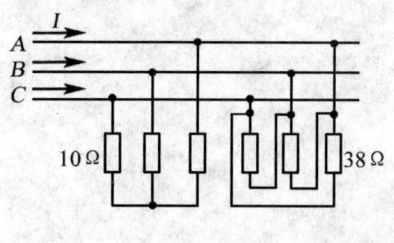

图4.26 习题4.9的图

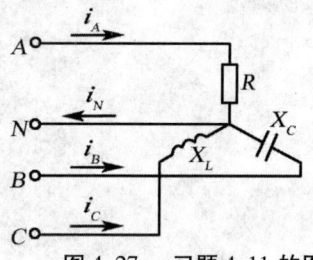

图4.27 习题4.11的图

4.10 有一三相异步电动机,其绕组联成三角形,接在线电压 $U_l = 380V$ 的电源上,从电源

所取用的功率 $P_1 = 11.43\text{kW}$，功率因数 $\cos\varphi = 0.87$，试求电动机的相电流和线电流。

4.11 在图4.27中，电源线电压 $U_l = 380\text{V}$。(1)如果图中各相负载的阻抗模都等于 10Ω，是否可以说负载是对称的？(2)试求各相电流，并用电压与电流的相量图计算中性线电流。如果中性线电流的参考方向选定得与电路图上所示的方向相反，则结果有何不同？(3)试求三相平均功率 P。

4.12 在图4.28中，对称负载联成三角形，已知电源电压 $U_l = 220\text{V}$，电流表读数 $I_1 = 17.3\text{A}$，三相功率 $P = 4.5\text{kW}$，试求：(1)每相负载的电阻和阻抗；(2)当 AB 相断开时，图中各电流表的读数和总功率 P；(3)当 A 相断开时，图中各电流表的读数和总功率 P。

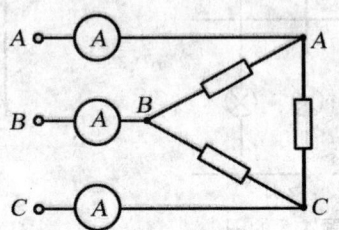

图4.28 习题4.12的图

4.13 在图4.29所示的电路中，电源线电压 $U_l = 380\text{V}$，频率 $f = 50\text{Hz}$，对称电感性负载的功率 $P = 10\text{kW}$，功率因数 $\cos\varphi = 0.5$。为了将线路功率因数提高到 $\cos\varphi = 0.9$，试问在两图中每相并联的补偿电容器的电容值各为多少？采用哪种联接(三角形或星形)方式较好？

(提示：每相电容 $C = \dfrac{P(\tan\varphi_1 - \tan\varphi)}{3\omega U^2}$，式中 P 为三相功率，U 为每相电容上所加电压)

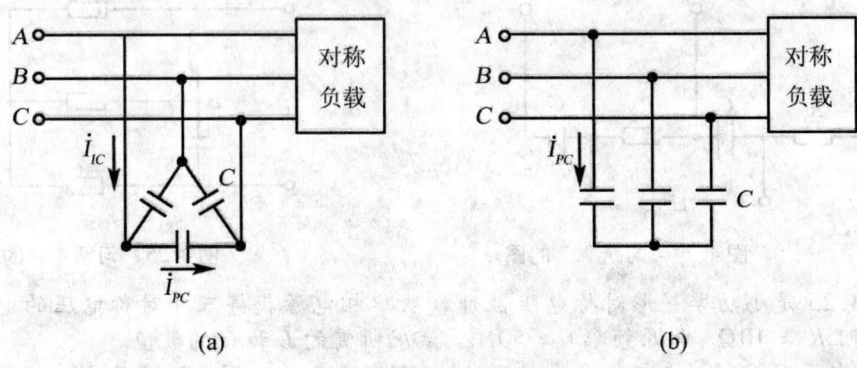

图4.29 习题4.13的图

第5章 电路的暂态分析

在 RL 和 RC 电路的充放电过程中,由于电容的电场能量,电感的磁场能量是连续变化的,这就使得电容的电压不能突变,电感的电流不能突变。那么电容器的电压、电感器的电流是遵循什么规律变化的呢?由于电场、磁场的能量变化有一个时间过程,所以电容的电压、电感的电流从初始状态到稳定过程也要经历这一时间过程。利用这一延时性,我们可以制作时间继电器,在电子线路中,RL 和 RC 电路也得到广泛利用,如直流稳压电路、过压保护等。

5.1 换路定则与初始值

5.1.1 换路定则

在图 5.1 中,合上 S 后再断开,H 由不亮逐渐变亮,又由亮逐渐变不亮,我们可以用这样的理论来解释,即电感中的电流不能发生突变,电容器两端的电压不能突变。

电感的自感电动势为 $e_L = L\frac{\triangle i}{\triangle t}$,如果 i 发生突变,在 $\triangle t$ 为无穷小的瞬间,e_L 必然为无穷大,这是不可能发生的。

通过电容器的电流为 $i_C = C\frac{\triangle u_C}{\triangle t}$,如果 u_C 能发生突变,则 $\triangle t$ 在无穷小的时间,i_C 必然也为无穷大,这也是不可能的。

我们把合上开关 S 叫做换路。合上 S 前的瞬间叫 $t = 0_-$,合上 S 后的瞬间叫 $t = 0_+$。把电感中的电流不能发生突变,电容器两端的电压不能突变的这一规律叫换路定律,用数学公式表达为

$$u_C(0_-) = u_C(0_+) \tag{5.1}$$
$$i_L(0_-) = i_L(0_+)$$

例 5.1 在图 5.1 中,稳态时灯泡正常发光,灯泡的电阻为 12Ω,求分断 S 时电路中的电流。

解:电感的直流电阻忽略不计,S 分断前

$$i(0_-) = \frac{E}{R} = \frac{6}{12} = 0.5\text{A}$$

S 分断后电感的电流不能突变

$$i(0_-) = i(0_+) = 0.5\text{A}$$

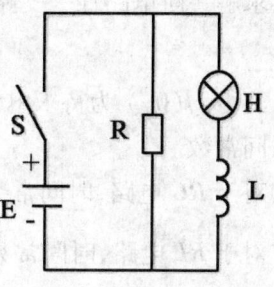

图 5.1 例题 5.1 电路图

例 5.2 如图 5.2 所示,求 S 闭合时,流过电容 C 的瞬时电流。当电路达到稳态后分断 S 时,流过电容 C 的电流。

解:S 闭合时

$$u_C(0_+) = u_C(0_-) = 0$$

$$i_C = \frac{6}{4} = 1.5\text{A}$$

S 分断时

$$u'_C(0_-) = \frac{6 \times 2}{4+2} = 2\text{V}$$

$$u'_C(0_+) = u'_C(0_-) = 2\text{V}$$

$$I_C = \frac{U_C(0^+)}{2} = 1\text{A}$$

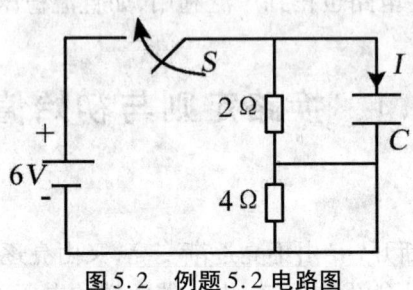

图 5.2　例题 5.2 电路图

5.1.2　电压、电流初始值的确定

换路定则仅适用于换路瞬间,可根据它来确定 $t=0^+$ 时电路中电压与电流之值,即暂态过程的初始值。确定各个电压和电流的初始值时,先由 $t=0^-$ 的电路求出 $i_L(0^-)$ 或 $u_C(0^-)$,而后由 $t=0^+$ 的电路在已求得的 $i_L(0^+)$ 或 $u_C(0^+)$ 的条件下求其他电压和电流的初始值。

在直流激励下,换路前,如果储能元件储有能量,并设电路已处于稳态,则在 $t=0^-$ 的电路中,电容元件可视作开路,电感元件可视作短路;换路前,如果储能元件没有储能,则在 $t=0^-$ 和 $t=0^+$ 的电路中,可将电容元件短路,将电感元件开路。

5.2　三要素分析法

求解一阶电路任一支路电流或电压的三要素公式为

$$f(t) = f(\infty) + f[f(0^+) - f(\infty)]e^{-\frac{t}{\tau}}$$

式中,$f(0_+)$ 为待求电流或电压的初始值,$f(\infty)$ 为待求电流或电压的稳态值,τ 为电路的时间常数。

对于 RC 电路,时间常数为:$\tau = RC$

对于 RL 电路,时间常数为:$\tau = \dfrac{L}{R}$

例 5.3　图 5.3 所示电路,$I_S = 10\text{mA}$,$R_1 = 20\text{k}\Omega$,$R_2 = 5\text{k}\Omega$,$C = 100\mu\text{F}$。开关 S 闭合之前电路已处于稳态,在 $t=0$ 时开关 S 闭合。试用三要素法求开关闭合后的 u_C。

解:(1)求初始值。因为开关 S 闭合之前电路已处于稳态,故在瞬间电容 C 可看作开路,因此:

$$u_C(0^+) = u_C(0^-) = I_S R_1 = 10 \times 10^{-3} \times 20 \times 10^3 = 200\text{V}$$

(2)求稳态值。当 $t = \infty$ 时,电容 C 同样可看作开路,因此:

$$u_C(\infty) = I_S \frac{R_1 R_2}{R_1 + R_2} = 10 \times 10^{-3} \times \frac{20 \times 5 \times 10^3}{20 + 5} = 40\text{V}$$

(3)求时间常数 τ。将电容支路断开,恒流源开路,得:$R = \dfrac{R_1 R_2}{R_1 + R_2} = \dfrac{20 \times 5}{20 + 5} = 4\text{k}\Omega$

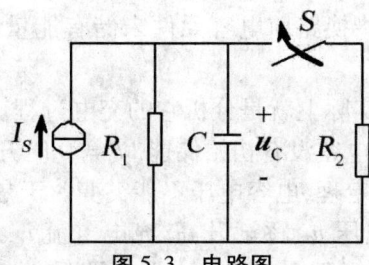

图 5.3 电路图

时间常数为:$\tau = RC = 4 \times 10^3 \times 100 \times 10^{-6} = 0.4\text{s}$

(4)求 u_C。利用三要素公式,得:

$$u_C = 40 + (200 - 40)e^{-\frac{t}{0.4}} = 40 + 160e^{-2.5t}\text{V}$$

例 5.4 图 5.4 所示电路,$U_{S1} = 9\text{V}$,$U_{S2} = 6\text{V}$,$R_1 = 6\Omega$,$R_2 = 3\Omega$,$L = 1\text{H}$。开关 S 闭合之前电路已处于稳态,在 $t = 0$ 时开关 S 闭合。试用三要素法求开关闭合后的 i_L 和 u_2。

解:(1)求初始值。因为开关 S 闭合之前电路已处于稳态,故在瞬间电感 L 可看作短路,因此

$$i_L(0_+) = i_L(0_-) = \frac{U_{S1}}{R_1 + R_2} = \frac{9}{6 + 3} = 1\text{A}$$

$$u_2(0_+) = R_2 i_L(0_+) = 3 \times 1 = 3\text{V}$$

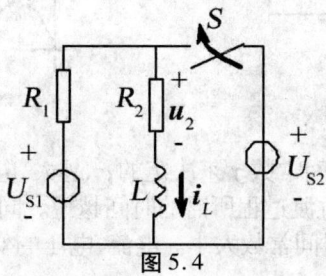

图 5.4

(2)求稳态值。当 $t = \infty$ 时,电感 L 同样可看作短路

$$u_2(\infty) = R_2 i_L(\infty) = 3 \times 2 = 6\text{V} \qquad i_L(\infty) = \frac{U_{S2}}{R_2} = \frac{6}{3} = 2\text{A}$$

(3)求时间常数 τ。将电感支路断开,恒压源短路,得 $R = R_3 = 3\Omega$

时间常数为:$\tau = \dfrac{L}{R} = \dfrac{1}{3}\text{s}$

(4)求 i_L 和 u_2。利用三要素公式得,

$$i_L = 2 + (1 - 2)e^{-3t} = (2 - e^{-3t})\text{A} \qquad u_2 = 6 + (3 - 6)e^{-3t} = (6 - 3e^{-3t})\text{V}$$

5.3 一阶电路的零状态响应

5.3.1 一阶RC电路的零状态响应

所谓RC电路的零状态,是指换路前电容元件未储有能量,在此条件下,由电源激励所产生的电路的响应,称为状态响应。

分析RC电路的状态响应,实际上就是分析它的充电过程。图5.5所示电路,换路前开关S置于位置1,电路已处于稳态,电容没有初始储能。$t=0$时开关S从位置1拨到位置2,RC电路接通电压源U_S。根据换路定理,电容电压不能突变。于是U_S通过R对C充电,产生充电电流i_C。随着时间增长,电容电压u_C逐渐升高,充电电流i_C逐渐减小。最后电路到达稳态时,电容电压等于U_S,充电电流等于零。可见电路换路后的初始储能为零,响应仅由外加电源所引起,故为零状态响应。

由初始值$u_C(0_+)=0$,稳态值$u_C(\infty)=U_S$,时间常数$\tau=RC$,运用三要素法得电容电压:

$$u_C = u_C(\infty)(1-e^{-\frac{t}{\tau}}) = U_S(1-e^{-\frac{t}{RC}})$$

充电电流

$$i_C = C\frac{du_C}{dt} = \frac{U_S}{R}e^{-\frac{t}{RC}} = i_C(0_+)e^{-\frac{t}{RC}}$$

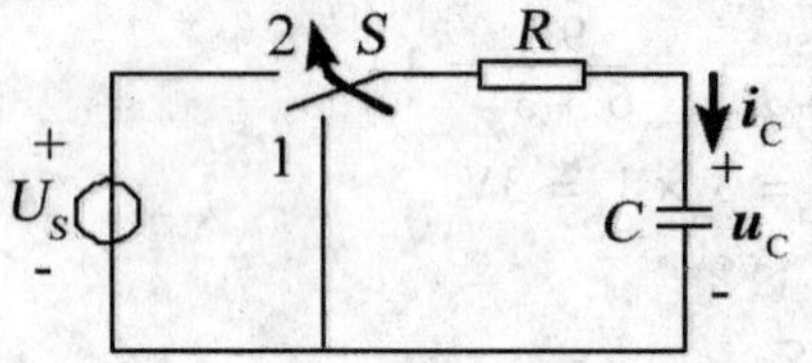

图5.5

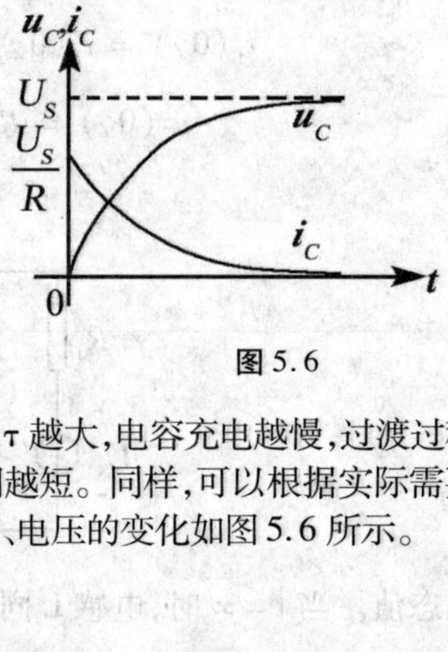

图5.6

电路充电过程的快慢也是由时间常数τ来决定的,τ越大,电容充电越慢,过渡过程所需的时间越长;相反,τ越小,电容充电越快,过渡过程所需的时间越短。同样,可以根据实际需要来调整电路中的元件参数或电路结构,以改变时间常数大小。电流、电压的变化如图5.6所示。

5.3.2 一阶RL电路的零状态响应

所谓RL电路的零状态,是指换路前电感元件未储有能量,在此条件下,由电源激励所产生的电路的响应,称为状态响应。

如图5.7所示电路,换路前开关S置于位置1,电路已处于稳态,电感没有初始储能。$t=0$时开关S从位置1拨到位置2,RL电路接通电压源U_S。根据换路定理,电感电流不能突变。于是U_S通过R对L供电,产生电流i_L。随着时间增长,电感电流i_L逐渐增大,最后电路到达稳态时,电感电流等于U_S/R。可见电路换路后的初始储能为零,响应仅由外加电源所引起,故为零状态响应。

由初始值$i_L(0_+)$,稳态值$i_L(\infty)=U_S/R$,时间常数$\tau=L/R$,运用三要素法得电感电流:

$$i_L = \frac{U_S}{R}(1-e^{-\frac{t}{\tau}})$$

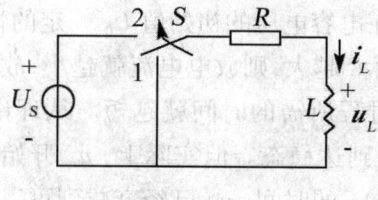
图 5.7

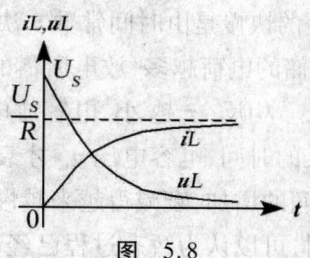
图 5.8

电感两端的电压：

$$u_L = L\frac{di_L}{dt} = U_S e^{-\frac{R}{L}t} = u_L(0_+)e^{-\frac{R}{L}t}$$

RL 电路暂态过程的快慢也是由时间常数 τ 来决定的。τ 越大,暂态过程所需的时间越长。相反,τ 越小,暂态过程所需的时间就越短。且经过(3~5)τ 的时间,i_L 已经衰减到可以忽略不计的程度。这时,可以认为暂态过程已经基本结束,电路到达稳定状态。其变化情况如图 5.8 所示。

5.4 一阶电路的零输入响应

5.4.1 一阶 RC 电路的零输入响应

所谓 RC 电路的零输入,是指无电源激励,输入信号为零。在此条件下,由电容元件的初始状态所产生的电路的响应,称为零输入响应。

分析 RC 电路的零输入响应,实际上是分析它的放电过程。图 5.9 所示电路,换路前开关 S 置于位置 1,电容上已充有电压。$t = 0$ 时开关 S 从位置 1 拨到位置 2,使 RC 电路脱离电源。根据换路定理,电容电压不能突变。于是,电容电压由初始值开始,通过电阻 R 放电,在电路中产生放电电流 i_C。随着时间增长,电容电压 u_C 和放电电流 i_C 将逐渐减小,最后趋近于零。这样,电容存储的能量全部被电阻所消耗。可见电路换路后的响应仅由电容的初始状态所引起,故为零输入响应。

由初始值 $u_C(0_+) = U_0$,稳态值 $u_C(\infty) = 0$,时间常数 $\tau = RC$,运用三要素法得电容电压:

$$u_C = u_C(0_+)e^{-\frac{t}{\tau}} = U_0 e^{-\frac{t}{RC}}$$

放电电流

$$i_C = C\frac{du_C}{dt} = -\frac{U_0}{R}e^{-\frac{t}{RC}} = i_C(0_+)e^{-\frac{t}{RC}}$$

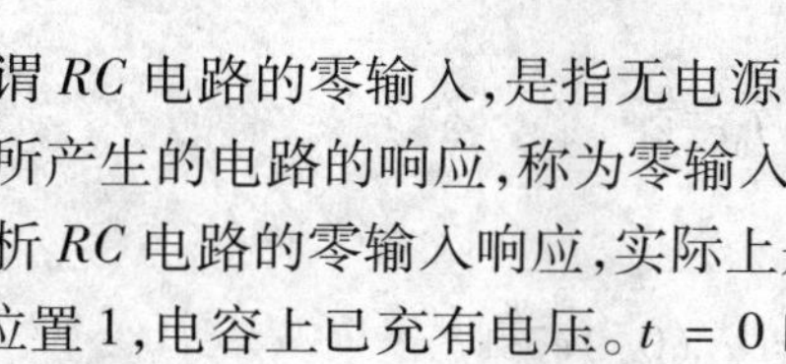

图 5.9

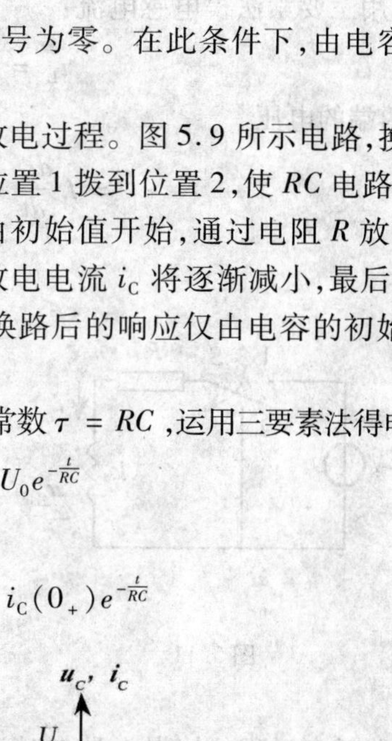

图 5.10

放电过程的快慢是由时间常数 τ 决定。τ 越大,在电容电压的初始值 U_0 一定的情况下,C 越大,电容存储的电荷越多,放电所需的时间越长;而 R 越大,则放电电流就越小,放电所需的时间也就越长。相反,τ 越小,电容放电越快,放电过程所需的时间就越短。从理论上讲,需要经历无限长的时间,电容电压 u_C 才衰减到零,电路到达稳态。但实际上,u_C 开始时衰减得较快,随着时间的增加,衰减得越来越慢。经过 $(3\sim5)\tau$ 的时间,u_C 已经衰减到可以忽略不计的程度。这时,可以认为暂态过程已经基本结束,电路到达稳定状态。其变化情况如图 5.10 所示。

5.4.2 一阶 RL 电路的零输入响应

所谓 RL 电路的零输入,是指在换路前电感元件已储有能量,其中的电流初始值不为零,由电感元件的初始状态所产生的电路的响应,称为零输入响应。

图 5.11 所示电路,换路前开关 S 置于位置1,电路已处于稳态,电感中已有电流。在 $t=0$ 时,开关从位置1拨到位置2,使 RL 电路脱离电源。根据换路定理,电感电流不能突变。于是,电感由初始储能开始,通过电阻 R 释放能量。随着时间的增长,电感电流 i_L 将逐渐减小,最后趋近于零。这样,电感存储的能量全部被电阻所消耗。可见电路换路后的响应仅由电感的初始状态所引起,故为零输入响应。由初始值 $i_L(0_+)=I_0$,稳态值 $i_L(\infty)=0$,时间常数 $\tau = L/R$,运用三要素法得电感电流:

$$i_L = i_L(0^+)e^{-\frac{t}{\tau}} = I_0 e^{-\frac{R}{L}t}$$

电感两端的电压

$$u_L = L\frac{di_L}{dt} = -RI_0 e^{-\frac{R}{L}t} = u_L(0_+)e^{-\frac{R}{L}t}$$

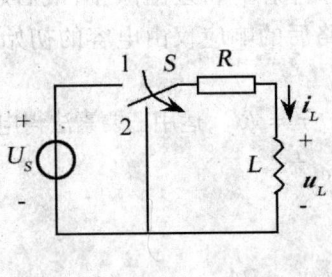

图 5.11

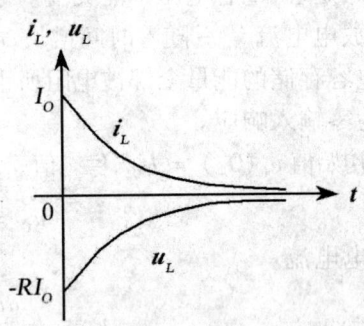

图 5.12

RL 电路暂态过程的快慢也是由时间常数 τ 来决定的。τ 越大,暂态过程所需的时间越长。相反,τ 越小,暂态过程所需的时间就越短。且经过 $(3\sim5)\tau$ 的时间,i_L 已经衰减到可以忽略不计的程度。这时,可以认为暂态过程已经基本结束,电路到达稳定状态。其变化情况如图 5.12 所示。

5.5 微分电路与积分电路

5.5.1 微分电路

1. 电路结构

RC 微分电路是由电容 C 和电阻 R 串联作为输入端,电阻 R 两端作为输出而构成,如图 5.13(a)所示,要求该电路的时间常数 τ 远小于输入矩形波的脉宽 t_w,即 $\tau \ll t_w$。

2. 工作原理

图 5.13(b)所示为微分电路的输入、输出波形图。在 $t=0$ 时刻,输入电压 u_i 从 0 跳变到 U_m,因电容两端电压不能突变,其端电压 $u_c = 0V$,输出电压 $u_0 = u_i - u_c = U_m - 0 = U_m$,在 $0 < t < t_1$ 期间,输入电压 $u_i = U_m$ 不变,由于时间常数 τ 很小,所以电容迅速育电结束。u_c 按指数规律上升到 U_m,而输出电压 $u_0 = u_i - u_c$ 按指数规律迅速降至 0 形成一个正尖脉冲波形输出。在 $t = t_1$ 瞬间,u_i 从 U_m 突变到 0,而电容两端电压不能突变 $u_c = U_m$。所以 $U_0 = u_i - u_c = -U_m$,在 $t > t_1$ 以后,电容迅速放电,u_c 按指数规律迅速下降至 0,u_0 按指数规律上升至 0,在输出端形成一个负尖脉冲波形。

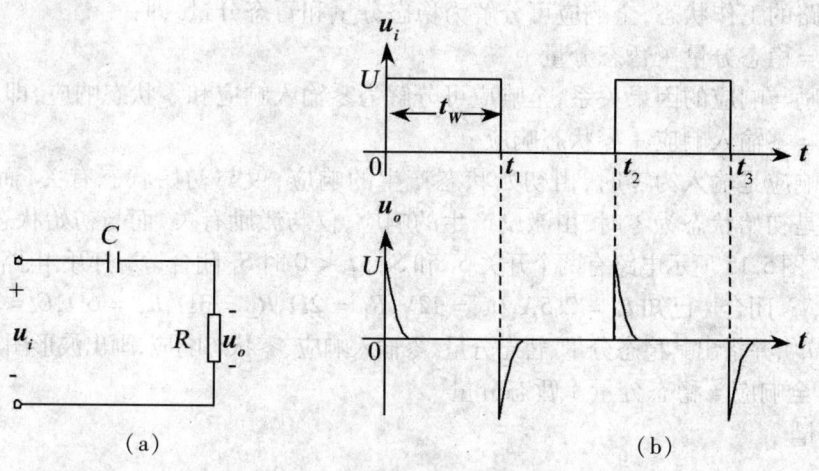

图 5.13 微分电路及其波形

5.5.2 积分电路

1. 电路结构:

在电路结构上与微份电路的区别仅在输出端不同,积分电路输出是从电容 C 两端取出。如图 5.14(a)所示,要求该电路时间常数 τ 远大于输入矩形波的脉宽 t_w,即 $\tau \gg t_w$

2. 电路的工作原理: 图 5.14(b)为积分电路的输入、输出波形图。

在 $t = 0$ 时刻,输入电压 u_1 从 0 跳变到 u_0。由于电容两端电压不能突变,所以 $u_0 = u_c = 0V$。在 $0 < t < t_1$ 期间,输入电压 $u_1 = U_m$,电容充电,其两端电压按指数规律增长。由于时间常数 $\tau \gg t_w$,相对于 t_w,由于充电缓慢,所以 u_0 在这期间近似为线性上升。到 t_1 时刻 u_0 离稳定值 U_m 还相差很远。在 t_1 时刻 u_1 跳变为 0,输入端相当于短路,电容通过电阻 R 缓慢放电,经过 $(3 \sim 5)\tau$ 时间,放电过程结束,输出电压 u_0 回到某一数值,$t_1 > t_2$ 以后重复以前的过程。可见，积分电路具有矩形脉冲变换为三角波的功能，只是三角波幅度远小于矩形脉冲幅度 U_m。

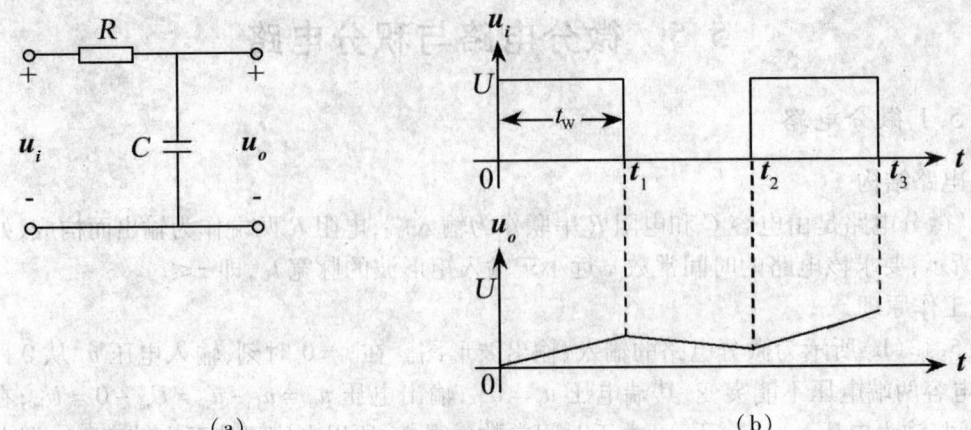

图 5.14 积分电路及输入、输出波形

5.6 一阶电路响应的分解

根据电路的工作状态，全响应可分解为稳态分量和暂态分量，即：

全响应 = 稳态分量 + 暂态分量

根据激励与响应的因果关系，全响应可分解为零输入响应和零状态响应，即：

全响应 = 零输入响应 + 零状态响应

零输入响应是输入为零时，由初始状态产生的响应，仅与初始状态有关，而与激励无关。零状态响应是初始状态为零时，由激励产生的响应，仅与激励有关，而与初始状态无关。

例 5.5 图 5.15 所示电路有两个开关 S_1 和 S_2，$t<0$ 时 S_1 闭合，S_2 打开，电路处于稳态。$t=0$ 时 S_1 打开，S_2 闭合。已知 $I_S=2.5A, U_S=12V, R_1=2\Omega, R_2=3\Omega, R_3=6\Omega, C=1F$。求换路后的电容电压 u_C，并指出其稳态分量、暂态分量、零输入响应、零状态响应，画出波形图。

解：(1) 全响应 = 稳态分量 + 暂态分量

稳态分量

$$u'_C = u_C(\infty) = \frac{R_2}{R_2+R_3}U_S = \frac{3}{3+6} \times 12 = 4V$$

初始值

$$u_C(0_+) = u_C(0_-) = I_S\frac{R_1R_2}{R_1+R_2} = 2.5 \times \frac{2 \times 3}{2+3} = 3V$$

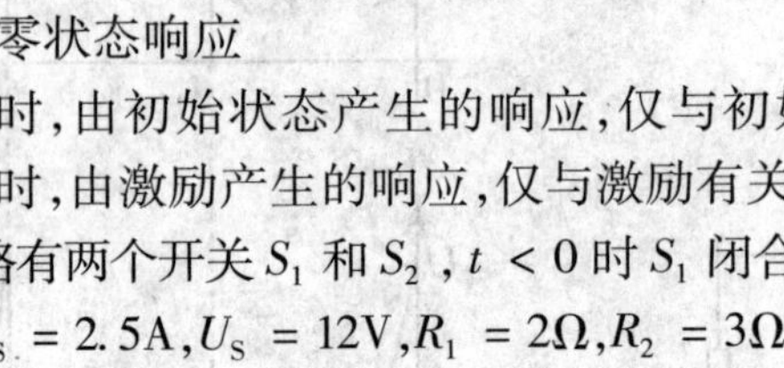

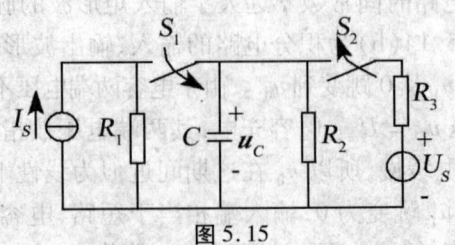

图 5.15

时间常数

$$\tau = RC = \frac{R_2 R_3}{R_2 + R_3}C = \frac{3 \times 6}{3+6} \times 1 = 2s$$

暂态分量

$$u''_C = [u_C(0_+) + u_C(\infty)]e^{-\frac{t}{\tau}} = (3-4)e^{-\frac{t}{2}} = -e^{-0.5t} \text{V}$$

全响应

$$u_C = u'_C + u''_C = (4 - e^{-0.5t}) \text{V}$$

(2) 全响应 = 零输入响应 + 零状态响应

零输入响应

$$u'_C = u_C(0_+)e^{-\frac{t}{\tau}} = 3e^{-\frac{t}{2}} = 3e^{-0.5t} \text{V}$$

零状态响应

$$u''_C = u_C(\infty)(1 - e^{-\frac{t}{\tau}}) = 4(1 - e^{-\frac{t}{2}}) = 4(1 - e^{-0.5t}) \text{V}$$

全响应

$$u_C = u'_C + u''_C = 3e^{-0.5t} + 4(1 - e^{-0.5t}) = (4 - e^{-0.5t}) \text{V}$$

习题

5.1 选择题

(1) 元件两端电压和电流都可以突变的是(　　)。
A. 电容　　　　　　B. 电感　　　　　　C. 电阻

(2) 只要电流中(　　)，电路必定产生瞬态过程。
A. 有开关元件　　　B. 有储能元件　　　C. 发生电源电压变化

(3) RL 电路的时间常数(　　)
A. 与 R、L 成正比　　B. 与 R 成反比，与 L 成正比　　C. 与 R、L 成反比

(4) 换路瞬间，RC 电路中电容两端电压(　　)
A. 换路前后瞬间相等　　B. 发生突变　　C. 不遵守基尔霍夫定律

(5) 关于时间常数 τ 的说法正确的是(　　)
A. 受电压或电流影响　　B. τ 越大充电越快　　C. τ 越大充电越慢

(6) RC 电路充放电时流过电阻的电流按(　　)变化
A. 正弦规律　　　B. 余弦规律　　　C. 指数规律

(7) RL 电路有关电感元件的电量可以突变的是(　　)
A. 电压　　　B. 电流　　　C. 感抗

5.2 什么是瞬态过程？

5.3 具有电感或电容的电路中发生瞬态过程的原因是什么？

5.4 换路定律的内容是什么？

第6章 磁路与铁心线圈电路

本章将介绍与磁路有关的电路问题。在电工技术中不仅要讨论电路问题,还将讨论磁路问题。因为很多电工设备与电路和磁路都有关系,如电动机、变压器、电磁铁及电工测量仪表等。只有同时掌握了电路和磁路的基本理论,才能对各种电工设备作全面的分析。

磁路问题也是局限于一定路径内的磁场问题。因此磁场的各个基本物理量也适用于磁路。磁路主要是由具有良好导磁能力的材料构成的,因此我们必须对这种材料的磁性能加以讨论。磁场往往与电流相关联,所以本章将研究磁路和电路的关系及磁和电的关系。

本章讨论对象将以变压器和电磁铁为主,重点研究其电磁特性,为以后研究电动机的基本特性作基础。

6.1 磁场的基本物理量

磁场的特性可用磁感应强度、磁通、磁场强度、磁导率等几个物理量表示。

6.1.1 磁感应强度

表示磁场内某点磁场强弱和方向的物理量,它是矢量。磁感应强度与电流之间的方向关系可用右手螺旋定则来确定。大小可用 $B = \dfrac{F}{IL}$ 来衡量。

磁感应强度 B 的单位:特斯拉(T), $1T = 1Wb/m^2$。

如果磁场内各点磁感应强度大小相等,方向相同,又称匀强磁场。

6.1.2 磁通

磁感应强度 B(如果不是均匀磁场,则取 B 的平均值)与垂直于磁场方向的面积 S 的乘积,称为通过该面积的磁通 Φ。

$$\Phi = BS \text{ 或 } B = \frac{\Phi}{S} \tag{6.1}$$

磁感应强度 B 在数值上可以看成与磁场方向垂直的单位面积所通过的磁通,故又称磁通密度。

如果用磁力线描述磁场,磁力线的密度就反映了磁场的大小。通过某一面积的磁力线总数应表示通过该面积的磁通的大小。由于磁通的连续性,磁力线是闭合的空间曲线。

磁通的单位是伏·秒,通称为韦伯(Wb),在工程中常用电磁制单位麦克斯韦(Mx),两者关系为

$$1Wb = 10^8 Mx$$

根据电磁感应公式

$$e = -N\frac{d\Phi}{dt}$$

磁通的单位韦伯,由此,磁感应强度的单位也可表示为韦伯/平方米(Wb/m²)。

6.1.3 磁场强度

磁场强度 H 是计算磁场时常用的物理量,也是矢量。其大小为磁感应强度和导磁率之比。

$$H = \frac{B}{\mu}$$

磁场强度 H 的单位:安培/米(A/m)。工程上常根据安培环路定律来确定磁场与电流的关系,即安培环路定律(全电流定律):磁场中任何闭合回路磁场强度的线积分,等于通过这个闭合路径内电流的代数和。即

$$\oint Hdl = \sum I \tag{6.2}$$

上式左侧为磁场强度矢量沿闭合回线的线积分;右侧是穿过由闭合回线所围面积的电流的代数和。

安培环路定律电流正负的规定:任意选定一个闭合回线的围绕方向,凡是电流方向与闭合回线围绕方向之间符合右螺旋定则的电流作为正,反之为负。

以环形线圈(图6.1)为例,计算线圈内的磁场强度。线圈内为均匀媒质,取磁力线作为闭合回线,且以磁场强度的方向为回线的绕行方向。于是

$$\oint Hdl = \sum I$$

$$\oint Hdl = H_x l_x = H_x \times 2\pi x$$

所以 $$H_x \times 2\pi x = IN$$

即 $$H_X = \frac{IN}{2\pi x} = \frac{IN}{l_x} \tag{6.3}$$

式中:N 为线圈匝数;$l_x = 2\pi x$ 是半径为 x 的圆周长;H_x 为半径 x 处的磁场强度;NI 为线圈匝数与电流的乘积,称为磁动势,用字母 F 表示,则有

$$F = IN \tag{6.4}$$

磁通由磁动势产生,磁通势的单位是安[培](A)。

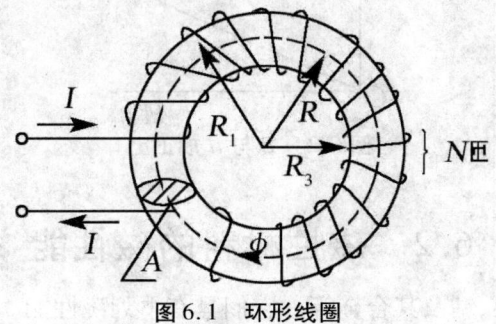

图6.1 环形线圈

6.1.4 磁导率

磁导率 μ 是一个用来表示磁场媒质磁性和衡量物质导磁能力的物理量。它与磁场强度的乘积就等于磁感应强度,即

$$B = \mu H \qquad (6.5)$$

因此,在图6.1中,线圈内部半径为 x 处各点的磁感应强度可从式(6.3)得出:

$$B_x = \mu H_x = \mu \frac{IN}{l_x} \qquad (6.6)$$

由式(6.3)和式(6.6)可知,磁场内某一点的磁场强度 H 只与电流大小、线圈匝数及该点的几何位置有关,而与磁场媒质的磁性 μ 无关,也就是说在一定电流值下,同一点的磁场强度不因磁场媒质的不同而有异。但磁感应强度是与磁场媒质的磁性有关的。当线圈内的媒质不同时,则磁导率 μ 不同,在同样电流值下,同一点的磁感应强度的大小就不同。线圈内的磁通也就不同了。

磁导率 μ 的单位:亨/米(H/m)。

实验测得真空磁导率 $\mu_0 = 4\pi \times 10^{-7}$ H/m

相对磁导率 μ_r:一般材料的磁导率 μ 和真空磁导率 μ_0 的比值,称为该物质的相对磁导率。

$$\mu_r = \frac{\mu}{\mu_0} \qquad (6.7)$$

由式(6.5)可知,相对磁导率

$$\mu_r = \frac{\mu H}{\mu_0 H} = \frac{B}{B_0}$$

上式说明,在同样电流的情况下,磁场空间某点的磁感应强度与该点媒质的磁导率有关,若媒质的磁导率为 μ,则磁感应强度 B 将是真空中磁感应强度的 μ_r 倍。

自然界的所有物质可根据磁导率的大小,大体上可分为磁性材料和非磁性材料两大类。

对非磁性材料而言,$\mu \approx \mu_0$,$\mu_r \approx 1$,差不多不具有磁化的特性,而且每一种非磁性材料的磁导率都是常数。因此,当磁场媒质是非磁性材料时,$B = \mu_0 H$,即它们之间有线性关系(图6.2)。又因 $B = \frac{\Phi}{S}$ 和 $H = \frac{IN}{l}$,所以磁通 Φ 与产生此磁通的电流 I 也成正比,即它们之间也有线性关系。

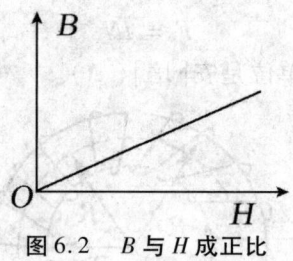

图6.2 B 与 H 成正比

6.2 磁性材料的磁性能

磁性材料主要指铁、镍、钴及其合金等。它们具有下列磁性能。

6.2.1 高导磁性

磁性材料的磁导率通常都很高,可达数百、数千、乃至数万之值。这就使它们具有被强烈磁化(呈现磁性)的特性。

为什么磁性物质具有被磁化的特性呢？因为磁性物质不同于其他物质，有其内部特殊性。我们知道电流产生磁场，在物质的分子中由于电子的绕核运动和自转将形成分子电流，分子电流将产生磁场，每个分子都相当于一个小磁铁。同时在磁性物质内部形成许多小区域，其分子间存在一种特殊的作用力使每一区域内的分子磁场排列整齐，显示磁性，称这些小区域为磁畴。在没有外磁场作用的普通磁性物质中，各个磁畴排列杂乱无章，磁场互相抵消，整体对外不显磁性，如图6.3(a)所示。在外磁场作用下，磁畴方向发生变化，使之与外磁场方向趋于一致，如图6.3(b)所示，物质整体显示出磁性来，称为磁化。即磁性物质能被磁化。

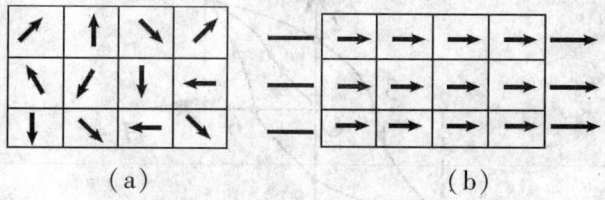

图6.3 磁性物质的磁化

磁性物质被广泛地应用于电工设备中，如电动机、电磁铁、变压器等设备中线圈中都含有的铁心，就是利用其磁导率大的特性，使得在较小的电流情况下得到尽可能大的磁感应强度和磁通。

非磁性材料没有磁畴的结构，所以不具有磁化特性。

6.2.2 磁饱和性

磁性物质因磁化产生的磁场是不会无限制增加的，当外磁场（或激励磁场的电流）增大到一定程度时，全部磁畴都会转向与外场方向一致。这时的磁感应强度将达到饱和值，如图6.4所示。图中 B_0 是磁场内不存在磁性物质时的磁感应强度直线；B_J 是磁场内磁性物质的磁化磁场的磁感应强度曲线；将 B_J 曲线和 B_0 直线的纵坐标相加，便得出磁场的 $B-H$ 磁化曲线。各种磁性材料的磁化曲线可通过实验得出，在磁路计算上极为重要。$B-H$ 磁化曲线可分为三段：oa 段——B 与 H 几乎成正比的增加；ab 段——B 的增加缓慢下来；b 点以后——B 增加很少，达到饱和。

当有磁性物质存在时，B 与 H 不成正比，磁性物质的磁导率 μ 不是常数，随 H 而变。如图6.5所示。由于磁通 Φ 与 B 成正比，产生磁通的励磁电流 I 与 H 成正比，因此有磁性物质存在时，Φ 与 I 不成正比。

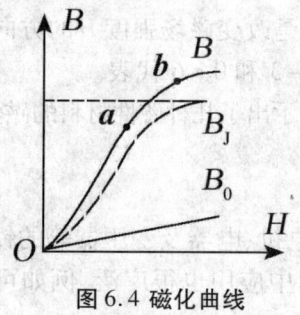

图6.4 磁化曲线

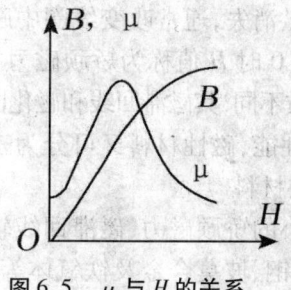

图6.5 μ 与 H 的关系

6.2.3 磁滞性

当铁心线圈中通有交变电流(大小和方向都变化),铁心受到交变磁化电流而变化时,B 随 H 而变化,当 H 已减到零值时,但 B 未回到零,这种磁感应强度滞后于磁场强度变化的性质称磁性物质的磁滞性。磁性材料在交变磁场中反复磁化,其 $B-H$ 关系曲线是一条回形闭合曲线,称为磁滞回线,如图 6.6 所示。

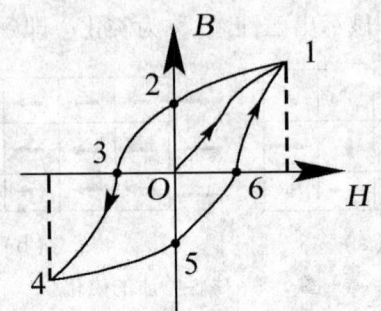

图 6.6 磁性物质的磁滞回线

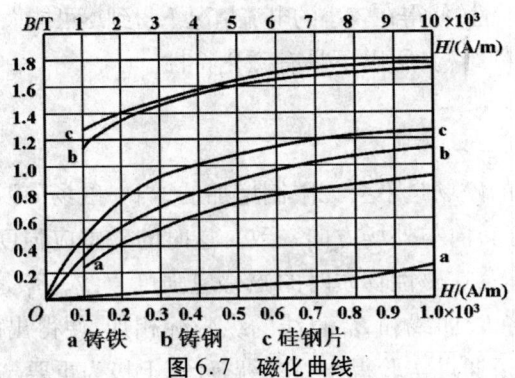

a 铸铁　b 铸钢　c 硅钢片

图 6.7 磁化曲线

当线圈中电流减到零($H=0$),铁心在磁化时所获的磁性还未完全消失,这时铁心中所保留的磁感应强度称为剩磁感应强度 B_r(剩磁)。在图 6.6 中即为纵坐标 0-2 和 0-5,永久磁铁的磁性就是由剩磁产生的。又如自励直流发电机的磁极,为了使电压能够建立,也必须有剩磁。但对剩磁也要一分为二,有时它是有害的。例如,当工件在平面磨床上加工完毕后,由于电磁吸盘有剩磁,还将工件吸住。为此,要通入反向去磁电流,去掉剩磁,才能将工件取下。再如有些工件(如轴承)在平面磨床上加工后得到的剩磁也必须去掉。

要使剩磁消失,通常改变线圈中励磁电流的方向,也就是改变磁场强度 H 的方向进行反向磁化。将 $B=0$ 时 H 值称为矫顽磁力 H_c,在图 6.6 中用 0-3 和 0-6 代表。

磁性物质不同,其磁滞回线和磁化曲线也不同。图 6.7 中示出了几种磁性材料的磁化曲线。

根据磁性能,磁性材料又可分为三种类型:

(1)软磁材料

具有较小的矫顽磁力,磁滞回线较窄。一般用来制造电机、电器及变压器等的铁心。常用的有铸铁、硅钢、坡莫合金及铁氧体等。铁氧体在电子技术中应用也很广泛,例如可做计算机的磁心、磁鼓以及录音机的磁带、磁头等。

(2)硬磁材料

具有较大的矫顽磁力,磁滞回线较宽。一般用来制造永久磁铁。常用的有碳钢、钴钢及铁镍铝钴合金等。

(3)矩磁材料

具有较小的矫顽磁力和较大的剩磁,磁滞回线接近矩形,稳定性良好。在计算机和控制系统中用作记忆元件、开关元件和逻辑元件。常用的有镁锰铁氧体等。

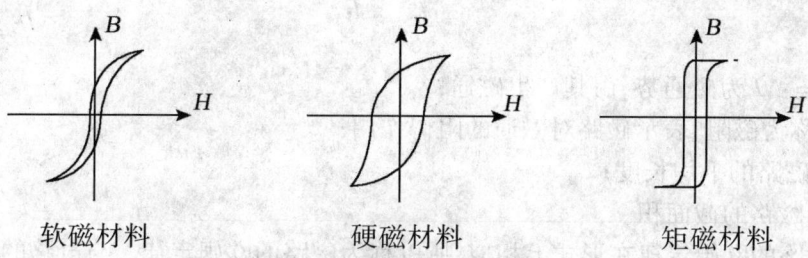

软磁材料　　　　　硬磁材料　　　　　矩磁材料

图6.8　磁性物质的分类

常用的几种磁性材料的最大相对磁导率、剩磁及矫顽磁力列在表6.1中。

表6.1　　　　　常用磁性材料的最大相对磁导率、剩磁及矫顽磁力

材料名称	μ_{max}	$B_r(T)$	$H_C(A/m)$
铸铁	200	0.475~0.500	880~1040
硅钢片	8000~10 000	0.800~1.200	32~64
坡莫合金(78.5‰ Ni)	20 000~200 000	1.100~1.400	4~24
碳钢(0.45‰ C)		0.800~1.100	2400~3200
钴钢		0.750~0.950	7200~20 000
铁镍铝钴合金		1.100~1.350	40 000~52 000

6.3　磁路欧姆定律

为了使较小的励磁电流产生足够大的磁通(或磁感应强度),在电机、变压器及各种铁磁元件中常用磁性材料做成一定形状的铁心。铁心的磁导率比周围空气或其他物质的磁导率高的多,磁通的绝大部分经过铁心形成闭合通路,磁通的闭合路径称为磁路。图6.9和图6.10分别表示四极直流电机和交流接触器的磁路。

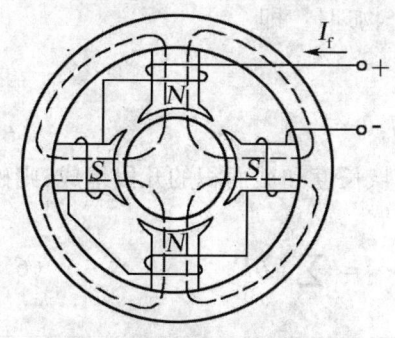

图6.9　直流电机的磁路

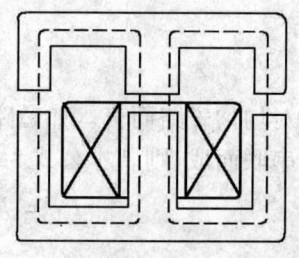

图6.10　交流接触器的磁路

磁路欧姆定律是分析磁路的基本定律。

以图6.1所示的环形线圈为例，根据安培环路定律 $\oint Hdl = \sum I$ 设磁路的平均长度为 l，则有

$$IN = Hl = \frac{B}{\mu}l = \frac{\Phi}{\mu S}l$$

即有：
$$\Phi = \frac{NI}{\frac{l}{\mu S}} = \frac{F}{R_m} \qquad (6.4)$$

式中：$F = NI$ 为磁通势，由其产生磁通；

R_m 称为磁阻，表示磁路对磁通的阻碍作用；

l 为磁路的平均长度；

S 为磁路的截面积。

上式与电路的欧姆定律在形式上相似，所以称为磁路的欧姆定律。与电路的比较如下：

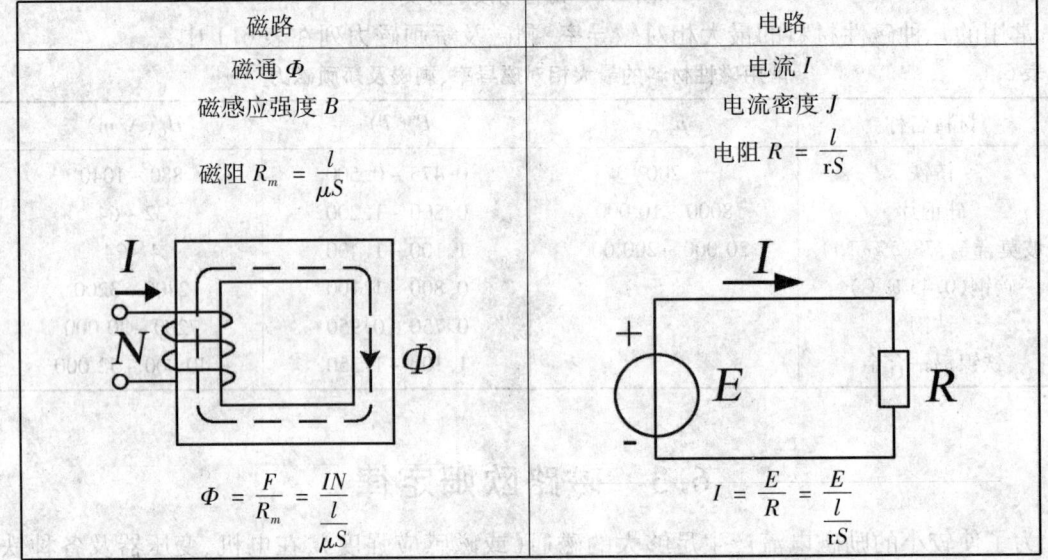

在计算电机、电器等的磁路中，要预先给定铁心中的磁通（或磁感应强度），而后按照所给的磁通及磁路各段的尺寸和材料去求产生预定磁通所需的磁动势 $F = NI$，确定线圈匝数和励磁电流。

计算磁路问题时，可以应用上面介绍的磁路欧姆定律，但由于磁路的磁导率 μ 不是常数（随励磁电流而变），往往要借助于磁场强度 H 这个物理量，即

$$H = \frac{NI}{l}$$

或
$$IN = Hl \qquad (6.9)$$

上式是对均匀磁路而言。如磁路由不同的材料、长度和截面积的几段组成，则磁路由磁阻不同的几段串联而成，则基本公式为：

$$IN = H_1 l_1 + H_2 l_2 + \cdots = \sum(Hl) \qquad (6.10)$$

第6章 磁路与铁心线圈电路析

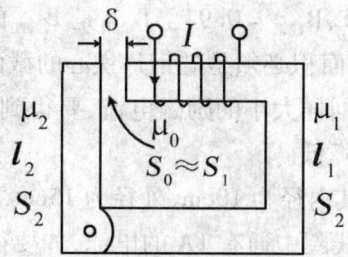

图6.11 继电器的磁路

图6.11所示继电器的磁路就是由三段串联(其中一段是空气隙)而成的。如已知磁通和各段的材料及尺寸,则可按下述步骤去求磁动势:

(1)求各段磁感应强度 B_i

各段磁路截面积不同,通过同一磁通 Φ,故有:

$$B_1 = \frac{\Phi}{S_1}, B_2 = \frac{\Phi}{S_2}, \cdots, B_n = \frac{\Phi}{S_n}$$

(2)求各段磁场强度 H_i

根据各段磁路材料的磁化曲线 $B_i = f(H)$,求 $B_1, B_2, \cdots\cdots$ 相对应的 $H_1, H_2, \cdots\cdots$。

空气气隙或其他非磁性材料的磁场强度 H_0:

$$H_0 = B_0/\mu_0 = \frac{B_0}{4\pi \times 10^{-7}} \text{A/m}$$

B_0 的单位为特斯拉,若用高斯为单位,则

$$H_0 = \frac{B_0}{4\pi \times 10^{-3}} = 80 B_0 (\text{A/m}) = 0.8 B_0 (\text{A/cm})$$

(3)计算各段磁路的磁压降 Hl。

(4)根据式6.10求出磁动势 IN。

例6.1 一均匀闭合铁心线圈,匝数为300,铁心中磁感应强度为0.9T,磁路的平均长度为45cm,试求:(1)铁心材料为铸铁时线圈中的电流;(2)铁心材料为硅钢片时线圈中的电流。

解:先从图6.7的磁化曲线中查出磁场强度的 H 值,然后再计算电流。

(1)查铸铁材料的磁化曲线,当 $B = 0.9T$ 时,

磁场强度 $H_1 = 9000 \text{A/m}$,则 $I_1 = \frac{H_1 l}{N} = \frac{9000 \times 0.45}{300} = 13.5 \text{A}$

(2)查硅钢片材料的磁化曲线,当 $B = 0.9T$ 时,

磁场强度 $H_2 = 260 \text{A/m}$,则 $I_2 = \frac{H_2 l}{N} = \frac{260 \times 0.45}{300} = 0.39 \text{A}$

可见由于所用铁心材料不同,要得到相同的磁感应强度,则所需要的磁动势或励磁电流是不同的。因此,采用高磁导率的铁心材料可使线圈的用铜量大为降低。

在例6.1(1),(2)两种情况下,如线圈中通有同样大小的电流0.39A,要得到相同的磁通,铸铁材料铁心的截面积和硅钢片材料铁心的截面积,哪一个比较小?

分析:如线圈中通有同样大小的电流0.39A,则铁心中的磁场强度是相等的,都是260A/

m,查磁化曲线可得,$B_{铸铁}=0.05T$,$B_{硅钢}=0.9T$。$B_{硅钢}$是$B_{铸铁}$的17倍。因$\Phi=BS$,如要得到相同的磁通Φ,则铸铁铁心的截面积必须是硅钢片铁心的截面积的17倍。

因此可见,如果线圈中通有同样大小的励磁电流,要得到相等的磁通,采用磁导率高的铁心材料,可使铁心的用铁量大为降低。

例6.2 一环形铁心线圈,其内径为10cm,外径为15cm,铁心材料为铸钢。磁路中含有一空气隙,其长度等于0.2cm。设线圈中通有1A的电流,如要得到0.9T的磁感应强度,试求线圈匝数。

解:空气隙的磁场强度 $H_0 = \dfrac{B_0}{\mu_0} = \dfrac{0.9}{4\pi \times 10^{-7}} = 7.2 \times 10^5 \text{A/m}$

铸钢铁心的磁场强度,查图6.7铸钢的磁化曲线,$B=0.9T$时,磁场强度$H_1 = 500 \text{A/m}$

磁路的平均总长度为 $l = \dfrac{10+15}{2}\pi = 39.2 \text{cm}$

铁心的平均长度 $l_1 = l - \delta = 39.2 - 0.2 = 39$

于是

$$H_1 l_1 = 500 \times 39 \times 10^{-2} = 195 \text{A}$$

$$H_0 \delta = 7.2 \times 10^5 \times 0.2 \times 10^{-2} = 1440 \text{A}$$

总磁动势为 $IN = H_1 l_1 + H_0 \delta = 195 + 1440 = 1635 \text{A}$

线圈匝数为 $N = \dfrac{IN}{I} = \dfrac{1635}{1} = 1635$

可见,当磁路中含有空气隙时,由于其磁阻较大,磁通势几乎都降在空气隙上面。因此当磁路中含有空气隙时,由于其磁阻较大,要得到相等的磁感应强度,必须增大励磁电流(设线圈匝数一定)。

6.4 交流铁心线圈电路

铁心线圈分为两种。直流铁心线圈通直流来励磁(如直流电机的励磁线圈、电磁吸盘及各种直流电器的线圈)。因为励磁是直流,则产生的磁通是恒定的,在线圈和铁心中不会感应出电动势来,在一定的电压U下,线圈电流I只与线圈的R有关,P也只与I^2R有关,所以分析直流铁心线圈比较简单,本节不讨论。

交流铁心线圈通交流来励磁(如交流电机、变压器及各种交流电器的线圈)。其电压、电流等关系与直流不同,下面我们就来讨论之。

6.4.1 电磁关系

图6.12所示的交流线圈是具有铁心的,我们先来讨论其电磁关系。磁动势$F=iN$产生的磁通绝大多数通过铁心而闭合,这部分磁通称为工作磁通Φ。此外还有一少部分通过空气等非磁性材料而闭合,这部分磁通称为漏磁通,用Φ_σ表示。这两个磁通在线圈中产生感应电

动势 e 和 e_σ。e 为主磁电动势，e_σ 为漏磁电动势。

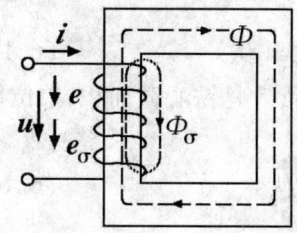

图 6.12 铁心线圈的交流电路

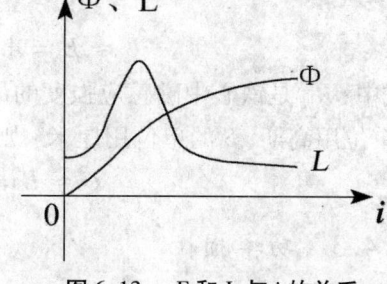

图 6.13 F 和 L 与 i 的关系

这个电磁关系可表示如下：

$$u \to i(iN) \begin{cases} \Phi \to e = -N\dfrac{d\Phi}{dt} \\ \Phi_\sigma \to e\sigma = -N\dfrac{d\Phi_\sigma}{dt} = -L_\sigma \dfrac{di}{dt} \end{cases}$$

因为漏磁通主要不经过铁心，所以励磁电流 i 与 Φ_σ 之间可以认为成线性关系，铁心线圈的漏磁电感

$$L_\sigma = \dfrac{N\Phi_\sigma}{i} = 常数$$

但主磁通通过铁心，所以 i 与 Φ 之间不存在线性关系，图 6.13 所示。因此，铁心线圈是一个非线性的电感元件。

6.4.2 线圈两端的电压与电流之间的函数关系

铁心线圈交流电路(图 6.12)的电压与电流之间的关系根据 KVL 得出

$$u = iR - e - e_\sigma = iR - e\left(-L_\sigma \dfrac{di}{dt}\right) = iR + L_\sigma \dfrac{di}{dt} + (-e)$$

$$= u_R + u_\sigma + u' \tag{6.11}$$

式中：R 是线圈导线的电阻，L_σ 是漏磁电感。

当 u 是正弦电压时，其它各电压、电流、电动势可视作正弦量，则电压、电流关系的相量式为：

$$\dot{U} = R\dot{I} + (-\dot{E}_\sigma) + (-\dot{E}) = R\dot{I} + jX_\sigma \dot{I} + (-\dot{E}) = \dot{U}_R + jX_\sigma \dot{I} + \dot{U} \tag{6.12}$$

式中 X_σ 为漏磁感抗，R 为线圈的电阻。

设 $\Phi = \Phi_m \sin\omega t$，则

$$e = -N\dfrac{d\Phi}{dt} = -N\dfrac{d}{dt}(\Phi_m \sin\omega t) = E_m \sin(\omega t - 90°) \tag{6.13}$$

$$= 2\pi f N\Phi_m \sin(\omega t - 90°) = -N\omega\Phi_m \cos\omega t$$

上式中 $E_m = 2\pi f N\Phi_m$，是主磁电动势 e 的幅值，其有效值为

$$E = \dfrac{E_m}{\sqrt{2}} = \dfrac{2\pi f N\Phi_m}{\sqrt{2}} = 4.44 f N\Phi_m \tag{6.14}$$

由于线圈电阻 R 和感抗 X_σ（或漏磁通 Φ）较小，其电压降也较小，与主磁电动势 E 相比可

忽略,故有

$$\dot{U} \approx -\dot{E}$$
$$U \approx E = 4.44fN\Phi_m = 4.44fNB_mS(伏) \quad (6.15)$$

式中:B_m 是铁心中磁感应强度的最大值,单位用特拉斯;S 是铁心截面积,单位用米^2。若 B_m 的单位用高斯,S 的单位用厘米^2,则上式为

$$U \approx E = 4.44fNB_mS \times 10^{-8}(伏) \quad (6.16)$$

6.4.3 功率损耗

交流铁心线圈的功率损耗主要有铜损和铁损两种。

在交流铁心线圈中,线圈电阻 R 上的功率损耗称铜损,用 $\triangle P_{cu}$ 表示。

$$\triangle P_{cu} = I^2R$$

式中:R 是线圈的电阻;I 是线圈中电流的有效值。

在交流铁心线圈中,处于交变磁通下的铁心内的功率损耗称铁损,用 $\triangle P_{Fe}$ 表示。铁损由磁滞和涡流产生。包括磁滞损耗 $\triangle P_h$ 和涡流损耗 $\triangle P_e$。

由磁滞所产生的能量损耗称为磁滞损耗。可以证明,交变磁化一周在铁心的单位体积内所产生的磁滞损耗能量与磁滞回线所包围的面积成正比。

磁滞损耗转化为热能,引起铁心发热。为了减少磁滞损耗,应选用磁滞回线狭小的磁性材料制作铁心。硅钢就是变压器和电机中常用的铁心材料,其磁滞损耗较小。

交变磁通在铁心内产生感应电动势和电流,称为涡流。涡流在垂直于磁通的平面内环流。

由涡流所产生的铁损称为涡流损耗 $\triangle P_e$。

在图 6.14 中,当线圈中通有交流电时,它所产生的磁通也是交变的。因此,不仅要在线圈中产生感应电动势,而且在铁心内也要产生感应电动势和感应电流。这种感应电流称为涡流,它在垂直于磁通方向的平面内环流着。

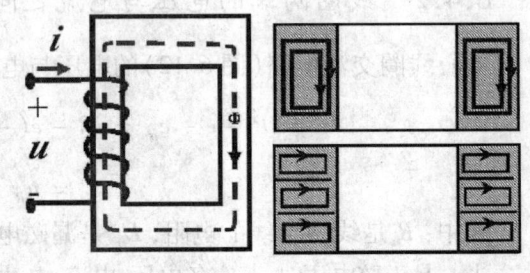

图6.14 铁心中的涡流

涡流损耗转化为热能,引起铁心发热。为了减小涡流损耗,在顺磁场方向铁心可由彼此绝缘的钢片叠成,把涡流限制在较小的截面内。此外,通常所用的硅钢片中含有少量的硅(0.8%~4.8%),因而电阻率较大,这也可以使涡流减少。

涡流有有害的一面,但在另外一些场合下也有有利的一面。例如,利用涡流和磁场相互作用而产生电磁力的原理来制造感应式仪器、滑差电机及涡流测矩器等。

在交流磁通的作用下,铁心内的这两种损耗合称铁损 $\triangle P_{Fe}$。铁损差不多与铁心内磁感应强度的最大值 B_m 的平方成正比,故 B_m 不宜选得过大,一般取 0.8~1.2T。

上述可知,铁心线圈交流电路的有功功率为

$$P = UI\cos\varphi = RI^2 + \triangle P_{Fe} \quad (6.17)$$

6.4.4 等效电路

对铁心线圈交流电路也可用等效电路进行分析,所谓等效电路,就是用一个不含铁心的交流电路来等效替代铁心线圈交流电路。等效的条件是:在同样电压作用下,功率、电流及各量之间的相位关系保持不变[注意:由式(6.12)表明,铁心线圈中的非正弦周期电流已用等效正弦电流代替]。这样就使磁路计算的问题简化为电路计算的问题了。

先把图6.12化成图6.15,就是把铁心线圈的电阻R和感抗X_σ划出,剩下的就成为一个没有电阻和漏磁通的理想铁心线圈电路。但铁心中仍有能量的损耗和能量的储放。因此可将这个理想的铁心线圈交流电路用具有电阻R_0和感抗X_0的一段电路来等效代替。其电路如图6.16所示。其中电阻R_0是和铁心中能量损耗(铁损)相应的等效电阻,其值为

$$R_0 = \frac{\triangle P_{Fe}}{I^2}$$

感抗X_0是和铁心中能量的储放(与电源发生能量互换)相应的等效感抗,其值为

$$X_0 = \frac{\triangle Q_{Fe}}{I^2}$$

Q_{Fe}是铁心储放能量的无功功率。

这段等效电路的阻抗为

$$|Z_0| = \sqrt{R_0^2 + X_0^2} \approx \frac{U}{I}$$

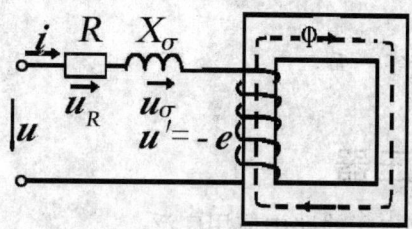
图6.15 铁心线圈的交流电路

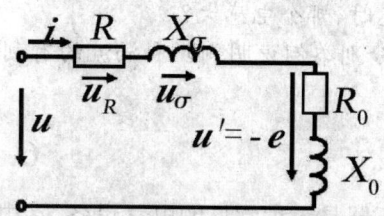
图6.16 等效电路

例6.3 有一交流铁心线圈,电源电压$U = 220V$,电路中电流$I = 4A$,功率表读数$P = 100W$,频率$f = 50Hz$,漏磁通和线圈上的电压降可忽略不计。

试求(1)铁心线圈的功率因数。

(2)铁心线圈的等效电阻和感抗。

解:(1) $\cos\varphi = \dfrac{P}{UI} = \dfrac{100}{220 \times 4} = 0.114$

(2)铁心线圈的等效阻抗为

$$|Z'| = \frac{U}{I} = \frac{220}{4} = 55\Omega$$

等效电阻和感抗分别为

$$R' = R + R_0$$

$$R' = R + R_0 = \frac{P}{I^2} = \frac{100}{4^2} = 6.25\Omega \approx R_0$$

$$X' = X_\sigma + X_0 = \sqrt{|Z'|^2 - R'^2} = \sqrt{55^2 - 6.25^2} = 54.6\Omega \approx X_0$$

例6.4 要绕制一个铁心线圈,已知电源电压 $U = 220V$,频率 $f = 50Hz$,今量得铁心截面为 $30.2cm^2$,铁心由硅钢片叠成,设叠片间隙系数为 0.91(一般取 $0.9 \sim 0.93$)。(1)如取 $B_m = 1.2T$,问线圈匝数应为多少?(2)如磁路平均长度为 $60cm$,问励磁电流应为多大?

解: 铁心的有效面积为

$S = 30.2 \times 0.91 = 27.5 cm^2$

(1)线圈匝数可根据 $U = 4.44 f N B_m S$ 求出

$$N = \frac{U}{4.44 f B_m S} = \frac{220}{4.44 \times 50 \times 1.2 \times 27.5 \times 10^{-4}} = 300$$

(2)从图6.7磁化曲线图中可查出,当 $B_m = 1.2T$ 时,$H_m = 700 A/m$,所以

$$I = \frac{H_m L}{\sqrt{2} N} = \frac{700 \times 60 \times 10^{-2}}{\sqrt{2} \times 300} = 1A$$

【练习与思考】

1. 将一个空心线圈先后接到直流电源和交流电源上,然后在这个线圈中插入铁心,再接到上述的直流电源和交流电源上。如果交流电源电压的有效值和直流电源电压相等,在上述四种情况下,试比较通过线圈的电流和功率的大小,并说明理由。

2. 如果线圈的铁心由彼此绝缘的钢片在垂直磁场方向叠成,是否也可以?

3. 空心线圈的电感是常数,而铁心线圈的电感不是常数,为什么?如果线圈的尺寸、形状和匝数相同,有铁心时和没铁心时,哪个电感大?铁心线圈的铁心在达到磁饱和和尚未达到磁饱和状态时,哪个电感大?

4. 分别举例说明剩磁和涡流的有利一面和有害一面。

6.5 变压器

变压器是一种常见的电气设备,在电力系统和电子线路中应用广泛。

在输电方面,当输送功率 $P = UI\cos\varphi$ 及负载功率因数 $\cos\varphi$ 为一定时,电压 U 愈高,则线路电流 I 愈小。这不仅可以减小输电线的截面积,节省材料,同时还可减小线路的功率损耗。因此在输电时必须利用变压器将电压升高。在用电方面,为保证用电安全和合乎用电设备的电压要求,还要利用变压器将电压降低。

在电子线路中,除电源变压器外,变压器还用来耦合电路,传递信号,并实现阻抗匹配。

此外,还有自耦变压器、互感器及各种专用变压器(用于电焊、电炉及整流等)。变压器的种类很多,但是它们的基本构造和工作原理是相同的。

6.5.1 变压器的结构和工作原理

变压器的一般结构如图6.17所示,它由闭合铁心和高压、低压绕组等几个主要部分构成。变压器的铁心结构可分为心式和壳式两种。心式结构中,变压器的铁心被绕组包围,多用于电力变压器。壳式结构中,变压器的铁心包围绕组,常用于小容量变压器。

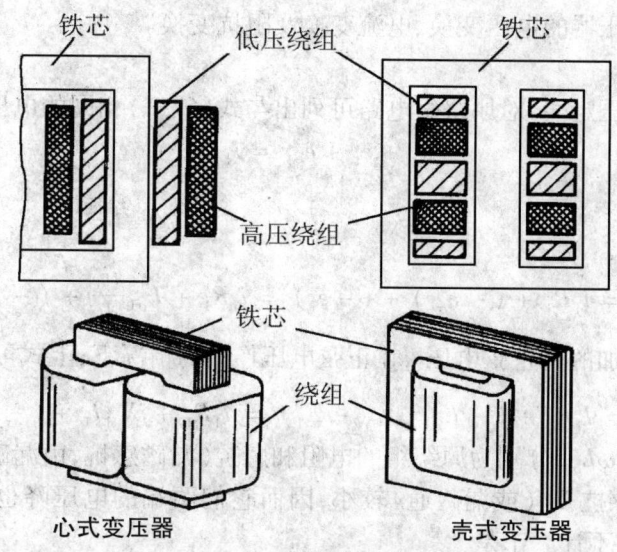

图6.17 变压器的构造

图6.18所示的是变压器的原理图。为了便于分析,我们将高压绕组和低压绕组分别画在两边。与电源相连的称为原绕组(或称初级绕组、一次绕组),与负载相连的称为副绕组(或称次级绕组、二次绕组)。原、副绕组的匝数分别为 N_1 和 N_2。

当原绕组接上交流电压 u_1 时,原绕组中便有电流 i_1 通过。原绕组的磁动势 $i_1 N_1$ 产生的磁通绝大部分通过铁心而闭合,从而在副绕组中感应出电动势。如果副绕组接有负载,那么副绕组中就有电流 i_2 通过。副绕组的磁通势 $i_2 N_2$ 也产生磁通,其绝大部分也通过铁心而闭合。因此,铁心中的磁通是一个由原、副绕组的磁动势共同产生的合成磁通,它称主磁通,用 Φ 表示。主磁通穿过原绕组和副绕组而在其中感应出的电动势分别为 $\Phi_{\sigma 1}$ 和 $\Phi_{\sigma 2}$。此外,原、副绕组的磁通势还分别产生漏磁通 $\Phi_{\sigma 1}$ 和 $\Phi_{\sigma 2}$(仅与本绕组相连),从而在各自的绕组中分别产生漏磁电动势 $e_{\sigma 1}$ 和 $e_{\sigma 2}$。

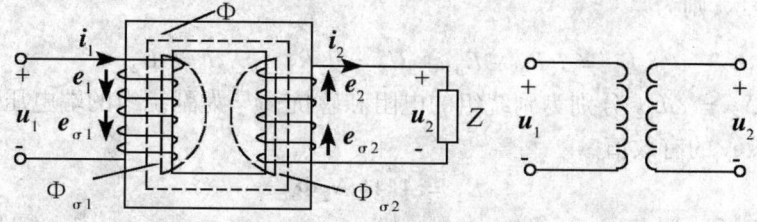

图6.18 变压器的原理图

上述的电磁关系可表示如下:

$$u_1 \longrightarrow i_1(i_1 N_1) \longrightarrow \Phi \begin{cases} e_1 = -N_1 \dfrac{d\Phi}{dt} \\ e_2 = -N_2 \dfrac{d\Phi}{dt} \end{cases}$$

$$\downarrow \varphi_{\sigma 1}$$
$$e_{\sigma 1} = -L_{\sigma 1} \dfrac{di_1}{dt}$$

$$i_2(i_2 N_2)$$
$$\downarrow \phi_{\sigma 2}$$
$$e_{\sigma 2} = -L_{\sigma 2} \dfrac{di_2}{dt}$$

下面分别讨论变压器的电压变换、电流变换及阻抗变换。

1. 电压变换

根据基尔霍夫电压定律,对原绕组电路可列出与式(6.11)相同的电压方程,即

$$u_1 + e_1 + e_{\sigma 1} = i_1 R_1$$

或

$$u_1 = i_1 R_1 + (-e_{\sigma 1}) + (-e_1) = i_1 R_1 + L_{\sigma 1}\frac{di_1}{dt} + (-e_1) \quad (6.18)$$

通常原绕组上所加的是正弦电压,在正弦电压作用的情况下,上式可用相量表示:

$$\dot{U}_1 = \dot{I}_1 R_1 + (-\dot{E}_{\sigma 1}) + (-\dot{E}_1) = \dot{I}_1 R_1 + jX_1\dot{I}_1 + (-\dot{E}_1) \quad (6.19)$$

式中 R_1 和 $X_1 = \omega L_{\sigma 1}$ 分别为原绕组的电阻和感抗(漏磁感抗,由漏磁产生)。

由于电阻 R_1 和感抗 X_1(或漏磁通)较小,因而它们两端的电压降也较小,与主磁电动势 E_1 比较起来可以忽略不计。于是

$$\dot{U}_1 \approx -\dot{E}_1$$

根据式(6.14),e_1 的有效值为

$$E_1 = 4.44fN_1\Phi_m \approx U_1 \quad (6.20)$$

同理,对副绕组电路可列出

$$e_2 + e_{\sigma 2} = i_2 R_2 + u_2$$

或

$$e_2 = i_2 R_2 + (-e_{\sigma 2}) + u_2 = i_2 R_2 + L_{\sigma 2}\frac{di_2}{dt} + u_2$$

$$(6.21)$$

如用相量表示,则为

$$\dot{E}_2 = \dot{I}_2 R_2 - \dot{E}_{\sigma 2} + \dot{U}_2 = \dot{I}_2 R_2 + jX_2\dot{I}_2 + \dot{U}_2 \quad (6.22)$$

式中 R_2 和 $X_2 = \omega L_{\sigma 2}$ 分别为副绕组的电阻和感抗;U_2 为副绕组的端电压。

感应电动势 e_2 的有效值

$$E_2 = 4.44fN_2\Phi_m \quad (6.23)$$

在变压器空载时,

$$I_2 = 0, \quad E_2 = U_{20}$$

式中 U_{20} 是空载时副绕组的端电压。

从式(6.20)和式(6.23)可见,原、副绕组的匝数 N_1 和 N_2 不相等,故 E_1 和 E_2 的大小是不等的,因而输入电压 U_1(电源电压)和输出电压 U_2(负载电压)的大小是不等的。

原、副绕组的电压之比为

$$\frac{U_1}{U_{20}} \approx \frac{E_1}{E_2} = \frac{N_1}{N_2} = K \quad (6.24)$$

式中,K 称为变压器的变比,亦即原、副绕组的匝数比。可见当电源电压 U_1 一定时,只要改变匝数比,就可得到不同的输出电压 U_2。

变比在变压器的铭牌上注明,它表示原、副绕组的额定电压之比,例如"6000/

400V"（K=15）。这表示原绕组的额定电压（即原绕组上应加的电源电压）U_{1N} = 6000V，副绕组的额定电压 U_{2N} = 400V。所谓副绕组的额定电压是指原绕组加上额定电压时副绕组的空载电压。由于变压器有内阻抗压降，所以副绕组的空载电压一般应较满载时的电压高 5% ~ 10%。

要变换三相电压可采用三相变压器（图6.19），图中，各相高压绕组的始端和末端分别用 A、B、C 和 X、Y、Z 表示，低压绕组则用 a、b、c 和 x、y、z 表示。

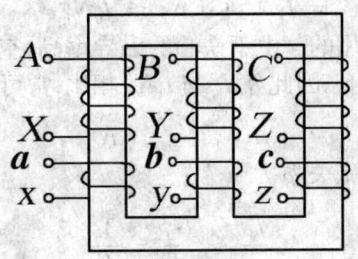

图 6.19 三相变压器

图 6.20 所举的是三相变压器连接的两例，并示出了电压的变换关系。

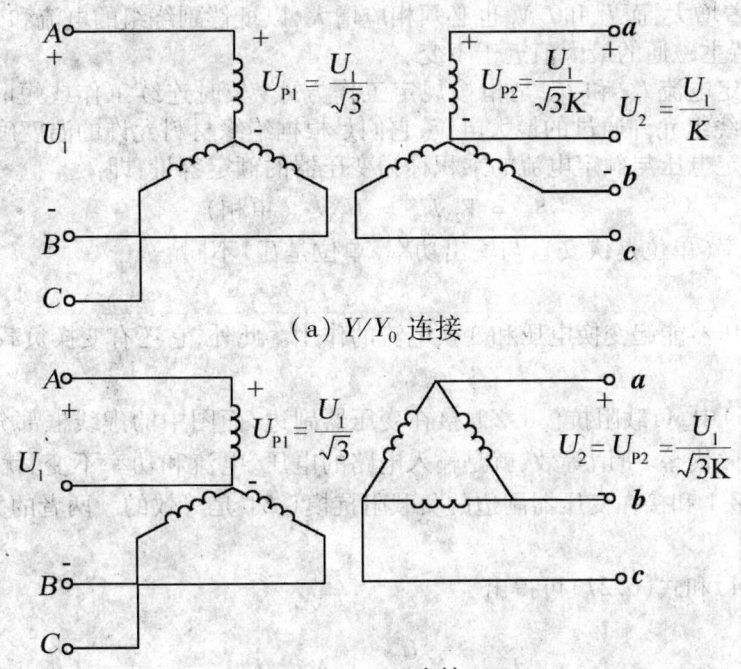

(a) Y/Y_0 连接

(b) $Y/\triangle$ 连接

图 6.20 三相变压器连接的举例

Y/Y_0 连接的三相变压器是供动力负载和照明负载共用的，低压一般是400V，高压不超过35kV，$Y/\triangle$ 连接的变压器，低压一般是10kV，高压不超过60kV。

高压侧连接成 Y 形，相电压只有线电压的 $1/\sqrt{3}$，可以降低每相绕组的绝缘要求；低压侧连接成 △ 形，相电流只有线电流的 $1/\sqrt{3}$，可以减小每相绕组的导线截面。

$SL_7 - 500/10$ 是三相变压器型号的一例，其中 S - 三相，L - 铝线，7 - 设计序号，500 - 500kVA，10 - 高压侧电压10kV。

2. 电流变换

由式 $U_1 \approx E_1 = 4.44 fN_1\Phi_m$ 可见，当电源电压 U_1 和频率 f 不变时，E_1 和 Φ_m 也都近于常数。就是说，铁心中主磁通的最大值在变压器空载或有负载时是差不多恒定的。因此，有负载时产生主磁通的原、副绕组的合成磁动势（$i_1N_1 + i_2N_2$）应该和空载时产生主磁通的原绕组的磁动势 i_0N_1 差不多相等，即

$$i_1N_1 + i_2N_2 \approx i_0N_1$$

如用相量表示，则为

$$\dot{I}_1N_1 + \dot{I}_2N_2 \approx \dot{I}_0N_1 \qquad (6.25)$$

变压器的空载电流 i_0 是励磁用的。由于铁心的磁导率高，空载电流是很小的。它的有效值 I_0 在原绕组额定电流 I_{1N} 的 10% 以内。因此 I_0N_1 与 I_1N_1 相比，常可忽略。于是式(6.25)可写成

$$\dot{I}_1N_1 \approx -\dot{I}_2N \qquad (6.26)$$

由上式可知，原副绕组的电流关系为

$$\frac{\dot{I}_1}{\dot{I}_2} \approx \frac{N_2}{N_1} = \frac{1}{K} \qquad (6.27)$$

上式表明变压器原、副绕组的电流之比近似等于它们的匝数比的倒数。可见，变压器中的电流虽然由负载的大小确定，但是原、副绕组中电流的比值是差不多不变的；因为当负载增加时，I_2 和 I_2N_2 随着增大，而 I_1 和 I_1N_1 也必须相应增大，以抵偿副绕组的电流和磁通势对主磁通的影响，从而维持主磁通的最大值近于不变。

变压器的额定电流 I_{1N} 和 I_{2N} 是指按规定工作方式（长时连续工作或短时工作或间歇工作）运行时原、副绕组允许通过的最大电流，它们是根据绝缘材料允许的温度确定的。

副绕组的额定电压与额定电流的乘积称为变压器的额定容量，即

$$S_N = V_{2N}I_{2N} = U_{1N}I_{1N}（单相）$$

它是视在功率（单位是伏安），与输出功率（单位是瓦）不同。

3. 阻抗变换

上面讲过变压器能起变换电压和变换电流的作用。此外，它还有变换负载阻抗的作用，以实现"匹配"。

在图 6.21(a) 中，负载阻抗模 $|Z|$ 接在变压器副边，而图中的虚线框部分可以用一个阻抗模 $|Z'|$ 来等效代替。所谓等效，就是输入电路的电压、电流和功率不变。就是说，直接接在电源上阻抗模 $|Z'|$ 和接在变压器副边的负载阻抗模 $|Z|$ 是等效的。两者的关系可以通过下面计算得出。

根据式(6.24)和式(6.27)可得出

$$\frac{U_1}{I_1} = \frac{\frac{N_1}{N_2}U_2}{\frac{N_2}{N_1}I_2} = \left(\frac{N_1}{N_2}\right)^2 \frac{U_2}{I_2}$$

由图 6.21 可知

$$\frac{U_1}{I_1} = |Z'|, \qquad \frac{U_2}{I_2} = |Z|$$

代入则得

$$|Z'| = \left(\frac{N_1}{N_2}\right)^2 |Z| \qquad (6.28)$$

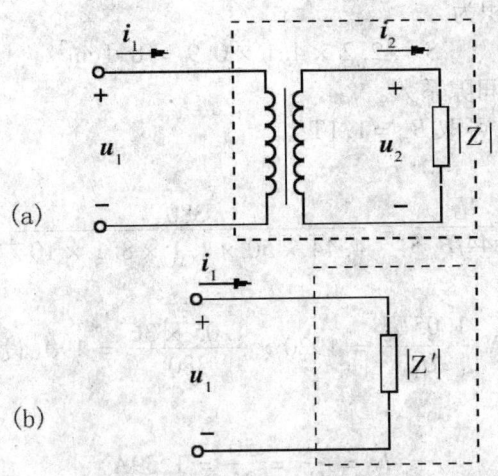

图 6.21 负载阻抗的等效变换

匝数比不同,负载阻抗模$|Z|$折算到(反映到)原边的等效阻抗模$|Z'|$也不同。我们可以采用不同的匝数比,把负载阻抗模变换为所需要的、比较适合的数值。这种做法通常称为阻抗匹配。

例 6.5 在图 6.22 中,交流信号源的电动势 $E = 120\text{V}$,内阻 $R_0 = 800\Omega$,负载电阻 $R_L = 8\Omega$。(1)当 R_L 折算到原边的等效电阻 $R'_L = R_0$ 时,求变压器的匝数比和信号源输出的功率;(2)当将负载直接与信号源连接时,信号源输出多大功率?

解:(1)变压器的匝数比应为

$$\frac{N_1}{N_2} = \sqrt{\frac{R'_L}{R_L}} = \sqrt{\frac{800}{8}} = 10$$

信号源的输出功率为

$$P = \left(\frac{E}{R_O + R'_L}\right)^2 R'_L = \left(\frac{120}{800 + 800}\right)^2 \times 800 = 4.5\text{W}$$

(2)当将负载直接接在信号源上时

$$P = \left(\frac{120}{800 + 8}\right)^2 \times 8 = 0.176\text{W}$$

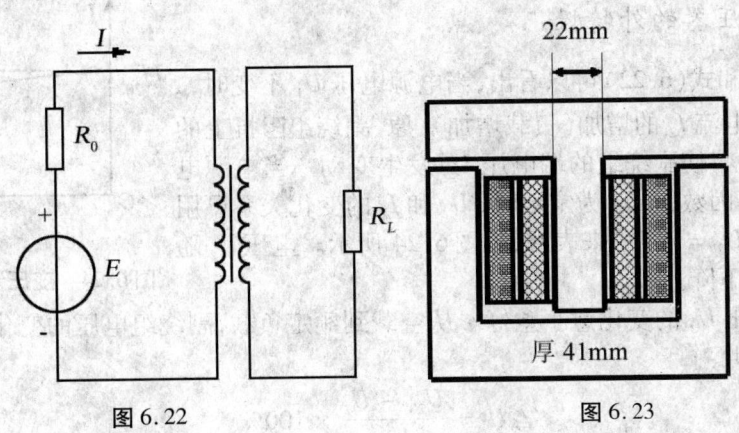

图 6.22　　　　　图 6.23

例6.6 有一机床照明变压器 $S_N = 50\text{VA}$，$U_1 = 380\text{V}$，$U_2 = 36\text{V}$，，其绕组已烧毁，要拆去重绕。今测得其铁心截面积为 $22\text{mm} \times 41\text{mm}$（如图6.23）。铁心材料是 0.35mm 厚的硅钢片。试计算一次、二次绕组匝数及导线线径。

解：铁心的有效截面积为

$$S = 2.2 \times 4.1 \times 0.9 = 8.1 \text{cm}^2$$

式中 0.9 为铁心叠片间隙系数。

对 0.35mm 的硅钢片，可取 $B_m = 1.1\text{T}$。

原绕组匝数为

$$N_1 = \frac{U_1}{4.44 f B_m S} = \frac{380}{4.44 \times 50 \times 1.1 \times 8.1 \times 10^{-4}} = 1920$$

副绕组匝数为

$$N_2 = N_1 \frac{U_{20}}{U_1} = N_1 \frac{1.05 U_2}{U_1} = 1920 \times \frac{1.05 \times 36}{380} = 190 \text{（设 } U_{20} = 1.05 U_2\text{）}$$

副绕组电流为

$$I_2 = \frac{S_N}{U_2} = \frac{50}{36} = 1.39\text{A}$$

原绕组电流为

$$I_1 = \frac{S_N}{U_1} = \frac{50}{380} = 0.13\text{A}$$

导线直径计算公式

$$I = J\left(\frac{\pi d^2}{4}\right), d = \sqrt{\frac{4I}{\pi J}}$$

式中，J 是电流密度，一般取 $J = 2.5\text{A}/\text{mm}^2$

原绕组线径为

$$d_1 = \sqrt{\frac{4I_1}{\pi J}} = \sqrt{\frac{4 \times 0.13}{3.14 \times 2.5}} = 0.256\text{mm（取 } 0.25\text{mm）}$$

副绕组线径为

$$d_2 = \sqrt{\frac{4I_2}{\pi J}} = \sqrt{\frac{4 \times 1.39}{3.14 \times 2.5}} = 0.84\text{mm（取 } 0.9\text{mm）}$$

6.5.2 变压器的外特性

由式(6.19)和式(6.22)可以看出，当电源电压 U_1 不变时，随着副绕组电流 I_2 的增加（负载增加），原、副绕组阻抗上的电压降便增加，这将使副绕组的端电压 U_2 发生变动。当电源电压 U_1 和负载功率因数 $\cos\varphi_2$ 为常数时，U_2 和 I_2 的变化关系可用所谓外特性曲线 $U_2 = f(I_2)$ 来表示，见图6.24所示。电压 U_2 随电流 I_2 的增加而下降。

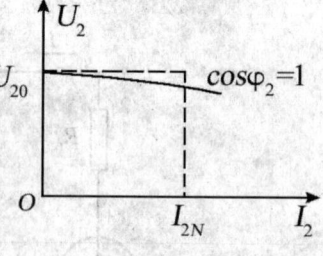

图6.24 变压器的外特性曲线

通常希望电压 U_2 的变化愈小愈好。从空载到额定负载，副绕组电压的变化程度用电压变化率 $\triangle U$ 表示，即

$$\triangle U = \frac{U_{20} - U_2}{U_{20}} \times 100\%$$

(6.29)

在一般变压器中,由于其电阻和漏磁感抗均甚小,电容变化率是不大的,约为5%左右。

6.5.3 变压器的损耗与效率

和交流铁心线圈一样,变压器的功率损耗包括铁心中的铁损 $\triangle P_{Fe}$ 和绕组上的铜损 $\triangle P_{Cu}$ 两部分。铁损的大小与铁心内磁感应强度的最大值 B_m 有关,与负载大小无关,而铜损则与负载大小(正比于电流平方)有关。

变压器的效率常用下式确定

$$\eta = \frac{P_1}{P_2} = \frac{P_2}{P_2 + \triangle P_{Fe} + \triangle P_{Cu}} \qquad (6.30)$$

式中,P_2 为变压器的输出功率,P_1 为输入功率。

变压器的功率损耗很小,所以效率很高,通常在95%以上。在一般电力变压器中,当负载为额定负载的50%~75%时,效率达到最大值。

例6.7 有一带电阻负载的三相变压器,其额定数据如下:$S_N = 100KVA$,$U_{1N} = 6000V$,$U_{2N} = U_{20} = 400V$,$f = 50Hz$。绕组连成 Y/Y_0。有实验测得:$\triangle P_{Fe} = 600W$,额定负载时的 $\triangle P_{Cu} = 2400W$。试求:(1)变压器的额定电流;(2)满载和半载时的效率。

解:(1)由式(4.19)求额定电流

$$I_{2N} = \frac{S_N}{\sqrt{3}U_{2N}} = \frac{100 \times 10^3}{\sqrt{3} \times 400} = 144A$$

$$I_{1N} = \frac{S_N}{\sqrt{3}U_{1N}} = \frac{100 \times 10^3}{\sqrt{3} \times 6000} = 9.62A$$

(2)满载时和半载时的效率分别为

$$\eta_1 = \frac{P_2}{P_2 + \triangle P_{Fe} + \triangle P_{Cu}} = \frac{100 \times 10^3}{100 \times 10^3 + 600 + 2400} = 97.1\%$$

$$\eta_{\frac{1}{2}} = \frac{\frac{1}{2} \times 100 \times 10^3}{\frac{1}{2} \times 100 \times 10^3 + 600 + (\frac{1}{2})^2 \times 2400} = 97.6\%$$

6.5.4 特殊变压器

下面简单介绍几种特殊变压器

1. 自耦变压器

自耦变压器与普通变压器的不同在于自耦变压器的闭合铁心上只绕有一个绕组,其结构特点是副绕组是原绕组的一部分。两者之间既有电的联系,又有磁的联系,其工作原理与普通变压器相同。图6.25所示的是一种自耦变压器,原、副绕组电压之比和电流之比也是

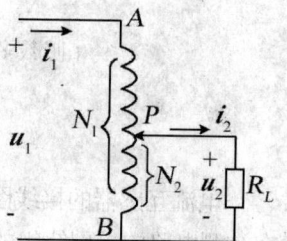

图 6.25 自耦变压器

$$\frac{U_1}{U_2} = \frac{N_1}{N_2} = K$$

$$\frac{I_1}{I_2} = \frac{N_2}{N_1} = \frac{1}{K}$$

使用时,改变滑动端的位置,便可得到不同的输出电压。实验室中用的调压器就是根据此原理制作的。其外形和电路如图 6.26 所示,将铁心做成圆形,二次侧抽头做成滑动的,改变滑动端的位置,可得到不同的输出电压。

使用时注意:原、副边千万不能对调使用,以防变压器损坏。因为 N 变小时,磁通增大,电流会迅速增加;接电前先将滑动触头归零,使用后也归零;输出电流不允许大于额定电流。

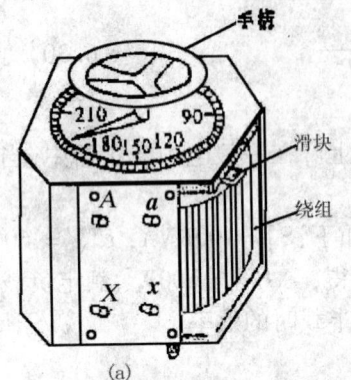
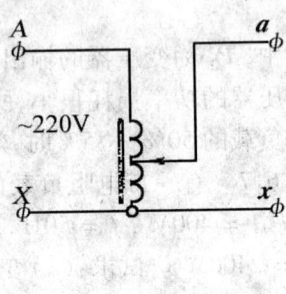

图 6.26 调压器的外形和电路

2. 电流互感器

电流互感器是根据变压器的原理制成的。它主要是用来扩大测量交流电流的量程,实现用低量程的电流表测量大电流。

此外,使用电流互感器也是为了使测量仪表与高压电路隔开,以保证人身与设备的安全。

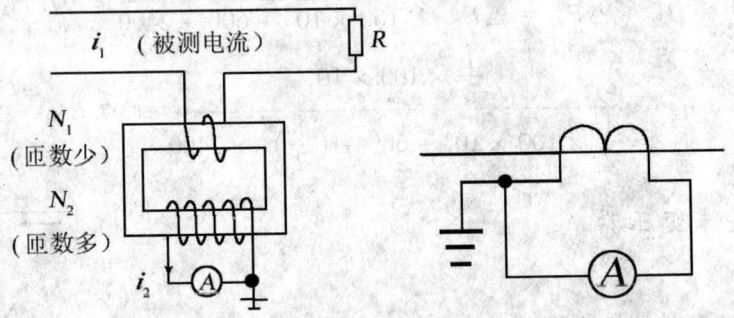

图 6.27 电流互感器的接线图及其符号

电流互感器的接线图及其符号如图 6.27 所示。原绕组的匝数很少(只有一匝或几匝),它串联在被测电路中。副绕组的匝数较多,它与安培计或其它仪表及继电器的电流线圈相连接。

根据变压器原理,可认为

$$\frac{I_1}{I_2} = \frac{N_2}{N_1} = K_i$$

或

$$I_1 = \frac{N_2}{N_1} I_2 = K_i I_2 \tag{6.31}$$

由上式可见,利用电流互感器可将大电流换为小电流。安培计的读数 I_2 乘上变换系数 K_i 即为被测的大电流 I_1(在安培计的刻度上可直接标出被测电流值)。通常电流互感器副绕组的额定电流都规定为 5A 或 1A。钳形电流表是由电流互感器和电流表组合而成(图 6.28)。电流互感器的铁心在捏紧扳手时可以张开;被测电流所通过的导线可以不必切断就可穿过铁心张开的缺口,当放开扳手后铁心闭合。穿过铁心的被测电路导线就成为电流互感器的一次线圈,其中通过电流便在二次线圈中感应出电流。从而使二次线圈相连接的电流表便有指示——测出被测线路的电流。钳形表可以通过转换开关的拨档,改换不同的量程。

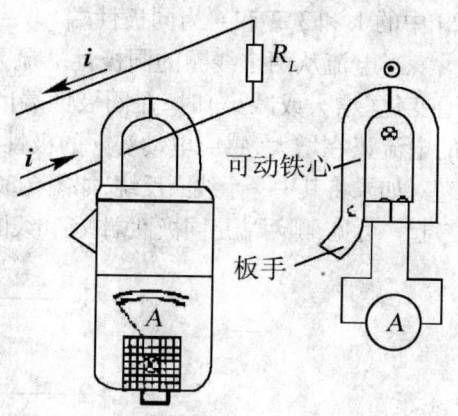

图 6.28 钳形电流表

在使用电流互感器时,副绕组电路是不允许断开的。这点和普通变压器不一样。因为它的原绕组是与负载串联的,其中电流 I_2 的大小是决定于负载的大小,不是决定于副绕组电流 I_2。所以当副绕组电路断开时(比如在拆下仪表时未将副绕组短接),副绕组的电流和磁通势立即消失,但是原绕组的电流 I_1 未变。这时铁心内的磁通全由原绕组的磁通势 I_1N_1 产生,结果造成铁心内很大的磁通(因为这时副绕组的磁通势为零,不能对原绕组的磁通势起去磁作用了)。这一方面使铁损大大增加,从而使铁心发热到不能允许的程度;另一方面又使副绕组的感应电动势增高到危险的程度。

此外,为了使用安全起见,电流互感器的铁心及副绕组的一端应该接地。

6.5.5 变压器绕组极性的测定

在使用变压器或者其他有耦合的互感线圈时,要注意线圈的正确连接。如一台变压器的原绕组有相同的两个绕组,如图 6.29 中的 1-2 和 3-4。当接到 220V 的电源上时,两绕组串联,如图 6.29(b);接到 110V 的电源上时,两绕组并联,如图 6.29(c)。

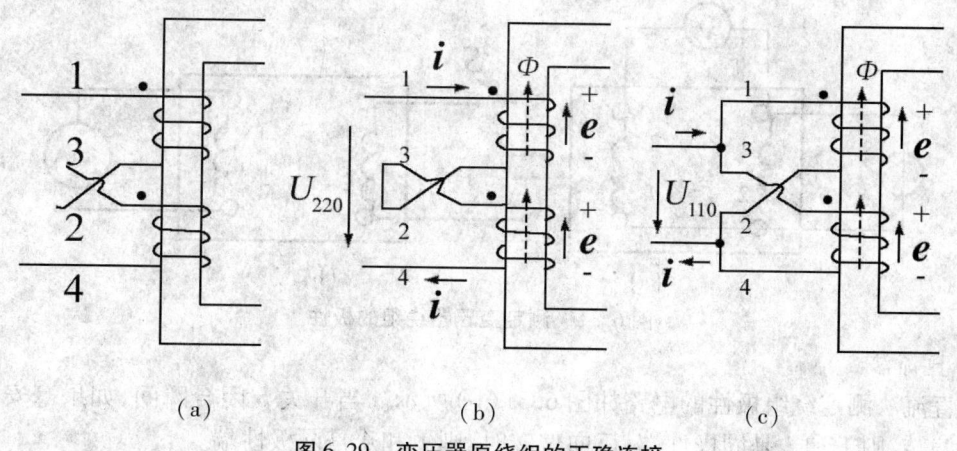

图 6.29 变压器原绕组的正确连接

如果连接错误,如串联时将 2 和 4 两端连在一起,将 1 和 3 两端连接电源,这样,两个绕组的磁通势就相互抵消,铁心中不产生磁通,绕组中也就没有感应电动势,绕组中将流过很大的电流,把变压器烧毁。

为了正确连接,我们在线圈上标以记号"·"。标有"·"号的两端称为同极性端。图6.29中的1和3,2和4为同极性端。

当电流从两个线圈的同极性端流入(或流出)时,产生的磁通方向相同;或者当铁芯中磁通变化(增大或减小)时,在同极性端产生的感应电动势的极性也相同。在图6.29中,绕组中的电流正在增大,感应电动势e的极性(或方向)如图中所示。

如果将其中一个线圈反绕,如图6.30所示,则1和4为同极性端。串联时应将2和4两端联在一起。可见,哪两端是同极性端,还和线圈绕向有关。只要线圈绕向知道,同极性端就不难定出。

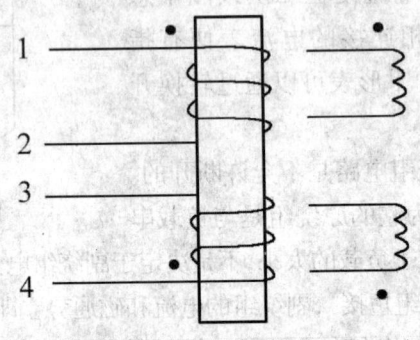

图6.30 线圈反绕

但是,已经制出的变压器或电机、电器,由于经过浸漆或其他工艺处理,从外观已无法辨认两线圈的具体绕向,同极性端也就无法看出,这就要用实验方法来测定同极性端了。通常采用下面两种实验方法。

1. 交流法

用交流法测定绕组极性的电路如图6.31(a)所示。其中1-2为一个绕组,3-4为另一个绕组,将两个绕组的任意两端联接在一起(如2和4),在其中一个绕组(如1-2)两端加一个较低的电压。用电压表分别测量U_{13}、U_{12}、U_{34}。如果U_{13}是两绕组电压之差,则1和3是同极性端。如果U_{13}是两绕组电压之和,则1和4是同极性端。

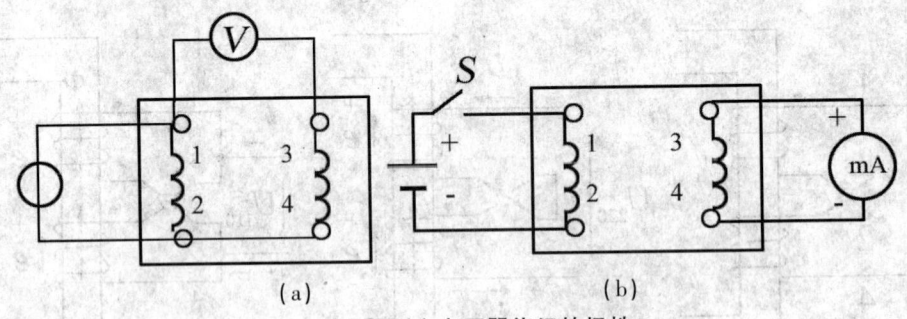

(a)　　　　　　(b)

图6.31 测定变压器绕组的极性

2. 直流法

用直流法测定绕组极性的电路如图6.31(b)所示。当开关S闭合瞬间,如果毫安计的指针正向偏转,则1和3是同极性端;反向偏转时,则1和4是同极性端。

【思考与练习】

1. 有一空载变压器,原边加额定电压220V,并测得原绕组电阻 $R_1 = 10\Omega$,试问原边电流是否等于22A?
2. 某单相变压器, $U_1 = 380V, I = 21A$,变比 $K = 10.5$,求 U_2 及 I_1。
3. 一台电源变压器, $U_1 = 220V, U_2 = 8V, N_1 = 1760$ 匝,现要改制成副绕组输出电压为12V的变压器,问需将副绕组加绕多少匝?
4. 半导体收音机的输出变压器, $N_1 = 230$ 匝, $N_2 = 80$ 匝,副绕组与阻抗为 $Z_2 = 8\Omega$ 的喇叭相匹配。现若需改为与 $Z_2 = 4\Omega$ 的喇叭相匹配,问副绕组应为多少匝?
5. 一台电压为3300/220V的单相照明变压器,向11kW的电阻性负载供电时,其原副边电流各是多少?
6. 变压器铭牌上标出的额定容量是"千伏·安",而不是千瓦,为什么?额定容量是指什么?
7. 用钳形电流表测量有效值为10A的三相对称电流时,当钳住一根、两根、三根时,电流表的读数分别是多少?
8. 调压器用毕后为什么必须转到零位?

6.6 电磁铁

电磁铁是利用通电的铁心线圈吸引衔铁或保持某种机械零件、工件于固定位置的一种电器。当电源断开时电磁铁的磁性消失,衔铁或其它零件即被释放。电磁铁衔铁的动作可使其它机械装置发生联动。根据使用电源类型分为:直流电磁铁(用直流电源励磁);交流电磁铁(用交流电源励磁)。

电磁铁由线圈、铁心及衔铁三部分组成,常见的结构型式如图6.32所示。

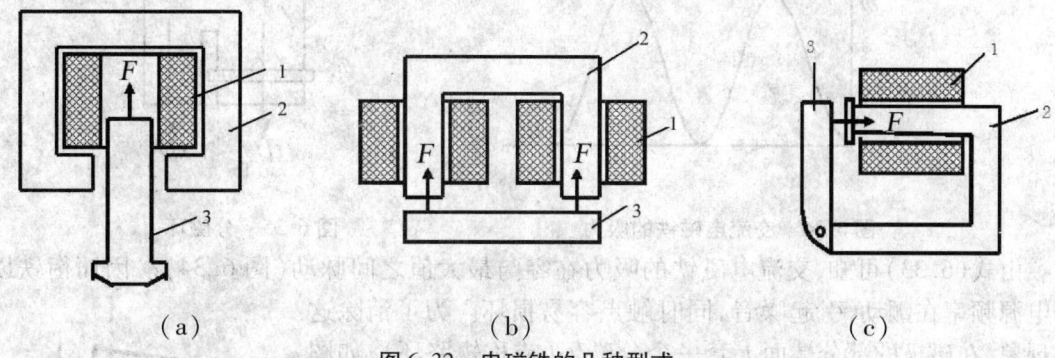

图6.32 电磁铁的几种型式

电磁铁在生产中的应用极为普遍,图6.33所示的例子是用它来制动机床和起重机的电动机,其中电动机和制动轮同轴。当接通电源时,电磁铁1动作而拉开弹簧2,把抱闸3提起,于是放开了装在电动机轴上的制动轮4,这时电动机便可自由转动。当电源断开时,电磁铁的衔铁落下,弹簧便把抱闸压在制动轮上,于是电动机就被制动。在起重机中采用了这种制动方法,还可避免由于工作过程中的断电而使重物滑下所造成的事故。

在机床中也常用电磁铁操纵气动或液压传动机构的阀门和控制变速机构。电磁吸盘和电磁离合器也都是电磁铁具体应用的例子。

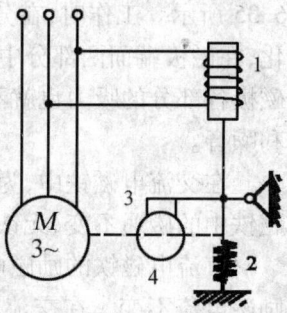

图6.33 电磁铁应用实例

此外，还可应用电磁铁起重以提放钢材。在各种电磁继电器和接触器中，电磁铁的任务是开闭电路。

电磁铁的吸力是它的主要参数之一。电磁铁吸力的大小与气隙的截面积 S_0 及气隙中的磁感应强度 B_0 的平方成正比。基本公式如下：

$$F = \frac{10^7}{8\pi}B_0^2 S_0 [\text{N}] \tag{6.32}$$

式中，B_0 的单位是特[斯拉]，S_0 的单位是平方米，F 的单位是牛[顿]（N）。

直流电磁铁的吸力依据上述基本公式直接求取。交流电磁铁中磁场是交变的，设

$$B_0 = B_m \sin\omega t$$

则吸力瞬时值为：

$$f = \frac{10^7}{8\pi}B_0^2 S_0 = \frac{10^7}{8\pi}B_m^2 S_0 \sin^2\omega t = F_m \sin^2\omega t$$

$$= \frac{1}{2}F_m - \frac{1}{2}F_m \cos 2\omega t \tag{6.33}$$

式中：$F_m = \frac{10^7}{8\pi}B_m^2 S_0$ 为吸力的最大值。我们计算时只考虑吸力的平均值

$$F = \frac{1}{T}\int_0^T f dt = \frac{1}{2}F_m = \frac{10^7}{16\pi}B_m^2 S_0 [N] \tag{6.34}$$

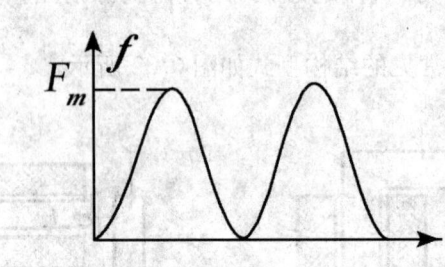

图 6.34　交流电磁铁的吸力

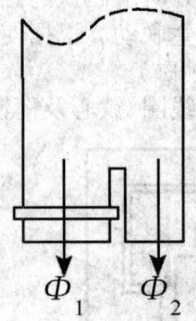

图 6.35　分磁环

由式(6.33)可知，交流电磁铁的吸力在零与最大值之间脉动（图6.34）。因而衔铁以两倍电源频率在颤动，引起噪音，同时触点容易损坏。为了消除这种现象，在磁极的部分端面上套一个分磁环（或称短路环），如图6.35所示。工作时，在分磁环中产生感应电流，其阻碍磁通的变化，在磁极端面两部分中的磁通 Φ_1 和 Φ_2 之间产生相位差，因而磁极各部分的吸力也就不会同时降为零，这就消除了衔铁的振动和噪音。

在交流电磁铁中，为了减少铁损，铁心由钢片叠成；而直流电磁铁中的磁通不变，无铁损，铁心用整块软钢制成。

直流电磁铁的励磁电流仅与线圈电阻有关，在吸合过程中，励磁电流不变。在交流电磁铁中，线圈电流不仅与线圈电阻有关，主要的还与线圈感抗有关。在其吸合过程中，随着磁路气隙

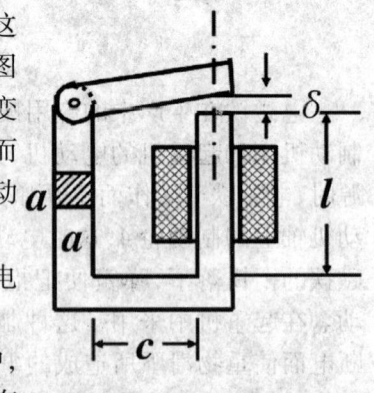

图 6.36

的减小,线圈感抗增大,电流减小。如果衔铁被卡住,通电后衔铁吸合不上,线圈感抗一直很小,电流较大,将使线圈严重发热甚至烧毁。

例 6.8 如图 6.36 是一拍合式交流电磁铁,其磁路尺寸为:$c=4cm$,$l=7cm$。铁心由硅钢片叠成。铁心和衔铁的截面都是正方形,每边长度 $a=1cm$。励磁线圈电压为交流 220V。今要求衔铁在最大空气隙 $\delta=1cm$(平均值)时须产生吸力 50N,试计算线圈匝数和此时的电流值。计算时可忽略漏磁通,并认为铁心和衔铁的磁阻与空气隙相比可以不计。

解:按已知吸力求 B_m(空气隙中和铁心中的可认为相等)

$$F = \frac{10^7}{16\pi}B_m^2 S_0$$

$$B_m = \sqrt{\frac{16\pi F}{S_0} \times 10^{-7}} = \sqrt{\frac{16\pi \times 50}{1 \times 10^{-4}} \times 10^{-7}} \approx 1.6T$$

计算线圈匝数

$$N = \frac{U}{4.44 f B_m S} = \frac{220}{4.44 \times 50 \times 1.6 \times 1 \times 10^{-4}} = 6200$$

求初始励磁电流

$$\sqrt{2}IN \approx H_m \delta = \frac{B_m}{\mu_0}\delta$$

$$I \approx \frac{B_m \delta}{\sqrt{2}N\mu_0} = \frac{1.6 \times 1 \times 10^{-2}}{\sqrt{2} \times 6200 \times 4\pi \times 10^{-7}} = 1.5A$$

【思考与练习】

1. 在电压相等(交流电压指有效值)的情况下,如果把一个直流电磁铁接到交流上使用,或者把一个交流电磁铁接到直流上使用,将会发生什么后果?

2. 交流电磁铁在吸合过程中气隙减小,试问磁路磁阻、线圈电感、线圈电流以及铁心中磁通的最大值将作何变化(增大、减小、不变或近于不变)?

3. 直流电磁铁在吸合过程中气隙减小,试问磁路磁阻、线圈电感、线圈电流以及铁心中磁通将作何变化?

习 题

6.1 有一线圈,其匝数 $N=1000$,绕在由铸铁制成的闭合铁心上,铁心的截面积 $S_{Fe}=20cm^2$,铁心的平均长度 $l_{Fe}=50cm$。如果在铁心中产生磁通 $\Phi=0.002Wb$,试问线圈中应通入多大直流电流?

6.2 如果上题的铁心中含有一长度为 $\delta=0.2cm$ 的空气隙(与铁心柱垂直),由于空气隙较短,磁通的边缘扩散可忽略不计,试问线圈中的电流必须多大才可使铁心中的磁感应强度保持上题中的数值?

6.3 在题 6.1 中,如果将线圈的电流调到 2.5A,试求铁心中的磁通。

6.4 有一铁心线圈,试分析铁心中的磁感应强度、线圈中的电流和铜损 I^2R 在下列几种情况下将如何变化：

(1) 直流励磁——铁心截面积加倍，线圈的电阻和匝数以及电源电压保持不变；

(2) 交流励磁——同(1)；

(3) 直流励磁——线圈匝数加倍，线圈的电阻及电源电压保持不变；

(4) 交流励磁——同(3)；

(5) 交流励磁——电流频率减半，电源电压的大小保持不变；

(6) 交流励磁——频率和电源电压的大小减半。

6.5 为了求出铁心线圈的铁损，先将它接在直流电源上，从而测得线圈的电阻为 1.75Ω；然后接在交流电源上，测得电压 $U=120V$，功率 $P=70W$，电流 $I=2A$，试求铁损和线圈的功率因数。

6.6 有一交流铁心线圈，接在 $f=50Hz$ 的正弦电源上，在铁心中得到磁通的最大值为 $\Phi_m = 2.25 \times 10^{-3}$ Wb。现在在此铁心上再绕一个线圈，其匝数为 200。当此线圈开路时，求其两端电压。

6.7 在上题中，试求铁心线圈等效电路的参数（R_0 及 $X_0(R=0, X_\delta=0)$）。

6.8 图 6.37 中所示的是一电源变压器，一次绕组有 550 匝，接 220V 电压。二次绕组有两个：一个电压 36V，负载 36W；一个电压 12V，负载 24W。两个都是纯电阻负载。试求一次侧电流 i_1 和两个二次绕组的匝数。

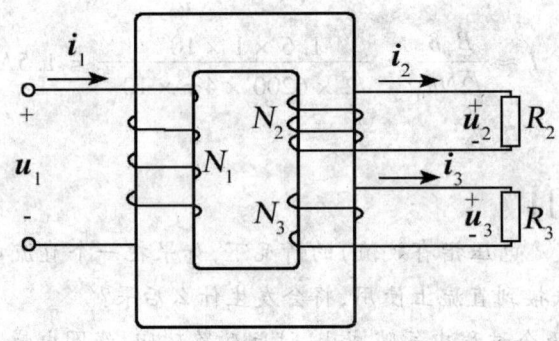

图 6.37

6.9 有一单相照明变压器，容量为 10KVA，电压 3300V/220V。今欲在副绕组接上 60W、220V 的白炽灯，如果要变压器在额定情况下运行，这种白炽灯可接多少个？并求原、副绕组的额定电流。

6.10 在图 6.22 中，将 $R_L=8\Omega$ 的扬声器接在输出变压器的副边，已知 $N_1=300$，$N_2=100$，信号源电动势 $E=6V$，内阻 $R_0=100\Omega$，试求信号源输出的功率。

6.11 在图 6.38 中，输出变压器的副绕组有中间抽头，以便接 8Ω 或 3.5Ω 的扬声器，两者都能达到阻抗匹配。试求副绕组两部分的匝数之比。

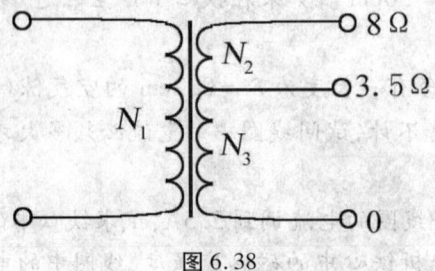

图 6.38

6.12 图6.39所示的变压器有两个相同的原绕组,每个绕组的额定电压为110V。副绕组的电压为6.3V。

(1)试问当电压在220V和110V两种情况下,原绕组的四个接线端应如何正确联接?在这两种情况下,副绕组两端电压及其中电流有无改变?(设负载一定)

(2)如果把接线端2和4相连,而把1和3接在220V的电源上,试分析这时将发生什么情况?

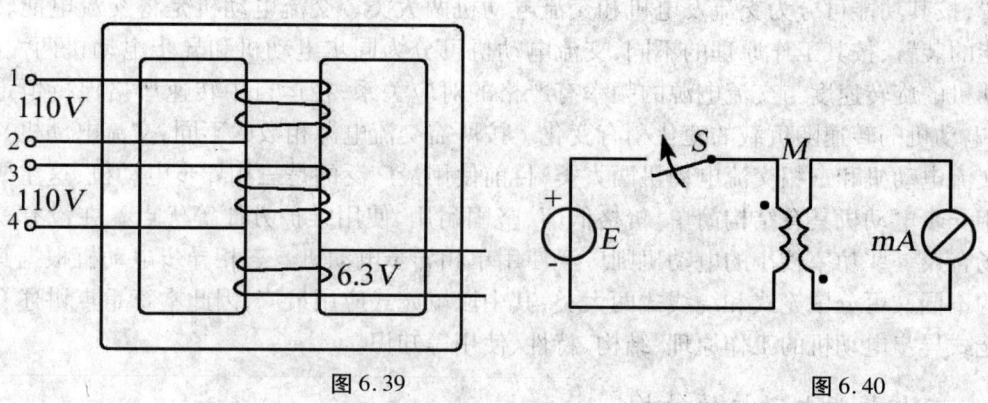

图6.39　　　　　　　　图6.40

6.13 当闭合S时,画出图6.40中两回路中电流的实际方向。

6.14 有一交流接触器CJ0-10A,其线圈电压为380V,匝数为8750匝,导线直径为0.09mm。今要用在220V的电源上,问应如何改装?即计算线圈匝数和换用直径为多少毫米的导线。[提示:(1)改装前后吸力不变,磁通最大值 Φ_m 应该保持不变;(2) Φ_m 保持不变,改装前后磁通势应该相等;(3)电流与导线截面积成正比。]

6.15 图6.41是一个有三个副绕组的电源变压器,试根据图中各副绕组所标输出电压,通过不同的连接方式,你能得出多少种输出电压?

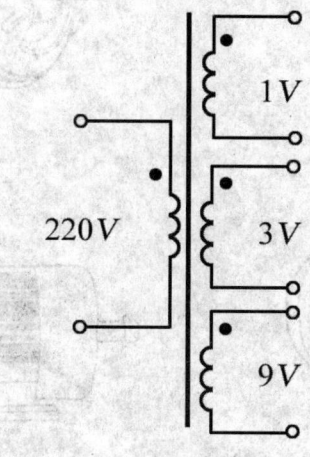

图6.41

第7章　异步电动机

三相异步电动机是交流电机的一种,交流电机是实现机械能与交流电能之间互相转换的一种装置,按其功能可分为交流发电机和交流电动机两大类。交流电动机是将交流电能转换成机械能的装置,按其工作原理的不同,交流电动机可分为同步电动机和异步电动机两大类,同步电动机的旋转速度与交流电源的频率有严格的对应关系,在运行中转速严格保持恒定不变;异步电动机的转速随负载的变化稍有变化。按所需交流电源相数的不同,交流电动机又可分单相交流电动机和三相交流电动机两大类,目前使用最广泛的是三相异步电动机,这主要是由于三相异步电动机具有结构简单、价格低廉、坚固耐用、使用维护方便等优点。在没有三相电源的场合及一些功率较小的电动机则广泛使用单相异步电动机。三相异步电动机根据其转子结构的不同又可分鼠笼式和绕线式两大类,其中以鼠笼式应用最广,因此本章重点讲述有关三相鼠笼式异步电动机的工作原理、结构、特性、使用等知识。

7.1　三相异步电动机的结构

三相异步电动机按转子结构的不同可分为鼠笼式电动机和绕线式电动机两大类,鼠笼式电动机按其外壳的防护型式不同可分开启式(IP11)、防护式(IP22及IP23)、封闭式(IP44)等几种,如图7.1所示。不论何种型式的三相异步电动机均由定子和转子两大部分组成。

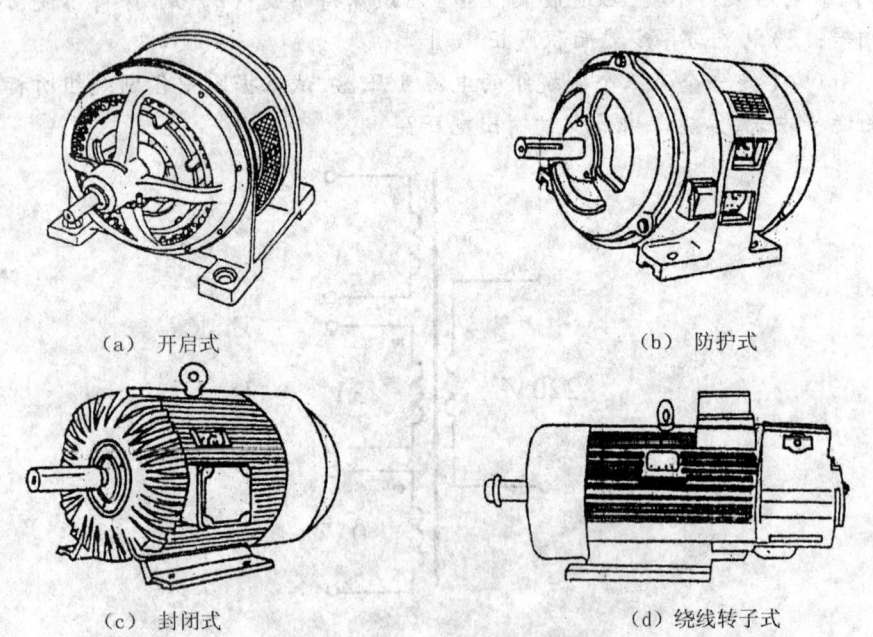

(a) 开启式　　　(b) 防护式

(c) 封闭式　　　(d) 绕线转子式

图7.1　三相鼠笼式异步电动机外形

1. 定子

电动机的静止部分称定子,主要包括有定子铁心、定子绕组、机座等部件,如图7.2所示。

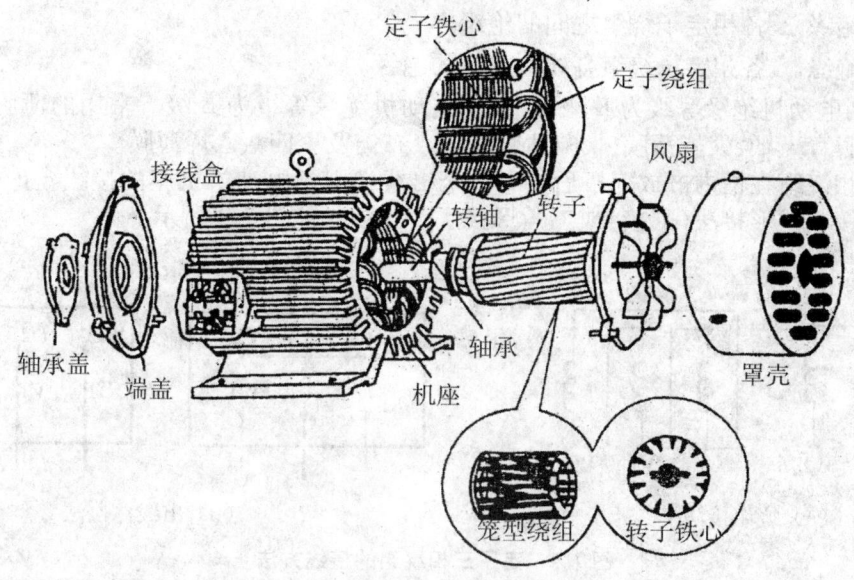

图 7.2　三相鼠笼式异步电动机的组成

(1)定子铁心

其作用是作为电机磁路的一部分,并在其上放置定子绕组。定子铁心一般由 0.35～0.5 毫米厚表面具有绝缘层(涂绝缘漆或硅钢片表面具有氧化膜绝缘层)的硅钢片冲制、叠压而成,在铁心的内圆冲有均匀分布的槽,用以嵌放定子绕组,可参看图 7.5。槽型有开口型、半开口型、半闭口型三种,如图 7.3 所示。半闭口型槽的优点是电动机的效率和功率因数较高。缺点是绕组嵌线和绝缘都较困难。一般用于小型低压电机中。半开口型槽可以嵌放成型绕组,故一般用于大型、中型低压电机中。开口型槽可以嵌放成型绕组。所谓成型绕组即绕组可以事先经过绝缘处理后再放入槽内,因此绕组绝缘方法比半闭口槽方便,主要用在高压电机中。定子铁心制作完成后再整体压入机座内,随后在铁心槽内嵌放定子绕组。

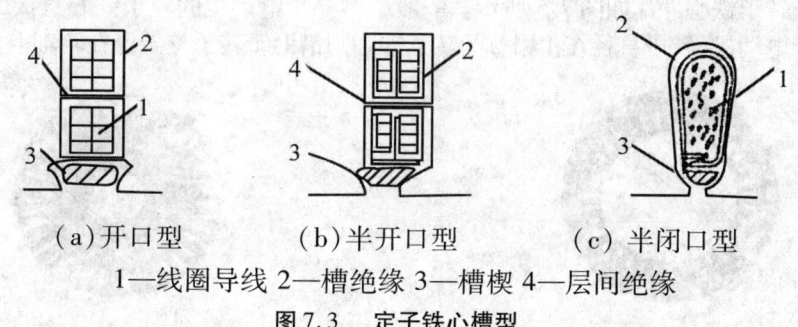

(a)开口型　　(b)半开口型　　(c)半闭口型

1—线圈导线　2—槽绝缘　3—槽楔　4—层间绝缘

图 7.3　定子铁心槽型

(2)定子绕组

是电动机的电路部分,通入三相交流电,产生旋转磁场。

小型异步电动机定子绕组通常用高强度漆包线(铜线或铝线)绕制成各种线圈后,再嵌放在定子铁心槽内。大中型电机则用各种规格的铜条经过绝缘处理后,再嵌放在定子铁心槽内。为了保证各导电部分与铁心之间的可靠绝缘以及绕组本身之间的可靠绝缘,故在定子绕组制造过程中采取了许多绝缘措施,三相异步电动机定子绕组的主要绝缘项目有以下三种:

①对地绝缘。定子绕组整体与定子铁心之间的绝缘。

②相间绝缘。 各相定子绕组之间的绝缘。

③匝间绝缘。 各相定子绕组各线匝之间的绝缘。

J02系列电动机绝缘等级为E级,Y系列电动机绝缘等级为B级。常用的薄膜类绝缘材料有聚酯薄膜青壳纸、聚酯薄膜、聚酯薄膜玻璃漆布箔及聚四氟乙烯薄膜。

定子三相绕组在槽内嵌放完毕后共有六个出线端引到电动机机座的接线盒内,可按需要将三相绕组接成星形接法(Y接)或三角形接法(△接),如图7.4所示。

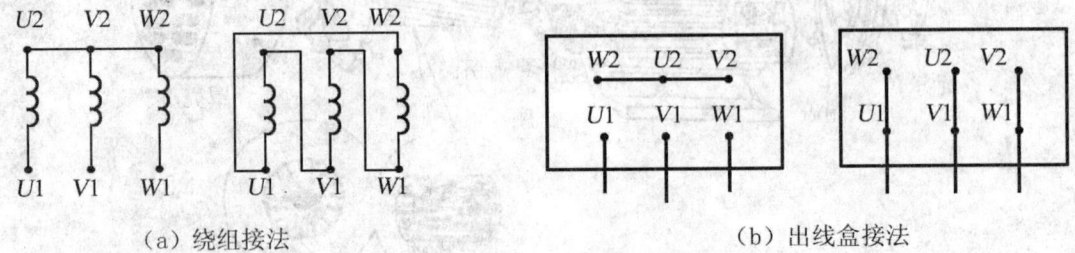

(a) 绕组接法　　　　　　　　　　(b) 出线盒接法

图7.4　定子三相绕组的接线方法

(3) 机座

它的作用是固定定子铁心和定子绕组,并以两个端盖支承转子,同时起保护整台电机的电磁部分和发散电机运行中产生的热量。

机座通常为铸铁件,大型异步电动机机座一般用钢板焊成,而有些微型电动机的机座则采用铸铝件以降低电机的重量。封闭式电机的机座外面有散热筋以增加散热面积,防护式电机的机座两端端盖开有通风孔,使电动机内外的空气可以直接对流,以利于散热。

2. 转子

转子是电动机的旋转部分,包括转子铁心、转子绕组和转轴等部件。

(1) 转子铁心

作为电机磁路的一部分,并放置转子绕组。一般用0.5mm厚的硅钢片冲制、叠压而成,硅钢片外圆冲有均匀分布的孔,用来安置转子绕组。通常都是用定子铁心冲落后的硅钢片内圆来冲制转子铁心,定子及转子铁心冲片如图7.5所示。一般小型异步电动机的转子铁心直接压装在转轴上,而大、中型异步电动机(转子直径在 以上)的转子铁心则借助于转子支架压在转轴上。

 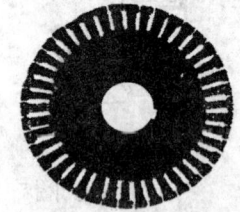

(a) 定子铁心冲片　　　　　　　(b) 转子铁心冲片

图7.5　定、转子铁心冲片

为了改善电动机的启动及运行性能,鼠笼式异步电动机转子铁心一般都采用斜槽结构(即转子槽并不与电动机转轴的轴线在同一平面上,而是扭斜了一个角度),如图7.2所示。

(2) 转子绕组

其作用为切割定子磁场,产生感应电动势和电流,并在旋转磁场的作用下受力而使转子转动。根据构造的不同可分鼠笼式转子和绕线式转子两种类型。

①鼠笼式转子

通常有两种结构型式,中小型异步电动机的鼠笼转子一般为铸铝式转子,即采用离心铸铝法,将熔化了的铝浇铸在转子铁心槽内成为一个完整体,连两端的短路环和风扇叶片一起铸成,图7.6(a)为铸铝转子的绕组部分,(b)为整个铸铝转子结构。而所谓离心铸铝法即是让转子铁心高速旋转,使熔化的铝在离心力作用下能充满铁心槽内的各部分,以避免出现气孔或裂缝。

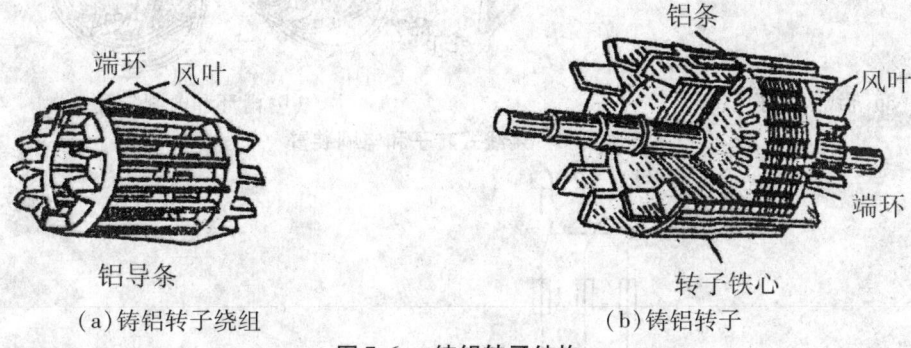

图7.6　铸铝转子结构

另一种结构为铜条转子,即在转子铁心槽内放置没有绝缘的铜条,铜条的两端用短路环焊接起来,形成一个鼠笼的形状,如图7.7所示。

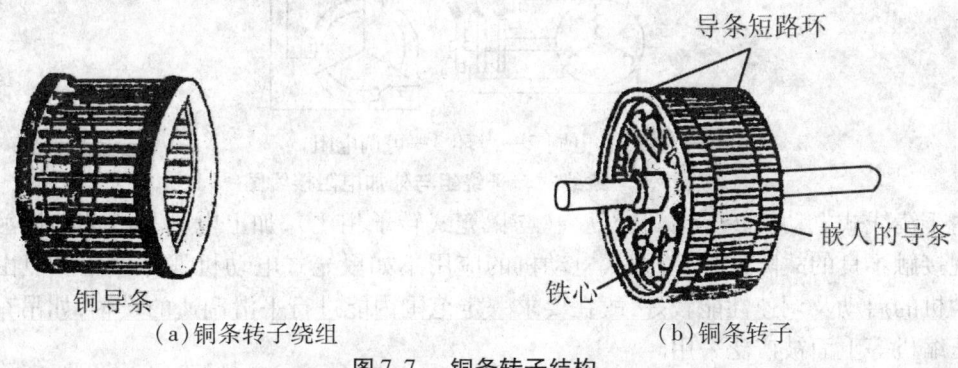

图7.7　铜条转子结构

为了提高电动机的启动转矩,在容量较大的异步电动机中,鼠笼转子有采用双鼠笼或深槽结构的转子。双鼠笼转子上有内外两个鼠笼,外笼采用电阻率较大的黄铜条制成,内笼则采用电阻率较小的紫铜条制成。而深槽转子绕组则用狭长的导体制成。

②绕线式转子

绕线式异步电动机的定子绕组结构与鼠笼式异步电动机完全一样,但其转子绕组与鼠笼式异步电动机则绝然不同,绕线式转子绕组也和定子绕组一样做成三相对称绕组,如图7.8(a)所示,它的极对数和定子绕组也相同。三组转子绕组一般都接成星形接法,三相绕组的首端引出线接到固定在转轴上并互相绝缘的三个铜制滑环上,有一组安装在端盖上的电刷与滑环接触,转子三相绕组通过三相电刷联接到外电路(一般为变阻器)上,如图7.9所示。有些绕线式电动机上装有举刷装置,在启动时转子绕组与外电路接通,启动完毕正常运行时,为了减少电刷与滑环间的磨损,扳动举刷装置到运转位置,一方面利用短路装置将三个滑环短接,另一方面又把三组电刷举起,不再与滑环接触,如图7.8(b)所示。

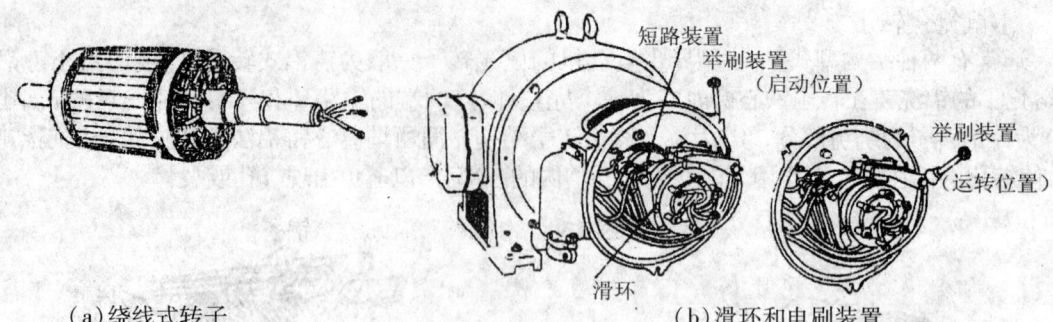

(a)绕线式转子　　　　　　　　　　　　(b)滑环和电刷装置

图7.8　绕线式转子和电刷装置

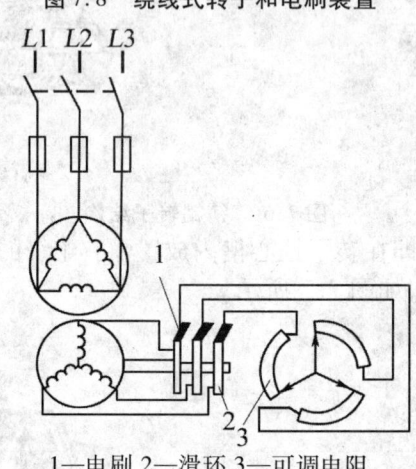

1—电刷　2—滑环　3—可调电阻

图7.9　绕线式转子绕组与外加电阻接线图

由于绕线式电动机转子结构较复杂(与鼠笼式转子相比),加上电刷与滑环的接触面有可能出现接触不良的故障,因此绕线式电动机的应用不如鼠笼式电动机那样广泛。但由于绕线式电动机的启动及调速性能较好,故在要求一定范围内能进行平滑调速的设备,如吊车、电梯、空气压缩机等上面被广泛采用。

(3)转轴

用以传递转矩及支承转子的重量。一般都由中碳钢或合金钢制成。

3. 其他附件

(1)端盖

分别装在机座的两侧,起支撑转子的作用,一般为铸铁件。

(2)轴承

连接转动部分与不动部分,目前都采用滚动轴承以减小摩擦。

(3)轴承端盖

保护轴承,使轴承内的润滑油不致溢出。

(4)风扇

冷却电动机。

4. 铭牌

在异步电动机的机座上都装有一块铭牌,如图7.10所示,铭牌上标出了该电动机的型号及一些技术数据,供正确选用电动机之需。现分别说明如下:

三相异步电动机			
型号 Y-112M-4			编号
4.0kW		8.8A	
380V	1440r/min		LW82dB
接法 △	防护等级 IP44	50Hz	45kg
标准编号	工作制 SI	B 级绝缘	年 月
××电机厂			

图 7.10 三相异步电动机的铭牌

(1) 型号(Y-112M-4)

我国 80 年代以前生产的异步电动机用的旧型号,Y:电动机系列代号;112:机座至输出转轴中心高度(mm);M:机座类别;4:磁极数。

(2) 额定功率(4.0kW)

表示电动机在额定工作状态下运行时允许输出的机械功率,瓦或千瓦。

(3) 额定电流(8.8A)

表示电动机在额定工作状况下运行时定子电路输入的线电流,安。

(4) 额定电压(380V)

表示电动机在额定工作状况下运行时的电压,伏。

(5) 额定转速

表示电动机在额定工作状况下运行时的转速,转/分。

(6) 接法(△)

表示电动机定子三相绕组与交流电源的联接方法,对 J02 系列及 Y 系列电动机而言,国家规定凡 3kW 及以下者采用星形接法,4kW 以上者采用三角形接法。

(7) 防护等级(IP44)

表示电动机外壳防护的型式。

(8) 频率(50Hz)

表示电动机使用的交流电源的频率。

(9) 噪声等级(82dB)

表示电动机运行时产生的噪声不得大于铭牌值。

(10) 绝缘等级

它与电动机绝缘材料所能承受的温度有关。A 级绝缘为 105℃,E 级绝缘为 120℃,B 级绝缘为 130℃,F 级绝缘为 155℃,H 级绝缘为 180℃。

【思考与练习】

1. 三相鼠笼式异步电动机主要由哪些部分组成?各部分的作用是什么?
2. 三相鼠笼式异步电动机和三相绕线式异步电动机在结构上主要区别有哪些?

7.2 三相异步电动机的工作原理

7.2.1 旋转磁场

由如图 7.11 所示的实验可以看出,如果处于闭合线圈外面的一对磁极逆时针旋转,则线圈内的磁通变化,会感生出电动势,并产生感生电流,感生电流与外面的旋转磁场作用产生的电磁力矩使线圈跟着旋转。异步电动机的旋转原理与此类似:电动机分为固定部分的定子和旋转部分的转子,定子中的三相绕组是固定的,但它接通三相交流电后,会在定子与转子的气隙中产生旋转的磁场,促使转子也跟着旋转磁场旋转,因此旋转磁场的产生是三相交流异步电动机旋转的基础。

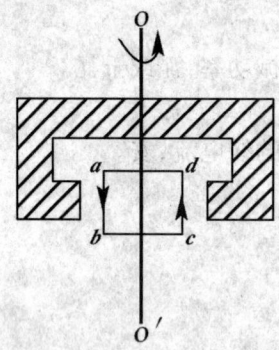
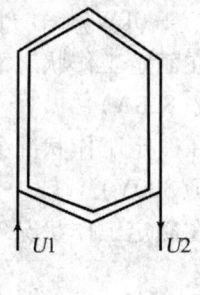

图 7.11 旋转磁极对线圈的作用　　　　图 7.12 单个线圈元件示意图

1. 定子旋转磁场的产生

定子绕组中线圈的示意图如图 7.12 所示,其左、右两边嵌入铁心槽内。由于铁心是由硅钢片材料制成,导磁能力强,因此左、右两边产生比较强的磁场强度,而且这两边还是被旋转磁场主磁通切割的导体部分,所以称为有效边。上、下两边不嵌入铁心,仅起连接作用,称为线圈的端部。假定电流从首端 U1 流入,从末端 U2 流出,实际上就决定了整个线圈的电流流向。为了画图明确方便,图 7.13(a)所示的是最简单的(每相只有一个线圈)三相绕组分布剖面图,只标出三个绕组首尾 U1U2、V1V2、W1W2 端分布的位置,实际上是线圈的有效边嵌放位置,三个线圈的绕组结构完全对称,空间位置上互差 120°电角度。

图 7.13(b)所示是三相绕组星形连接的电路图,绕组的首端接三相电源,并标出了电流参考方向。图 7.13(c)所示是定子绕组流入的三相交流电波形图,各相的电流为:

$$i_U = I_m \sin\omega t$$
$$i_V = I_m \sin(\omega t - 120°)$$
$$i_W = I_m \sin(\omega t - 240°)$$

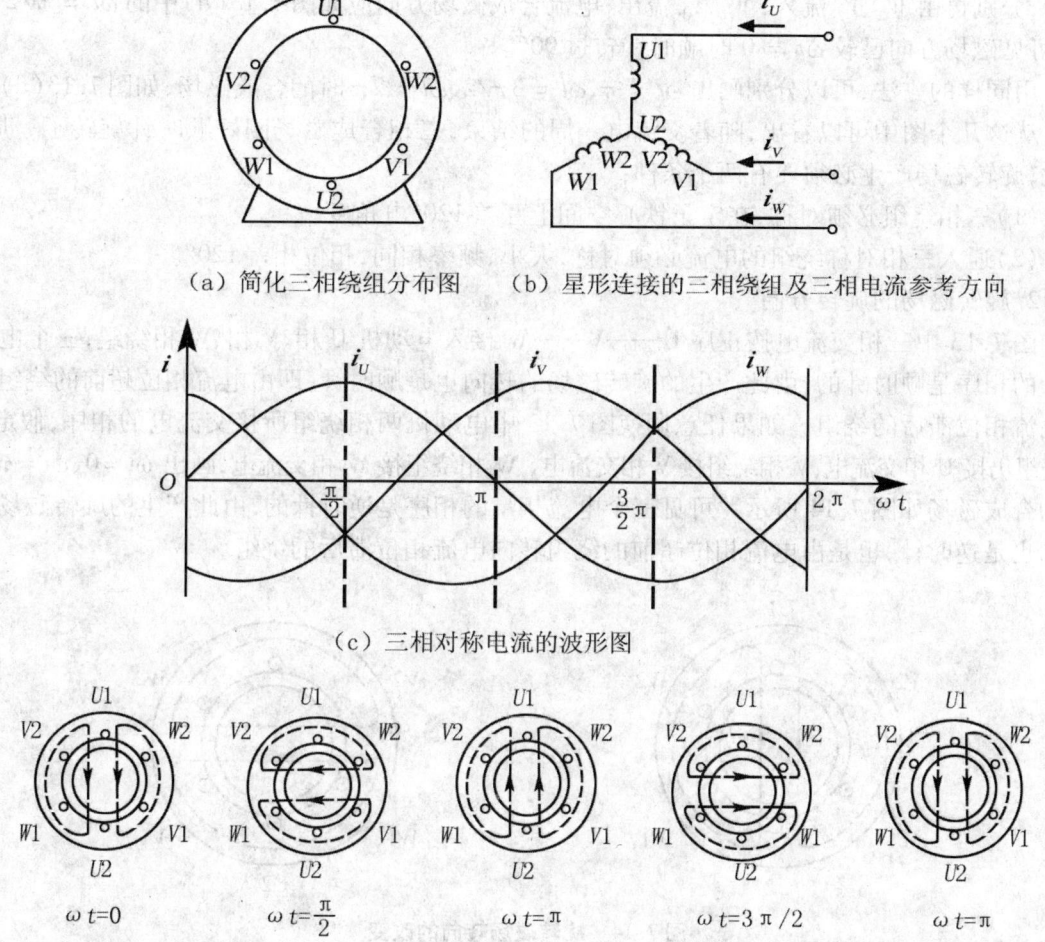

(a) 简化三相绕组分布图　　(b) 星形连接的三相绕组及三相电流参考方向

(c) 三相对称电流的波形图

(d) 三相（两极）绕组旋转磁场的形成

图 7.13　三相（两极）定子绕组的旋转磁场的形成

用一个周期五个特定瞬时来分析三相交流电流通入后，电动机气隙磁场的变化情况：

当 $\omega t = 0$ 时，i_U 电流为 0，i_W 电流为正，说明电流实际方向与图 7.13(b) 中的 W 相所标的参考方向相同，从 W1 流进为"⊗"，流出为"⊙"（规定"⊗"表示向纸面流进，"⊙"从纸面流出）。i_V 电流为负，说明电流实际方向应与图 7.13(b) 中的 V 相所标的参考方向相反，即从 V2 流进，V1 流出。通电导体产生的磁场方向可用安培定则判断：W1、V2 线圈有效边电流流入，产生的磁力线为顺时针方向，W2、V1 线圈有效边电流流出，产生的磁力线为逆时针方向。V、W 两相电流的合成磁场应如图 7.13(b) 中的 $\omega t = 0$ 所示。磁力线穿过定子、转子的间隙部位时，磁场恰好合成一对磁极，上方是 N 极，下方是 S 极。

当 $\omega t = \pi/2$ 时，i_U 电流达到正最大值，i_V、i_W 电流为负值，实际电流方向从 U_1 流入 U_2 流出后，分别再由 W_2、V_2 流入，W_1、V_1 流出，电流合成磁场方向应如图 7.13(d) 中的 $\omega t = \pi/2$ 所示，可见磁场方向已较 $\omega t = 0$ 时顺时针转过 90°。

用同样的方法，可以分别画出 $\omega t = \pi$、$\omega t = 3\pi/2$、$\omega t = 2\pi$ 时的合成磁场，如图 7.13(d) 所示。从这几个图中可以看出，随着交流电一周的结束，三相合成磁场刚好顺时针旋转了一周。因此，旋转磁场产生必须要有两个条件：

(1) 三相绕组必须对称，在定子铁心空间上互差 120° 电角度。

(2) 通入三相对称绕组的电流必须对称，大小、频率相同，相位相差 120°。

2. 旋转磁场的旋转方向

图 7.13 中三相交流电按正序 U——V——W 接入电动机 U 相、V 相、W 相绕组，三个电流相量的相序是顺时针的，由此产生的旋转磁场的转向也是顺时针，即由电流相位超前的绕组转向电流相位滞后的绕组。如果任意调换图 7.13 中电动机两相绕组所接交流电的相序，假定 U 相绕组仍接 U 相交流电，V 相绕组接 V 相交流电，W 相绕组接 W 相交流电，画出 $\omega t = 0$、$\omega t = \pi/2$ 时的合成磁场如图 7.14 所示。可见三个电流相量的相序是逆时针的，由此产生的旋转磁场的转向也是逆时针，也是由电流相位超前的绕组转向电流相位滞后的绕组。

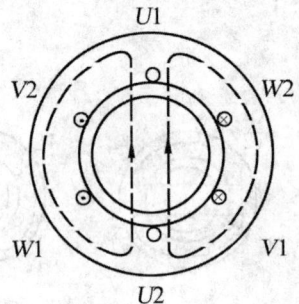 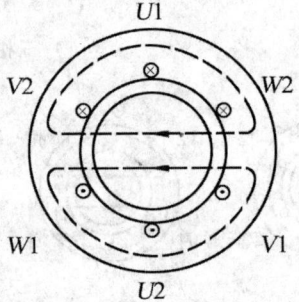

图 7.14 旋转磁场转向的改变

由此可以得出结论：电动机的转向是接入三相绕组的电流相序决定的，只要调换电动机任意两相绕组所接的电源接线(相序)，旋转磁场即反向运动，电动机也随之反转。

3. 旋转磁场的旋转速度

图 7.13 所示三相异步电动机的旋转磁场合成的只是一对磁极，该电动机称为两极电动机。当三相交流电变化一周，两极电动机产生的旋转磁场也正好旋转一周，旋转磁场的转速等于三相交流电(50Hz)的变化速度，即：

$$n_S = 60 \times 50 = 3000 \text{r/min}$$

如果将各相绕组分成由两个线圈串联组成，各相线圈排列顺序如图 7.15(a) 所示，画出交流电一个周期五个瞬时的合成磁场，如图 7.15(d) 所示。从图中可以看出合成磁场有两对磁极，三相交流电完成一周交变时，合成磁场只旋转了半圈。故四极电动机旋转磁场的转速只有两极电动机旋转磁场转速的一半，即：

$$n_S = 60 \times 50/2 = 1500 \text{r/min}$$

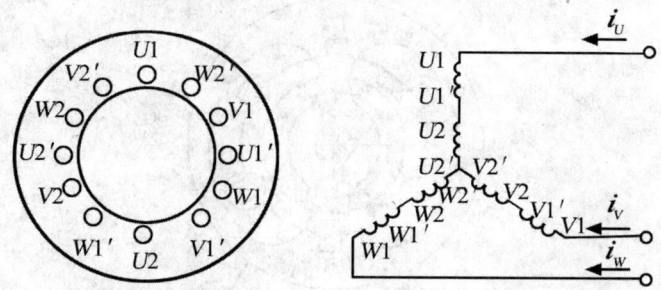

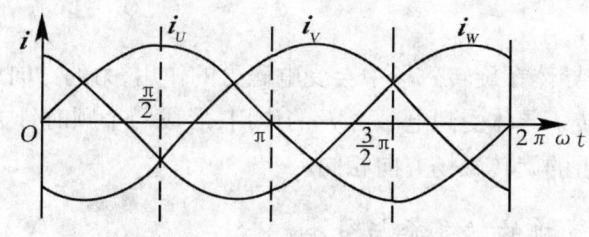

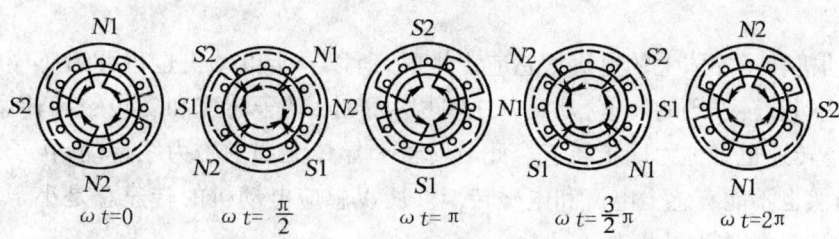

（a）简化三相（四极）绕组分布图　　（b）星形连接的三相绕组及三相电流参考方向

（c）三相对称电流的波形图

（d）三相（四极）绕组旋转磁场的形成 y

图 7.15　三相（四极）电动机旋转磁场的形成

以此类推，三相异步电动机定子绕组如有 P 对磁极，旋转磁场的速度 n_S 为：

$$n_S = \frac{60f_1}{P} \tag{7.1}$$

式中 n_S——旋转磁场的速度，r/min；

　　　f_1——三相交流电频率，Hz；

　　　P——磁极对数。

7.2.2　三相异步电动机的工作原理

1.转子感生电流的产生

以两极电动机为例说明感生电流的产生，如图 7.16 所示。它也是电动机的剖面图，转子上画的是转子线圈有效边的截面，转子线圈有效边也称为转子导体。假定旋转磁场以转速 n_s 作顺时针旋转，而转子开始是静止的，故转子导体将被旋转磁场切割而产生感应电动势。感应电动势的方向用右手定则判断；由于运动是相对的，可以假定磁场不动而转子导体作逆时针旋转，又因转子导体两端被短路环连接，导体已构成闭合回路，导体中感生电流从上部流入，下部流出。

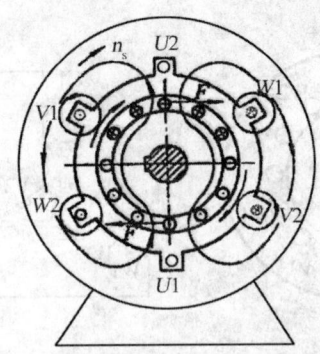

图 7.16 三相异步电动机的转动原理

2. 转子电磁力矩的产生

有感生电流的转子导体在旋转磁场中会受电磁力的作用,力的方向用左手定则判断,如图 7.16 所示。转子导体受到电磁力 F 的作用,形成一个顺时针方向的电磁转矩,驱动转子顺时针旋转,与定子的旋转磁场方向相同。

7.2.3 异步电动机的转差率与分类

1. 转差率

异步电动机转子导体上的电流是感应产生的,所以异步电动机也可称为感应电动机。如果转子转速达到旋转磁场的转速,则两者之间相对静止,转子转速和旋转磁场转速做到同步,因此旋转磁场转速也可称为同步转速。此时转子上导体无切割磁力线运动,转子导体不能感应电动势,当然也不能有感生电流和电磁转矩。所以感应电动机的转速总是小于旋转磁场的转速(同步转速),故称为异步电动机。

通常将同步转速 n_s 与转子转速 n 之差对同步转速 n_s 之比称为转差率,用 S 表示:

$$S = \frac{n_s - n}{n} \tag{7.2}$$

$$n = n_s(1 - S) \tag{7.3}$$

转差率 S 是电动机的一个重要参数,在运行状态下 $0 < S < 1$,再看三个特定的工作点:

(1)电动机启动瞬间,$n = 0$,$S = 1$,转子切割相对速度最大,感应电动势、电流最大;反映在定子上,电动机的启动电流也很大,可达 4~7 倍的额定电流。

(2)电动机空载阻力很小,转速很高,$n \approx n_s$,S 很小,一般在 0.005 左右,转子感生电动势、电流也较小;反映在定子上,电动机的空载电流也较小,一般约为 0.3~0.5 倍额定电流。

(3)电动机在额定状态下运行,有额定转速 n_N、额定转差率 S_N,一般在 0.01~0.07 之间,通常为 0.05 左右。

例 7.1 有一台异步电动机,额定转速为 1440 r/min,空载转差率为 0.003。求该电动机的极数 2P、同步转速 n_s、空载转速 n_0 及额定负载时的转差率 S_N。

解:同步转速为:

$$n_s = \frac{60 f_1}{P} = \frac{60 \times 50}{P} = \frac{3000}{P}$$

由于异步电动机的额定转速略小于同步转速,所以同步转速 n_S 应为1500r/min,电动机为四极,即 $2P=4$。则

$$S_N = \frac{n_S - n}{n_S} = \frac{1500-1440}{1500} = 0.04$$

$$n_0 = n_S(1-S) = 1500 \times (1-0.003) = 1495 \text{r/min}$$

2. 三相异步电动机的分类

三相异步电动机已广泛使用,种类繁多,一般按以下方式分类:
(1)按转子结构分类:笼型和绕线转子型,其中笼型使用得较广泛。
(2)按防护形式分类:开启式(IP11)、防护式(IP22、IP23)、封闭式(IP44)等,如图7.1所示。
(3)按使用环境分类:船用、化工用、高原用、湿热带用等。
(4)按电动机容量分类:大、中、小型和微型电动机,微型电动机也称为马力电动机。

【思考与练习】

1. 什么叫旋转磁场?旋转磁场产生的条件有哪些?如何改变旋转磁场的方向?
2. 改变旋转磁场旋转速度的方法有哪几种?
3. 简单说明三相异步电动机的工作原理。
4. 什么叫异步电动机的转差率?转差率与电动机的转速之间有什么关系?
5. Y-160M-2三相异步电动机的额定转速 $n_N=2930\text{r/min}$,$f_1=50\text{Hz}$,$2P=2$,求转差率。

7.3 三相异步电动机的电路分析

异步电动机的工作原理与变压器有许多相似之处,如异步电动机的定子绕组与转子绕组相当于变压器的原绕组与副绕组。变压器是利用电磁感应把电能从原绕组传递给副绕组,异步电动机定子绕组从电源吸取的能量也是靠电磁感应传递给转子,因此可以说变压器是不动的异步电动机。也就是说变压器与异步电动机的主要不同即在于前者是静止的,后者是转动的。当异步电动机转子未动时,则转子中各个物理量的分析与计算可以用分析与计算变压器的方法进行,但当转子转动以后,则转子中的感应电势及电流的频率就要跟着发生变化,而不再与定子绕组中的电动势及电流频率相等,随之引起转子感抗、转子功率因数等也跟着发生变化,使分析与计算较为复杂,异步电动机一相等效电路如图7.17所示,下面我们分别进行讨论。

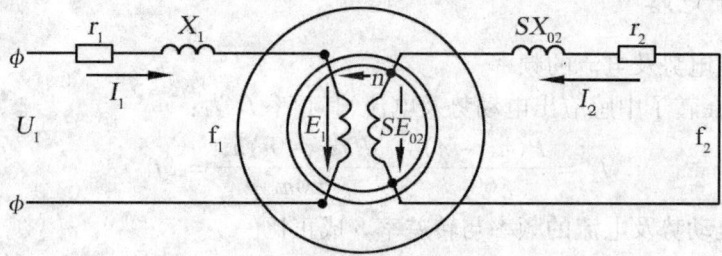

图7.17 旋转时异步电动机电路关系

7.3.1 定子电路

前已叙述,在异步电动机的三相定子绕组内通入三相交流电后,即产生旋转磁场,此旋转磁场将在不动的定子绕组中产生感应电势。

一般而言,旋转磁场按正弦规律随时间而变化,即:

$$\Phi = \Phi_m \sin\omega t$$

旋转磁场以 $n_s = \dfrac{60f_1}{P}$ 转速沿定子内圆旋转,而定子绕组是固定不动的,故定子绕组切割旋转磁场产生的感应电势的频率与电源频率一样,也为 f_1,而感应电势的大小为:

$$E_1 = 4.44 K_1 N_1 f_1 \Phi_m \tag{7.4}$$

式中,E_1—定子绕组感应电动势有效值,伏;

K_1—定子绕组的绕组系数,

N_1—定子每相绕组的匝数,

f_1—定子绕组感应电动势频率,

Φ_m—旋转磁场每相磁通最大值,韦。

式(7.4)与前面变压器中的感应电动势公式相比多了一个绕组系数 K_1,这是因为变压器绕组是集中绕在一个铁心上的,故在任意瞬间穿过绕组的各个线圈中的主磁通大小及方向都相同,整个绕组的电动势为各线圈电动势的代数和。而在异步电动机中,同一相的定子绕组并不是集中嵌放在一个槽内,而是分别嵌放在若干个槽内,这种绕组称分布绕组,整个绕组的电势是各个线圈电势的矢量和,比起代数和来要小些,另外定子绕组为了改善电势的波形和节省导线起见,一般采用短距绕组,从而使两个线圈边的电势有一定的相位差,使短距绕组的电势比整距绕组的电势要小,因此乘上一个绕组系数 K_1。K_1 即是由于绕组是分布绕组还是短距绕组从而使感应电势减小的倍数,$K_1 < 1$。

由于定子绕组本身的阻抗压降比电源电压要小得多,即可以近似认为电源电压 U_1 与感应电动势 E_1 相等,即

$$U_1 \approx E_1 = 4.44 K_1 N_1 f_1 \Phi_m \tag{7.5}$$

由上式可见:当外加电源电压 U_1 不变时,定子绕组中的主磁通 Φ_m 也基本不变。

旋转磁场不仅通过定子绕组,而且也与转子绕组相交链,下面我们分析旋转磁场对转子绕组的作用。

7.3.2 转子电路

1. 转子中感应电势及电流的频率

转子旋转后,在转子中感应出电动势及电流,其频率 f_2 为:

$$f_2 = \frac{P(n_s - n)}{60} = \frac{P(n_s - n)n_s}{60 n_s} = S f_1 \tag{7.6}$$

即转子中的电动势及电流的频率与转差率 S 成正比。

当转子不动时,即 $S = 1$,则 $f_2 = f_1$。

当转子达到同步转速时,$S = 0$,则 $f_2 = 0$。即转子导体中没有感应电动势及电流。

2. 转子绕组感应电势

$$E_2 = 4.44K_2N_2f_2\Phi_m = 4.44K_2N_2Sf_1\Phi_m \tag{7.7}$$

式中 K_2——转子绕组的绕组系数,

N_2——转子绕组匝数;

当转子不动时($S=1$)的感应电动势 E_{20} 为:

$$E_{20} = 4.44K_2N_2f_1\Phi_m \tag{7.8}$$

故可得

$$E_2 = SE_{20} \tag{7.9}$$

由式(7.9)可见,转子转动时,转子绕组中的电动势 E_2 等于转子不动时的电动势 E_{20} 乘以转差率 S。当转子未动时(启动瞬间),$S=1$,故转子内感应电动势最大。随着转子转速的增加,转子中的感应电动势 E_2 下降,由于异步电动机在正常运行时,S 约为 0.01~0.07(即 1%~7%),所以在正常运行时,转子中的感应电动势也只有启动瞬间的 1%~7% 左右。

3. 转子的电抗和阻抗

异步电动机中的磁通大部分穿过空气隙与定子和转子绕组相交链,称为主磁通,它在定子及转子绕组中分别产生感应电动势 E_1 及 E_2。另外还有一小部分磁通仅与定子绕组相链,称为定子漏磁通,而与转子绕组相链的则称为转子漏磁通,漏磁通的变化亦将在定子及转子绕组中产生漏磁感应电动势,而在电路中则表现为电抗压降,下面我们讨论转子电路内的电抗和阻抗。

$$X_2 = 2\pi f_2 L_2 = 2\pi Sf_1 L_2 \tag{7.10}$$

式中 X_2——转子每相绕组的漏电抗,欧;

L_2——转子每相绕组的漏电感,亨。

当转子不动时,$S=1$,则 $X_{20} = 2\pi f_1 L_2$,此时电抗最大,在正常运行时,$X_2 = SX_{20}$。

由此可得

$$Z_2 = \sqrt{R_2^2 + X_2^2} = \sqrt{R^2 + (SX_{20})^2} \tag{7.11}$$

式中 Z_2——转子每相绕组的阻抗,欧;

R_2——转子每相绕组的电阻,欧。

可见转子绕组的阻抗在启动瞬间最大,随转速的增加(则 S 下降)而减小。

4. 转子电流和功率因数

转子每相绕组的电流 I_2 为:

$$I_2 = \frac{E_2}{Z_2} = \frac{SE_{20}}{\sqrt{R^2 + (SX_{20})^2}} \tag{7.12}$$

转子电路的功率因数 $\cos\varphi_2$ 为:

$$\cos\varphi_2 = \frac{R_2}{\sqrt{R^2 + (SX_{20})^2}} \tag{7.13}$$

对于一台异步电动机而言,R_2 及 X_{20} 基本上是不变的,故 I_2 与 $\cos\varphi_2$ 均随 S 的变化而变化,一般用曲线表示,如图 7.18 所示。

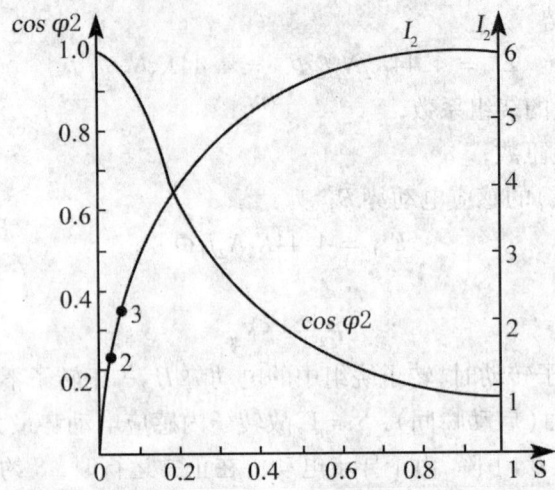

图 7.18 转子电流和转子功率因数随转差率变化的曲线

由式(7.12)可看出,当 $S=1$ 时,则 $I_2 = \dfrac{E_{20}}{\sqrt{R^2+(SX_{20})^2}}$ 很大,即启动时转子中的启动电流很大,在图 7.18 中也可明显地看出。当 $S \approx 0$ 时,则 I_2 很小,即正常运行时转子电流较小。

由式(7.13)可看出当 $S=1$ 时 $R_2 << X_{20}$,由于,故 $\cos\varphi \approx \dfrac{R_2}{X_{20}}$ 很小,即电动机启动时转子功率因数很低。当 $S \approx 0$ 时,则 $\cos\varphi_2 \approx 1$,即正常运行时功率因数较高。

7.3.3 异步电动机的功率和转矩

1. 异步电动机的功率及效率

任何机械在实现能量的转换过程中总有损耗存在,异步电动机也不例外,因此异步电动机轴上输出的机械功率总是小于其从电网输入的电功率,我们先举以下一例。

例 7.2 J02-93-4 三相异步电动机额定输出功率 $P_2 = 100$kW,额定电压 $U_N = 380$V,额定电流 $I_N = 183.5$A,功率因数 $\cos\varphi_N = 0.9$,求输入功率 P_1 及输出功率 P_2 与输入功率 P_1 之比 η(即效率)。

解:

$$P_1 = \sqrt{3}U_N I_N \cdot \cos\varphi_N = \sqrt{3} \times 380 \times 183.5 \times \times 0.9 = 108.70\text{KW}$$

$$\eta = \frac{P_2}{P_1} \times 100\% = 0.92$$

由上例可见电网输入电动机的功率 $P_1 = 108.7$kW,而电动机输出功率 P_2 只有 100kW,故该电动机运行中功率的损耗 $\triangle P = P_1 - P_2 = 108.7 - 100 = 8.7$kW。异步电动机在运行中功率的损耗有:

(1)定子和转子绕组上的铜损耗;
(2)铁心中的磁通、涡流损耗,通称铁损耗 $\triangle P_{Fe}$;
(3)机械损耗 $\triangle P_\Omega$,包括电动机在运行中的机械摩擦损耗、风的阻力及其它附加损耗等。

电动机的功率平衡方式为：

$$P_1 = P_2 + \triangle P_{Fe} + \triangle P_{Cu} + \triangle P_\Omega = P_2 + \triangle P \quad (7.14)$$

我们把输入功率与输出功率之比的百分数称为电动机的效率 η：

$$\eta = \frac{P_2}{P_1} \times 100\% = \frac{P_1 - \triangle P}{P_1} \times 100\% \quad (7.15)$$

异步电动机在负载轻的时候，效率很低，负载增加时，效率随着增加。通常在负载为 $(0.75 \sim 0.8)P_N$ 时，电动机效率最高。目前一般异步电动机满载时的效率约为 $(75 \sim 93.5)\%$，电动机的功率愈大，则其满载时的效率也愈高。

2. 功率和转矩的关系

直流电动机的功率和转矩的关系公式对异步电动机仍然是适用的，即

$$T_2 = 9.55 \frac{P_2}{n_2} \quad (7.16)$$

当电动机在额定状态下运行时有：$T_N = 9.55 \frac{P_N}{n_N}$

(7.16)式中 T_N —电动机输出的额定转矩，牛·米(N·m)；

P_N —电动机的额定功率，瓦(W)；

n_N —电动机的额定转速，转/分(r/min)。

例7.3 有 Y-160M-4 及 Y-180M-8 型三相异步电动机各一台，额定功率都是 11kW，前者额定转速 1460r/min，后者额定转速 730r/min，分别求它们的额定输出转矩。

解：对 Y-160M-4 型电动机言：

$$T_N = 9.55 \frac{P_N}{n_N} = 9.55 \times \frac{11 \times 10^3}{1460} = 71.95 \text{N·m}$$

对 Y-180M-8 型电动机言：

$$T_N = 9.55 \frac{P_N}{n_N} = 9.55 \times \frac{11 \times 10^3}{730} = 143.9 \text{N·m}$$

由此可见，输出功率相同的电动机如极数多，则转速就低，输出转矩就大；反之如极数少，则转速就高，输出转矩就小。

【思考与练习】

1. 两台三相异步电动机额定功率都是 $P_N = 40W$，而额定转速分别是 $n_{N1} = 2960 \text{r/min}$，$n_{N2} = 1460 \text{r/min}$，求对应的额定转矩为多少？说明为什么这两台电动机的功率一样但在轴上产生的转矩却不同？

2. 某三相异步电动机额定电压 $U_N = 380V$，额定电流 $I_N = 6.5A$，额定功率 $P_N = 3kW$，功率因数 $\cos\varphi_2 = 0.86$，额定转速 $n_N = 1430 \text{r/min}$，频率 $f = 50Hz$，求该电动机对应的效率 η、额定转差率 S_N、额定转矩 T_N 和定子绕组磁极对数 P。

7.4 三相异步电动机的机械特性

7.4.1 机械特性曲线上的特殊点

当三相异步电动机的电源电压、频率一定时,电动机的电磁转矩 T 与转差率 S 有关,即

$$T = \frac{CSr_2U_1^2}{f_1[r_2^2 + (SX_{02})^2]}$$

把电磁转矩 T 近似为输出转矩 T_2(忽略空载转矩 T_0),作为横坐标,利用公式 $n = n_S(1-S)$,把转速 n 代替转差率 S 作为纵坐标将它画成曲线,如图 7.19 所示,就是三相异步电动机的机械特性曲线。机械特性曲线上的特殊点如下:

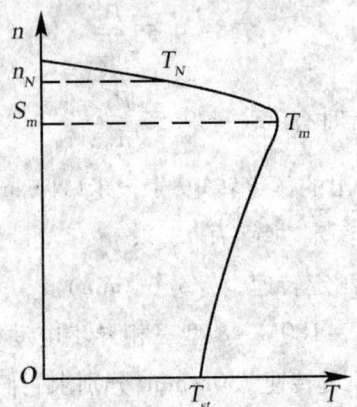

图 7.19 三相异步电动机的机械特性曲线

1. 启动点

电动机启动瞬间,$n = 0$ 即 $S = 1$,代入 $T = \dfrac{CSr_2U_1^2}{f_1[r_2^2 + (SX_{02})^2]}$,可得到启动转矩(或称为堵转转矩)$T_{st}$。异步电动机在启动时,转子启动电流 I_2 很大,但转子绕组的功率因数 $\cos\varphi_2$ 很小。根据 $T = T_0 + T_2 = C_m\Phi_m I_2 \cos\varphi_2$ 知,转矩 T 不很大。Y 系列电动机一般要求启动转矩是额定转矩的 1.7~2.2 倍,特殊电动机可达 2.6~3.1 倍;J2 和 JO2 系列电动机一般要求启动转矩是额定转矩的 1~1.8 倍,以确保电动机顺利启动。

2. 同步点

当转子速度达到同步转速,即 $n = n_S$ 时,$S = 0$,此时 $I_2 = 0$,电动机转矩 $T = 0$,实际上异步电动机是达不到同步转速的,只是一种理想状态。

3. 额定点

电动机额定负载 T_N 运行时,转速为 n_N,转差率为 S_N。

4. 临界点

对式 $T = \dfrac{CSr_2U_1^2}{f_1[r_2^2 + (SX_{02})^2]}$ 中的 T 进行数学处理最大值,可得当 $S = S_m = r_2/X_{02}$ 时,转矩

T 达到最大值：

$$T_m \approx \frac{CU_1^2}{2f_1 X_{02}} \tag{7.17}$$

一般电动机的 S_m 值为 0.04~0.14 之间，最大转矩 T_m 与电压平方成正比而与转子电阻 r_2 无关，但转差率 S_m 与 r_2 成正比。如果增大电阻 r_2（如在绕线转子异步电动机的转子电路中串接电阻），可增大 S_m，从而增大电动机的启动转矩，当 $r_2 \approx X_{02}$ 时，$S_m = 1$，电动机有最大启动转矩 $T_{st} = T_m$，能重载启动，相应的 $n = f(T)$ 曲线如图7.20所示。

异步电动机的额定转矩 T_N 不能太接近最大转矩 T_m，以使电动机有一定的过载能力，提高运行的稳定性。电动机的 T_m 与 T_N 之比称为电动机的过载系数 λ，值通常为 1.8~2.5，特殊用途电动机（冶金、起重）的 λ 可达 3~4。过载系数为：

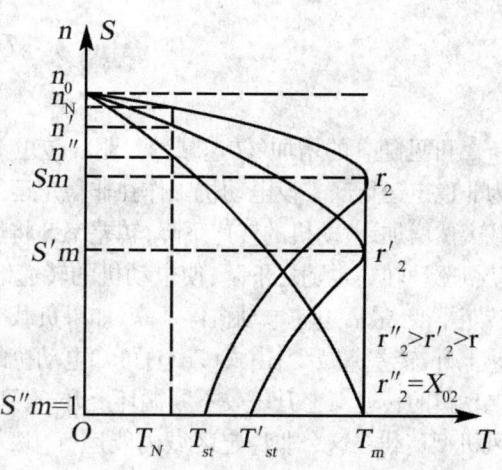

图 7.20 转子电阻增大时的机械特性曲线

$$\lambda = \frac{T_m}{T_N} \tag{7.18}$$

7.4.2 稳定工作区和非稳定工作区

图 7.19 所示的异步电动机机械特性曲线又可以分成稳定工作区与非稳定工作区两部分。

1. 稳定工作区

在 $S_m > S_0 > 0$ 范围内，由于 S 值较小，SX_{02} 比 r_2 小得多，可忽略不计。根据

$$T = \frac{CSr_2 U_1^2}{f_1 [r_2^2 + (SX_{02})^2]}$$

得到：

$$T \approx \frac{CSU_1^2}{f_1 r_2} \tag{7.19}$$

可见随 S 的增加（转速下降），驱动转矩 T 相应增加，这个区域称为稳定运行区，如图7.21所示。电动机在额定转距 T_N 运行，对应额定转速 n_N，如果负载突然增大，则转速下降，转差率 S 增大，由式(7.19)可知电动机输出驱动转矩也增加，以平衡新的负载转矩，使电动机的转矩不会再下降；如果负载突然减少，则转速上升，转差率 S 下降，由式(7.19)可知电动机输出驱动转矩也减少，以平衡新的负载转矩，使电动机的转速不会再上升。当负载恢复原来大小时，转速又回到额定转速 n_N，负载的波动不会破坏电动机的稳定工作。

2. 非稳定工作区

在 $1 > S > S_m$ 范围内，由于 S 值比较大，r_2 比 SX_{02} 要小，r_2 可忽略不计，由式

$$T = \frac{CSr_2 U_1^2}{f_1[r_2^2 + (SX_{02})^2]}$$

得：

$$T \approx \frac{Cr_2 U_1^2}{f_1 SX_{02}^2} \quad (7.20)$$

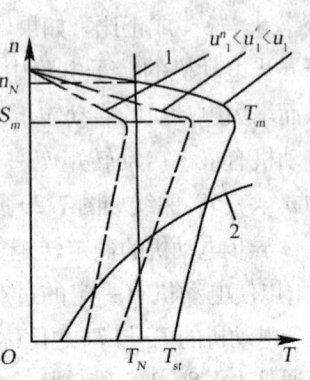

图7.21 风机型负载的稳定运行

可见随 S 的增加(转速减少)，驱动转矩 T 相应减少，这个区域称为非稳定运行区。设电动机工作在非稳定运行区的某点，如果外加负载突然增加，电动机的转速下降，转差率 S 将增大，由式(7.20)可知电动机驱动转矩也随之下降，使电动机的转速继续下降，而恒转矩负载转矩不变，最后迫使电动机停下来；如果负载突然减少，则电动机的转速上升，转差率减少，由式(7.20)可知电动机的驱动转矩也增加，随之电动机的转速又上升……不断循环上升，直到稳定工作区为止。不过风机型负载在这个非稳定区域内能运行，因为随着转速的下降，风机型负载转矩也急剧的减少，从而使电动机驱动转矩与风机型负载转矩达到新的平衡，如图7.21所示。

如果电动机的转子电阻 r_2 不变，只改变电源电压 U_1，则最大转差率 $S_m = \frac{r_2}{X_{02}}$ 不变，最大转矩 T_m 与电压 U_1 的平方成正比，机械特性曲线如图7.21的虚线所示，电源电压波动对电动机的最大转矩 T_m 影响很大。实际运行时，要求电网电压波动在 $+10\% \sim -5\%$ 之间。电网电压过高，电动机磁路饱和，损耗增多，长期运行会发热损坏；电网电压过低，而电动机仍拖动额定负载，将使电动机转速略微下降，工作电流超过额定值，长时间运行也要损坏电动机。这里分析一下电网电压低的情况：根据 $U_1 \approx E_1 = 4.44K_1 N_1 f_1 \Phi_m$，$U_1$ 减少则 Φ_m 随之减少，由式 $T = C_m I_2 \Phi_m \cos\varphi_2$ 知道，要使 T 不变，Φ_m 减少，必须增加电流 I_2，I_2 增大必须要求电动机的输入电流 I_1 增大，这将使电动机的工作电流超过额定值。

通过上述对异步电动机机械特性的分析，可以得出以下结论：

(1)在稳定运行区内，负载变化时电动机转速变化很小，属于硬机械特性；
(2)异步电动机有较大过载能力；
(3)电源电压发生变化时，电动机转矩变化较大，转速略有变化，电压过低容易损坏电动机；
(4)加大转子电路的电阻可以增大电动机的启动转矩，也可用于调速，但机械特性变软；
(5)除风机型负载外，一般负载不能在非稳定运行区工作。

例7.4 笼型三相异步电动机额定功率 $P_N = 30\text{kW}$，额定转速 $n_N = 950\text{r/min}$，过载系数 $\lambda = 2.2$，求：

(1)电动机的额定转矩 T_N 和最大转矩 T_m；
(2)当电网电压降为额定电压90%时的最大转矩 T'_m。

解：(1) $T_N = 9.55 \dfrac{P_N}{n_N} = 9.55 \times \dfrac{30 \times 10^3}{950} = 301.6\text{N} \cdot \text{m}$

$$T_m = \lambda T_N = 2.2 \times 301.6 = 663.5 \text{N} \cdot \text{m}$$

(2)由于电动机的转矩与电压的平方成正比,则有:

$$T'_m = (90\%)^2 T_m = 0.81 \times 663.5 = 537.4 \text{N} \cdot \text{m}$$

【思考与练习】

1. 某三相异步电动机额定功率 $P_N = 7.5\text{kW}$,$n_N = 2890\text{r/min}$,$f = 50\text{Hz}$,最大转矩 $T_M = 57\text{N} \cdot \text{m}$,求该电动机的过载系数 λ 和转差率 S。

2. 某三相异步电动机额定功率 $P_N = 4\text{kW}$,$U_N = 380\text{V}$,$n_N = 2920\text{r/min}$,$\eta = 0.87$,$\cos\varphi_2 = 0.88$,$\lambda = 2.2$,求额定转矩 T_N、最大转矩 T_M 和额定电流 I_N 各为多少?

7.5 三相异步电动机的启动

电动机的启动是指电动机加入电压开始转动到正常运转为止的过程。在生产过程中,电动机要经常启动与停机。因此,对启动提出下列要求:

(1)电动机应有足够大的启动转矩,以使启动时间尽量短;

(2)保证足够的启动转矩前提下,启动电流尽可能小;

(3)转速尽可能平滑上升,减少对电动机及负载的冲击;

(4)启动设备尽量简单、经济、可靠、维护方便。

从上节分析知道,电动机启动时转子电流很大,反映到电动机的定子侧,使电动机的启动电流大大超过额定电流,一般为额定电流的 4~7 倍。如果是小型电动机,例如 2.2kW 电动机的额定工作电流为 4.7A,启动电流以 6 倍计为 28.2A,对电网的不良影响尚可以承受。如果是大型电动机,例如 75kW 电动机的额定电流为 140A,启动电流以 6 倍计为 840A。大启动电流将引起两种情况,一是大启动电流在线路上产生很大的电压降,影响同一线路上其他负载的正常工作,严重时还可能使本电动机的启动转矩太小而不启动。二是经常需要启动的电动机,往往造成绕组发热,绝缘老化,从而缩短电动机的使用寿命。

为了避免大启动电流对电动机、电网的不良影响,要采取适当的启动方法来降低启动电流,满足上述条件。

7.5.1 三相异步电动机的直接启动

电动机直接启动又称为全压启动,启动时加在电动机定子绕组上的电压为额定电压,一台电动机只需满足下述三个条件中的一个,即能直接启动:

(1)容量在 7.5kW 以下的三相异步电动机。

(2)电动机在启动瞬间造成电网电压波动小于 10% 的,对于不经常启动的电动机可放宽到 15%;如有专用变压器,其容量 $S_{变压器} \geq 5P_{电动机}$,电动机允许直接频繁启动。

(3)满足下列经验公式的:

$$\frac{I_{ST}}{I_N} < \frac{3}{4} + \frac{ST}{4P_N} \tag{7.21}$$

式中 ST——公用变压器容量,kVA;

P_N —电动机的额定功率,kW;

$\dfrac{I_{ST}}{I_N}$ —电动机启动电流和额定电流之比。

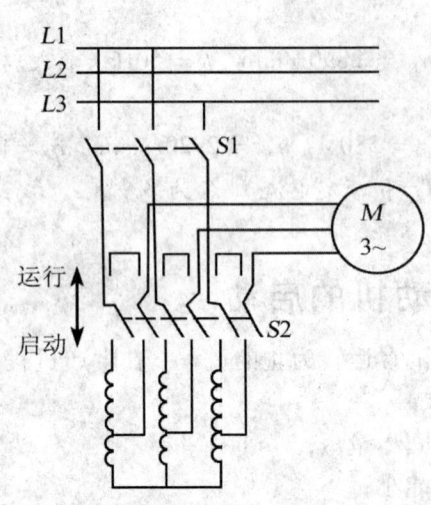

图7.22 笼型异步电动机用补偿器启动线路

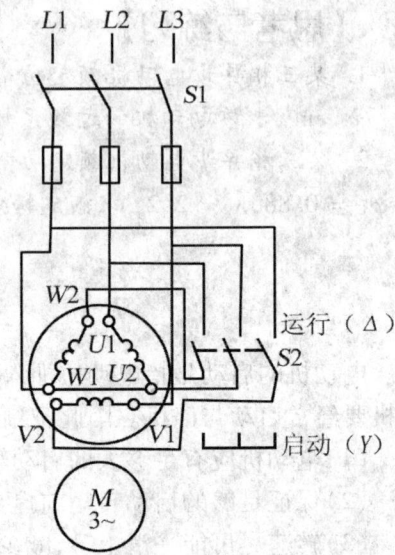

图7.23 星-三角(Y—△)启动线路

电动机直接启动的优点是启动设备简单,可靠,成本低,启动时间短,这也是小型异步电动机常用的启动方式;缺点是对电动机和电网有一定的电流冲击。

7.5.2 笼型异步电动机的降压启动

降压启动是指电动机启动时降低加在定子绕组上的电压,启动结束时加额定电压。降压启动能减少电动机启动电流,但也大大减少了电动机的启动转矩,因为电动机的转矩与电压的平方成正比,故降压启动只适用于空载或轻载启动,常用的启动方法如下:

1. 自耦变压器降压启动

降压启动原理如图7.22所示,启动时先合上开关S1,再把S2投向"启动"位,这时自耦变压器将电源电压降低后加到电动机上,待电动机转速升高后,再把S2投向"运行"位,电动机就正常运行了。自耦变压器在启动阶段使用,启动结束切除。

由于电压的下降已使电动机的启动电流下降K倍,而自耦变压器又使一次侧电流比二次侧电流下降K倍,所以启动电流下降到$1/K^2$倍。自耦变压器的电压降低到$1/K$倍,而电动机的转矩与电压的平方成正比,所以电动机的启动转矩降为全压启动转矩的$1/K^2$倍。限流作用很好,但启动转矩也下降。

为了满足不同的负载要求,自耦变压器二次侧有2~3组抽头,其电压分别为一次侧电压的80%、65%或80%、60%、40%。在实际使用中都把自耦变压器、开关触头、操作手柄等组合在一起构成自耦减压启动器(又称为启动补偿器),有手动或自动切换两种控制线路。自耦补偿启动的优点是自耦变压器的不同抽头可供不同负载启动时选择,适用于△形或Y形接法的电动机；缺点是体积大、价格高、质量重。

2. 星—三角（Y—△）降压启动

星—三角（Y—△）降压启动线路如图7.23所示。启动时先把绕组接成星形，即开关S2投向"启动"位。待电动机转速上升到一定值后再把绕组接成三角形，即开关S2投向"运行"位。

采用星－三角降压启动的电动机，正常运行时应是三角形接法，定子每相绕组实际可承担的额定电压是电源的线电压。采用星—三角降压启动时的启动电流为直接采用三角形启动电流的1/3；又由于星形接法时定子绕组上的电压只有$1/\sqrt{3}$倍线电压，因此启动转矩也只有用三角形直接启动时的1/3，故此方法不适宜重载启动。

星－三角降压启动方法的优点是设备简单、价格低。一般做成自动切换，应用极为广泛。

3. 延边三角形启动

延边三角形启动法与星－三角启动法类似，如图7.24所示，启动时定子绕组一部分接成星形，另一部分接成三角形，看上去像三角形的三个边延长，故称为"延边三角形"。

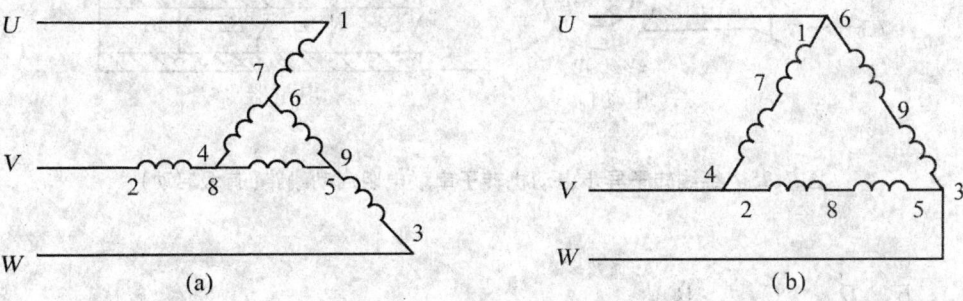

图7.24 延边三角形启动

采用延边三角形启动的电动机，定子绕组共有9个抽头。启动时，控制电路使绕组抽头的4与8，5与9，7与6分别连接成如图7.24（a）所示；正常运行时，控制电路又使1与6，2与4，3与5分别连接成如图7.24（b）所示。这种启动方法的启动电流比星－三角启动电流要大，当然启动转矩也随之增大。如果改变每相两端绕组（如1到7与7到4之间）的匝数比，可以得到不同的启动电流和启动转矩。

延边三角形启动的笼型异步电动机三相定子绕组的抽头多，限制了它的使用。

4. 定子串电阻（或电抗）降压启动

这种启动法是在启动时定子绕组中串联适当的电阻（或电抗），启动时启动电流在电阻（或电抗）上产生电压降，定子绕组上的电压就相对减少，待电动机启动结束时再将电阻（或电抗）短接。由于在串联电阻上有电能的损耗，一般使用电抗器以减少电能的损耗，但电抗器体积大、成本都较大，本方法已很少使用。

7.5.3 绕线转子电动机的启动

三相绕线转子异步电动机有转子串联电阻及转子串接频敏变阻器两种启动方法。

1. 转子串联电阻启动

小型绕线转子电动机可采用图7.9所示的启动电路。启动开始时，手柄置于图中所示位置，此时全部电阻串在转子电路中，电动机启动电流减少，启动力矩增加。随着电动机转速的升高，逐渐将手柄按顺时针方向转动，则串入转子电路中的电阻逐渐减少，当电阻被全部切除时,电动机启动即告结束。由于小型电动机电流较小,可以用可调电阻器均匀地减小电阻。

容量较大的电动机应采用图 7.25 所示的启动电路,启动时 $S1 \sim S4$ 均断开,全部电阻都串入转子电路中,合理选取电阻值使转子回路的总电阻 $R_2 = X_{02}$,此时 $S_m = 1$,电动机以最大转矩启动,运行的机械特性如图 7.26 中曲线 5 所示。随着转速上升,到 b 点时闭合触点开关 $S1$,则电阻器最末一段被短接,电阻减小,电动机按曲线 4 运行。逐渐闭合 $S2$、$S3$、$S4$,合理地选择切除电阻值和切换的时间,电动机便沿曲线 A、b、B、c、C、d、D、e、E 运行,最后工作在 F 点上。这种启动方法,既减少了启动电流,又有较大的启动转矩,适合电动机重载启动。所以,在起重机、卷扬机、龙门吊等机械上广泛应用;缺点是控制设备复杂、投资大,启动时有一部分能量消耗在电阻上,且启动过程中存在电流和机械上的冲击,不是平滑启动。

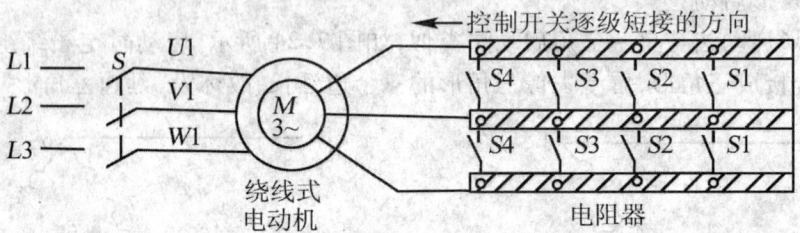

图 7.25　绕线转子异步电动机转子串联电阻启动线路(有级启动)

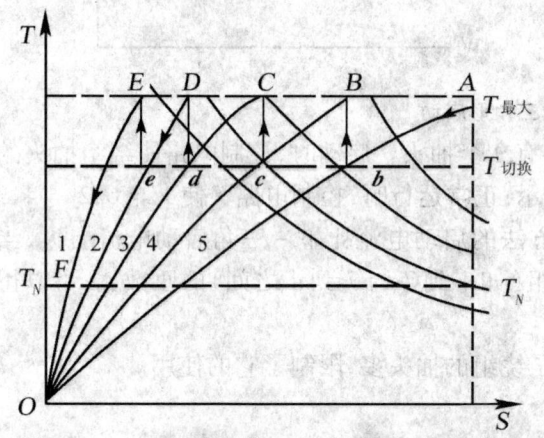

图 7.26　绕线转子异步电动机转子串联电阻
有级启动运行曲线

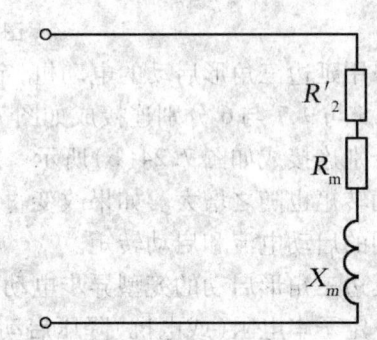

图 7.27　频敏变阻器一相的等值电路

2.转子串接频敏变阻器启动

频敏变阻器的三个绕组分别绕在三个铁心柱上,铁心用厚 $6 \sim 12 mm$ 的钢板制成。设计时有意使铁心在饱和情况下工作,工作时会产生较大的涡流和磁滞损耗,由于铁心较饱和,线圈匝数不多,所以绕组的感抗和直流电阻都较小。图 7.27 所示是频敏变阻器一相的等值电路图,图中 R'_2 表示频敏变阻器一相绕组的直流电阻,R_m 表示一相铁心中的涡流、磁滞损耗的等效电阻,X_m 表示一相绕组的感抗。

频敏变阻器启动电路如图 7.28 所示,频敏变阻器通过电刷和滑环与转子绕组相接。启动开始时,电动机转速很低,转子频率很高,频敏变阻器的损耗较大,即 R_m 值较大,限制了启动电流,增大了启动转矩。随着转速的上升,转子频率不断下降,频敏变阻器的损耗等效电阻值 R_m

随着平滑下降,使电动机平滑启动。启动结束,应将滑环短接,切除频敏变阻器。

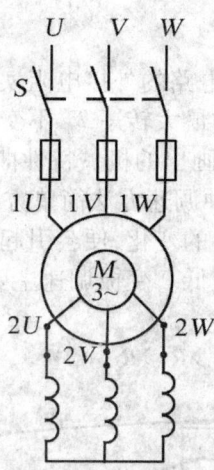

图 7.28 频敏变阻器的启动电路

频敏变阻器启动具有结构简单,使用方便,寿命长,能平滑恒转矩启动等优点;但缺点是功率因数低,启动转矩不很大,如重载启动,仍应采用转子串联电阻启动。

【思考与练习】

1. 为什么三相异步电动机的启动电流会很大?启动电流大有什么危害性?
2. 三相异步电动机接入电源启动时,如果转子被卡住无法旋转,问对电动机有无危害?如遇此种情况,该怎么办?
3. 三相笼型异步电动机的启动方法分哪两大类?说明适用的范围。

7.6 三相异步电动机的调速

在实际应用中,往往要改变异步电动机的转速,即调速。从异步电动机转速公式:

$$n = n_s(1-S) = \frac{60f_1}{P}(1-S)$$

可以看出,异步电动机的调速有三种方法:
(1) 改变定子绕组磁极对数 P——变极调速;
(2) 改变电动机的转差率 S——转子串联电阻或改变定子绕组上的电压;
(3) 改变供给电动机电源的频率 f_1——变频调速。

7.6.1 变极调速

变极调速是通过对定子绕组引出线的不同连接,得到相应的极对数。变极调速只用于笼型异步电动机,因为定子变极时,笼型转子也能作相应的变极;绕线转子电动机的转子极数是固定不变的,所以不能进行变极调速。变极调速的优点是所需设备简单;缺点是电动机绕组引出头多,调速只能有级调节,级数少。变极调速通常不单独用,往往与机械调速配套使用,以达到相互补充,扩大调速范围的目的。

7.6.2 改变转差率调速

1. 变极调速

变极调速是通过改变电动机转子电路的外接电阻实现的,因此只适用于绕线转子电动机的调速。电源电压保持不变,电动机的最大转矩 T_m 不变,改变转子电路的外接电阻,则产生最大转矩时的转速(或 S_m)也随之变化,画出的机械特性曲线如图 7.29 所示。对应一定的负载转矩,就有不同的转速 n_1、n_2、n_3。这种调速方法简单方便,但机械特性曲线较软,而且外接电阻越大曲线越软,致使如果负载有较小的变化,便会引起很大的转速波动。另外在转子电路上串联电阻要消耗功率,使电动机效率较低。变极调速主要应用于起重、运输机械的调速。

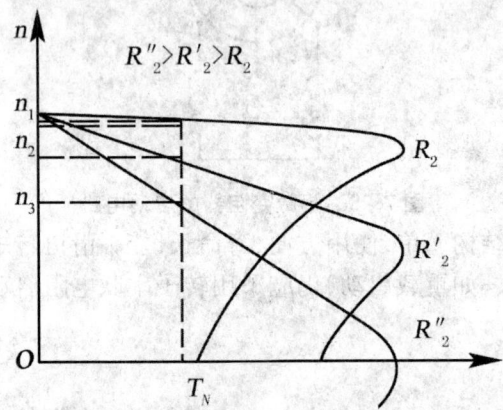

图 7.29 绕线转子电动机转子串接电阻调速的特性曲线

变阻调速原理与转子串联启动是一样的,但应该注意到启动用的转子外接串联电阻功率往往较小,不能用于调速;而调速用的外接串联电阻功率较大,可以用作启动。

2. 变压调速

变压调速是改变电动机定子绕组上的电压,由于转矩与电压平方成正比,对于不同的定子电压,可以得到一组不同的机械特性曲线,如图 7.30 所示。对于恒转矩负载,可得到不同的稳定转速 n_1、n_2、n_3,可恒转矩负载的调速变化很小,实用价值不大。但是风机型的负载转矩与转速的平方成正比,随转速的上升,其负载转矩急剧增大,可得 A、B、C 工作点,调速效果显著。

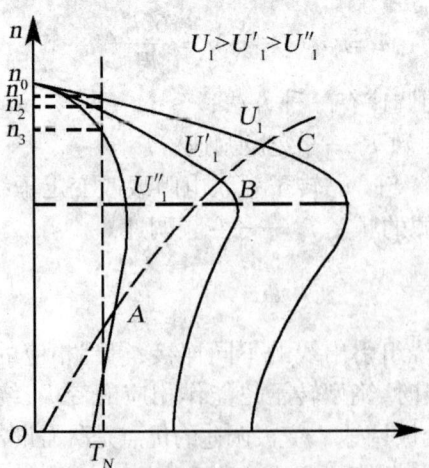

图 7.30 笼型异步电动机改变定子电压调速的特性曲线

为了在恒转矩负载下扩大变压调速范围,应采用高转子电阻笼型电动机,该电动机对应于不同电压的机械特性曲线如图 7.31 所示。恒转矩负载可获得 n_1、n_2、n_3 三个工作点,可见速度调节作用明显增加,但机械特性曲线很软,为此常采用带转速负反馈的控制系统来解决速度的稳定性问题。

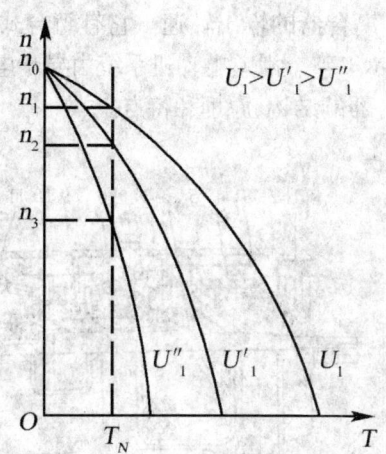
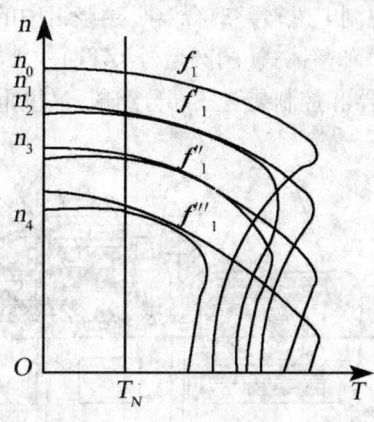

图 7.31 高转子电阻笼型异步电动机调压调速的特性曲线　图 7.32 变频调速的机械特性曲线(恒磁通控制)

7.6.3 变频调速

变频调速是改变电动机电源的频率,应用最广的是恒磁通调速,或称为恒转矩调速,将转速往额定转速以下调节。由式 $U_1 \approx E_1 = 4.44 K_1 N_1 f_1 \Phi_m$ 可看出,降低交流电源频率 f_1,如果电压 U_1 不变,则主磁通 Φ_m 将增加,铁心饱和损耗增大,导致电动机发热。为此通常要求主磁通保持不变:即在改变频率的同时改变电源电压,并保持 U_1/f_1 为常数。低频时由于定子绕组所加的电压减小,不能忽略定子绕组电阻和漏电抗上的电压降,电动机的最大转矩 T_m、启动转矩 T_{ST} 也相应减少,造成电动机启动困难。为此,通常在控制电路里对电压 U_1 在低频时进行适当补偿,经过补偿的机械特性曲线如图 7.32 中的虚线所示。

异步电动机的变频调速有三种方式:
(1)恒磁通控制。
(2)恒电流控制(过载能力 λ 不变) 机械特性曲线与恒磁通控制的机械特性曲线相类似,只是过载能力小,用于负载容量小且变化不大的场合。
(3)恒功率控制 如果电动机的调速要高于额定转速,而电源电压又不能提高,此时电动机应为恒功率调速。

变频调速具有质量轻、体积小、惯性小、效率高等优点,价格也在逐步下降。随着计算机技术的发展,采用矢量控制技术,异步电动机调速的机械特性曲线可以做的像直流电动机调速一样硬,是目前交流调速的发展方向。

【思考与练习】

1. 什么叫三相异步电动机的调速?三相笼型异步电动机有哪几种调速方法?比较其优缺点。
2. 三相绕线转子异步电动机通常采用什么方法调速?

7.7 电磁调速异步电动机

电磁调速异步电动机又称为滑差电动机,其特点是在异步电动机轴上装有一个电磁转差离合器,控制电磁转差离合器励磁绕组中的电流,就可调节离合器的输出转速。它有组合式(国产型号 JZTZ)和整体式(国产型号 JZTT)两大类,如图 7.33 所示。整个滑差电动机系统由异步电动机、转差离合器和控制装置三部分组成,这里重点介绍转差离合器的结构、原理和特点。

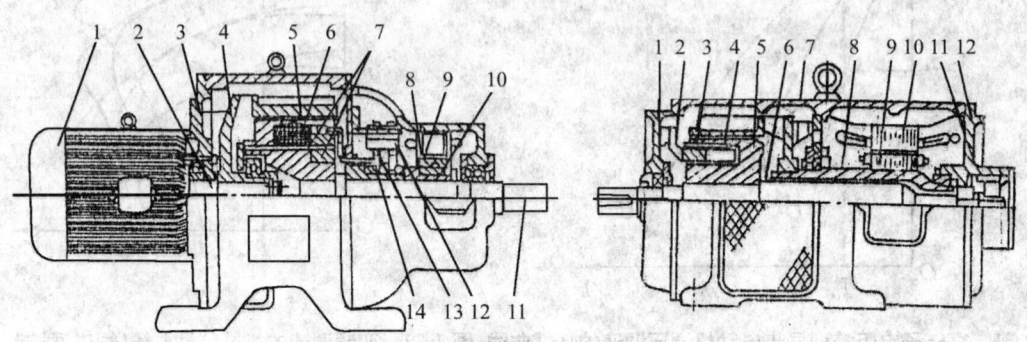

1. 电动机;2. 主动轴;3. 法兰端盖;4. 电枢;5. 工作气隙;6. 励磁绕组;7. 磁极;8. 测速发电机;9. 测速机磁极;10. 永久磁铁;11. 输出轴;12. 刷架;13. 碳刷 14. 滑环

(a) 组合式

1. 前端盖;2. 托架;3. 电枢;4. 励磁绕组;5. 磁极;
6. 主轴;7. 机座;8. 空心轴;9. 拖动电动机转子;
10. 拖动电动机定子;11. 测速发电机;12. 后端盖

(b) 整体式

图 7.33 电磁调速异步电动机的结构

7.7.1 转差离合器的结构

转差离合器的结构示意图如图 7.34(b)所示,由主动部分和从动部分组成。

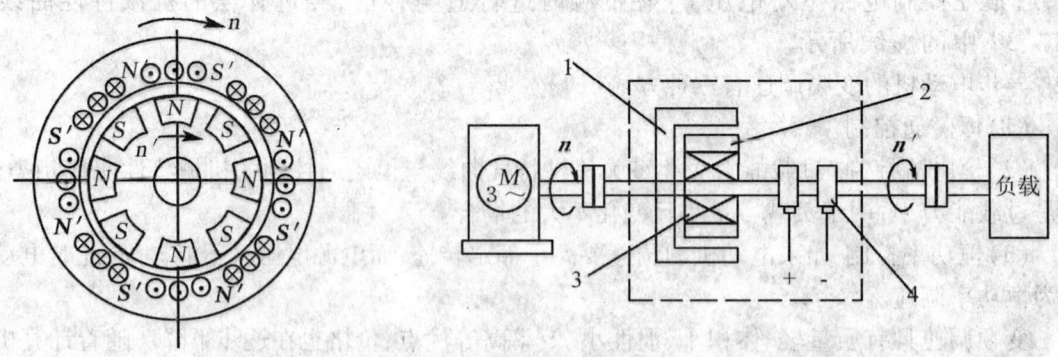

(a) 电枢上的电流与转子磁场的作用

1. 电枢;2. 磁极;3. 励磁绕组 4. 电刷和滑环

(b) 转差离合器的示意图

图 7.34 转差离合器的示意图

1. 主动部分

转差离合器的主动部分是电枢(外转子),它与异步电动机的转轴连接并一起旋转。电枢用铁磁性材料做成,形状是圆筒形,有实心刚体和铝合金杯型等结构。驱动动力既可以是绕线转子异步电动机也可以是笼型异步电动机,笼型异步电动机既可以是单速的也可以是多速的。

2. 从动部分

转差离合器的从动部分由励磁绕组、磁极、滑环和输出轴等组成。磁极(内转子)结构上有凸极式、爪式、感应式三种形式。

7.7.2 转差离合器的工作原理

以结构较简单的由爪形磁极、圆筒形钢体、电枢等组成的转差离合器为例说明。

电枢由异步电动机带动旋转,如果没有通过电刷和滑环向磁极上的励磁绕组供电,从动部分不会旋转。如果通过电刷和滑环向磁极上的励磁绕组通入直流电流,磁极上即产生磁通,如图7.34(a)所示。内圆上N极、S极相互间隔,磁力线穿过电枢,电枢旋转使电枢中各点的磁通处于不断重复的变化中,而电枢是由实体铁磁性材料做成的,所以会产生涡流,涡流又与磁极磁通作用产生转矩,转矩驱动输出轴,拖动负载运行。从动部分的转速 n' 必定小于主动部分的转速 n'。如果电枢与磁极没有相对转速,电枢是不会感生涡流,当然也不会有转矩,这与异步电动机的工作原理极为相似。其区别在于:异步电动机的旋转磁场是由三相交流电产生的,而转差离合器的磁场是由直流电产生的,由于电枢的旋转,使磁极的磁场起到了切割电枢的作用。改变磁极励磁绕组中的励磁直流电流的大小,也改变了电枢中涡流的大小,就可调节转差离合器的输出转矩和转速。励磁电流越大,输出转矩也越大,在一定负载转矩下,输出转速也越高。

7.7.3 转差离合器的特点

电磁调速电动机的机械特性曲线很软,如图7.35所示。在一定励磁电流下,负载稍有波动,转速变化很大,往往满足不了生产机械的要求,为此通常采用测速发电机进行速度负反馈,来控制速度的稳定。当转速降低时,增加直流励磁电流,以保持转速的相对稳定,所以电磁调速异步电动机一般都装有测速发电机。

转差离合器是依靠涡流工作的,而涡流使电枢发热,所以电磁调速异步电动机效率较低,特别是低速运行时,电枢的涡流发热更大,因此电磁调速异步电动机不能长时间低速运行。

如果要改变输出轴的转动方向,必须改变异步电动机的转动方向。电磁调速电动机调速比大,结构简单,控制方便,适用于纺织、化工、食品等工业。

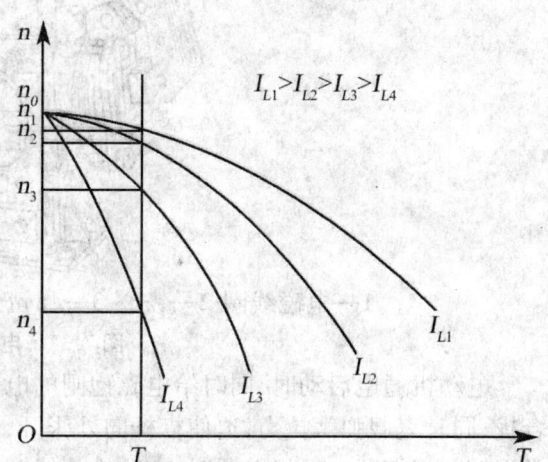

图7.35 电磁调速异步电动机的机械特性

【思考与练习】

1. 电磁调速异步电动机的主要组成部分是什么?并说明其调速原理。

7.8 三相异步电动机的反转与制动

7.8.1 三相异步电动机的反转

电动机的转向取决于旋转磁场方向,而改变旋转磁场的方向,只要改变接入定子绕组的三相交流电电源相序,即电动机任意两相绕组与交流电源接线互相对调。图7.36所示是利用倒顺开关使电动机反转的原理图,S开关往上合或往下合,W相不变,U、V相相序对调,从而实现了电动机正、反转的转换。许多场合是用接触器控制电动机正、反转的。

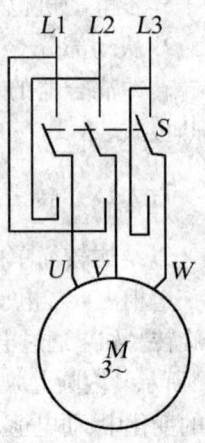

图7.36 三相异步电动机的正、反转控制线路

7.8.2 三相异步电动机的制动

电动机与电源断开之后,由于转子有惯性,要经过一段时间后才停车。为了使电动机迅速准确地停转,必须对电动机实行制动,通常采用的制动方法有机械制动和电气制动,电气制动又分反接制动、能耗制动和再生制动。

1. 机械制动

机械制动是利用机械装置使电动机在电源切断以后迅速停转的方法。常用的机械制动有电磁离合器和电磁抱闸,这里详细介绍电磁抱闸装置。图7.37所示是电磁抱闸的结构图,它的构成主要有两大部分:电磁铁和闸瓦制动器。电磁铁又有单相电磁铁和三相电磁铁之分,它主要由电磁线圈和铁心组成。闸瓦制动器包括弹簧、闸轮、杠杆、闸瓦和轴等,闸轮与电动机转轴是刚性固定式连接。

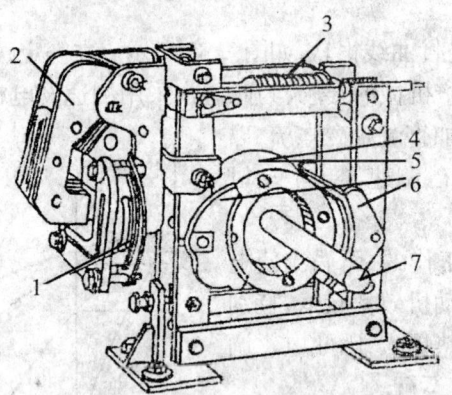

1—电磁线圈 2—铁心 3—弹簧 4—闸轮 5—杠杆 6—闸瓦 7—轴

图7.37 电磁抱闸结构图

电动机通电启动时,同时给电磁抱闸的电磁铁线圈通电,电磁铁的动铁心被吸引与静铁心合拢,同时克服弹簧拉力,迫使杠杆向外张开,闸瓦与闸轮松开,闸轮可自由转动,电动机就正常运转。当切断电动机电源时,电磁铁的线圈电源也同时被铁心切断,动铁心与静铁心无吸引力,在弹簧的作用下,闸瓦把闸轮紧紧抱住,电动机迅速停止转动。由于电动机和电磁铁共用一个电源和控制线路,同时通、断电,因此只要电动机不通电,闸瓦总是把闸轮紧紧抱住,电动机总是被制动。为此,电磁铁线圈连接必须可靠,不能再装接熔断器。

电磁抱闸制动装置广泛应用于起重机械上。上吊重物时,电磁铁和电动机同时通电,闸瓦松开,电动机能自由转动;停车或停电时,闸瓦立即把闸轮抱住,电动机迅速制动,重物不仅不会因断电而下落,而且能准确地停留在某一位置上,杜绝了因突然停电而发生的事故。对具有位能性质的负载,它是必不可少的安全装置。机械制动虽然可靠,但容易磨损,应定期检查。

2. 电气制动

(1)反接制动

反接制动是改变正在转动的电动机定子绕组中任意两相与电源接线的相序,使旋转磁场转向与原来相反,从而使转子受到反力矩作用,转速很快下降到零。当电动机转速接近零时,立即切断电源,以免电动机反转。

电动机正常运行时的转差率 $S < 1$,在反接制动开始瞬间,电动机转速 n 还来不及改变,但旋转磁场已反向,即 n_S 变为 $-n_S$,此时转差率为:

$$S = \frac{-n_S - n}{-n_S} = \frac{n_S + n}{n_S} \approx 2$$

转子与旋转磁场的相对速度非常大,转子感生电流将比启动瞬间的电流还大,因此经常反接制动,电流冲击大,电动机会过热,甚至损坏;电磁转矩从驱动立刻变成制动,对电动机转轴及传动部分有很大的机械冲击。因此,反接制动时通常接入限流电阻,以缓和电流和机械冲击,如图 7.38 所示。为了准确停车,常采用速度继电器来控制,及时切断电源。

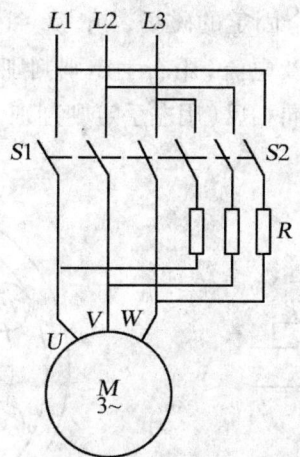

图 7.38 三相异步电动机相序反接制动线路

反接制动的优点是停车迅速,设备简单;缺点是对电动机及负载冲击大。一般只用于小型电动机,且不经常停车制动的场合。反接制动的一种特殊情况是起重机下放重物,如图 7.39(a)所示。重物 G 下放,电动机逆时针转动,而电动机的电磁力矩的方向是顺时针,平衡重物下放力矩。这时绕线式异步电动机的机械特性曲线如图 7.39(b)所示。转子电路上串联较大的电阻,启动转矩 T_{ST} 的方向与重物下放力矩 T_G 相反,且 $T_{ST} < T_G$,迫使电动机反向旋转并加速,电动机的转差率 $S > 1$ 并增大,电磁转矩 T 也增大至 B 点时,$T = T_G$,电动机以稳定转速 $-n_2$ 运行。这种制动也称为负载倒拉反接制动。

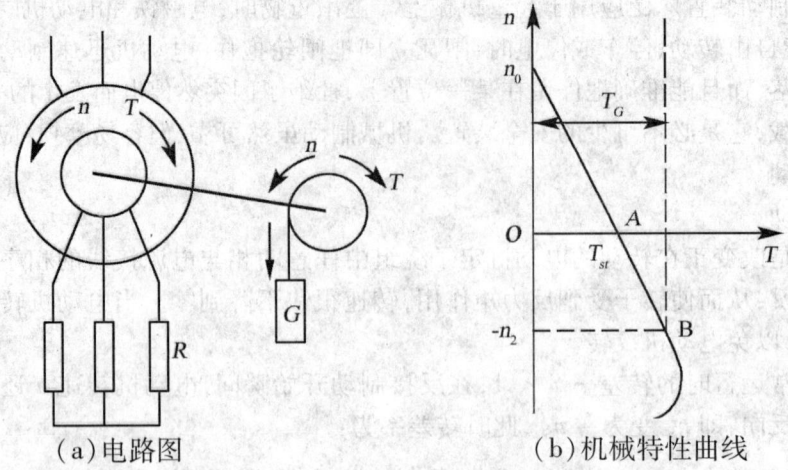

(a)电路图　　　　　　　　　(b)机械特性曲线

图 7.39　绕线式异步电动机转子串电阻的反接制动

(2)能耗制动

能耗制动的原理如图 7.40 所示,假定电动机是顺时针旋转,拉开开关 S1,电动机脱离三相电源,但由于惯性的作用,转子仍沿着顺时针方向继续转动。立即合上开关 S2,直流电源通过电阻 R 加在定子 W 相、V 相绕组上,通入的直流电流大小应为 $(1.5 \sim 2)I_N$,直流电流在定子绕组 W 相、V 相流过,会产生一个固定的磁场,如图 7.41 所示。惯性运动的转子导体切割固定磁场的磁通,产生感应电动势及电流(用右手定则判别),这个电流又与固定磁场作用产生电磁力矩,其方向与转子转动方向相反(用左手定则判别),使转子较快地转动。

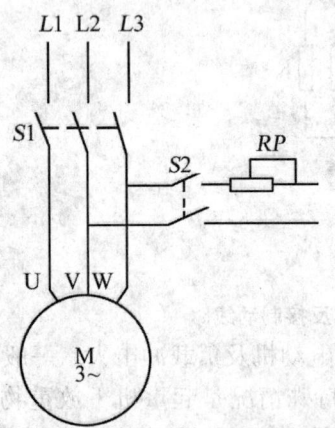
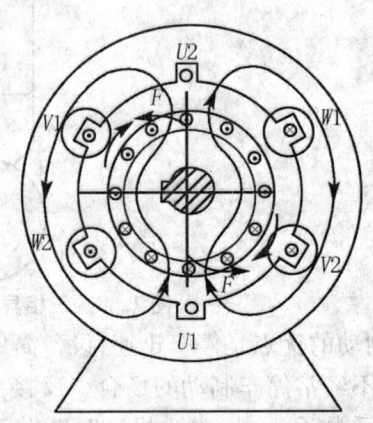

图 7.40　三相异步电动机能耗制动控制线路　　　图 7.41　能耗制动原理示意图

这种制动方法是利用转子惯性转动切割磁通而产生制动转矩,把转子的动能消耗在转子回路的电阻上,所以称为能耗制动。它的优点是制动力较强,能耗少,制动较平稳,对电网及机械设备冲击小;但在低速时制动力矩也随之减小,不易制停,需要直流电源。直流电源可以用二极管整流供给,如图 7.42 所示。KM1 断开后,KM2 闭合,V、W 两相绕组流过半波整流电流,R 电阻可调节电流的大小,制动结束,KM2 也断开,常用于机床设备中。

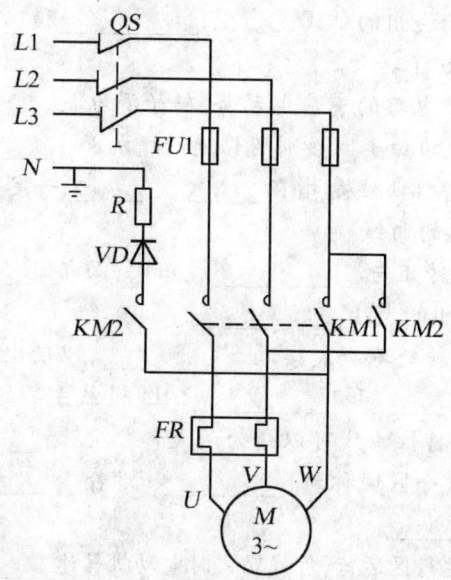

图 7.42 半波整流能耗制动控制线路

（3）再生制动（发电制动）

由于外力的作用（一般指势能负荷，如起重机在下放重物时），电动机的转速 n 超过同步转速 n_s，电动机处于发电状态，定子电流方向反了，电动机转子导体的受力方向也反了，驱动力矩变为制动力矩，即电动机是将机械能转化为电能，向电网反送电，故称为再生制动（发电制动）。再生制动应用范围很窄，只有 $n > n_s$ 时才能实现。它常用于起重机、电力机车和多速电动机中。这种制动的特点不是把转速下降到零，而是使转速受到限制，不需要任何设备装置，还能向电网送电，经济性较好。

【思考与练习】

1. 什么叫三相异步电动机的制动？
2. 三相异步电动机的制动通常有哪几种方法？分别说明其制动原理和使用场合。

习　题

7.1 电动机是一种将＿＿＿＿转换成＿＿＿＿动力设备。按其所需电源不同，电动机可为＿＿＿＿和＿＿＿＿。

7.2 交流电动机按工作原理可分为＿＿＿＿电动机和＿＿＿＿电动机两大类，目前应用最为广泛的是＿＿＿＿电动机。

7.3 旋转磁场的产生必须要有两个条件：(1)＿＿＿＿＿＿＿＿＿＿＿＿；
(2)＿＿＿＿＿＿＿＿＿＿＿＿。

7.4 当三相异步电动机的转差率 $S=1$ 时，电动机处于＿＿＿＿状态，当 S 趋近于零时，电动机处于＿＿＿＿状态，在额定负载时，S 约为＿＿＿＿到＿＿＿＿之间。

7.5 三相笼型异步电动机按其外壳防护形式的不同可分为＿＿、＿＿和＿＿等。

7.6 三相异步电动机定子铁心的作用是作为＿＿＿＿的一部分，并在铁心槽内放置＿＿＿＿，定子铁心的槽型有＿＿、＿＿、＿＿等三种。

7.7 三相异步电动机转子绕组的作用是产生_____和_____,并在旋转磁场的作用下产生_____而使转子转动。

7.8 三相异步电动机转子电路的感应电动势、转子漏电抗、转子电流等参数均随转速的增加而_____,而转子电路的功率因数则随转速的增加而_____。

7.9 异步电动机的机械特性曲线是指在_____、_____一定时,电动机的_____为横坐标,_____为纵坐标画出的曲线。

7.10 异步电动机的最大转矩与_____成正比,而与_____无关。异步电动机的最大转差率与转子电路电阻的大小_____。

7.11 异步电动机的额定转矩不能太接近_____,以使电动机有一定的_____,电动机的过载系数是指_____和_____之比,过载系数的值通常为_____。

7.12 异步电动机的机械特性曲线可以分为两大部分:随着_____的增加,_____相应增加,这一区域称为_____;随着_____的增加,_____相应减少,这一区域称为_____。

7.13 异步电动机在稳定运行区运行,负载变化时电动机转速_____,属于_____机械特性。

7.14 电动机的启动是指电动机从_____开始转动,到_____为止的这一过程。

7.15 笼型异步电动机的启动有_____和_____两种。

7.16 异步电动机用 Y－△降压启动时,启动电流为直接启动的_____,所以对降低电动机的启动电流很有效。但启动转矩也只有直接启动的_____,故此方法不适用于电动机_____启动。

7.17 绕线式异步电动机启动方法有转子回路串_____和串_____两种方法,前者用于_____启动,后者用于_____启动。

7.18 异步电动机的调速方法有_____、_____、_____。

7.19 三相异步电动机在制动时利用电磁抱闸机构来使电动机迅速停转的方法称_____。

7.20 异步电动机的电气制动有_____、_____、_____等三种。

7.21 某笼型三相异步电动机额定输出功率 $P_2 = 7.5$ kW,额定电压 $U_N = 380$V,额定电流 $I_N = \sqrt{a^2+b^2} = 15.5$A,功率因数 $\cos\varphi_N = 0.9$,$n_N = 1440$r/min,$\lambda = 2.2$,求输入功率 P_1、损耗功率 $\triangle P$、最大转矩 T_m 和效率 η。

7.22 JO2－42－6 三相异步电动机额定功率 $P_N = 40$kW,$U_N = 380$V,$n_N = 920$r/min,$\eta = 0.85$,$\cos\varphi_2 = 0.8$,$\lambda = 2.2$,求输入功率 P_1、额定转矩 T_N、最大转矩 T_M 和额定电流 I_N 各为多少?

7.23 什么叫三相笼型异步电动机的降压启动?有哪几种降压启动方法?并分别比较它们的优缺点。

7.24 如果绕线转子异步电动机转子绕组开路,能否启动?为什么?

7.25 三相异步电动机的制动通常有哪几种方法?分别说明其制动原理和使用场合。

第8章 直流电动机

在现代工业中,直流电动机仍占有重要的地位,直流电动机具有可逆性,它可以作发电机用,也可以作电动机用。直流电动机的作用是将直流电能转换成机械能,虽然其结构较复杂,使用、维护较麻烦,价格较贵;但由于它的启动、调速性能较好,仍广泛应用于轧钢机、高炉卷扬机、电力机车、金属切削等工作负载变化较大、要求频繁地启动、改变方向、平滑地调速的生产机械上。

8.1 直流电动机的结构和工作原理

8.1.1 直流电动机的结构

实际中使用的直流电动机如图8.1所示,直流电动机可以分为定子和转子两大部分,定子与转子之间的空隙称为空气隙。

1. 定子部分

直流电动机定子主要作用是产生主磁场和作为机械的支撑。定子包括机座、主磁极、换向磁极、端盖和轴承等。电刷装置也固定在定子上。

(1)机座

机座有两方面的作用:一方面起导磁作用,作为电动机磁路的一部分;另一方面起支撑作用,用来安装主磁极、换向磁极,并通过端盖支撑转子部分。机座一般用导磁性能较好的铸钢件或钢板焊接成,也可直接用无缝钢管加工而成。

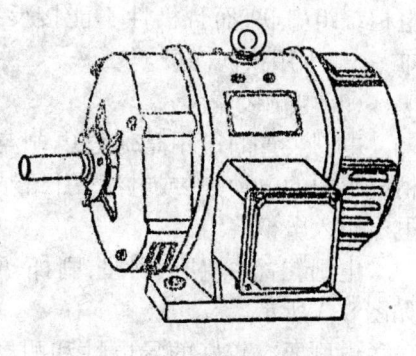

图8.1 直流电动机的外形

(2)主磁极

主磁极用来产生电动机工作的主磁场,它由主磁极铁心和励磁绕组组成,如图8.2所示。

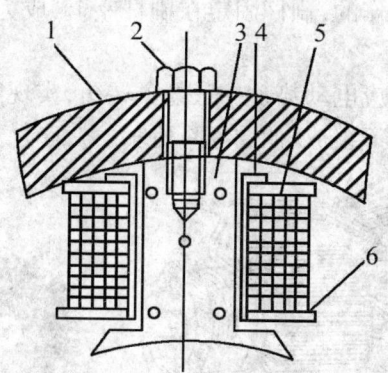

1—机座;2—主磁极螺钉;3—主磁极铁心;4—框架;5—主磁极绕组;6—绝缘垫衬

图8.2 主磁极结构

主磁极铁心为电动机磁路的一部分,为了减少涡流损耗,一般采用厚1~1.5mm的钢板冲制后叠装制成,用铆钉铆紧成为一个整体。

目前,常采用晶闸管整流电源作为直流电动机的直流电源,晶闸管整流电源一般是通过单相或三相交流电整流获得,它输出的电压、电流并不是纯直流,还含有一定的交流谐波,这就给直流电动机带来了换向困难、损耗增加、噪声、振动等问题。为了减少交流谐波在主磁极和机座中造成的涡流损耗,采用厚0.5mm的表面有绝缘层的硅钢片制作主磁极和定子磁轭,Z4系列直流电动机就是这样设计的。

主磁极绕组的作用是通入直流电产生励磁磁场,小型电动机用电磁线绕制,大中型电动机则用扁铜线绕制。绕组经绝缘处理后,套在主磁极铁心上,整个主磁极再用螺栓紧固在机座上。

(3)换向磁极

换向磁极是位于两个主磁极之间的小磁极,又称为附加磁极。其作用是产生换向磁场,改善电机的换向。它由换向磁极铁心和换向磁极绕组组成。

换向磁极铁心一般用整块钢或钢板制成。

在大型电动机和用晶闸管供电的功率较大的电动机中,为了能更好地改善电动机的换向,换向磁极铁心也采用硅钢片叠片结构。换向磁极绕组和主磁极绕组一样制作,套装在换向磁极铁心上,最后固定在机座上。换向磁极绕组应当与电枢绕组串联,而且极性不能接反。小型直流电动机换向困难,一般不用换向磁极。

(4)电刷装置

电刷装置的作用是通过电刷与换向器的滑动接触,把电枢绕组中的电动势(或电流)引到外电路,或把外电路的电压、电流引入电枢绕组。

电刷装置由电刷、刷握、刷杆、刷杆座和压力弹簧等组成,如图8.3所示。

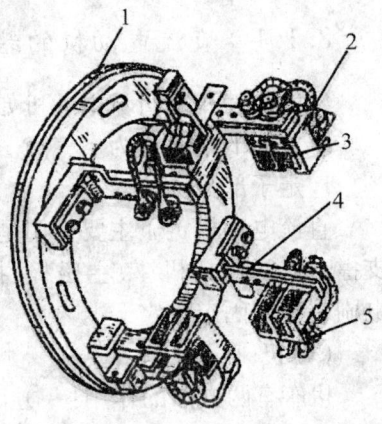

1—刷杆座 2—刷握 3—电刷
4—刷杆 5—压力弹簧

图8.3 电刷装置

电刷要有较好的导电性和耐磨性,一般用石墨粉压制而成,电刷放在刷握中的刷盒内,利用压力弹簧把电刷压在换向器上,刷握固定在刷杆上,借铜丝辫把电流从电刷引到刷杆上,再由导线接到接线盒中的端子上。通常,刷杆是用绝缘材料制作的,刷杆固定在刷杆座上,成为一个相互绝缘的整体部件。

2.转子部分(电枢)

转子通称电枢,它是产生感应电动势、电流、电磁转矩,实现能量转换的部件。它由电枢铁心、电枢绕组、换向器、风扇和轴等组成,如图8.4所示。

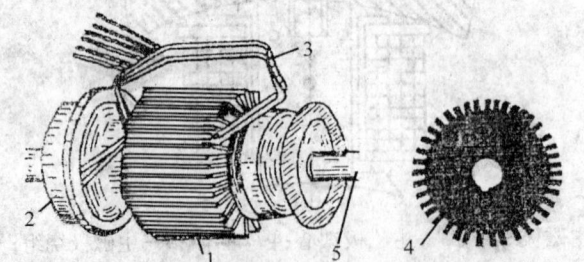

1—电枢铁心 2—换向器 3—电枢绕组 4—铁心冲片 5—轴

图8.4 转子(电枢)结构

(1)电枢铁心

电枢铁心是直流电动机主磁路的一部分,在铁心槽中嵌放电枢绕组。电枢转动时,铁心中的磁通方向不断变化,会产生涡流和磁滞损耗,为了减少损耗,电枢铁心一般采用厚0.5mm的表面有绝缘层的硅钢片叠压而成。图8.4中的4是铁心冲片,铁心外圆均匀地分布着嵌放电枢绕组的槽,轴向有轴孔和通风孔。

(2)电枢绕组

电枢绕组的作用是通过电流产生感生电动势和电磁转矩实现能量转换。电枢绕组通常用圆形或矩形截面的绝缘导线绕制而成,再按一定的规律嵌放在电枢铁心槽内,利用绝缘材料进行电枢绕组和铁心之间的绝缘处理。并对绕组采取紧固措施,以防旋转时被离心力抛出。

(3)换向器

换向器的作用是将电枢中的交流电动势和电流,转换成电刷间的直流电动势和电流,从而保证所有导体上产生的转矩方向一致。换向器结构如图8.5所示。

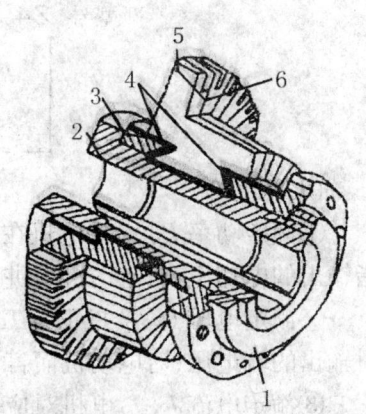

1—螺旋压圈;2—换向器套筒;3—V形压圈;4—V形云母环;5—换向铜片;6—云母片

图8.5 换向器的结构(装配式)

换向器由许多特殊形状的梯形铜片和起绝缘作用的云母一片隔一片地叠成圆筒形,凸起的一端称为升高片,用来与电枢绕组端头相连;下面有燕尾槽,利用换向器套筒、V形压圈及螺旋压圈将换向片及云母片紧固成一个整体;在换向片与套筒、压圈之间用V形云母环绝缘,最后将换向器压在转轴上,这种属于装配式。在中、小型直流电动机中常用的一种是整体式,它把铜片热压在塑料基体上,成为一个整体。

(4)转轴

转轴作用是用来传递转矩,为了使电动机能可靠地运行,转轴一般用合金钢锻压加工而成。

(5)风扇

风扇用来降低运行中电机的温升。

3. 直流电动机的铭牌、型号和额定值

(1)铭牌

在直流电动机的外壳上都有一块铭牌,如图8.6所示。它提供了电动机在正常运行时的额定数据和其他有关内容,以便用户能正确使用直流电动机。

直流电动机			
型号	Z2C-32	励磁	并励
功率	1.1kW	励磁电压	110V
电压	110V	励磁电流	0.895A
电流	13.3A	定额	连续
转速	1000r/min	温升	75℃
出厂编号-×××		出厂日期-×年×月	
中华人民共和国		×××电机厂	

图8.6 直流电机的铭牌

(2) 型号

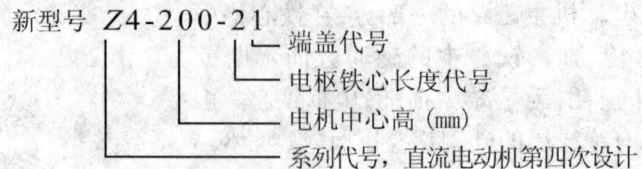

(3) 额定值

①额定功率 P_N　指电机在额定情况下,长期运行所允许的输出功率。对发电机来讲,是指输出的电功率;对电动机来讲,是指轴上输出的机械功率,单位为 kW。

②额定电压 U_N　指正常工作时电机出线端的电压值。对发电机而言,是指在额定运行时输出的端电压;对电动机而言,是指额定运行时的电源电压,单位为 V 或 kV。

③额定电流 I_N　电机对应于额定运行时的电流值,对于发电机是指额定运行时供给负载额定的电流;对电动机是指额定运行时从电源输入的电流,单位为 A。

④额定转速 n_N　额定转速是指电压、电流和输出功率均为额定值时转子旋转的速度,单位为 r/min。

⑤励磁方式　电动机的励磁方式决定了励磁绕组和电枢绕组的接线关系,有他励、并励、串励、复励等。

⑥额定励磁电压 U_{LN}　它是指加在励磁绕组两端的额定电压,单位为 V。

⑦额定励磁电流 I_{LN}　它是指电动机额定运行时所需要的励磁电流,单位为 A。

⑧定额(工作方式)电动机在额定状态运行时能持续工作的时间和顺序。电动机定额分为连续、短时和断续三种,分别用 $S1$、$S2$、$S3$ 表示。

● 连续定额($S1$)表示电动机在额定工作状态可以长期连续运行。

● 短时定额($S2$)表示电动机在额定工作状态时,只能在规定时间内短期运行,我国规定的短时运行时间有 10min、30min、60min 及 90min 四种。

● 断续定额($S3$)表示电动机运行一段时间后,就要停止一段时间,只能周期性地重复运行,每一周期为 10min。我国规定的负载持续率有 15%、25%、40% 及 60% 四种。例如,持续率为 25% 时,2.5min 为工作时间,7.5min 为停车时间。

⑨温升　电动机各发热部分的温度与周围冷却介质温度之差称为温升。温升限制是指电动机在额定工作状态下运行时,各发热部分的允许最高温升,它与电动机的绝缘等级及测温的方法有关。

⑩绝缘等级　表示电动机各绝缘部分所用的绝缘材料等级,可参阅交流电机的有关内容。

4. 直流电动机的分类

按照直流电动机的主磁场的不同,一般可分两大类,一类是有永久磁铁作为主磁极;而另一类是利用给主磁极绕组通入直流电产生主磁场。后一类按照主磁极绕组与电枢绕组接线方式的不同,常可以分为他励式和自励式两种,自励式又可以分为并励、串励、复励等几种。

(1) 永久磁铁为主磁极的直流电动机

这种永磁电动机,过去常用于录音机、录像机等所需功率很小、机械精度要求较高的场合,现在已应用到更广泛的范围。

(2) 他励电动机

他励电动机的励磁电流由其他的直流电源供电,它与电枢绕组互不相连,如图 8.7 所示。他励电动机的励磁电流由励磁电源电压 U_L 及串联的调节电阻 RP 的大小决定,调节 RP 可以调节励磁电流。

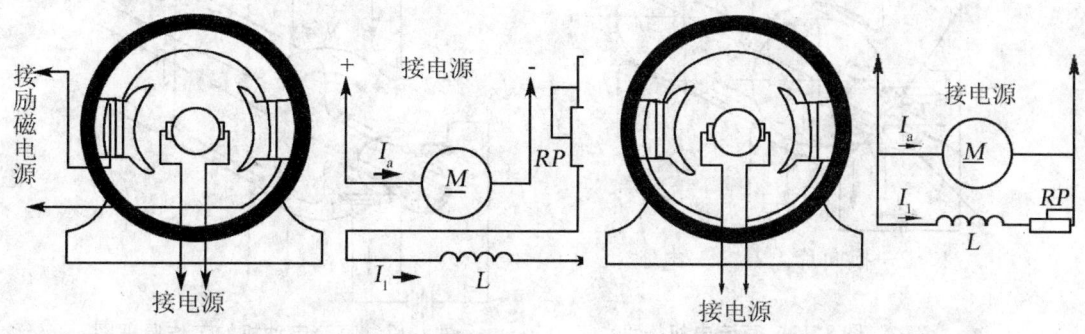

图 8.7　他励电动机　　　　　　图 8.8　并励电动机

(3) 自励电动机

自励电动机的励磁绕组不需要独立的励磁电源,按励磁绕组连接方式的不同可分下述三种。

①并励电动机　励磁绕组与电枢绕组并联,利用调节电阻 RP 的大小可调节励磁电流。它的特点是励磁绕组匝数多,导线截面较小,励磁电流只占电枢电流的一小部分。图 8.8 所示是并励电动机的接线图。

②串励电动机　励磁绕组与电枢绕组串联,因此励磁绕组的电流与电枢绕组的电流相等,它的特点是励磁绕组匝数少,导线截面较大,励磁绕组上的电压降很小,如图 8.9 所示。

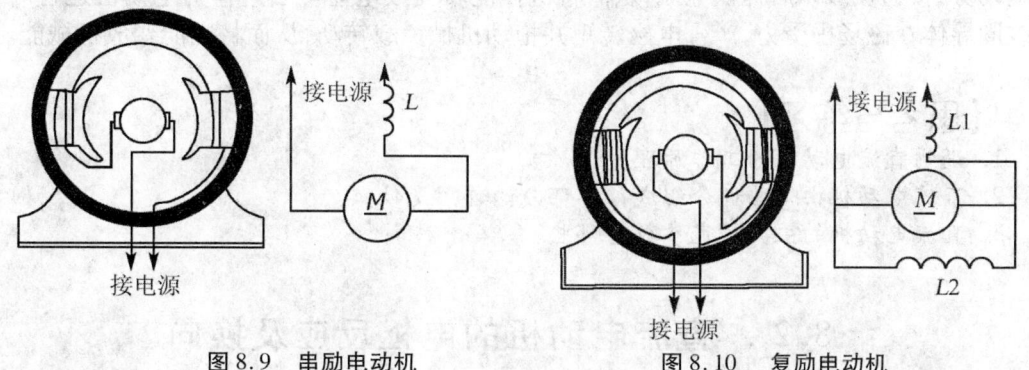

图 8.9　串励电动机　　　　　　图 8.10　复励电动机

③复励电动机　主磁极上有两个励磁绕组,一个与电枢绕组并联;另一个与电枢绕组串联,如图 8.10 所示。当两个绕组产生的磁通方向一致时,称为积复励电动机;反之,称为差复励电动机。

不同的励磁方式会产生不同的电动机输出特性,从而可适用于不同的场合。

8.1.2　直流电动机的工作原理

直流电动机是根据通电导体在磁场内受力而运动的原理制成的。在图 8.11 的直流电机模型中,电刷 4、3 两端加上直流电压,线圈 abcd 内便有电流通过,如果电刷 4 接电源的正极、电刷 3 接电压的负极,导体 ab 在 N 极下,电流方向从 a 流向 b,导体 cd 在 S 极下,电流方向从 c 流向 d,通过导体 ab 和 cd 将受到电磁力的作用,用左手定则可以判断电磁力的方向,如图 8.12 所示。电磁力和转子半径的乘积即为电磁转矩,其方向也为逆时针方向,如果电磁转矩能克服电枢轴上的制动转矩,电动机就能转动起来。

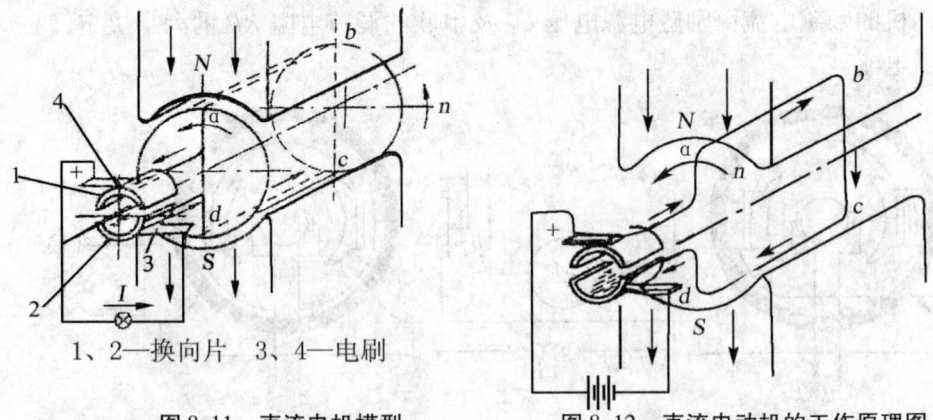

1、2—换向片　3、4—电刷

图 8.11　直流电机模型　　　　图 8.12　直流电动机的工作原理图

电枢转动以后,导体 ab 和 cd 在磁极下交换位置,由于换向器的作用,使与他们相连的电刷也同时改变,这样进入 N 极下的导体的电流方向总是流入的,进入 S 极下的导体的电流方向总是流出的,从而保证电动机产生的电磁力矩始终不变,电枢沿着逆时针方向一直转动下去。

由此可以归纳出直流电动机的工作原理:直流电动机在外加电压的作用下,在导体中形成电流,载流导体在磁场中将受电磁力的作用,由于换向器的换向作用,导体进入异性磁极时,导体中的电流方向也相应改变,从而保证了电磁转矩的方向不变,使直流电动机能连续旋转,把直流电能转换成机械能输出。

直流电机的运行是可逆的。当它作为发电机运行时,外加转矩拖动转子旋转,线圈产生感应电动势,接通负载以后提供电流,从而将机械能转变成电能。当它作为电动机运行时,通电的线圈导体在磁场中受力,产生电磁转矩并拖动机械负载转动,从而将电能变成机械能。

【思考与练习】

1. 说明直流电动机的工作原理。
2. 直流电动机由哪些部分组成?各部分的作用是什么?
3. 直流电动机的主要额定参数有哪些?

8.2　直流电动机的电枢反应及换向

8.2.1　直流电动机的磁场

1. 主极磁场

当直流电动机的主磁极绕组中通入励磁电流后,在电动机中即建立起主极磁场,如图 8.13 所示为两极电机的主极磁场。

(1)几何中性线　在图 8.13 中,通过电枢中心的异性主磁极之间的平分线称为几何中性线。用 nn' 表示。

(2)物理中性线　通过电枢轴中心并与电枢铁心的磁力线相垂直的直线(即电枢铁心圆周上磁通为零的两点的连线),称为物理中性线,用 mm' 表示。

在电枢电流为零的情况下,主极磁场的几何中性线和物理中性线是重合的。

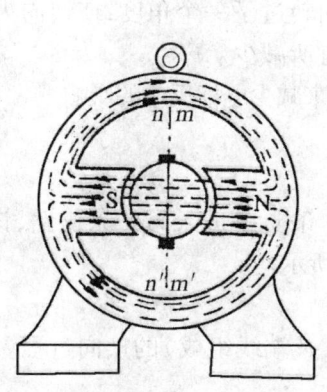 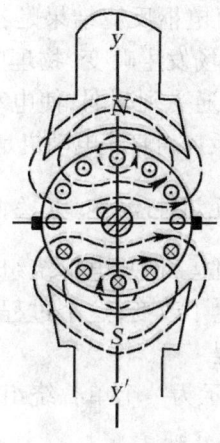

图 8.13 两极电动机的主磁通　　　　图 8.14 电枢磁场

2. 电枢磁场

当电动机在负载下运行时,电枢绕组中有负载电流通过,电枢电流产生的磁场称为电枢磁场。如图 8.14 所示,从图中可以看出电枢磁场的轴线和几何中性线是重合的。

8.2.2 电枢反应

直流电动机在负载情况下运行,主极磁场和电枢磁场同时存在,它们之间互相影响,把电枢磁场对主磁场的影响叫电枢反应。直流电动机中气隙磁场是主极磁场和电枢磁场叠加后的磁场。

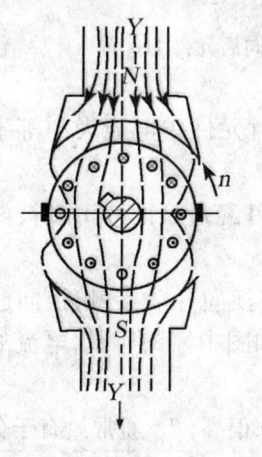 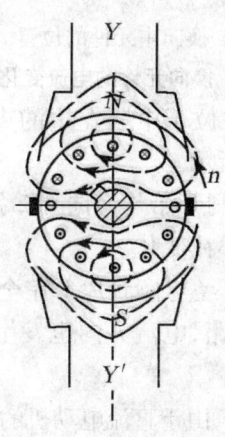 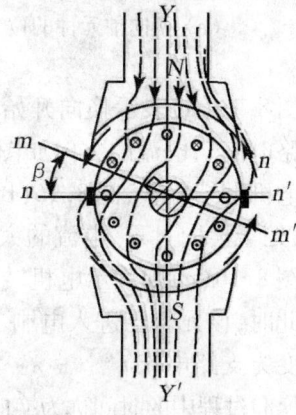

(a) 主极磁场分布　　　　(b) 电枢磁场分布　　　　(c) 合成主磁场分布

图 8.15 直流电动机的电枢反应

图 8.15 所示是直流电动机的电枢反应。假定电枢逆时针转动,电枢导体的电流方向以及电枢电流产生的电枢磁场方向,如图 8.15(b)所示,主极磁场和电枢磁场叠加后的合成磁场如图 8.15(c)所示。在主极磁的前极尖(即电枢转动时进入的一端),由于主极磁场和电枢磁场方向相同,发生增磁作用,磁通增加;而在主磁极的后极尖,主极磁场和电枢磁场方向相反,发生去磁作用,磁通减少。因此,电枢反应使合成磁场的物理中性线 mm' 逆着电枢转动方向移过了一个 β 角。同样 β 角的大小决定于电枢电流的大小,电枢电流越大,电枢磁场越强,β 角就越大,合成磁场就扭曲的越厉害。

直流电动机电枢反应结果是：
(1)合成磁场发生畸变，物理中性线逆电枢转动方向转过了一个角度，使换向火花增大。
(2)主极磁通受到削弱，使电动机发生的电磁转矩有所减少。
因此，电枢反应对直流电动机是不利的，必须采取措施来减少电枢反应的影响。

8.2.3 直流电动机的换向

直流电动机运行中，电枢绕组元件经过电刷时，从一条支路进入另一条支路，该元件中的电流方向也发生了改变，这个过程称为换向，如图8.16所示。

1. 换向过程

图8.16所示为一个单叠绕组元件(由有效边1和4及端线组成)的换向过程。

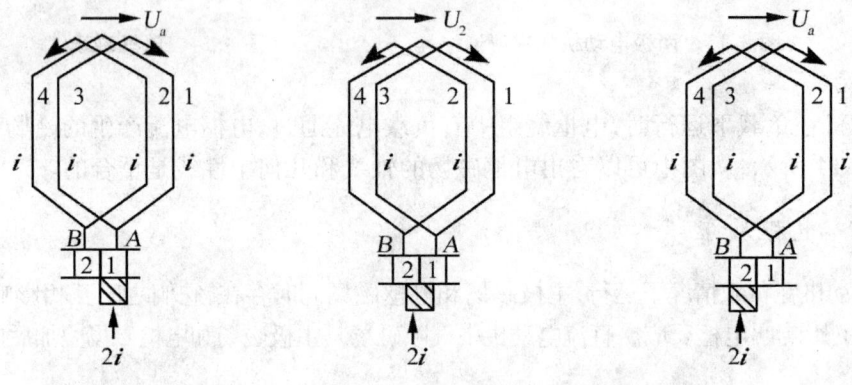

(a) 换向前元件的位置　　(b) 换向中元件的位置　　(c) 换向后元件的位置

图8.16　换向元件的电流变化过程

图8.16(a)表示换向开始前该元件位于电刷左边的支路中，此时元件中电流大小等于绕组支路电流i，电流的方向如图中箭头所示。

电机继续旋转，图8.16(b)表示电刷开始与换向片2接触，该元件经过换向片1、2被电刷短路，处于换向过程，电流的大小方向都在变化。

图8.16(c)则表示电机转到电刷已经与换向片1完全脱离，仅与换向片2接触，换向已结束。此时，该元件已进入电刷右边的支路，电流方向也发生了变化，如图中箭头所示，电流的大小又变为支路电流i。

换向过程中的时间称为换向周期T_K，由于直流电动机的转速一般都很高，T_K通常只有千分之几秒，在很短的时间内电流要由$+i$变为$-i$，换向元件本身具有电感，因此会产生自感电动势。这个电动势是阻止电流换向的，所以自感电动势是电刷和换向器表面产生火花的原因之一。

2. 换向器的打火

(1)火花现象

由于电枢反应和换向时的自感电动势及其他一些原因，直流电动机在运行时，在电刷与换向器表面之间产生火花，火花通常出现在后刷边(换向器离开电刷的一侧)。如果火花在电刷的范围很小，呈微弱的浅蓝色，对电动机运行没有什么危害。但如果火花在电刷上范围较大，比较明亮，呈白色或红色，则将对电动机运行带来危害，会使电刷与换向器表面灼伤，最后导致电动机不能正常工作。

为了衡量火花大小程度,我国电动机基本技术标准中规定火花的五个等级,即是 1、$1\frac{1}{4}$、$1\frac{1}{2}$、2、3。对于一般直流电动机,在额定负载下运行时,火花不应大于 $1\frac{1}{2}$ 级。

(2) 火花原因

使换向元件产生火花的电磁方面原因主要是:

① 自感电动势 e_L 在换向过程中,换向元件里电流的大小方向迅速变化,必然会在绕组中产生自感电动势,其方向是阻止电流变化的,即与元件换向前的电流方向相同,是阻止换向的。

② 换向电动势(电枢反应电势) 由于电枢反应使物理中性线相对于几何中性线移动了一个角度,因而处在几何中线上的换向元件仍要切割磁力线产生感生电动势,称为换向电动势,也称为电枢反应电势。它的方向也是与换向前的电流方向一致的,也是阻止换向的。

这两个方向相同的电动势在被电刷短路的换向元件中就会产生附加电流,且储存着一定大小的磁场能量。当被短路的换向片离开电刷时,短路回路断开,在换向元件中储存的能量释放出来,于是在电刷与换向片之间便发生火花。

除了上面电磁方面原因外,还有机械和化学的原因。电刷与换向器接触不良,换向器表面不平滑,换向器偏心,换向器表面的氧化亚铜薄膜受到破坏等,都会引起火花。另外,工作条件不好,电机振动较大,尘埃、化学气体较多的地方,电机过载或负载剧烈变化等,也都会引起火花。因此,加强对直流电机的电刷和换向器的维护,改善工作环境是一项十分重要的工作。

3. 改善换向方法

要改善换向,首先必须设法消除换向元件中的感生电动势 e_L 和 e_a,在一般直流电动机中,常用的方法是在电刷所在的中性面上加装换向磁极,换向磁极的磁场在换向元件中切割产生的电动势 e_K 可以抵消($e_L + e_a$),从而达到消除火花的目的。

换向磁极是比主磁极小的附加磁极,一般装在主磁极之间的几何中性线上。为了抵消电枢磁场的影响,应该使换向磁极磁场的方向和电枢磁场的方向相反。对电动机而言,换向磁极的极性应该与顺着电枢转动方向下一个主磁极的极性相反;对发电机而言,则应相同。

由于电枢磁场和换向元件的自感电动势都与电枢电流成正比,所以换向磁极绕组必须与电枢绕组串连,使换向极磁场也正比于电枢电流。当电枢电流增大、电枢反应增大、自感电动势增大时,换向极磁场也增强。这样,在各种不同的负载下,e_K 都可抵消($e_L + e_a$),换向磁极都能起到改善换向的作用。

为了能满足电枢电流的变化,换向磁极的磁通应不饱和。

另一种方法是合理选择电刷,增大换向元件回路中的电阻值,可以减少换向附加电流。为此,有的场合要求电刷与换向器表面的接触电阻尽量大些,同时电刷的耐磨性要好。直流电动机中一般都采用电化石墨电刷;低压大电流的电动机一般采用金属石墨电刷。对换向特别困难的电动机可采用分裂式电刷(即一个电刷由几块组成,以增加换向回路的电阻)。

【思考与练习】

1. 什么叫直流电动机的电枢反应?电枢反应对直流电动机会带来什么影响?
2. 什么叫直流电动机的换向?电动机在换向时将产生什么现象?
3. 直流电动机产生换向火花的电磁方面原因有哪些?如何改善直流电动机的换向?

8.3 直流电动机的功率、电动势和转矩平衡方程式

8.3.1 直流电动机的功率

1. 输入功率、电磁功率和铜损耗

对于直流电动机来讲,电磁功率 P 是指电能转换成机械能的这部分功率,直流电动机从电源吸取的电功率称为输入功率 P_1;由于直流电动机的电枢绕组、电刷、电刷与换向器的接触处等都存在着电阻,统称为电枢电阻 R_a,电枢电流流过时,就会发热,产生损耗,称为铜损耗 $\triangle P_{Cu}$。铜损耗是随着负载电流的变化而变化的,所以也称为可变损耗。即

$$P_1 = \triangle P_{Cu} + P \tag{8.1}$$

2. 机械损耗、铁损耗、空载损耗和输出功率

转变成机械功率的电磁功率 P,有一小部分消耗在电动机的机械损耗上,机械损耗常常产生于电刷与换向器之间,旋转部分与空气的摩擦,轴承、风扇等处的机械损耗用 $\triangle P_\Omega$ 表示。

在电枢铁心中还存在着由于磁滞和涡流引起的能量损耗,由于它存在于铁磁回路中,所以称为铁损耗,铁损耗用 $\triangle P_{Fe}$ 表示。

由于直流电动机只要通了电,并且转动起来,不管它有没有带负载,机械损耗和铁损耗就会存在。所以,这两项损耗合起来称为空载损耗,它与负载大小基本无关,是一个常数,所以空载损耗也叫做不变损耗,用符号 $\triangle P_0$ 表示。因此

$$\triangle P_0 = \triangle P_{Fe} + \triangle P_\Omega$$

电磁功率和输出功率的关系是:

$$P = P_2 + \triangle P_0 = P_2 + \triangle P_{Fe} + \triangle P_\Omega \tag{8.2}$$

式中,P_2——电动机的输出功率,kW。

直流电动机接上电源后,绕组中便有电流流过,由电源输入的功率是 P_1,从输入功率除去铜损耗 $\triangle P_{Cu}$,余下的是被电动机转换的电磁功率 P,电动机在转动中要产生机械损耗 $\triangle P_\Omega$ 及铁损耗 $\triangle P_{Fe}$,从电磁功率中减去这部分空载损耗 $\triangle P_0$ 后,就是直流电动机的输出功率 P_2。直流电动机的功率平衡方程式也可以写为:

$$P_1 = P_2 + \triangle P_0 + P_{Cu} \tag{8.3}$$

直流电动机的效率 η 为:

$$\eta = \frac{P_2}{P_1} \times 100\% = \frac{P_2}{P_2 + \triangle P_\Omega + \triangle P_{Cu} + \triangle P_{Fe}} \times 100\% \tag{8.4}$$

8.3.2 电动势平衡方程式

现在以直流他励电动机为例,讨论直流电动机的电动势平衡方程式。

因为
$$P_1 = UI_a$$

$$P = E_a I_a$$

$$\triangle P_{Cu} = I_a^2 R_a$$

式(8.1)的平衡方程式可以改写为：

$$UI_a = E_a I_a + I_a^2 R_a$$

上式中两边都除以 I_a 得到：

$$U = E_a + I_a R_a \tag{8.5}$$

这就是直流电动机的电动势平衡方程式，从直流电动机的工作原理可知，载流导体在磁场中受力而使电枢旋转，此时电枢绕组将切割主磁场而产生感应电动势 E_a，E_a 的方向与外加电流 I_a 方向相反，称为反电动势。电源必须克服反电动势做功，达到电动机将电能转换成机械能的目的。所以，直流电动机的电动势平衡方程式也可以从直流电机的工作电路中直接得到。

对于其他励磁方式的直流电动机，通过证明也可以得到类似的电动势平衡方程式，只是在证明时应考虑励磁电流 I_L 的不同影响，在这里就不在重复了。

例 8.1 一台 Z2—51 直流他励电动机，额定功率(输出功率) $P_2 = 3\text{kW}$，电源电压 $U = 220\text{V}$，电枢电流 $I_a = 16.4\text{A}$，电枢回路电阻 $R_a = 0.84\Omega$。求输入功率 P_1、铜损耗 $\triangle P_{Cu}$、空载损耗 $\triangle P_O$、反电动势 E_a 和电动机的效率 η。

解：

$$P_1 = UI_a = 220 \times 16.4 = 3.608\text{kW}$$

$$\triangle P_{Cu} = I_a^2 R_a = 16.4^2 \times 0.84 = 0.226\text{kW}$$

$$\triangle P_O = P_1 - P_2 - \triangle P_{Cu} = 3.608 - 3 - 0.226 = 0.382\text{kW}$$

$$E_a = U - I_a R_a = 220 - 16.4 \times 0.84 = 206.2\text{V}$$

$$\eta = \frac{P_2}{P_1} \times 100\% = \frac{3}{3.608} \times 100\% = 83\%$$

8.3.3 转矩平衡方程式

以电动机的角速度 ω 除式(8.2)可得：

$$\frac{P}{\omega} = \frac{P_2}{\omega} + \frac{\triangle P_O}{\omega} \quad 即 \quad T = T_2 + T_0 \tag{8.6}$$

式中，T ——电动机的电磁转矩，N·m；

T_2 ——电动机轴上的输出转矩 N·m；

T_0 ——电动机的空载转矩，N·m。

式(8.6)即为电动机的转矩平衡方程式。进一步分析输出转矩公式 $T_2 = \dfrac{P_2}{\omega}$ 可得：

$$T_2 = \frac{P_2}{\omega} = \frac{P_2}{\dfrac{2\pi n}{60}} = 9.55 \frac{P_2}{n} \tag{8.7}$$

式(8.7)表明输出功率 P_2、输出转矩 T_2 和转速 n 的三者关系。在使用公式时应注意 P_2 的单位是 W 或 kW，该式在交流电动机中也讲过，可见适用于任何电动机。

例 8.2 一台并励直流电动机，$P_N = 96\text{kW}$，$U_N = 440\text{V}$，$I_N = 255\text{A}$，$I_L = 5\text{A}$，$n = 500\text{r/min}$，电枢回路总电阻 $R_a = 0.078\Omega$，试求：

(1)额定输出转矩 T_N；
(2)在额定电流时的电磁转矩 T。

解：(1) $T_N = 9.55 \dfrac{P_N}{n_N} = \dfrac{9.55 \times 96 \times 10^3}{500} = 1833.6 \text{N} \cdot \text{m}$

(2) $I_a = I_N - I_L = 255 - 5 = 250 \text{A}$

$E_a = U_N - I_a R_a = 440 - 250 \times 0.078 = 420.5 \text{V}$

$P = E_a I_a = 420.5 \times 250 = 105.125 \text{kW}$

$T = 9.55 \dfrac{P}{n_N} = \dfrac{9.55 \times 105.125 \times 10^3}{500} = 2008 \text{N} \cdot \text{m}$

【思考与练习】

1. 说明直流电动机输入功率、电磁功率、输出功率的含义，以及这三个物理量之间的关系。
2. 直流电动机在能量的传递过程中有哪些损耗？造成这些损耗的原因是什么？
3. 并励电动机额定数据为 $P_2 = 10\text{kW}$，$U_N = 110\text{V}$，$n_N = 1100\text{r/min}$，$\eta = 0.9$，电枢绕组 $R_a = 0.02\Omega$，励磁回路电阻 $R_L = 55\Omega$，试求：

(1)额定电流 I_N、电枢电流 I_a、励磁电流 I_L；(2)铜损耗 $\triangle P_{Cu}$ 及空载损耗 $\triangle P_0$；
(3)额定转矩 T_N；
(4)反电动势 E_a。

8.4 直流电动机的机械特性

与交流异步电动机一样，当电动机的电源电压 U、励磁电流、电枢回路总电阻都等于常数时，转速 n 与电磁转矩 T 之间的关系称为直流电动机的机械特性。

8.4.1 他励和并励电动机的机械特性

分析他励电动机的机械特性可以从公式 $E_a = C_e \Phi n$、$E_a = V - I_a R_a$ 得到：

$$n = \dfrac{U - I_a R_a}{C_e \Phi}$$

再把 $T = C_M \Phi I_a$ 代入上式得：

$$n = \dfrac{U}{C_e \Phi} - \dfrac{R_a}{C_e C_M \Phi^2} T = n_0 - aT \tag{8.8}$$

式(8.8)称为他励电动机的机械特性方程，它具有以下特性：

(1) $T = 0$ 时，$n = n_0 = \dfrac{U}{C_e \Phi}$，为理想空载转速。由于 C_e 是电动机结构常数，所以 n_0 与 U 成正比，与 Φ 成反比，当 U 和 Φ 不变时，n_0 是一个定值。

(2)并励电动机的机械特性是一条过 n_0 点，并稍向下倾斜的直线，其斜率 α 为：

$$\alpha = \dfrac{R_a}{C_e C_M \Phi^2} \tag{8.9}$$

式中 C_e、C_M 是由电机结构决定的常数。他励电动机的机械特性如图 8.17 所示。

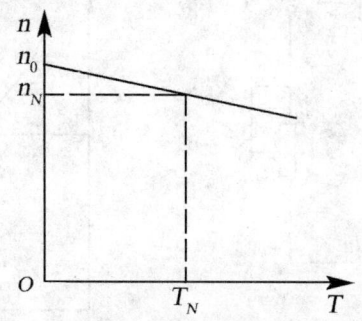

图 8.17 他励电动机的自然机械特性

(3)在电源电压、励磁电流均为额定值,电枢回路不串入附加电阻的条件下作出的特性曲线称为自然机械特性。他励直流电动机的自然机械特性具有硬的机械特性,即电动机负载转矩增大时转速的下降并不大。按照我国电机技术标准规定,电动机的转速调整率 $\triangle n$ 为:

$$\triangle n = \frac{n_0 - n_N}{n_N} \times 100\% \tag{8.10}$$

式中,n_N ——电动机的额定转速。

一般他励电动机的转速调整率 $\triangle n$ 约为 3% ~ 8%。这种特性使用于在负载变化时要求转速比较稳定的场合,经常用于金属切割机床、造纸机械等要求恒速的地方。

(4)如果在图 8.18 所示的并励电动机电路图中,或者改变串入电枢回路的附加电阻,或者改变励磁电流的大小,就可以改变机械特性曲线,这种改变后的机械特性曲线称为人工机械特性。

并励直流电动机具有与他励电动机相似的"硬的"机械特性,由于并励电机的励磁绕组与电枢绕组并联,共用一个电源,电枢电压的变化会影响励磁电流的变化,使机械特性比他励稍软。

8.4.2 串励电动机的机械特性

如图 8.19 所示,由于串励电动机的励磁绕组与电枢绕组串连,故励磁电流等于电枢电流,它的主磁通随着电枢电流的变化而变化,这是串励电动机最基本的特点。

当磁极未饱时,磁通 Φ 与电枢电流 I_a 成正比,即 $\Phi = CI_a$,又因

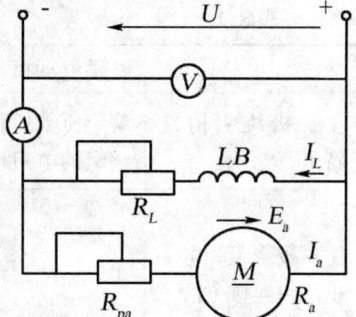

图 8.18 并励电动机的电路图

$$T = C_M \Phi I_a = \left(\frac{C_M}{C}\right)\Phi^2 \quad 即有:\Phi = \sqrt{\frac{C_M}{C}} \cdot \sqrt{T}$$

代入公式:

$$n = \frac{U - I_a R_a}{C_e \Phi} = \frac{U}{C_e \Phi} - \frac{I_a R_a}{C_e \Phi}$$

$$n = C_1 \frac{U}{\sqrt{T}} - C_2 R_a \tag{8.11}$$

式中 C_1 及 C_2 均为常数,串励励磁绕组电阻较小,可忽略不计。

在磁极未饱和的条件下,串励电动机的机械特性为图 8.20 所示的双曲线。它具有以下特性:

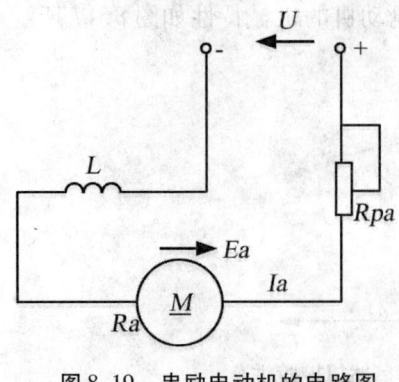
图 8.19 串励电动机的电路图

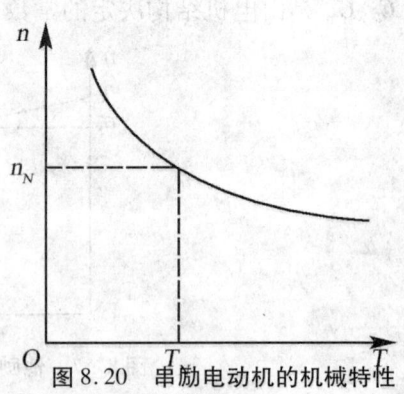
图 8.20 串励电动机的机械特性

(1)串励电动机的转速随转矩变化而剧烈变化,这种机械特性称为软特性。在轻负载时,电动机转速很快;负载转矩增加时,其转速较慢。

(2)串励电动机的转矩和电枢电流的平方成正比,因此它的启动转矩大,过载能力强。

(3)电动机空载时,理想空载转速 n_0 为无限大,实际中 n_0 也可达到额定转速 n_N 的 5~7 倍(亦称为飞车),这是电动机机械强度不允许的。因此,串励电动机不允许空载或轻载运行。

(4)串励电动机也可以通过电枢串电阻、改变电源电压、改变磁通达到人造机械特性适应负载和工艺的要求。

串励电动机适用于负载变化比较大,且不可能空转的场合。例如,电动机车、地铁电动车组、城市电车、电瓶车、挖掘机、铲车、起重机等。

并励与串励电动机性能比较见表 8.1。

表 8.1　　　　　　　　并励与串励电动机性能比较

	并励电动机	串励电动机
主磁极绕组构造特点	绕组匝数比较多,导线线径比较细,绕组的电阻比较大	绕组匝数比较少,导线线径比较粗,绕组的电阻比较小
主磁极绕组和电枢绕组连接方法	主磁极绕组和电枢绕组并联,主磁极绕组承受的电压较高,流过的电流较小	主磁极绕组和电枢绕组串联,主磁极绕组承受的电压较低,流过的电流较大
机械特性	具有硬的机械特性,负载增大时,转速下降不多,具有恒转速特性	具有软的机械特性,负载较小时,转速较高;负载增大时,转速迅速下降,具有恒功率特性
应用范围	适用于在负载变化时要求转速比较稳定的场合	适用于恒功率负载,速度变化大的负载
使用时应注意的事项	可以空载或轻载运行,主磁通很小时可以造成飞车,主磁极绕组不允许开路	空载或轻载时转速很高,会造成换向困难或离心力过大而使电枢绕组损坏,不允许空载启动及皮带传动

【思考与练习】

1. 什么叫直流电动机的机械特性？并励直流电动机和串励直流电动机的机械特性主要有什么不同？根据它们的机械特性说明它们的主要用途。

2. 当并励直流电动机的负载减少时，它的转速、电枢反电动势和电枢电流有何变化？为什么？

8.5 直流电动机的启动

直流电动机由静止状态加速达到正常运转的过程，均为启动过程。电动机启动性能的好坏由多项指标决定，其中最重要的是要求有足够大的启动转矩和不太大的启动电流。

直流电动机在刚启动瞬间，转速 $n=0$，故反电动势 $E_a = C_e\Phi n = 0$，此时电枢电流 I_a 为：

$$I_a = \frac{U - E_a}{R_a} = \frac{U}{E_a} = I_{ST}$$

此时的电流称为启动电流，用 I_{ST} 表示。由于电枢绕组的电阻 R_a 很小，故启动电流必然很大，通常可达到额定电流的 10～20 倍。

过大的启动电流将导致换向困难，换向器表面产生强烈的电火花或环火；电枢绕组流过过大的电流而损坏绕组，机械传动机构受到强烈的冲击；很大的启动电流还会引起电网电压降落，影响其他设备的正常运行。因此，除小容量电动机外，直流电动机一般不允许直接启动。通常采用的启动方法有两种：降低电压启动和在电枢回路串电阻启动。

8.5.1 降压启动

要限制启动电流，首先考虑的是降低电动机输入电压，在直流电动机启动瞬间，给电动机加上较低的电压，以后随着电动机转速的升高，逐步增加直流电压的数值，直到电动机启动完毕，加在电动机上的电压即是电动机的额定电压。

用降压启动的方法启动并励电动机时必须注意：启动时必须加上额定的励磁电压，使磁通一开始就有额定值，否则电动机的启动电压虽然比较大，但启动转矩较小，电动机仍无法启动。

目前，经常采用的是晶闸管可控整流电路作为直流电动机的可调电压电源。

例 8.3 有一台直流电动机，电枢绕组电阻 $R_a = 0.4\Omega$，在电枢绕组加额定电压 $U = 110V$，假定磁通恒定不变，当转速 $n = 0$ 时，反电动势 $E_a = 0$；当 $n = 0.5n_N$ 时，$E_a = 50V$；当 $n = n_N$ 时，$E_a = 100V$，此时输出额定功率。求：

（1）对应上述三个转速时的电枢电流 I_a；

（2）欲使 $n = 0$ 及 $n = 0.5n_N$ 时的电枢电流为 $2I_{aN}$（I_{aN} 为额定电枢电流），求此时加在电动机上的电压。

解：1. 求电枢电流 I_a：

（1）当 $n = 0$ 时，$E_a = 0$，$I_a = \dfrac{U}{R_a} = \dfrac{110}{0.4} = 275$ A

（2）当 $n = 0.5n_N$ 时，$I_a = \dfrac{U - E_a}{R_a} = \dfrac{110 - 50}{0.4} = 150$ A

(3)当 $n = n_N$ 时，$I_a = \dfrac{U - E_a}{R_a} = \dfrac{110 - 100}{0.4} = 25\ \text{A}$

2.求电压 U：

(1)当 $n = 0$ 时，$U = I_a R_a = 2I_{aN} R_a = 2 \times 25 \times 0.4 = 20\ \text{V}$

(2)当 $n = 0.5 n_N$ 时，$U = E_a + I_a R_a = 50 + 20 = 70\ \text{V}$

8.5.2 电枢回路串电阻启动

要限制启动电流，可以在电枢回路中串接电阻，使启动电流不超过允许的数值。当电动机转动后，随着转速升高，反电动势增大，电枢电流减少，再逐步减少启动电阻阻值，直到电机稳定运行，启动电阻全部切除。

并励电动机和串励电动机的串电阻启动电路如图 8.18 和图 8.19 所示。通常把启动电流限制在 $(1.5 \sim 2.5)I_N$ 的范围内来选择启动电阻的大小。一般 150kW 以下的直流电动机启动电流可取上限；150kW 以上的直流电动机则取下限。

例 8.4 对例 8.3 的直流电动机，如欲使 $n = 0$ 及 $n = 0.5 n_N$ 时，电枢电流 $I_a = 2I_{aN}$，电源电压为额定电压 $U = 110\text{V}$，用串联电阻方法启动，求对应的电阻值。

解：(1)当 $n = 0$ 时，$E_a = 0$，$I_a = \dfrac{U}{R_a + R_{pa}}$，则

$$R_{pa} = \dfrac{U}{I_a} - R_a = \dfrac{110}{2 \times 25} - 0.4 = 1.8\ \Omega$$

(2)当 $n = 0.5 n_N$ 时，$I_a = \dfrac{U - E_a}{R_a + R_{pa}}$ 则

$$R_{pa} = \dfrac{U - E_a}{I_a} - R_a = \dfrac{110 - 50}{2 \times 25} - 0.4 = 0.8\ \Omega$$

图 8.21 所示为目前常用于小容量并励电动机的启动变阻器，启动时启动手轮置于图中所示位置，全部启动电阻 R_{pa} 串入电枢回路，启动电流被限制在允许的范围内。随着电动机转速的升高，手轮逐步向右旋转，则启动电阻 R_{pa} 被逐步切除（电阻值逐步减少），电动机转速不断升高，直到手轮右旋到头，被失压线圈的磁力吸住，此时 $R_{pa} = 0$，电动机启动完毕。

电枢回路串电阻启动方法所需设备较简单，价格较低，但在启动过程中在启动电阻上有能量损耗。而降低电源电压启动则所需设备复杂，价格较贵，但在启动过程中基本上不损耗能量。对于小型直流电动机一般用串电阻启动，容量稍大但不需经常启动的电动机也可用串电阻启动，而经常启动的电动机，如起重、运输机械上的电动机，则宜用降低电源电压的办法启动。

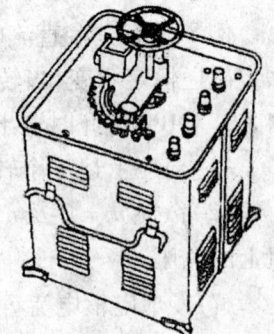

图 8.21 启动变阻器的外形

【思考与练习】

1.直流电动机的启动方法有哪几种？说明其适用范围。

2.一台并励直流电动机，$P_2 = 12\text{kW}$，$U_N = 220\text{V}$，$I_N = 64\text{A}$，$n_N = 685\text{r/min}$，$R_a = 0.3\Omega$，若采用全压启动，问启动电流为额定电流的多少倍？如需限制启动电流为额定电流的 2.5 倍，问应在电枢回路中串多大的启动电阻？

8.6 直流电动机的调速

在生产过程中,往往需要根据生产工艺的要求改变机械设备的运行速度,用人为的方法来改变电动机的转速,这就是调速。

从他励(并励)电动机的机械特性式(8.8)中可以看出:他励(并励)电动机的调速方法有改变电枢电压 U、改变主磁通 Φ、改变电枢回路串联电阻 R_{pa} 三种。

8.6.1 改变电枢电压调速

在其他参数不变的条件下,改变电枢电压 U,使空载转速 n_0 改变,可以得到不同空载转速 n_0 的平行直线。图 8.22 所示是他励(并励)电动机改变电压调速的人工机械特性,从图中可见,在负载相同的情况下,不同的电枢电压,所对应的转速是不同的。

改变电枢电压调速的特点:

(1)改变电枢电压调速时,机械特性的斜率不变,所以调速的稳定性好。

(2)电压可作连续变化,调速的平滑性好,调速范围广。

(3)属于恒转矩调速,电动机不允许电压超过额定值,只能由额定值往下降低电压调速,即只能减速。

(4)电源设备的投资费用较大,但电能损耗小,效率高,还可用于降压启动。

随着晶闸管变流技术的飞速发展,调压调速已越来越获得广泛的应用。过去直流电动机的调速一直采用直流他励发电机——直流电动机组来实现,称为 F-D 系统,或用交流电机扩大机来调速。

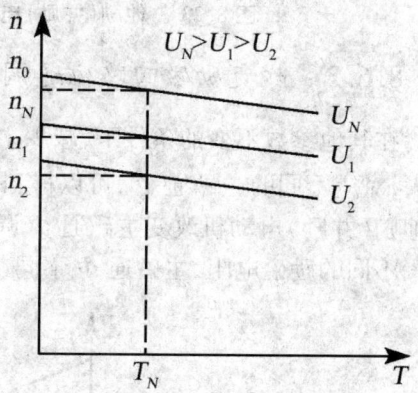

图 8.22 他励(并励)电动机改变电压调速的人工机械特性

许多大型的龙门刨床、重型镗床、轧钢机中目前仍有用 F-D 调速系统,但这种调速系统所用的电机数量大、耗电大、声音及干扰也大,故已被逐渐淘汰。

8.6.2 改变电枢回路电阻调速

在其他参数不变的条件下,改变电枢回路串联电阻 R_{pa},使特性曲线的斜率改变,而空载转速 n_0 保持不变。图 8.23 所示是他励(并励)电动机改变电枢回路电阻调速的人工机械特性,从图中可见,在负载相同的情况下,串入不同的电枢电阻,所对应的转速是不同的。

并励电动机改变电枢回路串电阻调速的接线方式如图 8.18 所示,应该注意启动变阻器不能作为调速变阻器使用,因为启动变阻器只能用于短时间的工作,调速变阻器可以作为启动变阻器使用。

串电阻调速方法的特点是:

(1)设备简单,投资少,只须增加电阻和切换开关,操作方便。小功率电动机中用得较多,如电气机车等。

(2)属于恒转矩调速方式,转速只能由额定转速往下调。

(3)只能分级调速,调速平滑性差。

(4)低速时,机械特性很软,转速受负载影响变化大,电能损耗大,经济性能差。

目前,此种方式已逐步被晶闸管可调直流电源调速代替。

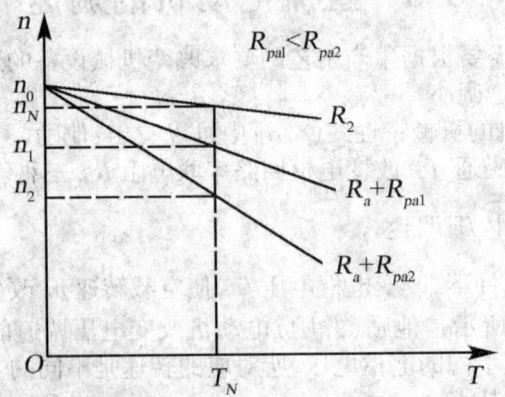

图 8.23　他励(并励)电动机改变电枢回路电阻调速的人工机械特性

8.6.3　改变励磁回路磁通调速

在其他参数不变的条件下,减少主磁通 Φ,会使空载转速 n_0 增大;同时特性曲线的斜率也增大,对应不同的主磁通 Φ,可以得到不同空载转速 n_0 与不同斜率的特性曲线。图 8.24 所示是他励(并励)电动机改变主磁通 Φ 调速的人工机械特性,从图中可见,在负载相同的情况下,串入不同的励磁电阻,主磁通 Φ 不同,所对应的转速也不同。

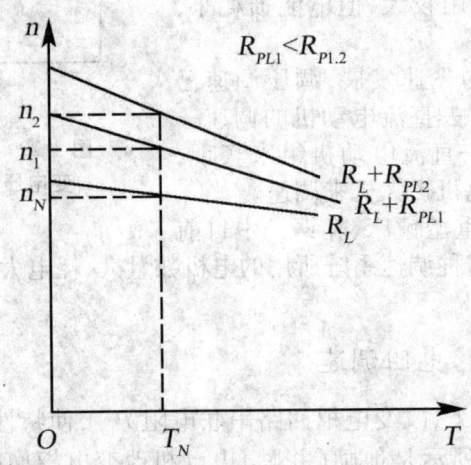

图 8.24　他励(并励)电动机改变主磁通 Φ 调速的人工机械特性

这种调速方法的特点是:

(1)由于调速是在励磁回路中进行,功率较小,故能量损失小,控制方便。

(2)速度变化比较平滑,但转速只能往上调,不能在额定转速以下进行调节,故往往只能与前两种调速方法结合使用,作为辅助调速。

(3)调速的范围较窄,在磁通减少太多时,由于电枢磁场对主磁场的影响加大,会使电机火花增大、换向困难。转速提高时须考虑到机械强度的影响,最高转速一般控制在 1.2 倍额定转速的范围内。

(4)在减少励磁调速时,如果负载转矩不变,电枢电流必然增大,因为 $T = C_M \Phi I_a$,要防止电流太大带来的问题,如发热、打火等。

【思考与练习】

1. 直流电动机的调速方法有哪几种?分别比较其优缺点。
2. 电传动机车上的直流电动机每台额定功率在几百到几千瓦之间,问应采用什么方法进行调速为好?

8.7 直流电动机的反转与制动

8.7.1 直流电动机的反转

要改变直流电动机的旋转方向,就需改变电动机的电磁转矩方向,而电磁转矩决定于主极磁通和电枢电流的相互作用,故改变电动机转向的方法有两种:一种是改变励磁电流的方向;另一种是改变电枢电流的方向。如果同时改变励磁电流和电枢电流的方向,则直流电动机的转向不变。

对并励电动机而言,由于励磁绕组匝数多,电感大,在进行反接时因电流突变,将会产生很大的自感电动势,危及电动机及电器的安全,因此一般采用电枢反接法。在将电枢绕组反接的同时必须连同换向绕组一起反接,以达到改善换向的目的。串励电动机的反转,改变电源端电压的方向是不行的。必须改变励磁电流的方向或电枢电流的方向,才能改变电磁转矩的方向,实现电动机的反转。

8.7.2 直流电动机的制动

与交流电动机一样,直流电动机在工作中也需要制动。所谓制动就是在电动机上加上与原转向相反的转矩,使电动机迅速停转或者限制电动机的转速。直流电动机的制动也可以分为机械制动和电气制动,其中电气制动分为再生制动、能耗制动和反接制动等。

1. 再生制动(又称为回馈制动和发电制动)

当电动机车下坡或吊车重物下降时,可能会出现的情况是电动机的转速 n 超过了它的空载转速 n_0。有公式 $E_a = C_e \Phi n$ 可知,如果电动机的主极磁通 Φ 不变,则 $E_a > U$,此时电机处在发电机状况下运行,即 I_a 与 E_a 方向相同,这时电动机把机械能转化成电能,反送到电网中去,并产生制动转矩,从而限制了电动机转动的速度,这就是再生制动。

对于串励电动机而言,主极磁通随电枢电流 I_a 的变化而变化,不能保持不变。因此串励电动机如要进行再生制动,必须先将串励改为他励,由专门的低压直流电源给励磁绕组供电,以保证主极磁通有一定的量(不随 I_a 变化)。

再生制动的优点是产生的电能可以反馈回电网中去,使电能获得利用,简便可靠而经济。缺点是再生制动只能发生在 $n > n_0$ 的场合,限制了它的应用范围。

2. 能耗制动

把电动机的电枢绕组从电源切除后,让主磁极绕组仍接在电源上,产生恒定的主极磁通 Φ,电动机依靠惯性继续转动,若把脱离电源后的电枢绕组立即接到制动电阻 R 上,电枢绕组

切割主磁通 Φ 而产生感生电动势 E_a，E_a 在电阻 R 中产生电流，使转子惯性旋转的机械能变为电能，转化成热能消耗在制动电阻 R 上。此时，电枢电流与电动机状态时的电流方向相反，产生的电磁转矩是制动转矩，从而使电动机迅速停止转动。如图 8.25 所示是并励电动机的能耗制动原理图，开关 S 由 1 位推到 2 位即可。

能耗制动的优点是所需设备简单，成本低，制动减速平稳可靠。其缺点是能量无法利用，白白消耗在电阻上发热；能耗制动的制动转矩随转速变慢而相应减少，制动时间较长。

3. 反接制动

改变电枢绕组上的电压方向（使 I_2 反向）或改变励磁电流的方向（使 Φ 反向），可以使电动机得到反力矩，产生制动作用。当电动机速度接近零时，迅速脱离电源，实现直流电动机的反接制动。

电动机在电压反接的瞬间，电枢的转动速度未变，反电动势 E_a 的数值未变，而外接电压 U_N 方向变成与 E_a 相同，故在该瞬间加在电枢绕组上的电压为 $U_N + E_a \approx 2U_N$，将产生很大的冲击电流，使电刷与换向器表面产生强烈的电火花而损坏；而且机械冲力太大，容易损坏转轴。所以，反接制动时一定要在电枢回路中串接电阻

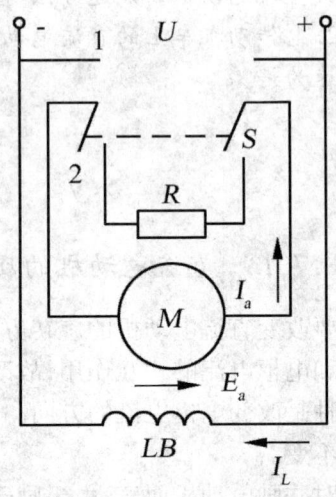

图 8.25　并励电动机的能耗制动

以限制电枢电流 I_a 的数值。必须指出：在反接制动时，励磁应当保持不变。电动机转速降低至 100r/min 左右时，应立即切断电，以防止电动机反转。

反接制动的优点是制动转矩比较恒定，制动较强烈，操作比较方便。其缺点是需要从电网吸取大量的电能，而且对机械负载有较强的冲击作用。它一般应用在快速制动的小功率直流电动机上。

【思考与练习】

1. 怎样改变直流电动机的转向？串励电动机和并励电动机的转向改变是否完全相同？
2. 什么是直流电动机的制动？有哪些制动的方法？
3. 比较直流电动机各种电气制动的优缺点及使用场合。

习题

8.1 直流电动机主磁极的作用是产生_____，它主要由_____和_____两大部分组成。

8.2 直流电动机的温升是指_____。

8.3 直流电动机按主磁极励磁绕组的接法不同可分为_____、_____、_____、_____等几种。

8.4 直流电动机在电刷与换向器表面产生的火花通常可分为_____、_____、_____、_____、_____等五个等级，在正常情况下，火花等级不应大于_____级。

8.5 直流电动机的损耗功率包括 _____ 损耗和 _____ 损耗两部分,其中空载损耗又包括 _____ 损耗和 _____ 损耗。

8.6 直流电动机的效率是指它的 _____ 与 _____ 之比,并用百分数表示。

8.7 并励直流电动机具有 _____ 机械特性,当负载转矩增大时,转速下降 _____,这种特性适用于当负载变化时要求 _____ 的场合。

8.8 直流电动机的机械特性曲线是指它的 _____ 与 _____ 间的关系曲线。

8.9 直流电动机启动瞬间,转速为零, _____ 也为零,加之电枢电阻又很小,所以启动电流很大,可达额定电流的 _____ 倍。

8.10 直流电动机的启动方法有 _____ 启动和 _____ 启动两种。

8.11 串励直流电动机具有 _____ 机械特性,即当负载转矩变化时,转速 _____,这种特性适用于 _____ 比较大且不能 _____ 的场合。

8.12 直流电动机的调速方法有:改变 _____ 调速、改变 _____ 调速、改变 _____ 调速等三种。

8.13 直流电动机常用的电气制动方法有: _____ 制动、 _____ 制动、 _____ 制动等。

8.14 一台 ZD 型 100kW 直流他励电动机,$U_N = 220V$、$I_N = 517A$、$n_N = 1200r/min$、$R_总 = 0.05\Omega$、空载损耗 $\triangle P_0 = 2kW$,试求:(1)电动机的效率 η;(2)电磁功率 P;(3)输出转矩 T_2。

8.15 并励电动机额定数据为 $P_2 = 15\ kW$、$U_N = 110V$、$n_N = 1100r/min$、$\eta = 0.8$,电枢绕组 $R_a = 0.03\Omega$,励磁回路电阻 $R_L = 70\Omega$,试求:

(1)额定电流 I_N、电枢电流 I_a、励磁电流 I_L;

(2)铜损耗 $\triangle P_{Cu}$ 及空载损耗 $\triangle P_0$;

(3)额定转矩 T_N;

(4)反电动势 E_a。

8.16 一台并励直流电动机,$P_2 = 20kW$、$U_N = 220V$、$I_N = 100A$、$n_N = 900r/min$、$R_a = 0.4\Omega$,若采用全压启动,问启动电流为额定电流的多少倍?如需限制启动电流为额定电流的 2.5 倍,问应在电枢回路中串多大的启动电阻?

8.17 有一台直流电动机,电枢绕组电阻 $R_a = 0.5\Omega$,在电枢绕组加额定电压 $U = 100\ V$,假定磁通恒定不变,当转速 $n = 0$ 时,反电动势 $E_a = 0$;当 $n = 0.5n_N$ 时,$E_a = 50V$,当 $n = n_N$ 时,$E_a = 90V$,此时输出额定功率。求:

(1)对应上述三个转速时的电枢电流 I_a;

(2)欲使 $n = 0$ 及 $n = 0.5n_N$ 时的电枢电流为 $2I_{aN}$(I_{aN} 为额定电枢电流),求此时加在电动机上的电压。

第9章 继电-接触器控制系统

本章介绍电磁式低压电器的基础知识,包括有电流较大的主电路中常用的组合开关、断路器、熔断器、接触器等电器的结构、基本工作原理、作用、应用场合、典型产品、图形符号等。

9.1 常用控制电器

电器是一种能够根据外界信号的要求,手动或自动地接通或断开电路,断续或连续地改变电路参数,以实现电路或非电对象的切换、控制、保护、检测、变换和调节作用的电气设备。简言之,电器就是一种能控制点的设备。

电器按其工作电压等级可分成高压电器和低压电器。低压电器通常是指用于交流额定电压1200V、直流额定电压1500V及以下的电路中起通断、保护、控制或调节作用的电器产品。本章仅介绍电力拖动控制系统中的常用低压电器。

电力拖动控制系统一般分成两大部分:一部分是主电路,由电动机和接通、断开、控制电动机的接触器、主触点等电器元件组成,一般主电路的电流较大;另一部分是控制电路,由接触器线圈、继电器等电器元件组成,它的任务是根据给定的指令,依照自动控制系统的规律和具体的工艺要求对主电路系统进行控制,控制电路的电流较小。由此可见,主电路和控制电路对电器元件的要求不同,为使读者有一个比较明确的概念,本章将分别对主电路和控制电路所使用的低压电器元件分别进行讨论。

低压电器的用途广泛,作用多样,品种规格繁多,原理结构各异。为了概括地了解这些低压电器,从以下几个方面加以分类。

9.1.1 组合开关

组合开关又称转换开关,也是一种刀开关。不过它的刀片(动触片)是转动式的,比刀开关轻巧而且组合性强,能组成各种不同的线路。组合开关有单极、双极和三极之分,由若干个动触点及静触点分别装在数层绝缘件内组成,动触点随手柄旋转而变更其通断位置。顶盖部分是有滑板、凸轮、扭簧及手柄等零件构成操作机构。由于该机构采用了扭簧储能结构从而能快速闭合及分断开关,使开关闭合和分断的速度与手动操作无关,提高了产品的通断能力。其结构示意图如图9.1所示。由图可知,静止时虽然触点位置不同,但当手柄转动90°时,三对动、静触点均闭合,接通电路。

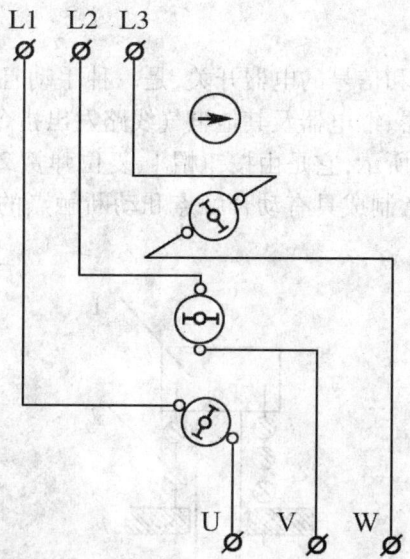

图9.1 组合开关的结构示意图

常用的组合开关有 HZ5、HZ10 和 HZW（3LB、3ST1）系列。其中 HZW 系列主要用于三相异步电动机负荷启动、转向以及作主电路和辅助电路转换之用，可全面代替 HZ10、HZ12、LW5、LW6、HZ5—S 等转换开关。

开关采用组合式结构，由定位、限位系统、接触系统及面板手柄等组成。接触系统采用桥式双断点结构。绝缘基座分为 1－10 节共 10 种，定位系统采用棘爪式结构，可获得 360°旋转范围内 90°、60°、45°、30°定位，相应实现 4 位、6 位、8 位、12 位的开关状态。

组合开关的型号及其含义如下：

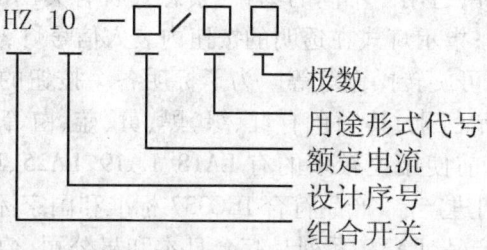

组合开关的图形和文字符号如图9.2所示。

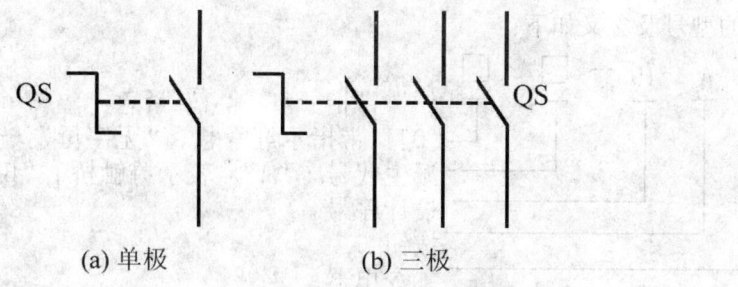

图9.2 组合开关的图形和文字符号

9.1.2 按钮

控制按钮是发出控制指令和信号的电器开关,是一种手动且一般可以自动复位的主令电器。用于对电磁启动器、接触器、继电器及其他电气线路发出指令信号控制。

控制按钮的结构如图9.3所示,它是由按钮帽1、复位弹簧2、动触点3、动断静触点4、动合静触点5和外壳等组成,通常制成具有动合触点和动断触点的复式结构。指示灯式按钮内可装入信号灯显示信号。

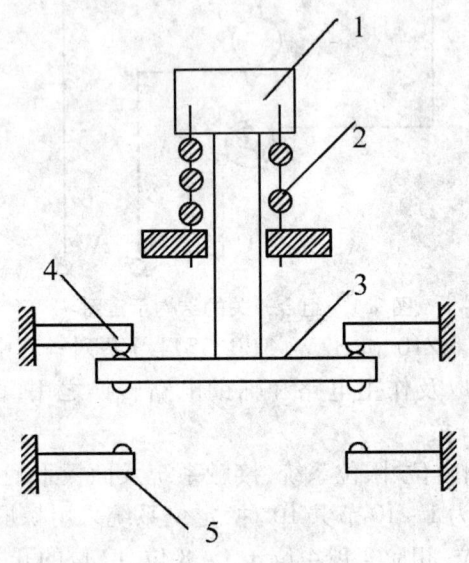

图9.3 按钮结构示意图

按钮的结构形式有多种,适用于不同的场合:紧急式装有突出的蘑菇形钮帽,以便于紧急操作;旋钮式用于旋转操作;指示灯式在透明的按钮内装入信号灯,用作信号显示;钥匙式为了安装起见,须用钥匙插入方可旋转操作等等。为了标明各个按钮的作用,避免误操作,通常将按钮帽做成不同的颜色以示区别,其颜色有红、绿、黑、黄、蓝、白等。一般以红色表示停止按钮,绿色表示启动按钮。目前使用比较多的有 LA18、LA19、LA25、LAY3、LAY5、LAY9 等系列产品。其中 LAY3 系列是引进产品,产品符合 IEC337 标准和国家标准 GB149785。LAY5 系列是仿法国施耐德电气公司产品,LAY9 系列是综合日本和泉公司、德国西门子公司等产品的优点而设计制作,符合 IEC337 标准。

按钮的型号及含义如下:

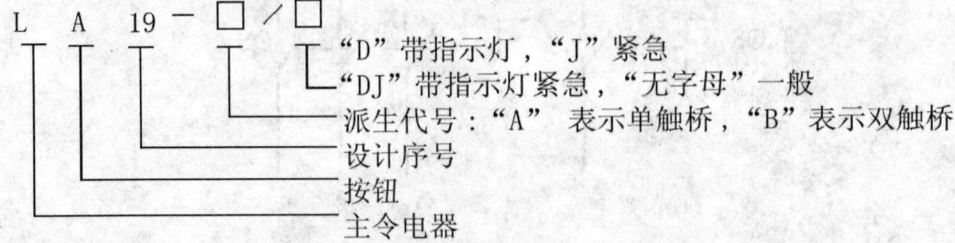

按钮的图形和文字符号如图9.4所示。

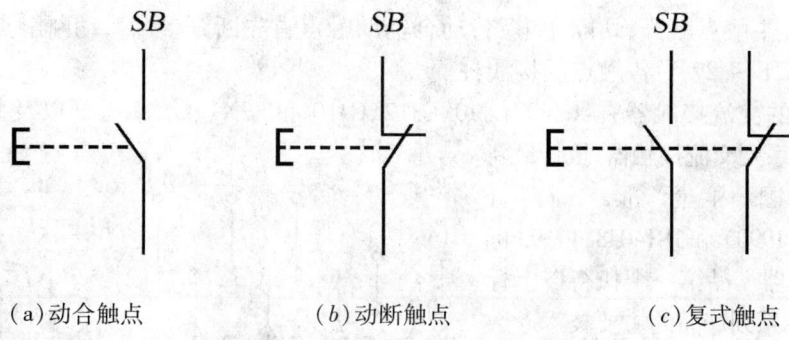

(a)动合触点　　　　　(b)动断触点　　　　　(c)复式触点

图9.4　按钮的图形及文字符号

控制按钮的选用依据主要是根据需要的触点对数、动作要求、是否需要带指示灯、使用场合以及颜色等要求。

9.1.3　交流接触器

交流接触器主要由触点系统、电磁系统和灭弧装置等组成。

1. 触点系统

触点是接触器的执行元件,用来接通和断开电路。交流接触器一般采用双断点桥式触点,两个触点串于同一电路中,同时接通或断开。接触器的触点有主触点和辅助触点之分,主触点用以通断主电路,辅助触点用以通断控制回路。

2. 电磁机构

电磁机构的作用是将电磁能转换成机械能,操纵触点的闭合或断开。交流接触器一般采用衔铁绕轴转动的拍合式电磁机构和衔铁作直线运动的电磁机构。由于交流接触器的线圈通交流电,在铁心中存在磁滞和涡流损耗,会引起铁心发热。为了减少磁滞损耗和涡流损耗,以免铁心发热过甚,铁心由硅钢片叠铆而成。同时,为了减少机械振动和噪音,在静铁心极面上要装有分磁环。

3. 灭弧装置

交流接触器分断大电流电路时,往往会在动、静触点之间产生很强的电弧。电弧一方面会烧伤触点,另一方面会使电路切断时间延长,甚至会引起其他事故。因此,灭弧是接触器的主要任务之一。

容量较小(10A以下)的交流接触器一般采用的灭弧方法是双断触点和电动力灭弧,容量较大(20A以上)的交流接触器一般采用灭弧栅灭弧。

4. 其他部分

交流接触器的其他部分有底座、反力弹簧、缓冲弹簧、触点压力弹簧、传动机构和接线柱等。反力弹簧的作用是当吸引线圈断电时,迅速使主触点和动合辅助触点断开;缓冲弹簧的作用是缓冲衔铁在吸合时对静铁心和外壳的冲击力;触点压力弹簧的作用是增加动、静触点之间的压力,增大接触面积以降低接触电阻,避免触点由于接触不良而过热灼伤,并有减振作用。

交流接触器的工作原理如图9.5所示。当交流接触器电磁系统中的线圈6、7间通入交流电流以后,铁心8被磁化,产生大于反力弹簧10弹力的电磁力,将衔铁9吸合。一方面,带动了动合主触点1、2、3的闭合,接通主电路;另一方面,动断辅助触点(在4和5处)首先断开,接着,动合辅助触点(也在4和5处)闭合。当线圈断电或外加电压太低时,在反力弹簧10的作用下衔铁释放,动合主触点断开,切断主电路;动合辅助触点首先断开,接着,动断触点恢复闭合。图中11～17和21～27为各触点的接线柱。

目前常用的交流接触器有:CJ40、CJ20、CJ12、CJ10和CJX1、CJX2系列以及B系列等。

其中CJ40系列交流接触器,执行最新的国际、国内标准,符合IEC947—4—1(1990)和JB14048.4—93标准,是我国接触器产品第一个执行以上标准的产品。CJ40系列产品的主要技术参数都达到甚至超过国外产品。因CJ40系列是对CJ20系列产品的二次开发,使CJ40系列产品的价格同CJ20非常接近,部分规格还低于CJ20相应规格的售价。

CJ20系列交流接触器为直动式、双断点、立体布置,结构紧凑,外形安装较CJ10、CJ18等系列老产品大大缩小。其中某些型号的辅助触点可以任意组合,

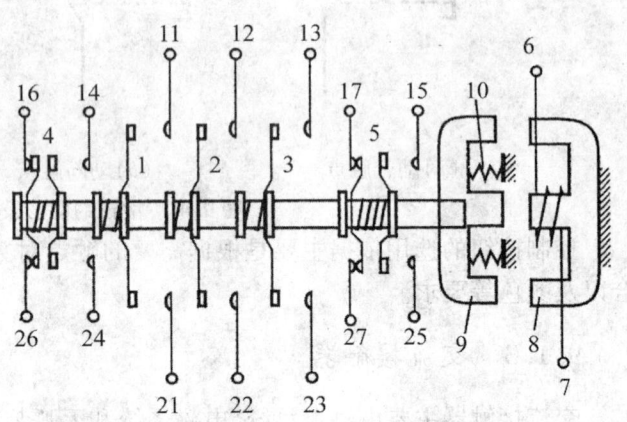

图9.5 交流接触器的工作原理

只需改变交流桥及少数零件即可,有五种组合:四动断、三动断一动合、二动断二动合、一动断三动合、四动合。

CJX1系列是引进德国西门子公司制造技术产品,性能等同于3TB和3TF系列;CJX2系列是引进法国TE公司的LC1系列接触器;B系列为引进德国ABB公司的产品。

接触器的型号及其含义如下:

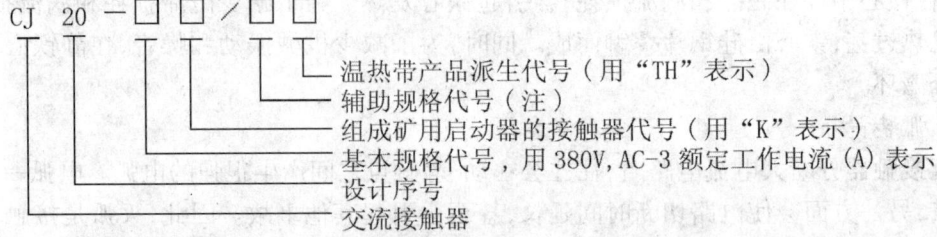

注:以数字代表额定工作电压,"03"代表380V,一般可不写出,"06"代表660V,如其产品结构无异于380V的产品结构时,也可不写出,"11"代表1140V
接触器的图形符号及文字符号如图9.6所示。

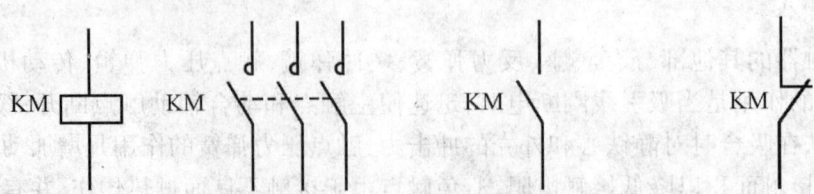

图9.6 接触器的图形符号及文字符号

9.1.4 中间继电器

中间继电器在结构上是一个电压继电器,但它的触点数多、触点容量大(额定电流 5 ~ 10A),是用来转换控制信号的中间元件。其输入信号是线圈的通电或断电信号,输出信号为触点的动作。其主要用途是当其他继电器触点数或触点容量不够时,可借助中间继电器来扩大它们的触点数或触点容量。

9.1.5 热继电器

热继电器是一种具有反时限(延时)过载保护特性的过电流继电器,广泛用于电动机的过载保护,也可用于其他电气设备的过载保护。

电动机在运行过程中,如果长期过载、频繁启动、欠电压运行或者断相运行等都可能使电动机的电流超过它的额定值。如果超过额定值的量不大,熔断器在这种情况下不会熔断,这样将引起电动机过热,损坏绕组的绝缘,缩短电动机的使用寿命,严重时甚至烧坏电动机。因此,常采用热继电器作为电动机的过载保护。

1. 热继电器的结构及工作原理

热继电器有各种各样的结构形式,最常用的是双金属片式结构,图 9.7 为热继电器结构原理图。双金属片 2 是用两种不同线膨胀系数的金属片,通过机械碾压在一起制成的,一端固定,另一端为自由端。当双金属片的温度升高时,由于两种金属的线膨胀系数不同,所以它将弯曲。热元件 3 串接在电动机定子绕组中,电动机绕组电流即为流过热元件的电流。当电动机正常运行时,热元件产生的热量虽能使双金属片 2 弯曲,但不足以使继电器动作;当电动机过载时,热元件产生的热量增大,使双金属片弯曲位移量增大,经过一段时间后,双金属片弯曲推动导板 4,并通过补偿双金属片 5 与推杆 14 将触点 9 和 6 分开,触点 9 和 6 为热继电器串于接触器线圈回路的动断触点,断开后使接触器失电,接触器的动合触点断开电动机等负载回路,保护了电动机等负载。

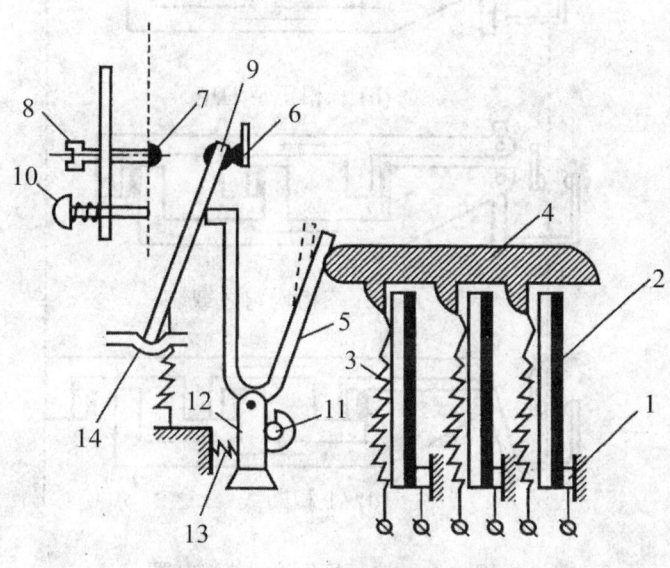

图 9.7 热继电器结构原理图

补偿双金属片5可以在规定范围内(+40℃ ~ -30℃)补偿环境温度对热继电器的影响。如果周围环境温度升高,双金属片向左弯曲程度加大,然而补偿双金属片5也向左弯曲,使导板4与补偿双金属片之间距离保持不变,故继电器特性不受环境温度升高的影响,反之亦然。有时可采用欠补偿,使补偿双金属片5向左弯曲的距离小于双金属片2因环境温度升高向左弯曲的变动值,以便在环境温度较高时,热继电器动作较快,更好地保护电动机。

调节旋钮11是一个偏心轮,它与支撑件12构成一个杠杆,转动偏心轮,即可改变补偿双金属片5与导板4的接触距离,从而达到调节整定动作电流值的目的。此外,靠调节复位螺钉8来改变动和静触点7的位置使热继电器能工作在手动复位和自动复位两种工作状态。调试手动复位时,在故障排除后需按下按钮10才能使动触点9恢复与静触点6相接触的位置。

2. 带断相保护的热继电器

上述结构的热继电器适用于三相同时出现过载电流的情况,若三相中有一相断线而出现过载电流,则因为断线那一相的双金属片不弯曲而使热继电器不能及时动作,有时甚至不动作,故不能起到保护作用。这时就需要使用带断相保护的热继电器,其结构原理如图9.8所示,其中剖面3为双金属片,虚线表示动作位置,图9.8(a)为断电时的位置。

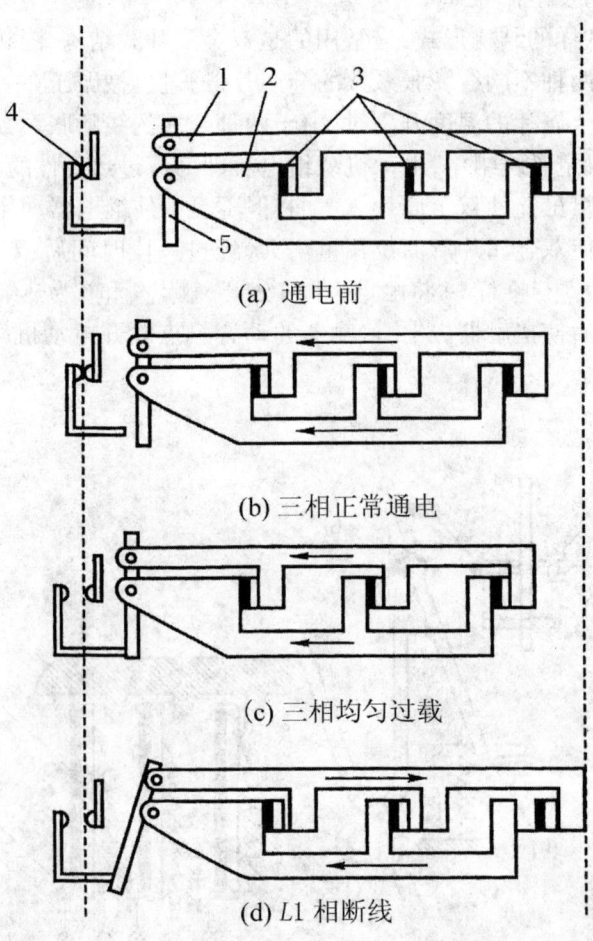

(a) 通电前

(b) 三相正常通电

(c) 三相均匀过载

(d) L1 相断线

图9.8 带断相保护的热继电器

当电流为额定值时,三个热元件均正常发热,其端部均向左弯曲推动上、下导板同时左移,但达不到动作位置,继电器不会动作,如图9.8(b)所示。

当电流过载达到整定值时,双金属片弯曲过大,把导板和杠杆推到动作位置,继电器动作,使动断触点立即打开,如图9.8(c)所示。当一相(设L1相)断路时,L1相(右侧)的双金属片逐渐冷却降温,其端部向右移动,推动上导板向右移动;而另外两相双金属片温度上升,使端部向左移动,产生差动作用,使杠杆扭转,继电器动作,起到断相保护作用。

3. 常用的热继电器

目前国内生产的热继电器品种很多,常用的有JR20、JRS1、JRS2、JRS5、JR16B和T系列等。其中JRS1为引进法国TE公司的LR1-D系列,JRS2为引进德国西门子公司的3UA系列,JRS5为引进日本三菱公司TH—K系列,T系列为引进德国ABB公司的产品。

JR20系列热继电器采用立体布置式结构,且系列动作机构通用。除具有过载保护、断相保护、温度补偿以及手动和自动复位功能外,还具有动作脱扣灵活、动作脱扣指示以及断开检验按钮等功能装置。

型号及其含义如下:

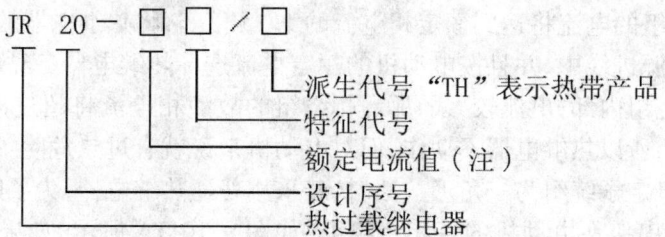

注:"Z" 表示与交流接触器组合安装
   "L" 表示独立安装
   "GZ"表示标准导轨组合安装
   "GL"表示标准导轨独立安装

JR20系列产品共有8个额定电流等级,46个热元件规格,可适用于0.1~630A保护范围。热继电器的图形符号及文字符号如图9.9所示。

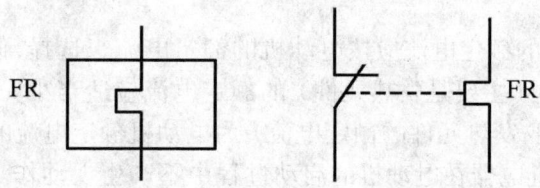

图9.9 热继电器的图形符号及文字符号

4. 热继电器接入电动机定子电路方式

三相交流电动机的过载保护大多数采用三相式热继电器,由于热继电器有带断相保护和不带断相保护两种,根据电动机绕组的接法,这两种类型的热继电器接入电动机定子电路的方式也不尽相同。

当电动机定子绕组为星形接法时,带断相保护和不带断相保护的热继电器均可接在电路中,如图9.10(a)所示。采用这种接入电路方式,在发生三相均匀过载、不均匀过载乃至发生一相断线事故时,流过热继电器的电流即为流过电动机绕组的电流,所以热继电器可以如实地反映电动机的过载情况。

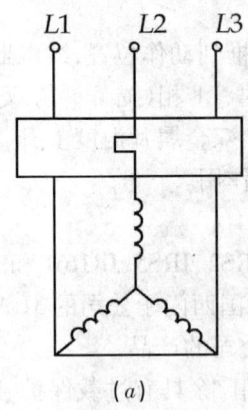 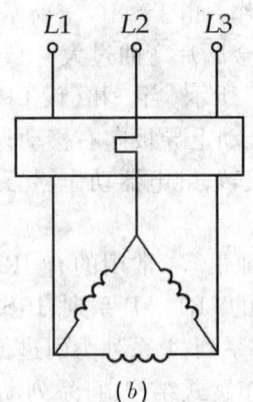 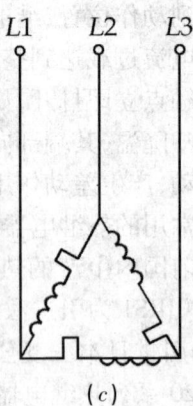

图9.10　热继电器接入电路的方式

电动机的额定电流是指线电流,电动机在三角形接法时,额定线电流为每相绕组额定相电流的$\sqrt{3}$倍。当发生断相运行时,如果故障线电流达到电动机的额定电流,可以证明,此时电动机电流最大一相绕组的电流将达到额定相电流的1.15倍。若将热继电器的热元件串接在三角形接法电动机的电源进线中,并且按电动机的额定电流选择热继电器,当故障线电流达到额定电流时,在电动机绕组内部,电流较大的那一相绕组的故障相电流将超过额定电流。因热继电器串在电源进线中,所以热继电器不动作,但对电动机来说就有过热危险了。

因此,当电动机定子绕组为三角形接法时,若采用普通热继电器,为了能进行断相保护,必须将三个发热元件串接在电动机的每相绕组上,如图9.10(c)所示。如果采用断相式热继电器,可以采用图9.10(b)的接线形式。

5. 热继电器的选用与维护

热继电器的选用是否得当,直接影响着对电动机进行过载保护的可靠性。

(1) 热继电器有两相式、三相式和三相带断相保护等形式。星形接法的电动机及电源对称性较好的情况可选用两相或三相结构的热继电器;三角形接法的电动机应选用带断相保护装置的三相结构热继电器。

(2) 原则上热继电器的额定电流应按电动机的额定电流来选择,但对于过载能力较差的电动机,其配用的热继电器(主要是发热元件)的额定电流应适当小一些,一般选取热继电器的额定电流(实际上是选取发热元件的额定电流)为电动机额定电流的60% ~ 80%。在不频繁启动的场合,要保证热继电器在电动机的启动过程中不产生误动作。通常,当电动机的启动电流为其额定电流的6倍、启动时间不超过6s且电动机很少连续启动时,就可按电动机的额定电流来选用热继电器。

热继电器选好后,还需按电动机的额定电流来调整它的整定值。

(3) 对于工作时间较短、间歇时间较长的电动机,以及虽然长期工作但过载的可能性很小的电动机,可以不设过载保护。

(4) 双金属片式热继电器一般用于轻载、不频繁启动电动机的过载保护。对于重载、频繁启动的电动机,则可用过电流继电器(延时动作型的)作它的过载保护和短路保护。因为热元件受热变形需要时间,故热继电器不能作短路保护用。

(5) 热继电器有手动复位和自动复位两种方式。对于重要设备,宜采用手动复位方式;如果热继电器和接触器的安装地点远离操作地点,且从工艺上又易于看清过载情况,宜采用自动复位方式。另外,热继电器必须按照产品说明书规定的方式安装。当与其他电器安装在一起时,应将热继电器安装在其他电器的下方,以免其动作受其他电器发热的影响。使用中应定期除去尘埃和污垢。若双金属片出现锈斑,可用棉布蘸上汽油轻轻擦拭,切忌用砂纸打磨。另外,当主电路发生短路事故后,应检查发热元件和双金属片是否已经发生永久性变形。在作调整时,绝不允许弯折双金属片。

9.1.6 熔断器

熔断器是一种广泛应用的最简单有效的保护电器之一。其主体是低熔点金属丝或金属薄片制成的熔体,串联在被保护的电路中。在正常情况下,熔体相当于一根导线,当发生短路或过载时,电流很大,熔体因过热熔化而切断电路。

熔断器作为保护电器,具有结构简单、体积小、重量轻、使用和维护方便、价格低廉、可靠性高等优点。

1. 熔断器的结构及保护特性

熔断器由熔体和绝缘底座(或称熔管)等组成。熔体为丝状或片状。熔体材料通常有两种:一种是由铅锡合金和锌等低熔点、导电性能差的金属制成,因而不易灭弧,多用于小电流的电路;另一种由银、铜等高熔点、导电性能好的金属丝制成,易于灭弧,多用于大电流电路。当正常工作的时候,流过熔体的电流小于或等于它的额定电流,由于熔体发热温度尚未达到熔体的熔点,所以熔体不会熔断,电路仍保持接通。当流过熔体的电流达到额定电流的1.3～2倍时,熔体缓慢熔断;当流过熔体的电流达到额定电流的8～10倍时,熔体迅速熔断。电流越大,熔断越快,熔断器的这种特性称为保护特性或安秒特性。如表9.1和图9.11所示。表中I_N为熔体额定电流,通常取$2I_N$为熔断器的熔断电流,其熔断时间约为30～40s。因此,熔断器对轻度过载反应比较迟钝,一般只能作短路保护用。

表9.1　　　　　　　　　　常用熔体的安秒特性

熔体通过电流(A)	1.25 I_N	1.6 I_N	1.8 I_N	2.0 I_N	2.5 I_N	3 I_N	4 I_N	8 I_N
熔断时间(s)	∞	3600	1200	40	8	4.5	2.5	1

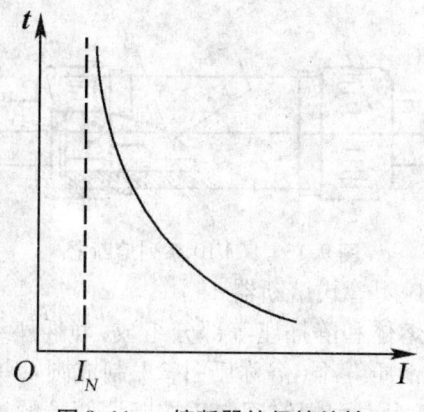

图9.11　熔断器的保护特性

2. 熔断器的主要技术参数

（1）额定电压。熔断器的额定电压是指熔断器长期工作时和分断后能够承受的电压,它取决于线路的额定电压,其值一般等于或大于电气设备的额定电压。

（2）额定电流。熔断器的额定电流是指熔断器长期工作时,各部件温升不超过规定值时所能承受的电流。熔断器的额定电流等级比较少,而熔体的额定电流等级比较多,即在一个额定电流等级的熔断管内可以分装不同额定电流等级的熔体,但熔体的额定电流最大不能超过熔断管额定电流。

（3）极限分断能力。是指熔断器在规定的额定电压和功率因数（或时间常数）的条件下,能分断的最大短路电流值。在电路中出现的最大电流值一般是指短路电流值。所以,极限分断能力也是反映熔断器分断短路电流的能力。

3. 常用的熔断器

（1）瓷插式熔断器

常用的瓷插式熔断器为RC1A系列,其结构如图9.12所示。它有瓷底座1、动触点2、熔体3和静触点5组成,瓷插件4突出部分与瓷底座之间的间隙形成灭弧室。

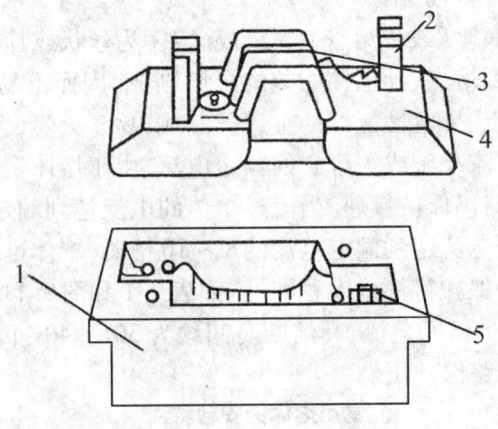

图9.12　瓷插式熔断器

RC1A系列熔断器用于交流50Hz,额定电压380V及以下的电路末端,作为供配电系统导线及电气设备（如电动机、负荷开关）的短路保护,也可作为民用照明等电路的保护。

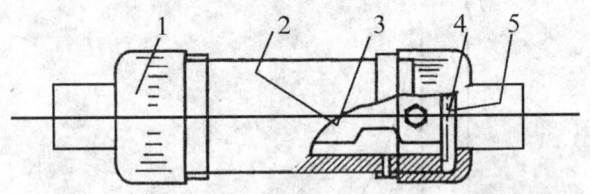

图9.13　RM10系列熔断器

（2）RM10系列无填充料封闭管式熔断器

该系列熔断器由熔断管、熔体和静插座等部分组成,静插座结构与刀开关静插座相类似,而装于绝缘底板上。熔断管由钢质纤维（俗称反白管）制成圆管状,管的两端由铜螺帽封闭,管内不充填料。熔体为变截面的锌片,由螺钉固定于熔断器两端的接触刀上,并装于熔断管内。熔体熔断时,电弧在管内不会向外喷出,钢质纤维管在电弧的高温作用下,使其局部分解而产生大量气体,气体一方面在管内壁形成旋涡,加强了离子的复合作用,另一方面又产生强大的压力,增强了消电离作用,从而促使电弧很快熄灭,相应地提高了熔断器的分断能力。RM10系列熔断器的结构如图9.13所示,它的优点是更换熔体方便,使用比较安全,恢复供电也较快。

RM10系列熔断器适用于经常发生过载和短路故障的场合,作为低压电力线路或成套配电装置的连续过载及短路保护是比较合适的。

(3)有填料封闭管式熔断器

目前,熔断器最广泛使用的灭弧介质填料是石英砂。因为石英砂具有热稳定性好、熔点高、化学惰性、热导率高和价格低等优点。

熔断器熔断时,一方面电弧在石英砂颗粒间的窄缝中受到强烈的消电离作用而熄灭;另一方面,电弧在极短的时间内、在很小的容积里产生巨大的能量,使熔管型腔内温度非常高,而且温升很快。这时,颗粒填料层的存在就保护了熔断器零件,使之免遭电弧的强烈热作用。常用的填料封闭管式熔断器有:螺栓连接的RT12、RT15系列,产品符合国际电工IEC269低压电器标准;圆筒形帽熔断器RT14、RT19、RT18系列。其结构如图9.14所示。

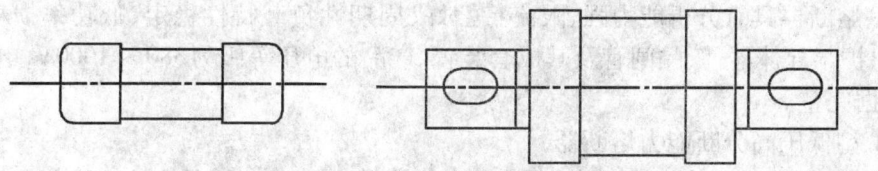

图9.14 有填料封闭管式熔断器

RT14、RT19系列配带撞击器的熔断器,与熔断式隔离器配合使用时,可作为电动机的缺相保护。

型号及其含义如下:

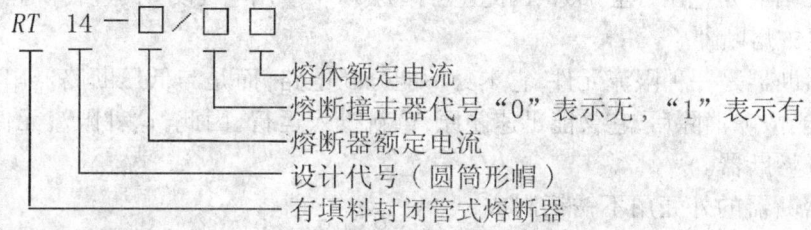

(4)螺旋式熔断器

螺旋式熔断器的结构如图9.15所示。主要由瓷帽1、熔心2和底座3组成。适用于电气线路中,作输配电设备、电缆、导线过载和短路保护元件。

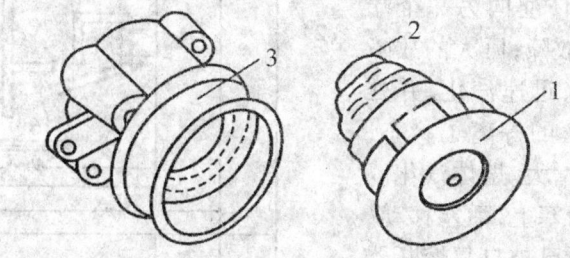

图9.15 螺旋式熔断器

常用的螺旋式熔断器有RL6系列中的RL6—25(R021)、RL6—63(R022)以及R024、R026

等。产品全部符合 IEC269 标准。

型号及其含义如下：

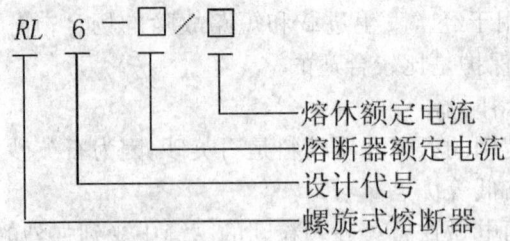

(5) 半导体器件保护用熔断器

由于半导体元件的过载能力很低,只能在极短时间内承受较大的过载电流,因此要求短路保护具有快速熔断的特性。目前常用的半导体保护性熔断器有 GNT 型和 RS0、RS3 系列快速熔断器,以及 RS21、RS22 型螺旋式快速熔断器。其中 NGT 型是引进德国 AGE 公司熔断器技术制造,是国内率先符合 IEC269 标准的产品。

NGT 型熔断器具有分析能力强、限流特性好、周期性负载特性稳定、低功率损耗等优点,能可靠地保护半导体器件、晶闸管及其成套装置。产品的电压等级为 380～1000V,电流规格齐全,技术数据完整。

(6) NT 型低压高分断能力熔断器

NT 型熔断器是引进德国 AGE 公司制造技术生产的产品,具有体积小、重量轻、功耗小、分断能力强等特点。广泛用于额定电压至 660V,额定频率 50Hz,额定电流至 1000A 的电路,作为工业电气设备过载和短路保护使用。产品符合 IEC269 标准,与国外同类产品具有通用性和互换性。

NT 型熔断器额定电压可至 660V,因此还可作为 660V 矿用电气设备的过载和短路保护之用。

(7) 自复式熔断器

自复式熔断器是一种限流元件,它本身不能分断电路,而是与低压断路器串联使用,以提高分断能力。当故障消除后,它又能迅速复原,重新投入运行。因此,这种限流元件被称为自复熔断器或永久熔断器。

自复式熔断器的外壳用不锈钢制成,内部有一个绝缘管,外壳与绝缘管之间浇注填充剂,一般以云母玻璃或低熔点玻璃浇注。电流从一个端子通过氧化铍陶瓷绝缘管细孔内的金属钠熔体通向另一个端子,形成通路。一旦发生故障,巨大的故障电流使钠熔体急剧发热、迅速汽化,并处于高温、高压和高电阻率的等离子状态,限制了故障电流的继续增大。熔体汽化以后,其高压作用于一个活塞上,活塞移动,压缩氩气。当断路器切断已被自复熔断器限制了的故障电流后,钠蒸汽温度下降,压力也下降。此时,原来受压的氩气膨胀,

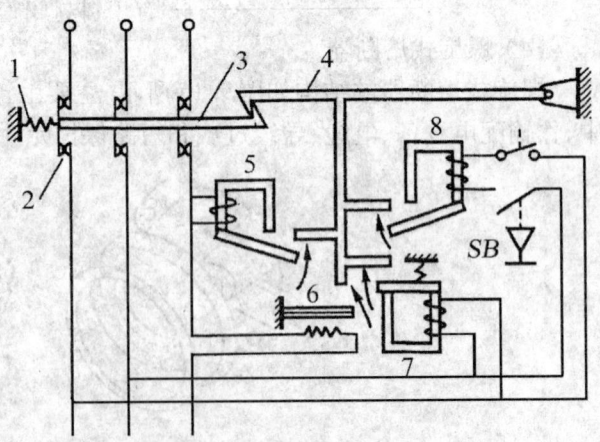

图 9.16　自复熔断器应用电路

推动活塞复位,熔断器迅速复原。由于钠蒸汽又凝结为固体,其电阻也降低为原值,为下一次工作做好准备。

从工作原理来看,自复熔断器实质上是一个非线性电阻。为了抑制分断时出现的过电压,并保证断路器的脱扣机构始终有一个动作电流,以保证其工作的可靠性,自复熔断器要并联一附加电阻 R,一般为 80 ~ 120mΩ,如图 9.16 所示。

自复熔断器的工业产品有 RZ1 系列等,它用于交流 380V 的电路,与断路器配合使用。熔断器的额定电流有 100A、200A、400A、600A 四个等级,在 $cos\varphi \leq 0.3$ 时的分断能力为 100kA。

必须指出,尽管自复熔断器可多次重复使用,但其技术特性却将逐渐劣化,故一般只能重复工作数次。

熔断器的图形符号及文字符号如图 9.17 所示。

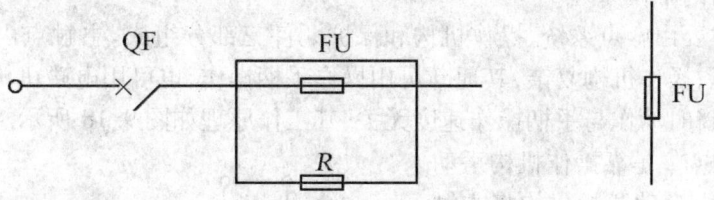

图 9.17 熔断器的图形符号及文字符号

4. 熔断器的选择与维护

(1) 熔断器的选择

工业上选择熔断器一般从以下几个方面考虑:

① 熔断器的类型应根据线路的要求、使用场合及安装条件进行选择。

② 熔断器的额定电压必须等于或高于熔断器工作点的电压。

③ 熔断器的额定电流根据被保护的电路(支路)及设备的额定负载电流选择。熔断器的额定电流必须等于或高于所装熔体的额定电流。

④ 熔断器的额定分断能力必须大于电路中可能出现的最大故障电流。

⑤ 熔断器的选择需考虑电路与其他配电电路、控制电器之间选择性配合等要求。为此,应使上一级(供电干线)熔断器的熔体额定电流比下一级(供电干线)大 1 ~ 2 个等级。

⑥ 熔断器所装熔体额定电流的选择。

a. 对于照明线路等没有冲击电流的负载,应使熔体的额定电流等于或稍大于电路的工作电流,即

$$I_{FU} \geq I$$

式中,I_{FU} 为熔体的额定电流,I 为电路的工作电流。

b. 对于电动机类负载,要考虑启动冲击电流的影响,应按下式计算

$$I_{FU} \geq (1.5 \sim 2.5)I_N$$

c. 对于多台电动机由一个熔断器保护时,熔体的额定电流应按下式计算

$$I_{FU} \geq (1.5 \sim 2.5)I_{Nmax} + \sum I_N$$

式中,I_{Nmax} 为容量最大的一台电动机的额定电流,$\sum I_N$ 为其余电动机额定电流的总和。

d. 降压启动的电动机选用熔体的额定电流等于或略大于电动机的额定电流。

(2) 熔断器在使用维护方面应注意以下事项:

① 安装前检查熔断器的型号、额定电流、额定电压、额定分断能力等参数是否符合规定要求。

② 安装时应注意熔断器与底座触刀接触应良好,以避免因接触不良造成温升过高,引起熔断器误动作和周围电器元件损坏。

③ 熔断器熔断时,应更换同一型号规格的熔断器。

④ 工业用熔断器的更换应由专职人员更换,更换时应切断电源。

⑤ 使用时应经常清除熔断器表面积有的尘埃,在定期检修设备时,如发现熔断器有损坏,应及时更换。

9.1.7 自动空气断路器

低压断路器又称自动空气开关或自动空气断路器,主要用于低压动力线路中。它相当于刀闸开关、熔断器、热继电器和欠压继电器的组合,是一种自动切断电路故障的保护电器。

1. 低压断路器的工作原理

低压断路器主要由触点系统、操作机构和保护元件三部分组成。主触点由耐弧合金制成,采用灭弧栅片灭弧;操作机构复杂,其通断可用操作手柄操作,也可用电磁机构操作,故障时自动脱扣,触点通断瞬时动作与手柄操作速度无关,其工作原理如图 9.18 所示。

断路器的主触点 2 是靠操作机构手动或电动合闸的,并由自动脱扣机构将主触点锁在合闸位置上。如果电路发生故障,自动脱扣机构在有关脱扣器的推动下动作,使钩子脱开,于是主触点在弹簧的作用下迅速分断。过电流脱扣器 5 的线圈和过载脱扣器 6 的线圈与主电路串联,失压脱扣器 7 的线圈与主电路并联,当电路发生短路或严重过载时,过电流脱扣器的衔铁被吸合,使自动脱扣机构动作;当电路过载时,过载脱扣器的热元件产生的热量增加时,双金属片向上弯曲,推动自动脱扣机构动作;当电路失压时,失压脱扣器

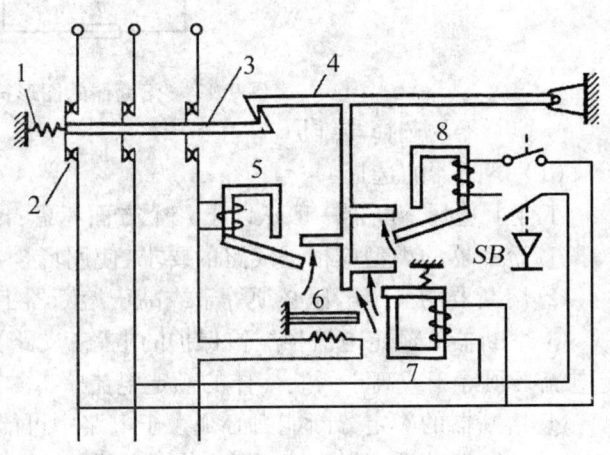

图 9.18　低压断路器的工作原理

的衔铁释放,也使自动脱扣机构动作。分励脱扣器 8 则作为远距离分断电路使用,根据操作人员的命令或其他信号使线圈通电,从而使断路器跳闸。

断路器根据不同用途可配备不同的脱扣器。

2. 低压断路器的主要技术参数和典型产品介绍

(1) 低压断路器的主要技术参数

① 额定电压。额定电压分额定工作电压、额定绝缘电压和额定脉冲电压。

断路器的额定工作电压在数值上取决于电网的额定电压等级,我国电网标准规定为 AC220V、380V、660V 及 1140V,DC220V、440V 等。应该指出,同一断路器可以规定在几种额定工作电压下使用,但相应的通断能力并不相同。

额定绝缘电压是设计断路器的电压值。一般情况下,额定绝缘电压就是断路器的最大额定工作电压。

开关电器工作时,要承受系统中所发生的过电压,因此开关电器(包括断路器)的额定电

压参数中给定了额定脉冲耐压值,其数值应大于或等于系统中出现的最大过电压峰值。额定绝缘电压和额定脉冲电压共同决定了开关电器的绝缘水平。

② 额定电流。断路器的额定电流就是过电流脱扣器的额定电流,一般是指断路器的额定持续电流。

③ 通断能力。开关电器在规定的条件下(电压、频率及交流电路的功率因数和直流电路的时间常数),能在给定的电压下接通和分断的最大电流值,也称为额定短路通断能力。

④ 分断时间。指切断故障电流所需的时间,它包括固有的断开时间。

(2) 低压断路器的保护特性

低压断路器的保护特性主要是指其过载和过电流保护特性,即断路器的动作时间与过载和过电流脱扣器的动作电流的关系特性。为了能起到良好的保护作用,断路器的保护特性应同保护对象的允许发热特性匹配,即断路器的保护特性应位于保护对象的允许发热特性之下,如图 9.19 所示,其中曲线 1 为保护对象的发热特性,曲线 2 为低压断路器的保护特性。

为了充分利用电器设备的过载能力,尽可能缩小事故范围,低压断路器的保护特性必须具有选择性,即它应当是分段的。保护特性的 ab 段是过载保护部分,它是反时限的,即动作电流的大小同动作时间的长短成反比。df 段是瞬时动作部分,只要故障电流超过 i_1 时,过电流脱扣器便瞬时动作,切除故障电路。ce 段是定时限延时动作部分,只要故障电流超过 i_1 时,过电流脱扣器经过一定的延时后即动作,切除故障电路。根据需要,断路器的保护特性可以是两段式的,如 $abdf$ 式,即过载延时和短路瞬时动作;$abce$ 式,即过载长延时和短路短延时动作。为了获得更完整的选择性和上、下级开关间的协调配合,还可以有三段式的保护特性,即 $abcghf$ 式的保护特性,过载长延时、短路短延时和特大短路瞬时动作。

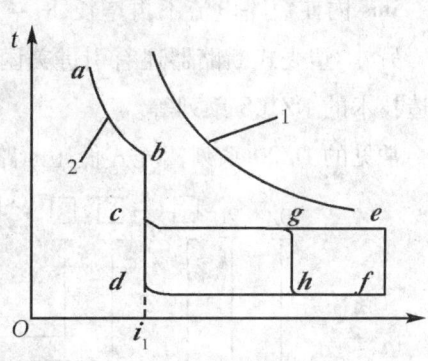

图 9.19 低压断路器的保护特性

(3) 低压断路器典型产品介绍

低压断路器按其用途和结构特点可分为框架式低压断路器、塑料外壳式低压断路器、直流快速低压断路器和限流式低压断路器等。下面将主要介绍框架式低压断路器和塑料外壳式低压断路器两大类。

① 框架式断路器。框架式低压断路器又叫万能式低压断路器,主要用于 40 ~ 100kW 电动机回路的不频繁全压启动,并起短路、过载、失压保护作用。其操作方式有手动、杠杆、电磁铁和电动机操作四种。额定电压一般为 380V、额定电流有 200 ~ 4000A 若干种。常见的框架式低压断路器有 DW 系列等。

a. DW10. 系列断路器。 本系列产品额定电压为交流 380V 和直流 440V,额定电流为 220 ~ 4000A,非选择型(即无短路短延时),由于其技术指标较低,现已逐渐被淘汰。

b. DW15. 系列断路器。 它是更新换代产品,其额定电压为交流 380V,额定电流为 200 ~ 4000A,极限分断能力均比 DW10 系列大一倍。它分选择型和非选择型两种产品,选择型(具有三段特性)的采用半导体脱扣器。在 DW15 系列断路器的结构基础上,适当改变触点的结构,则制成 DWX15 系列限流式断路器,它具有快速断开和限制短路电流上升的特点,因此特别适用于可能发生特大短路电流的电路中。在正常情况下,它也可作为电路的不频繁通断及电动机的不频繁启动用。

除此以外,还有引进国外先进技术生产的 ME、AE、AH 及 3WE 系列的具有高分析能力的框架式断路器。

② 塑料外壳式低压断路器。塑料外壳式低压断路器又称装置式低压断路器或塑壳式低压断路器。一般用作配电线路的保护开关,以及电动机和照明线路的控制开关等。

塑料外壳式断路器有一绝缘塑料外壳、触点系统、灭弧室及脱扣器等均安装于外壳内,而手动扳把露在正面壳外,可手动或电动分合闸。它也有较高的分断能力和稳定性以及比较完善的选择性保护功能。我国目前生产的塑壳式断路器有 DZ5、DZ10、DZX10、DZ12、DZ15、DZX19 及 DZ20 等系列产品,其中 DZX10 和 DZX19 系列为限流式断路器,二者均是利用短路电流通过结构特殊的触点回路时,产生的巨大电动斥力实现迅速分断来达到限流的目的,它能在 4～5ms 内使短路电流不再增长,8～10ms 内可全部分断电路。

另外,塑壳式断路器还有引进美国西屋公司制造技术的 H 系列以及引进德国西门子公司制造技术的 DZ108 系列等。

常见的 DZ20 系列塑壳式低压断路器型号意义及技术参数如下:

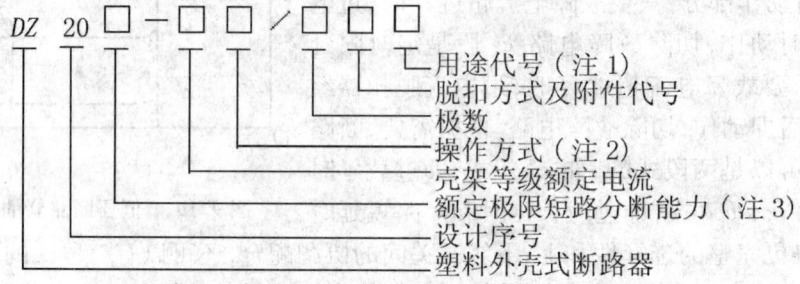

注:1 配电用无代号;保护电动机用 "2" 表示
2 手柄直接操作无代号;电动机操作用 "P" 表示;
转动手柄用 "Z" 表示
3 按额定极限短路分断能力高低分为:Y-一般型
G-最高型 S-四极型 J-较高型 C-经济型

断路器的图形符号和文字符号如图 9.20 所示。

3. 低压断路器的选用与维护

(1) 低压断路器的选用

① 断路器的额定工作电压应大于或等于线路设备的额定工作电压。对于配电电路来说应注意区别是电源端保护还是负载端保护,电源端电压比负载端电压高出约 5% 左右。

② 断路器主电路额定工作电流大于或等于负载工作电流。

③ 断路器的过载脱扣整定电流应等于负载工作电流。

④ 断路器的额定通断能力大于或等于电路的最大短路电流。

⑤ 断路器的欠电压脱扣器额电压等于主电路额定电压。

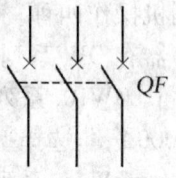

9.20 断路器的图形符号和文字符号

⑥ 断路器类型的选择,应根据电路的额定电流及保护的要求来选用。

(2) 断路器的维护

① 使用前应将脱扣器电磁铁工作面的防锈油脂抹去,以免影响电磁机构的动作值。
② 在使用一定次数后(一般为1/4机械寿命),转动部分应加润滑油(小容量的塑壳式不需要)。
③ 定期清除断路器的灰尘,以保持绝缘良好。
④ 灭弧室在分断短路电流或较长时间后,应清除其内壁和栅片上的金属颗粒和黑烟。
⑤ 断路器的触点使用一定次数后,如果表面有毛刺和颗粒等应及时清理修整,以保证接触良好。
⑥ 定期检查各脱扣器的整定值。

9.2 鼠笼式电动机正反转的控制电路

各种生产机械常常要求具有上、下、左、右、前、后等相反方向的运动,这就要求电动机能够正、反向运动。对于三相交流电动机可借助正、反向接触器改变定子绕组相序来实现。图 9.21 为三相笼型异步电动机实现正、反转的控制线路。图中 KM1、KM2 分别为正、反转接触器,它们的主触点接线的相序不同,KM1 按 U—V—W 相序接线,KM2 按 V—U—W 相序接线,即将 U、V 两相对调,所以两个接触器分别工作时,电动机的旋转方向不一样,实现电动机的可逆运转。

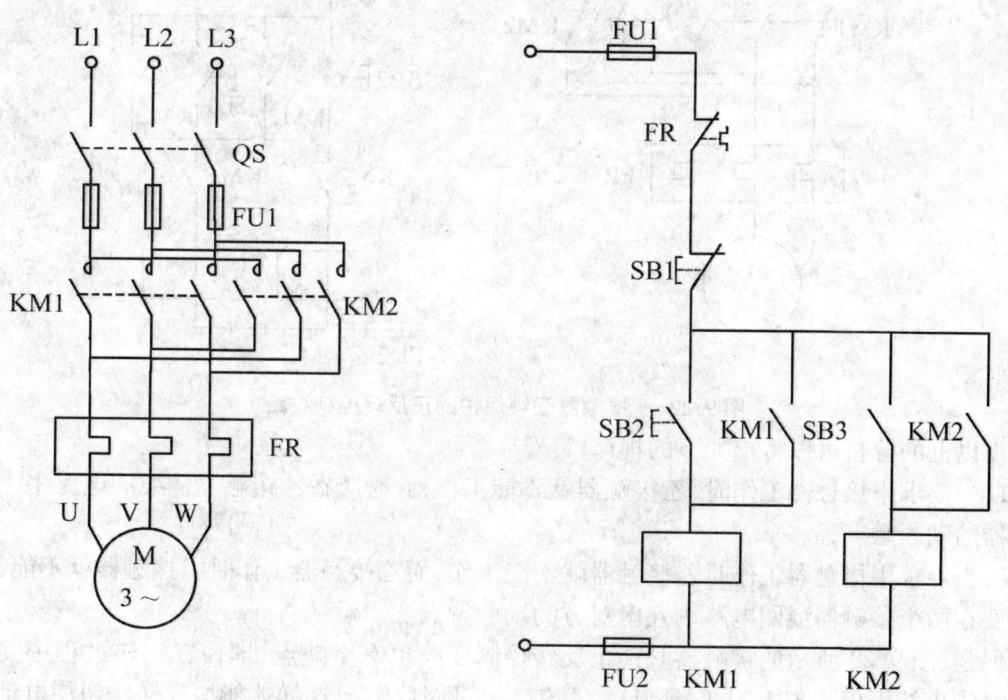

图 9.21 接触器正反转控制线路

图9.21 所示控制线路虽然可以完成正、反转的控制任务,但这个线路是有缺点的,在按下正转按钮 SB2 时,KM1 线圈通电并且自锁,接通正序电源,电动机正转。若发生错误操作,在按下 SB2 的同时又按下反转按钮 SB3,KM2 线圈通电并自锁,此时在主电路中将发生 U、V 两相电源短路事故,为了避免上述事故的发生,就要求保证两个接触器不能同时工作。这种在同一时间里两个接触器只允许一个工作的控制作用称为互锁或联锁。图9.22 为带接触器联锁保护的正、反转控制线路。在正、反两个接触器中互串一个对方的动断触点,这对动断触点称为互锁触点或联锁触点。这样当按下正转启动按钮 SB2 时,正转接触器 KM1 线圈接通,主触点闭合,电动机正转,与此同时,由于 KM1 的动断辅助触点断开而切断了反转接触器 KM2 的线圈电路。因此,即使说按反转启动按钮 SB3,也不会使反转接触器的线圈通电工作。同理,在反转接触器 KM2 动作后,也保证了正转接触器 KM1 的线圈电路不能再工作。

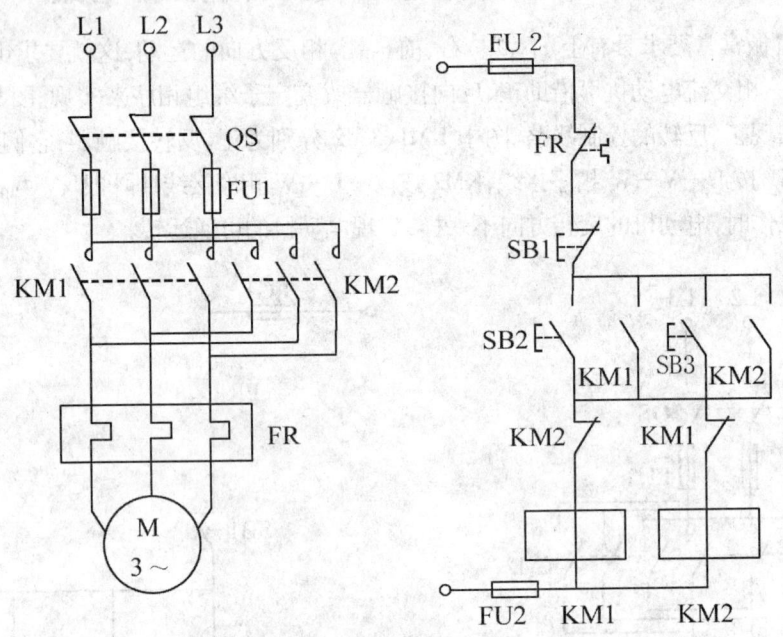

图9.22　接触器联锁保护的正反转控制线路

由以上的分析可以得出如下的规律:

1. 当要求甲接触器工作时,乙接触器就不能工作,此时应在乙接触器的线圈电路中串入甲接触器的动断触点;

2. 当要求甲接触器工作时乙接触器就不能工作,而乙接触器工作时甲接触器就不能工作,此时要在两个接触器线圈电路中互串对方的动断触点。

但是,图9.22 所示的接触器联锁正反转控制线路也有个缺点,即使在正转过程中要求反转时必须先按下停止 SB1,让 KM1 断电,联锁触点 KM1 闭合,这样才能按反转按钮使电动机反转,这给操作带来了不方便。为了解决这个问题,在生产上常采用复式按钮和触点联锁的控制线路,如图9.23 所示。

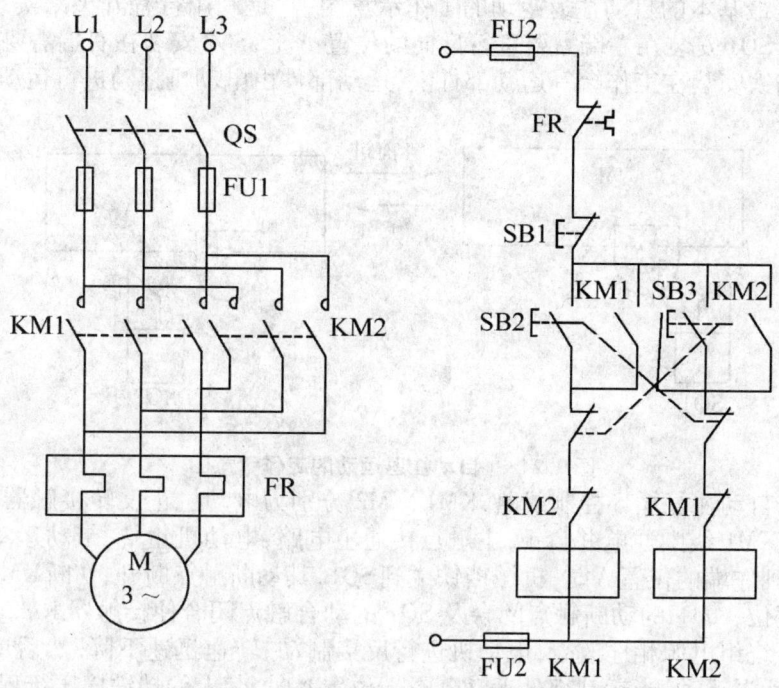

图 9.23 复合联锁的正反转控制线路

如图 9.23 中,保留了由接触器动断触点组成的互锁电气联锁,并添加了由按钮 SB2 和 SB3 的动断触点组成的机械联锁。这样,当电动机由正转变为反转时,只需按下反转按钮 SB3,便会通过 SB3 的动断触点断开 KM1 电路,KM1 起互锁作用的触点闭合,接通 KM2 线圈控制电路,实现电动机反转。

这里需注意一点,复式按钮不能代替联锁触点的作用。例如,当主电路中正转接触器 KM1 的触点发生熔焊(即静触点和动触点烧蚀在一起)现象时,由于相同的机械连接,KM1 的触点在线圈断电时不能复位,KM1 的动断触点处于断开状态,可防止反转接触器 KM2 通电使主触点闭合而造成电源短路故障,这种保护作用仅采用复式按钮是做不到的。

这种线路既能实现电动机直接正反转的要求,又保证了电路可靠地工作,常用在电力拖动控制系统中。

9.3 行程控制

在生产中,有些机械的工作需要自动往复运动,例如钻床的刀架、万能铣床的工作台等。为了实现对这些生产机械的自动控制,就要确定运动过程中的变化参量,一般情况下为行程和时间,最常用的是采用行程控制。

1. 可逆行程控制线路

图9.24是最基本的自动往返运动的工作示意图,它是利用行程开关来实现的。SQ1、SQ2为行程开关,将SQ1安装在左端需要进行反向的位置A上,SQ2安装在右端需要进行反向的位置B上,机械挡铁安装在工作台等运动部件上,运动部件由电动机拖动进行运动。

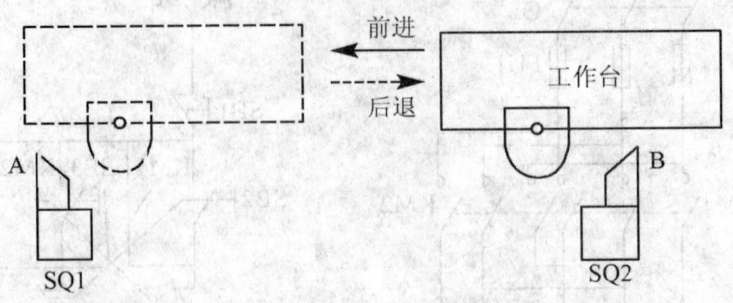

图9.24　自动往返运动的工作示意图

图9.25是自动往复循环控制线路,KM1、KM2分别为电动机正反转接触器。启动时,按下正转按钮SB2,KM1线圈通电并自锁,主触点接通主电路,电动机正转,带动运动部件前进。当运动部件运动到左端的位置A时,机械挡铁碰到SQ1,其动断触点断开,切断KM1线圈电路,使其主、辅触点复位,KM1的动断触点闭合及SQ1的动合触点闭合使接触器KM2线圈通电并自锁,电动机定子绕组电源相序改变,电动机进行反接制动,转速迅速下降,然后反向启动,带动运动部件反向后退运动。当运动部件运动到右端位置B时,其上的挡铁撞压行程开关SQ2,SQ2动作,动断触点断开使KM2线圈断电,SQ2的动合触点闭合使KM1线圈电路接通,电动机先进行反接制动再反向启动,带动运动部件前进。这样,运动部件自动进行往复运动。当按下停止按钮SB1时,电动机停车。

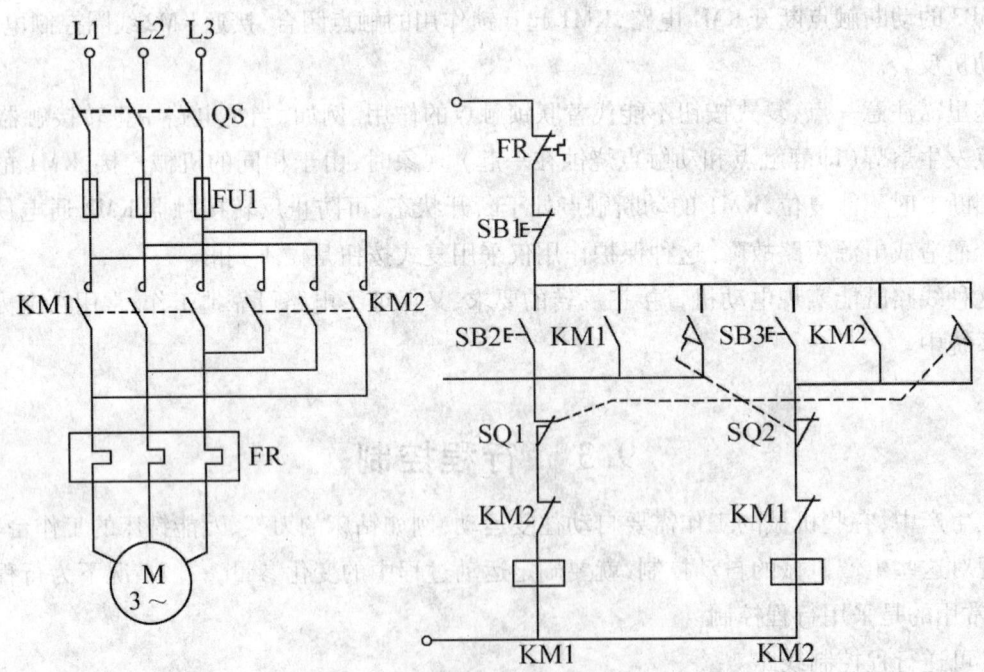

图9.25　自动往复循环控制线路

在实际生产机械中,往往还需在图9.24中的A、B位置的外侧再装设两个行程开关分别作左、右极限保护。在控制线路中将左、右极限开关的动断触点分别串联在KM1、KM2线圈电路中,这样就可以实现限位保护了。

由上述工作过程可见,运动部件每往返一次,电动机就要经受两次反接制动过程,将出现较大的反接制动电流和机械冲击力。因此,这种线路只适用于循环周期较长的生产机械。在选择接触器容量时,应比一般情况下选择的容量大些。

接线后,要检查电动机的转向与限位开关是否协调。例如,电动机正转(即KM1吸合),运动部件运动到所需要反向的位置时,挡铁应该撞到限位开关SQ1,而不应撞到SQ2。否则,电动机不会反向,即运动部件不会反向。如果电动机转向与限位开关不协调,只要将三相异步电动机的三根电源线对调两根即可。

2. 行程控制应用举例

(1) 钻孔加工过程自动控制

钻床的钻头与刀架分别由两台三相笼型异步电动机拖动。图9.26所示为钻削加工钻头的工作图,其工艺要求为:刀架能够由位置A移动到位置B停车,进行无进给切削,当孔的内表面精度达到要求后,自动返回位置A停车。

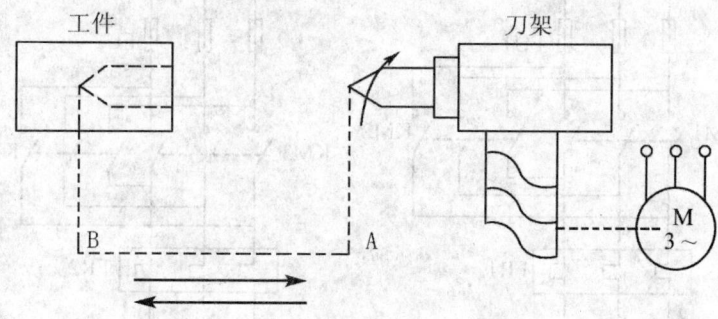

图9.26 钻削加工钻头的工作图

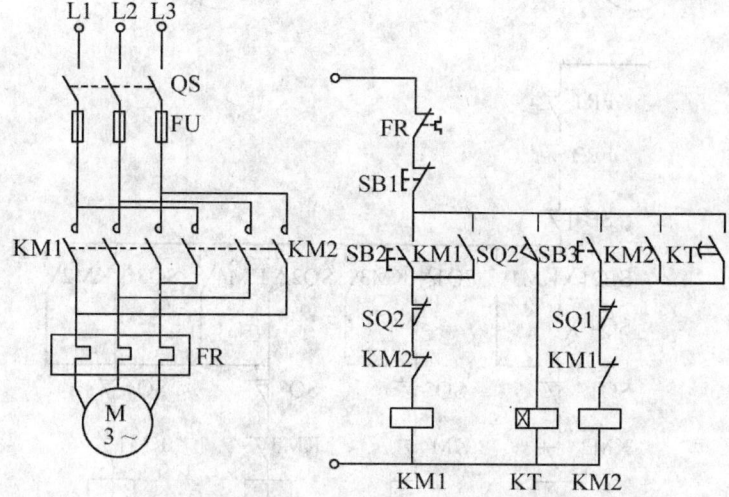

图9.27 刀架自动循环无进给切削的控制线路

图9.27为刀架自动循环无进给切削的控制线路。图中SQ1、SQ2分别为安装于A、B位置的行程开关,KM1、KM2为电动机正、反转接触器。为了提高加工精度,当刀架移动到位置B时,要求在无进给情况下进行磨光,磨光后刀架退回位置A停车。这个过程的变化参量有工件内圆的

表面光洁度和时间,最理想的是根据切削表面情况进行控制,但切削表面的光洁度不易直接测量,因此不得不采用间接测量,即用切削时间来表征无进给切削过程,用时间继电器间接测量无进给切削时间。

按下启动按钮 SB2,接触器 KM1 线圈通电并自锁,电动机正向运转,刀架前进。当刀架到达位置 B 时,撞压行程开关 SQ2,其动断触点断开,KM1 线圈断电,电动机停止工作,刀架停止进给。但钻头由另一台电动机拖动继续旋转,同时,SQ2 的动合触点接通时间继电器 KT 的线圈电路,开始无进给切削计时。到达预定时间后,时间继电器 KT 动作,其动合触点闭合,反向接触器 KM2 线圈通电并自锁,动合触点闭合,电动机反相序接通,刀架开始返回,到达位置 A 时,撞压行程开关 SQ1,其动断触点断开,KM2 线圈断电,电动机停止,完成一个周期的工作。

本控制线路中所用的时间继电器其延时值应根据无进给切削所需要的时间进行整定。

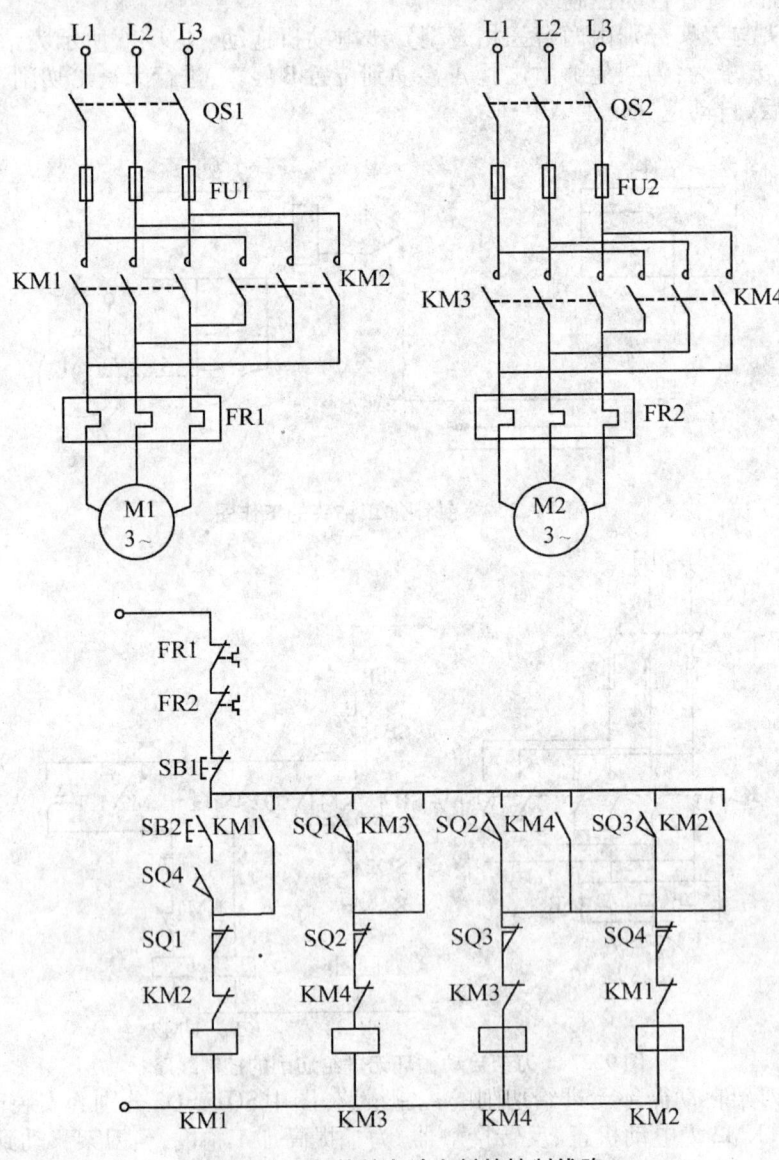

图 9.28　加热炉自动上料的控制线路

(2) 加热炉自动上料的控制线路

图 9.28 所示为加热炉自动上料的控制线路。图中 KM1、KM2 分别为控制炉门开、关电动机的正、反转接触器,KM3、KM4 分别为控制推料机电动机的正、反转接触器,SQ1、SQ2、SQ3、SQ4 为限位开关,SQ1 为炉门开到位时的限位开关,SQ2 为推料机进入到炉内预定位置的限位开关,SQ3 为推料机退出加热炉预定位置的限位开关,SQ4 为炉门关闭时的限位开关。推料机在原位及炉门关闭时,压下限位开关 SQ4,其动合触点闭合,动断触点断开。

线路的工作情况如下:

按下按钮 SB2,接触器 KM1 线路通电动作并自锁,炉门电动机带动炉门打开。当炉门开到位时压下限位开关 SQ1,SQ1 的动断触点断开,KM1 线圈断电,炉门电动机停止转动,SQ1 的动合触点闭合,KM3 线圈通电动作并自锁,推料电动机正转带动推料机前进。当推料机到达预定位置时压下限位开关 SQ2,SQ2 动断触点断开,KM3 线圈断电,推料机停止。SQ2 的动合触点闭合,KM4 线圈通电动作并自锁,推料电动机反转带动推料机返回。当推料机退出到预定位置时压下 SQ3,SQ3 的动断触点断开,KM4 线圈断电,推料机停止,SQ3 的动合触点闭合,KM2 线圈通电动作并自锁,炉门电动机反转关门,到达预定位置后压 SQ4,SQ4 的动断触点断开,KM2 线圈断电,炉门电动机停转,完成一个周期的工作,然后依次循环,进入下一周期。

由以上分析可以看出,加热炉自动上料控制系统的工作顺序是:

开门 → 推料机前进进炉 → 推料机退回 → 关门
↑_____|

其转换是依靠行程开关的动合、动断触点实现的。

(3) 横梁自动升降控制线路

龙门刨床和立式车床等的横梁在正常情况下是夹紧在立柱上的,只有要移动横梁时才将横梁从立柱上松开,当移动到需要的位置后,再将横梁夹紧在立柱上。横梁放松、夹紧有采用电动机驱动的,也有采用液压及压缩空气等方式驱动的。如果用电动机驱动,需要两台电动机,一台用于配合夹紧装置实现横梁夹紧与放松,再由另一台电动机来完成横梁的上下移动。横梁移动对控制的要求为:

① 横梁移动只有在工作台停止工作时才允许运行。可以通过在控制放松的接触器线圈电路中串联控制工作台的接触器动断触点来实现;
② 横梁上升或下降的操作应为点动控制,以保证调整的准确性;
③ 横梁上升或下降信号发出后,应自动完成横梁放松 → 移动 → 自动夹紧的过程;
④ 横梁升降应有上下极限保护。

图 9.29 所示为横梁自动控制线路。KM1、KM2 分别为上升、下降接触器,KM3、KM4 分别为夹紧与放松接触器,K 为中间继电器,KA2 为过电流继电器,SQ1、SQ2 分别为夹紧与放松限位开关,SQ3、SQ4 为横梁升降极限开关,KM5、KM6 的动断触点为工作台与横梁机构的联锁触点,当工作台运动时,KM5 或 KM6 动断触点断开,线圈不能通电,确保只有在工作台停止时才允许横梁移动。

线路的工作过程如下:

横梁上升时,按下启动按钮 SB1,中间继电器 K 通电,其动合触点闭合使 KM4 线圈通电并自锁,KM4 的主触点闭合,使横梁夹紧电动机反转,横梁逐渐放松,当横梁放松到位时压下限位开关 SQ2,SQ2 的动断触点断开使 KM4 线圈断电,横梁夹紧电动机断电,放松动作完成。同时,SQ2 的动合触点闭合使 KM1 线圈通电动作,主触点闭合,横梁升降电动机启动正转,拖动横梁上升。

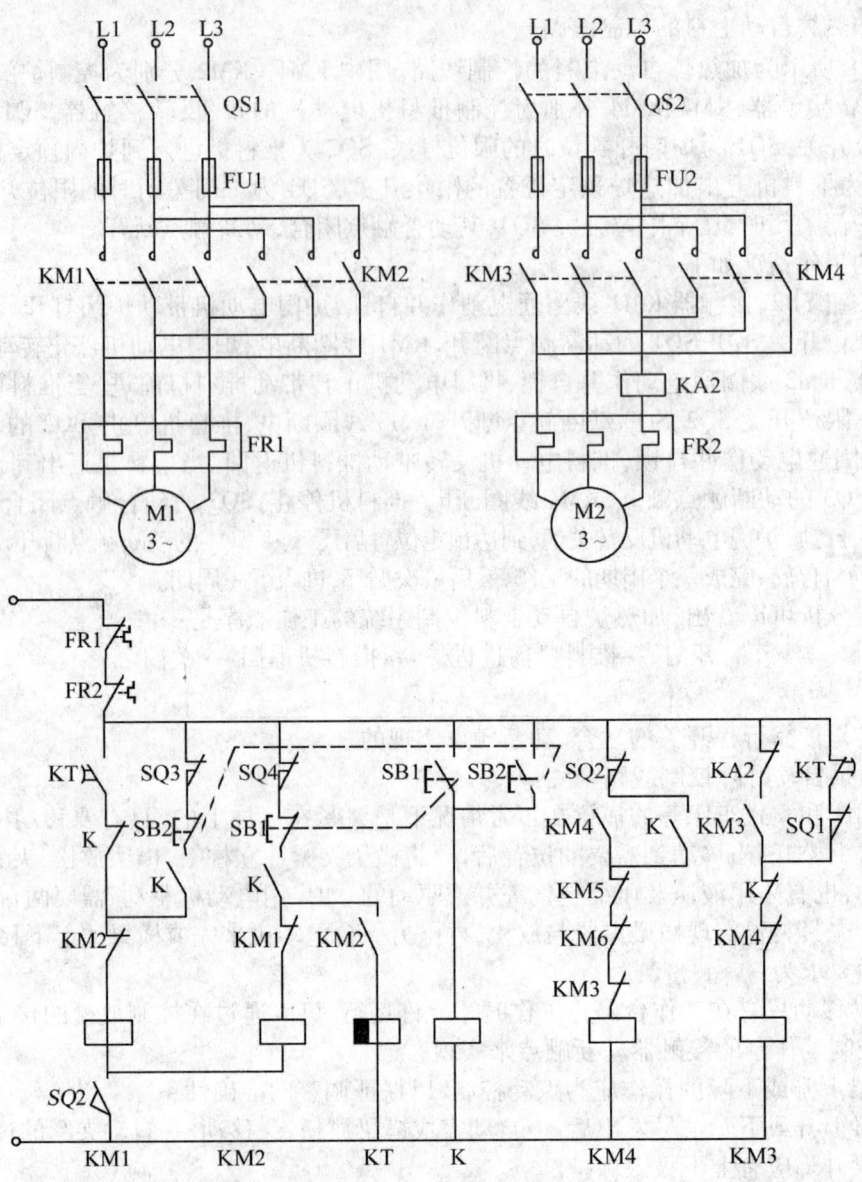

图 9.29　横梁自动控制线路

当横梁上升到位时,松开按钮 SB1,中间继电器 K 线圈断电,KM1 线圈断电,横梁升降电动机脱离电源停止运转。此时横梁虽然已不再运动了,但横梁仍处于放松状态,即限位开关 SQ2 仍处于被压下状态,其动合触点仍然闭合。由于 K 线圈断电使其动断触点闭合,KM3 线圈通电动作并自锁,对 KM3 线圈进行两路供电,横梁夹紧电动机正转,拖动夹紧机构将横梁夹紧,SQ2 复位,为下次横梁上升作好准备。当夹紧到一定程度时,压下限位开关 SQ1,其动断触点断开,但 KM3 通过另一路供电(即通过 KA2 的动断触点与 KM3 动合触点供电),电动机继续旋转,横梁继续夹紧。随着夹紧力的增大,夹紧电动机定子电流增大,当达到 KA2 的吸合值时,KA2 动作,动断触点断开,KA3 线圈断电,横梁夹紧电动机断开电源停止运转,横梁夹紧自动完成,横梁上升过程结束。

夹紧过程分两个阶段进行,第一阶段是行程控制,由行程开关 SQ1 进行复位检测;第二阶段是以电流为变化参量进行控制,调整过流继电器 KA2 的动作值,就间接地调整了夹紧力的大小。

横梁下降时,其动作次序与上升基本相同,只是在横梁下降到位时,为了消除丝杠与螺母的间隙,要求横梁稍微回升一下,在图 9.29 中采用断电延时型时间继电器 KT 作回升控制。按下按钮 SB2 时,工作过程为:首先是横梁放松,然后是横梁下降,同时时间继电器 KT 线圈通电,其动合延时打开的触点瞬时闭合。当下降到预定位置时,松开 SB2,K 线圈断电,其动合触点断开使 KM2 线圈断电,一方面由于 KM1 的动断触点闭合使 KM1 线圈通电,电动机正转带动横梁回升;另一方面,KM2 的动合触点断开,KT 线圈断电开始延时,当到达预先整定的时间后,其动合延时打开的触点断开使 KM1 线圈断电,电动机停止上升,同时时间继电器的动断延时闭合触点 KT 闭合使 KM3 线圈通电带动夹紧机构进行夹紧,到达位置时,限位开关 SQ1 被压下,SQ1 的动断触点断开,到达电流继电器 KA2 的动作时,KA2 动断触点断开,KM3 线圈断电,夹紧电动机断电,停止转动,下降过程结束。

由以上的分析可以看出,找出反映过程的变化参量,并检测出来作为控制信号,就可以实现对生产过程的自动控制。

9.4 联锁控制

在生产实践中,常要求各种运动部件之间或生产机械之间能够按顺序工作。例如车床主轴转动时,要求油泵先给润滑油,主轴停止后,油泵方可停止润滑,即要求油泵电动机先启动,主轴电动机后启动,主轴电动机停止后,才允许油泵电动机停止。实现该过程的控制线路如图 9.30 所示。

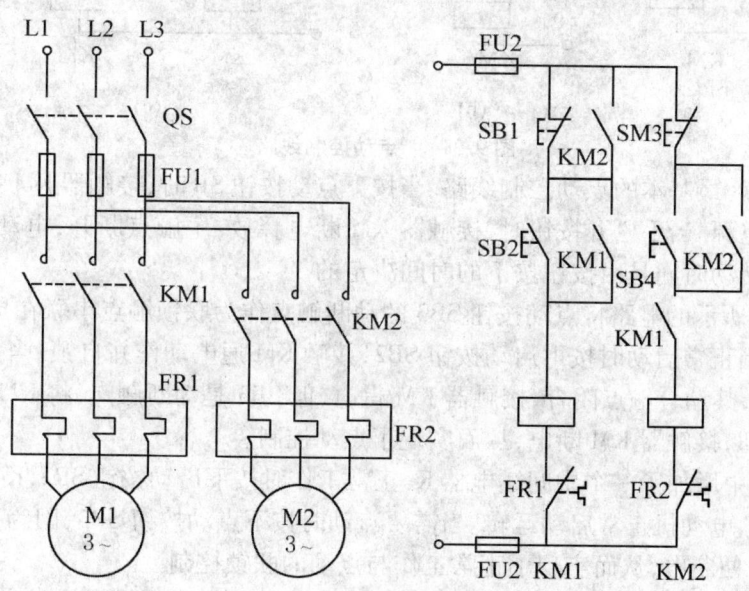

图 9.30 按顺序控制的线路

图9.30中，M1为油泵电动机，M2为主轴电动机，分别由KM1、KM2控制。SB1、SB2为M1的停止、启动按钮，SB3、SB4为M2的停止、启动按钮。由图可见，将接触器KM1的动合辅助触点串入接触器KM2的线圈电路中，只有当接触器KM1线圈通电，动合触点闭合后，即电动机M1先启动后才允许电动机M2启动。将主轴电动机接触KM2的动合触点并联接在油泵电动机的停止按钮SB1两端，即当主轴电动机M2启动后，SB1被KM2的动合触点短路，不起作用，直到主轴电动机接触器KM2断电，油泵停止，按钮SB1才能起到断开KM1线圈电路的作用，油泵电动机才能停止。这样就实现了按顺序启动、按顺序停止的联锁控制。

总结上述关系，可以得到如下的控制规律：当要求甲接触器工作后方允许乙接触器线圈电路中串入甲接触器的动合触点；当要求乙接触器线圈断电后方允许甲接触器线圈断电，则将乙接触器的动合触点并联在甲接触器的停止按钮两端。

1. 正常工作与点动的联锁控制

有些生产机械常常要求既能正常工作，又能实现调整时的点动。

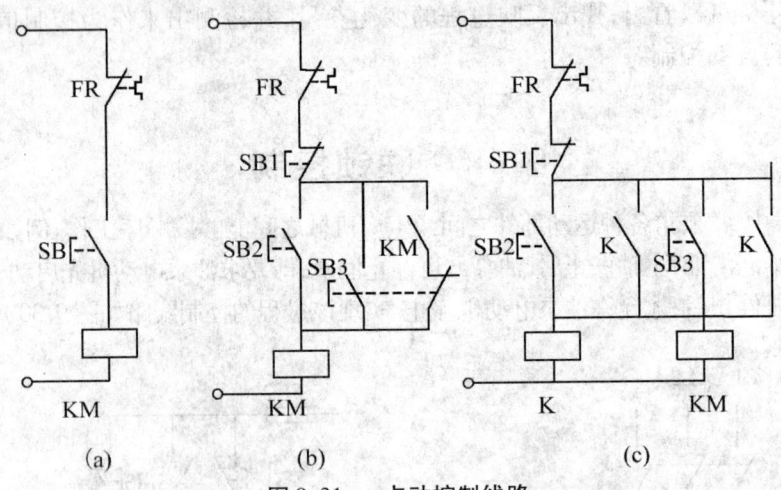

图9.31　点动控制线路

图9.31(a)为最基本的点动控制线路。当按下点动按钮SB时，接触器KM吸合，主触点闭合，电动机接通电源。当手松开按钮时，接触器KM断电释放，主触点断开，电动机被切断电源而停转。电动机转动时间是由按钮按下的时间决定的。

图9.31(b)所示的电路将点动按钮SB3的动断触点作为联锁触点串联在接触器KM的自锁触点电路中，当正常启动时按下启动按钮SB2，接触KM通电动作并自锁。当点动工作时，按下点动按钮SB3，其动合触点闭合，接触器KM得电，但SB3是动断触点，将KM的自锁电路切断，手一松开按钮，接触器KM断电，从而实现了点动控制。

图9.31(c)中增加了一个中间继电器K，正常工作时按下启动按钮SB2，K得电并自锁，使接触器KM得电，电动机正常启动运转。当需要点动时按下点动按钮SB3，因为不能自锁，则松开按钮SB3，KM便断电，从而实现了正常工作与点动的联锁控制。

2. 实现多点控制起、停的联锁控制

在大型设备中，为了操作方便，常常要求能在多个地方进行控制。图9.32所示为一台笼型三相异步电动机单方向旋转的两地控制线路。

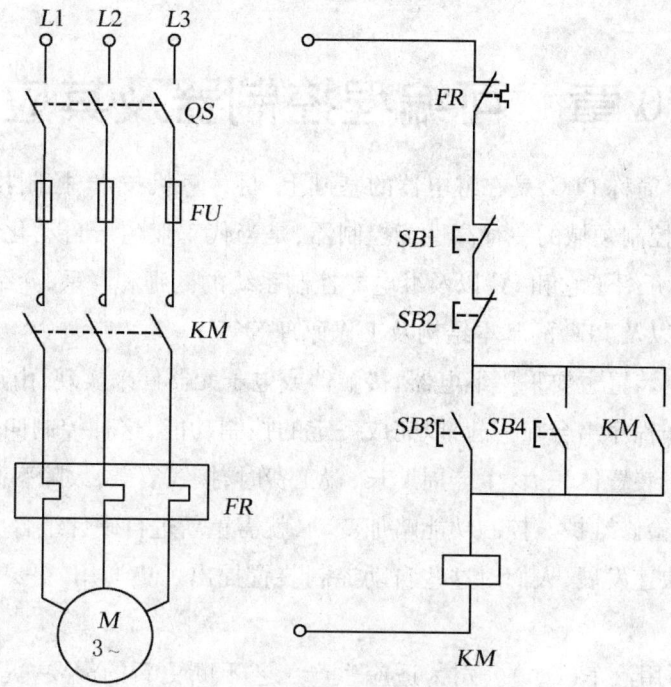

图 9.32　三相异步电动机两地控制线路

在图 9.32 中,

$$\frac{I_{ST}}{I_N} \leqslant \frac{3}{4} + \frac{电源容量(kV \cdot A)}{4 \times 电动机额定功率(kW)}$$

式中：I_{ST}——电动机全压启动电流(A)

　　　I_N——电动机额定电流(A)

习题

1. 什么是低压电器？常用的低压电器有哪些？
2. 电磁式低压电器有哪几部分组成？说明各部分的作用。
3. 低压断路器可以起到哪些保护作用？说明其工作原理。
4. 说明触点分断时电弧产生的原因及常用的灭弧方法。
5. 如何选择熔体和熔断器规格？
6. 什么是继电器？按用途不同可分为哪两大类？两类中常用的继电器各有哪些？
7. 中间继电器和接触器有何异同？在什么条件下可以用中间继电器来代替接触器？
8. 既然在电动机的主电路中装有熔断器,为什么还要装热继电器？装有热继电器是否就可以不装熔断器？为什么？
9. 在电动机启动过程中,热继电器会不会动作？为什么？
10. 现有一双速电动机,试按下述要求设计控制线路：
(1) 分别用两个按钮操作电动机的高速和低速运行,用一个总停止按钮操作电动机的停转；
(2) 高速运行时,应先接成低速然后经延时后再接到高速；
(3) 应有短路保护和过载保护。

第 10 章 可编程控制器及其应用

  可编程序控制器简称 PLC，是在继电器的基础上，将计算机技术、控制技术及通信技术融为一体，应用到工业控制领域的一种高性能控制器，是当代工业生产自动化的重要支柱，本章从 PLC 的定义入手，介绍了它和 PC 以及继电器控制系统的区别和联系；介绍及 PLC 的产生背景、分类及发展趋势以及 PLC 的基本结构及工作原理等等。

  以往的电气控制装置主要采用继电器、接触器或电子元器件来实现，由连接导线将这些元器件按照一定的工作程序组合在一起，以完成一定的控制功能，这种控制叫做接线程序控制。接线程序控制的电气装置体积大，生产周期长，费工费时，接线复杂，故障率高，可靠性差，需要经常地、定时地进行检修维护。控制功能略加变动，就需重新进行硬件组合、增减元器件、改变接线。由于生产的快速发展，人们对这些自动控制装置提出了更通用、更灵活、更经济和更可靠的要求。

  1968 年，美国通用汽车（GM）公司为适应生产工艺不断更新的需要，提出一种设想：把计算机的功能完善、通用、灵活等优点和继电器控制系统的简单易懂、操作方便、价格便宜等优点结合起来，制成一种通用控制装置。这种通用控制装置把计算机的编程方法和程序输入方式加以简化，采用面向控制过程、面向对象的语言编程，使不熟悉计算机的人也能方便地使用，并提出 10 项招标指标。

  美国数字设备公司（DEC）根据这一设想，于 1969 年研制成功了第一台 PDP – 14 可编程序控制器，并在汽车自动装配线上试用获得成功。该设备用计算机作为核心设备，用存储的程序控制代替了原来的接线程序控制。其控制功能是通过存储在计算机中的程序来实现的，这就是人们常说的存储程序控制。由于当时主要用于顺序控制，只能进行逻辑运算，故称为可编程序逻辑控制器（Programmable Logic Controller —— PLC）。

  这项新技术的成功使用，在工业界产生了巨大影响。从此，可编程序控制器在世界各地迅速发展起来。1971 年，日本从美国引进了这项新技术，并很快研制成功了日本第一台 MC14500 可编程序控制器。1973～1974 年德国和法国也研制出了可编程序控制器。我国于 1977 年研制成功了以微处理器为核心的可编程序控制器，并开始在工业中应用。

  进入 20 世纪 80 年代，随着微电子技术和计算机技术的迅猛发展，也使得可编程序控制器逐步形成了具有特色的多种系列产品。系统中不仅使用了大量的开关量，也使用了模拟量，其功能已经远远超出逻辑控制、顺序控制的应用范围，故称为可编程序控制器（Programmable Controller — PC）。但由于 PC 容易和个人计算机（Personal Compµter — PC）混淆，所以人们还沿用 PLC 作为可编程控制器的英文缩写名字。

10.1 可编程控制器的结构和工作原理

10.1.1 可编程控制器的结构及各自作用

PLC 的组成与计算机完全相同,它就是一台适合于工业现场使用的专用计算机。其硬件组成有六个部分如图 10.1 所示。

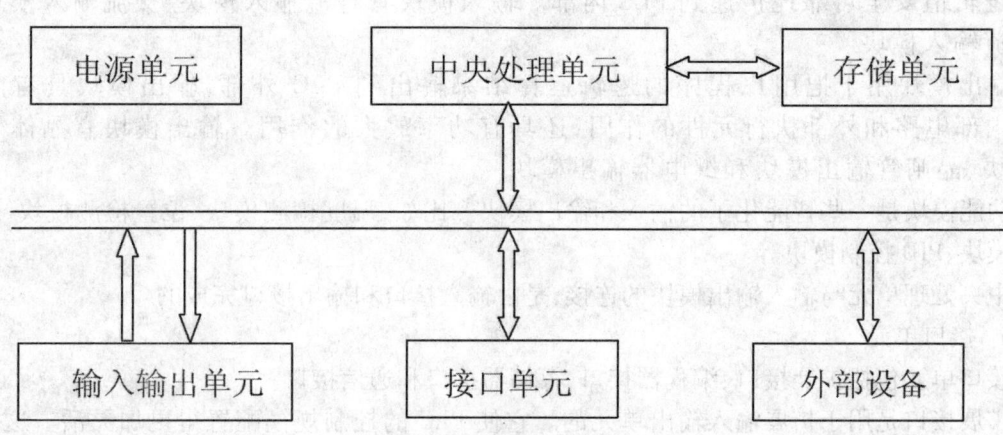

图 10.1 可编程序控制器的组成

1. 中央处理单元

与普通计算机一样,CPU 是系统的核心部件,是由大规模或超大规模的集成电路微处理芯片构成,主要完成运算和控制任务,可以接收并存储从编程器输入的用户程序和数据。进入运行状态后,用扫描的方式接收输入装置的状态或数据,从内存逐条读取用户程序,通过解释后按指令的规定产生控制信号。分时、分渠道地执行数据的存取、传送、比较和变换等处理过程,完成用户程序所设计的逻辑或算术运算任务,并根据运算结果控制输出设备。PCL 中的中央处理单元多数使用 8 位到 32 位字长的单片机。

2. 存储器单元

按照物理性能,存储器可以分为两类,随机存储器(RAM)和只读存储器(ROM)。随机存储器由一系列寄存器阵组成,每位寄存器可以代表一个二进制数,在刚开始工作时,它的状态是随机的,只有经过置"1"或清"0"的操作后,它的状态才确定。若关断电源,状态丢失。这种存储器可以进行读、写操作,主要用来存储输入输出状态和计数器、定时器以及系统组态的参数。为防止断电后数据丢失,可采用后备电池进行数据保护,一般可以保存 5 年,当电池电压降低时,欠电压指示灯发光,提醒用户更换电池。只读存储器有两种,一种是不可擦除 ROM,这种 ROM 只能写入一次,不能改写。另一种是可擦除 ROM,这种 ROM 经过擦除以后还可以重写。其中 EPROM 只能用紫外线擦除内部信息,E^2PROM 可以用电擦除内部信息,这两种存储器的信息可保留 10 年左右。

3. 电源单元

PLC 配有开关电源,电源的交流输入端一般都有脉冲吸收电路,交流输入电压范围一般都比较宽,抗干扰能力比较强。有些 PLC 还配有大容量电容作为数据后备电源,停电时可以保持50小时。除了需要交流电源之外,还需要直流电源。一般直流5V电源供PLC内部使用,直流24V电源供输出端和各种传感器使用。

4. 输入输出单元

输入输出单元由输入模块、输出模块和功能模块构成,是PLC与现场输入输出设备或其他外部设备之间的连接部件。PLC通过输入模块把工业设备或生产过程的状态或信息读入中央处理单元,通过用户程序的运算与操作,把结果通过输出模块输出给执行单元。

输入模块用于处理输入信号,对输入信号进行滤波、隔离、电平转换等,把输入信号的逻辑值安全可靠地传递到PLC内部。输入模块有直流输入模块、交流输入模块和交直流输入模块。

输出模块用于把用户程序的逻辑运算结果输出到PLC外部,输出模块具有隔离PLC内部电路和外部执行元件的作用,还具有功率放大的作用。输出模块有晶体管输出模块、晶闸管输出模块和继电器输出模块。

功能模块是一些智能化了的输入和输出模块。比如,温度检测模块、位置检测模块、位置控制模块、PID控制模块等。

中央处理单元与输入输出模块的连接,是由输入接口和输出接口完成的。

5. 接口单元

接口单元包括扩展接口、编程器接口、存储器接口和通信接口。

扩展接口是用于扩展输入输出单元的。它使PLC的控制规模配置得更加灵活。这种扩展接口实际上为总线形式,可以配置开关量的I/O单元,也可配置如模拟量、高速计数等特殊I/O单元及通信适配器等。

编程器接口是连接编程器的,PLC本体通常是不带编程器的。为了能对PLC编程及监控,PLC上专门设置有编程器接口。通过这个接口可以接各种形式的编程装置,还可以利用此接口做通信、监控工作。

存储器接口是为了扩展存储区而设置的。用于扩展用户程序存储区和用户数据参数存储区,可以根据使用的需要扩展存储器。其内部也是接到总线上的。

通信接口是为了在微机与PLC、PLC与PLC之间建立通信网络而设立的接口。

6. 外部设备

PLC的外部设备主要有编程器、文本显示器、操作面板、打印机等等。

PLC正常使用时,通常不需编程器。因此,将编程器设计为独立的部件。编程器的档次很多,性能、价格都相差很悬殊。编程器至少包括一个键盘,一些数码字符显示器。这里的键盘不是微型机上的那种键盘,而是直接表示PLC指令系统的键盘,因而使用很方便,其显示部分可以显示程序地址序号、指令的操作码和操作数。它具有输入编辑、检索程序的功能,同时还具有系统监控的功能,有些还设有存储转接插口用于将PLC中的程序转存到诸如盒带、软盘等存储介质中去。这种编程器的缺点就是无法用梯形图图形的方式输入、编辑和监控运行程序。档次较高的编程器就设置了小型液晶显示器,用于图形编辑和监控。这种编程器对于习惯于使用梯形图的人员来说,无疑方便了许多。目前,PLC的编程、监控多采用先进的编程软件在个人计算机上操作,PLC和个人计算机之间则用通信电缆连接。使PLC的编程、监控达到真正意义上的简单、方便、快捷。

操作面板和文本显示器不仅是一个用于显示系统信息的显示器,还是一个操作控制单元。它可以在执行程序的过程中修改某个量的数值,也可直接设置输入或输出量,以便立即启动或停止一台外部设备的运行。

打印机可以把过程参数和运行结果以文字形式输出。

10.1.2 可编程控制器的工作原理

PLC 就是一种工业控制计算机。但是,由于有接口器件和监控软件的包围,它的外形不像个人计算机,工作方式也与计算机差别很大。编程语言,甚至工作原理都与个人计算机有所不同。为了了解 PLC 的工作原理,首先回顾一下常规的继电器控制原理即接线控制。

1. 接线程序控制与存储程序控制

例如,有三个开关 S1、S2、S3。控制要求,只有开关 S1、S2 都接通时,小灯 HL1 才亮。当 HL1 亮 2S 后,小灯 HL2 开始亮。当开关 S3 断开时两个小灯就同时熄灭。

如果用接线程序控制需要两个具有常开触点的开关、一个具有常闭触点的开关、两个具有常开触点的继电器、一个具有通电延时闭合的时间继电器和两个小灯。电气控制线路如图 10.2 所示。

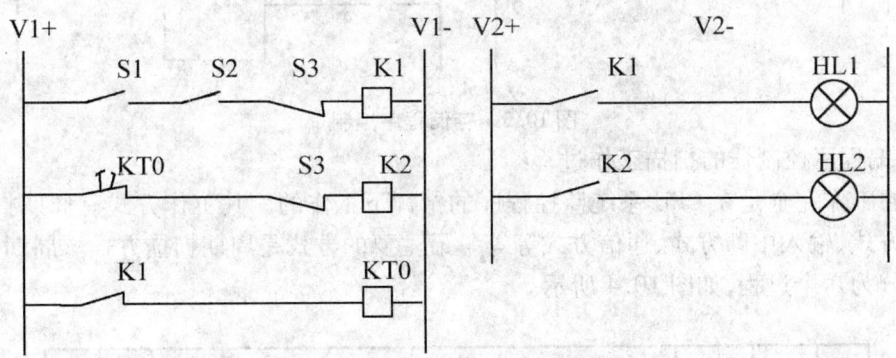

图 10.2 接线程序控制

这种接线程序控制的原理是,只有 S1 和 S2 都闭合而且 S3 也闭合,继电器 K1 线圈才能带电。继电器 K1 的常开触点闭合,会使小灯 HL1 得电而发光。当小灯 HL1 发光时(K1 闭合),启动时间继电器 KT0,当时间继电器 KT10 延时 2S 后,其延时的常开触点 KT0 闭合。当开关 S3 仍然为闭合状态时,K2 的继电器线圈带电。当继电器 K2 的常开触点闭合时,小灯 HL2 得电而发光。若开关 S3 断开,小灯全部熄灭。接线程序控制就是按接线的程序反复不断地依次检查各个输入开关的状态,根据接线的程序把结果赋给输出的。

PLC 的工作原理与接线程序控制十分相近。所不同的是 PLC 的控制是由存储程序实现的。图 10.3 就是一台 PLC 的存储程序控制原理图。图中类似接线控制的接线控制图叫梯形图,梯形图是 PLC 的一种常用编程语言。其中 I0.0 代表开关 S1 的状态。S1 闭合,I0.0 的常开触点就接通。I0.1 代表开关 S2 的状态,S2 闭合,I0.1 的常开触点就接通。I0.2 代表 S3 的状态,S3 断开时,I0.2 的常闭触点是接通的。S3 闭合时,I0.2 的常闭触点是断开的。Q0.0 是输出继电器 1 的线圈。Q0.0 带电,其常开触点 Q0.0 接通,从而使小灯 HL1 带电而发光。Q0.1 则是输出继电器 2 的线圈。Q0.1 带电,其常开触点 Q0.1 接通,从而使小灯 HL2 带电而发光。T0是定时器。Q0.0的常开触点接通时,启动定时器T0。当延时到2S时,S2的常开触点闭合,使输出继电器Q0.1的线圈带电,从而使小灯HL2带电发光。当开关S3断开时,使得反映该开关状态的输入触点I0.2为ON,而I0.2的非为OFF。梯形图中用的是I0.2的非,当开关S3断开时,I0.2的常闭触点要断开,这就使得输出继电器Q0.0和Q0.1均不能得到电流,而导致小灯HL1和HL2断电而熄灭。

应当指出,在存储程序控制中的梯形图虽然与接线程序控制中的继电器接线十分相像,但是它们的本质是截然不同的。一个是接线,另一个是PLC的程序。PLC的接线如图10.3所示。

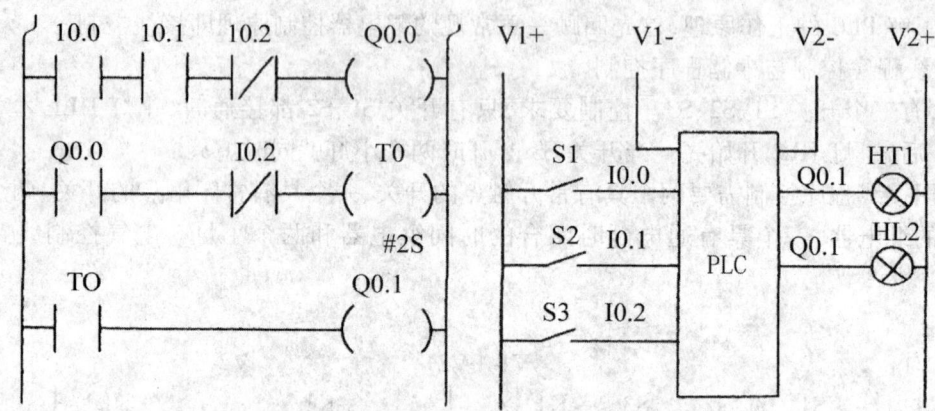

图10.3　存储程序控制

2. 可编程序控制器的扫描工作过程

PLC的工作完全是在CPU系统监控程序的指挥下工作的。其工作方式有周期扫描方式、定时中断方式、输入中断方式、通信方式等等。最主要的方式是周期扫描方式。周期扫描方式大致可以分为六个过程,如图10.4所示。

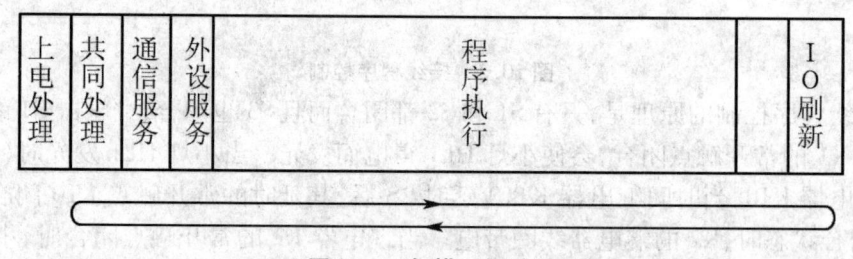

图10.4　扫描工作过程

(1) 上电处理过程

PLC上电后,要进行第一次上电的初始化处理。CPU进行的初始化工作,包括清除内部继电器区,复位所有的定时器,检查I/O单元的连接等。该过程所占用的时间为T_0。

(2) 共同处理过程

在上电处理通过以后,要进到这一过程。共同处理的主要任务是复位监视定时器,检查I/O总线是否正常,检查扫描周期是否过长,检查程序存储器是否有异常,如果有异常,根据错误情况,发出报警输出或者停止PLC的运行。该过程所占用的时间为T_1。

(3) 通信服务过程

当 PLC 和微机构成通信网络或由 PLC 构成分散系统时，需要有通信服务过程。该过程所占用的时间为 T_2。

（4）外部设备服务过程

当 PLC 接有外部设备（如编程器、打印机等），则需要进行外部设备服务过程。该过程所占用的时间为 T_3。

（5）程序执行过程

该过程用于执行用户程序。从输入映像区读入输入端的信息，根据用户程序进行运算操作，并向输出映像区送出控制信息。

该过程执行用户程序存储器所存的指令。从输入映像寄存器和其他软元件的映像寄存器中将有关元件的通/断状态读出，从程序的 0 步开始顺序的运算，每次结果都写入对应的映像寄存器中。因此，各元件的映像寄存器的内容随着程序的执行在不断变化（输入元件除外）。输出继电器的内部触点的动作由输出映像寄存器的内容决定。该过程占用的时间为 T_4。

显然，程序执行的时间和 PLC 的速度有关，和用户程序所用指令多少和指令种类有关。

（6）I/O 刷新过程

这个过程可分为输入信号刷新和输出信号刷新。输入信号刷新为输入处理过程，输出信号刷新为输出处理过程。

输入处理过程将 PLC 全部输入端子的通/断状态，读进输入映像寄存器。在程序执行中，即使输入状态变化，输入映像寄存器的内容也不会改变。直到下一扫描周期的输入处理阶段才读入这一变化。此外，输入触点从通（ON）到断（OFF）或从断（OFF）到通（ON）变化到处于确定状态止，输入滤波器还有一个响应延迟时间。

输出处理过程将输出映像寄存器的通/断状态向输出锁存寄存器传送，成为 PLC 的实际输出。PLC 内的外部输出触点对输出元件的动作有一个响应时间，要一个延迟才能动作。

输入信号刷新和输出信号刷新过程占用时间为 T_5。时间 T_5 和 PLC 所带的输入输出模块的种类和点数多少有关。

可以看出，PLC 的扫描周期 T 和上述各个过程的关系为

$$T = T_0 + T_1 + T_2 + T_3 + T_4 + T_5$$

扫描周期 T 在控制过程中是一个比较重要的技术指标。一般来说，T 越大，表明扫描一次所需要的时间就越长，要求输入信号的宽度就应该越大，控制的周期就越长，控制的速度就要降低。

（7）关于可编程序控制器的时间滞后问题

从 PLC 的工作原理可以看出，输入信号的变化能否改变其在输入映像区的状态，主要取决两点。一点是输入信号的变化要经过输入模块的转化才能进入 PLC 内部，这就是说要经过一定的延时才能进到 PLC 内部，这一延时叫输入延时。另一点是进入 PLC 的信号只有在 PLC 处在输入刷新时才能把输入的状态读到 PLC 的 CPU 输入映像区。只有经过上述两个延时，CPU 才有可能读入输入信号的状态。

当 PLC 根据用户程序的运算操作，把运算结果赋予输出端时也需要延时。第一个延时是发生在运算结果必须在输出刷新时，才能送入输出映像区的输出信号锁存器中，这是需要延时的。第二个延时是输出锁存器的状态要通过输出模块的转换才能成为输出端的信号，这个转换需要的时间叫输出延时。只有经过上述两个延时，CPU 才有可能把输出信号的状态传递到输出端子。

从上述分析可知,PLC 对输入和输出信号的响应是有延时的,这就是滞后现象。为了确保 PLC 在任何情况下都能正常无误地工作,一般情况下,输入信号的脉冲宽度必须大于一个扫描周期。

另外,还应该注意一个问题是,输出信号的状态是在输出刷新时才送出的。因此,在一个程序中,若给一个输出端多次赋值时,中间状态将改变输出映像区。只有最后一次赋值才能送到输出端。这就是常说的执行指令的后者优先。

10.1.3 可编程控制器的主要性能指标

PLC 的技术指标包括硬件指标和软件指标。

1. 硬件指标

硬件指标包括一般指标,输入特性和输出特性。

一般指标主要体现在环境温度、环境湿度、使用环境、抗振、抗冲击、抗噪声、抗干扰和耐压等性能上。

输入特性主要体现在输入电路的隔离程度、输入灵敏度、响应时间和所需电源等性能上。

输出特性主要体现在回路构成(这里指的是继电器输出、晶体管输出或是晶闸输出)、回路隔离、最大负载、最小负载、响应时间和外部电源等性能上。

2. 软件指标

软件指标主要包括程序容量、编程语言、通信功能、运行速度、指令类型、元件种类和数量等。

程序容量是指 PLC 的内存和外存大小,一般从几 KB 到上百 KB。存储器的类型一般为 RAM、E^2PROM 和 EPROM。

编程语言是指有多种语言支持编制用户程序。PLC 编程语言很多,梯形图、语句表、系统流程图是三种基本语言,还有状态流程图等。多一种编程语言会使编制用户程序更快捷、更方便。

通信功能是指 PLC 是否具有通信能力,具有何种通信能力。一般可分为远程 I/O 通信、计算通信、点对点通信、高速总线、MAP 网等。当前,通信能力是衡量 PLC 性能的一项主要指标。

运行速度是指操作处理时间的长短,可以用基本指令执行时间来衡量,时间越短越好,一般在 μs 级以下。指令的功能越强大,说明 PLC 的性能越佳。

元件的种类和数量的多少不仅反映了 PLC 的性能,也说明了 PLC 的规模。输入输出元件的数量说明 PLC 的 I/O 能力,输入输出元件的类型(直流、交流、模拟量、高速计数、定位、PID)多少,说明 PLC 性能高低。

在了解了 PLC 的指标体系的前提下,就可以根据具体控制工程的要求,从众多 PLC 中选取合适的 PLC 了。

10.1.4 可编程控制器的特点

国际电工委员会(IEC)对 PLC 作了如下的定义:"是一种数字运算操作的电子系统,专为在工业环境下应用而设计。它采用可编程序的存储器,用来在其内部存储执行逻辑运算、顺序控制、定时、计数和算术运算等操作的指令,并通过数字式、模拟式的输入和输出,控制各种类型的机械或生产过程。PLC 其有关设备,都应按易于与工业控制系统形成一个整体,易于扩充其功能的原则设计"。这段话完全道出了 PLC 的特点和应用领域。PLC 所以被广泛使用,是由它的突出特点和优越的性能分不开的。归纳起来,PLC 主要具有以下特点。

1. 可靠性高

为了满足工业生产对控制设备安全可靠性的要求,PLC采用了微电子技术,大量的开关动作由无触点的半导体电路来完成。PLC选用的电子器件一般是工业级,有的甚至是军用级,平均无故障时间很长。例如三菱F1和F2,PLC平均无故障时间可以达到30万小时(约34年)。可以毫不夸张地说,到目前为止没有任何一种工业控制可以达到这样高的可靠性。随着元器件水平的提高,PLC可靠性还在继续提高,尤其是近年来开发出的多机冗余系统和表决系统则更进一步增加了PLC可靠性。事实上,如果某种控制装置可以连续运行20年以上不出问题,在当前技术更新瞬息万变的世界上,则可认为是永远不会坏的装置了。PLC完善的自诊断功能,能及时诊断出PLC系统的软件、硬件故障,并能保护故障现场,保证了PLC控制系统的工作安全性。由于PLC是用存储在其内部的程序来实现控制的,其控制程序的设计本身就从各个方面考虑了PLC的工作的可靠性、安全性和稳定性。这又进一步加强了PLC的可靠性。

2. 环境适应性强

PLC具有良好的环境适应性,可应用于十分恶劣的工业现场。在电源瞬间断电的情况下,仍可正常工作,具有很强的抗空间电磁干扰的能力,可以抗峰值高达1000V、脉宽10μs的矩形波空间电磁干扰,具有良好的抗振能力和抗冲击能力。一般对环境温度要求不高,在环境温度 -20℃~65℃、相对湿度为35%~85%情况下可正常工作。

3. 灵活通用

在完成一个控制任务时,PLC具有很高的灵活性。首先,PLC产品已经系列化,结构形式多种多样,在机型上有很大的选择余地。其次,同一机型的PLC其硬件构成具有很大的灵活性,用户可以根据不同任务的要求,选择不同类型的输入输出模块或特殊功能模块组成不同硬件结构的控制装置。再者,PLC是利用应用程序来实现控制的,在应用程序编制上有较大的灵活性。在实现不同的控制任务时,PLC具有良好的通用性。相同硬件构成的PLC用不同的软件可以完成不同的控制任务。在被控对象的控制逻辑需要改变时,利用PLC可以很方便地实现新的控制要求,而利用一般继电器控制是很难实现的。

4. 使用方便、维护简单

PLC控制的输入模块、输出模块、特殊功能模块都具有即插即卸功能,连接十分容易。对于逻辑信号,输入和输出均采用开关方式,不需要进行电平转换和驱动放大;对模拟信号,输入和输出均采用传感器、仪表和驱动设备的标准信号。各个输入和输出模块与外部设备的连接十分简单。整个连接过程仅需要一把螺丝刀即可完成。

PLC的用户界面十分友好,给使用者带来很大的方便。PLC提供标准通信接口,可以方便地构成PLC - PLC网络或计算机 - PLC网络。

PLC应用程序的编制和调试非常方便,PLC的编程语言常用的有三种,其中梯形图语言,与继电器控制线路图很相似,即使没有计算机知识的人也很容易掌握。

PLC具有监控功能。利用编程器或监视器可以对PLC的运行状态、内部数据进行监视或修改。PLC控制系统的维护非常简单。利用PLC的诊断功能和监控功能,可以迅速查找到故障点,对大多数故障都可以及时予以排除。

当然,PLC由于其工作方式是扫描方式,扫描周期的长短决定了PLC的工作速度。一般来说,PLC的速度与单片机等计算机相比相对比较低。PLC的工作速度也限制了它的计算速度和计算能力。PLC计算能力一般都比微机要差。PLC的这些缺点,随着科学技术的发展正在逐渐地被克服。

10.2 可编程控制器的程序编制

10.2.1 可编程控制器的编程语言

PLC 编程语言有多种,梯形图、语句表、功能块图是三种基本语言。

1. 语句表(STL):语句表是由不同的指令所构成的语句组成的,其中的指令则是由操作码和操作数组成。其中操作码指出了指令的功能,操作数指出了指令所用的元件或数据。

例如:

LD　　　　　　10000
AND　　　　　 10001
OUT　　　　　 10100

表示触点 10000 和触点 10001 同时为 ON 状态时,线圈 10100 就带电,其常开触点闭合并输出。其中操作码 LD 表示语句的开始,操作数 10000 为一个输入触点。操作码 AND 表示与逻辑,操作数 10001 为另一个输入触点。操作码 OUT 表示输出,操作数 10100 指输出点。

2. 梯形图(LAD):梯形图是一种类似于继电器控制线路图的语言。其画法是从左母线开始,经过触点和线圈,终止于右母线,如图 10.5 所示。

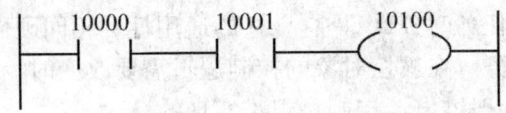

图 10.5　梯形图表示的程序

在梯形图中,常开触点 10000 与 10001 为串联,只有两个常开触点同时为 ON 状态时,线圈 10100 才带电并有输出。

3. 功能块图(FBD):功能块图则类似于电子线路的逻辑电路图的一种编程语言,如图 10.6 所示。

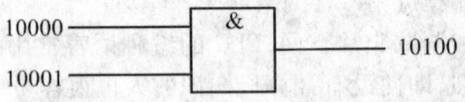

图 10.6　功能块图表示的程序

在功能块图中,常开触点 10000 和常开触点 10001 只有同时为 ON 状态时,线圈 10100 才带电并有输出。

设计一个好的用户程序,就要设计一个合适的用户程序结构,正确地使用用户程序语言编写出能满足工程需要的程序。

10.2.2 可编程控制器的编程原则和方法

编程的基本原则大体有这样几个方面：

1. 正确性

对于 PLC 程序而言，最基本的要求是正确。一个程序必须经过实际检验，以证明其运行时的正确性，这是对可编程控制器程序最基本的要求。如果这一点没做到，其他方面就无从谈起。为了使程序正确实用，必须正确、规范地使用各种指令；正确、合理地使用各类内部器件，一些程序出错大多与这两个方面有关。

正确使用指令与准确理解指令相互关联，因此，必须对每条指令，特别是对高级指令和特殊功能指令的含义和使用条件有较全面的了解，必要时可通过编写一些试验性小程序对一些不清楚的指令作些测试，力求完全弄清楚。

其次，有的指令执行一次就可以了，用多了反而不行，大多数指令可多次执行。有的指令在子程序中执行和主程序中执行情况可能不一样。有的指令在中断子程序中不能使用等等。这些细节要弄清楚，不弄清楚也很容易出错。

内部器件的正确使用也是很重要的。如有的器件有掉电保护功能，而有的器件没有这个功能。定时器、计数器前面的号，有的 PLC 小于 15 号的可中断计时，可用于精确计时。

准确使用指令，合理使用内部器件，是保证所编 PLC 程序正确性的一个重要因素。在编程过程中还应避免出现逻辑矛盾和其他的低级错误。总之，程序的正确性是可编程控制器程序设计最根本的要求。

2. 可靠性

用户所编程序不仅要正确而且要可靠。可靠性反映了 PLC 在不同工作状态下的稳定性，这也是对程序设计的基本要求。有的用户程序在正常的工作条件下或合乎逻辑要求的操作情况下也能正常工作，但当出现非正常工作情况（如临时停电，又很快再通电）或进行非法操作后程序就不一定能正常工作了。这种程序就不大可靠，或者说稳定性不好，即它不是一个好的 PLC 程序。

一个好的 PLC 程序应能对非正常工作情况的出现予以识别，并能使其与正常状态予以衔接，可使程序能对各种非正常工作情况予以应对。如 PLC 程序应能对各种非法操作予以拒绝且不留下痕迹，只接受已定义了的合法操作。保证 PLC 的正常工作，使 PLC 能应付各种非正常的突发事件，提高在实际应用中的可靠性，是非常重要的。

3. 合理性

PLC 程序的合理性主要表现在两个方面：一是应尽可能使用户程序简短；二是应尽可能缩短扫描周期，提高输入、输出响应速度。

程序是否简短一般可用完成同一功能的 PLC 程序所用的指令条数来衡量。所用的指令条数越少，程序自然就越简短。简短的程序可节省用户存储区，并在大多数情况下可缩短扫描周期,提高输入、输出响应速度,提高程序的可读性。要想使 PLC 程序结构简洁、条理清楚,从大的方面来讲,必须优化程序结构,按功能划分,用流程控制指令简化程序;从小的方面来讲,必须合理、正确地使用各类指令,常用功能强的一条指令取代由功能单一的多条指令组成的相同功能和程序,同时还应注意指令前后次序的安排等。

在 PLC 程序的编制过程中,在确保程序的正确性、可靠性的同时,还应尽可能使程序趋于合理,用户程序的合理性应是编程者追求的目标。

4. 可读性

要求所设计的程序可读性好,是指程序要层次清晰、结构合理、指令使用得当,并按模块化、功能化和标准化设计。在输入、输出点及内部器件的分配和使用上要有规律性。还应在一些功能段及一些特殊指令边作一些注释,便于记忆和理解。一个可读性好的程序不仅便于设计者加深对程序的理解,便于修改和调试,而且,还便于使用者读懂程序,便于调整功能和日常维护。

可读性在程序设计开始时就应加以重视。一般初期编制出的程序可读性并不很理想,因为,在对程序进行修改、调试的过程中,指令的增减,内部器件使用的变化,可能使原本比较清晰的程序显得更零乱。因此对经过修改且已通过调试后的程序,还应对其部分指令进行局部调整,整体结构进行全面整理,使程序更具可读性,更易于理解。

5. 可塑性

所谓程序的可塑性是指对已设计好的程序,当控制方案稍作改动时,只需在原有程序的基础上略作修改即可实现新的控制要求。程序容易修改或控制方案容易改变是 PLC 的一大特点。因此 PLC 可广泛地应用于各种控制场合,特别适合在灵活多变的控制系统中应用。

在大多数情况下,控制方案仅仅是略作改动和调整,因此无需重新分配 I/O 和内部器件及重新设计程序,只需作些程序流程结构和控制策略上的少量修改即可以达到改变参数或改变动作的目的,从而满足控制要求。

通常来讲,一个结构布局合理、线条层次清晰、指令应用正确、器件分配得当的 PLC 控制程序,其正确性、可靠性、合理性、可读性及可塑性等方面均较好。

编程的基本方法是在对 PLC 进行编程的实际过程中大体可归纳出 4 种编程方法:

(1) 经验编程法

所谓经验编程法就是利用自己或别人的经验进行编程。通常在编程前选择一定数量的"参考程序",并结合实际控制系统的具体情况,对"参考程序"逐一修改,直至满足自己系统的控制要求。"参考程序"一般为与自己系统的控制性能相似的一个或若干个成功的程序,也可是一些具有典型功能的标准程序。在实际工作过程中,可以有意识地收集和积累这些"参考程序",从而不断地丰富自己的实践经验,提高自己的编程能力。

(2) 解析法

可编程控制器的逻辑控制,实际上是逻辑问题的综合。所以,可以根据组合逻辑与时序的理论,运用相应的逻辑运算的解析方法,对其进行逻辑关系的求解。然后,再根据求解的结果,转化成相应的用户程序,如梯形图或助记符语言程序。用解析法进行编程,逻辑关系比较严密,可以运用一定的标准算法,使程序优化,并可避免编程的盲目性,是较有效的编程方法。

(3) 图解法

图解法是通过画图的方式实现 PLC 的程序设计。常用的图形编程方法主要有 2 种:梯形图法和流程图法。

梯形图法是一种最基本的图形编程方法。无论采用经验编程法,还是解析法,都可把 PLC 控制程序转换成梯形图来表达,并通过计算机传输给 PLC。梯形图法是目前使用得最多的一种 PLC 编程手段。

流程图法是用框图来表示程序的执行过程及输入条件与输出响应之间的关系,在 PLC 进行流程控制时,用流程图法进行程序设计就显得很方便。

(4) 计算机辅助设计

PLC 可通过通信接口与个人计算机进行连接和通信,并应用个人计算机与计算机辅助编程软件进行联机辅助编程。计算机辅助设计是 PLC 程序设计的发展方向。

10.2.3 可编程控制器的指令系统

早期的 PLC 指令较少,一般只有几十条,且指令的功能也不强。目前使用的 PLC 产品的指令均较丰富,特别是推出的新产品,其 PLC 指令功能更强。通常小型机至少一百多条指令,而大型机有几百条指令。

PLC 的指令数量很多,一般按其功能可分为如下几大类:

1. 基本逻辑指令:用于逻辑关系处理,是最常用、最基本的指令。
2. 定时器、计数器指令:用于定时或计数,也是经常要用到的指令。
3. 数据处理指令:用于数据运算、传送、比较、译码、移位及其他数据处理。
4. 流程控制指令:用于控制程序流程,使 PLC 按要求的顺序执行指令。
5. 特殊功能指令:用于处理 PLC 或被控对象的故障检测,有助于提高系统的可靠性。
6. I/O 处理指令:用于对 PLC 中的 I/O 刷新及输入和输出信号的处理。
7. 网络、通信指令:用于处理 PLC 与 PLC,或 PLC 与计算机及其他控制设备间的联网与通信。

10.3 可编程控制器的应用

可编程控制器的功能决定了应用,其主要的应用范围归纳如下:

1. 开关量的逻辑控制

这是可编程控制器最基本的应用。用 PLC 取代传统的继电器,完成开关量逻辑运算和进行逻辑控制。可用于机床电控、食品加工机、印刷机械、高炉上料、电梯、货物存取、装配生产线等机械设备和生产线的逻辑动作控制。

2. 模拟量的过程控制

可编程控制器能够实现模拟量的控制,配上闭环控制(PID)模块后即可对温度、压力、流量、液面高度等连续变化的模拟量进行闭环过程控制,使变量保持在设定值上。可用于加热炉、轧钢、反应堆、酿酒等生产流程和工艺过程的控制。

3. 机械运动控制

可编程控制器的运动控制模块可实现对伺服电机和步进电机的速度与位置的控制,用于数控机床、工业机器人等。

4. 建立自动化控制网络

把可编程控制器作为下位机与上位的计算机或同级的PLC进行通信,完成数据处理和信息交换,可构成"集中管理、分散控制"的集散式控制系统(又称分布式控制系统),实现对整个生产过程的信息管理和功能控制。PLC是柔性制造系统(FMS)和工厂自动化网络中的基本组成,广泛应用于机械、石油、电力、化工等行业。

5. 信号锁与报警

安全生产需要的信号锁与报警系统可由PLC实现,如交通信号控制、状态监视和报警系统等。

习题

1. PLC有什么特点?
2. 构成PLC的主要硬件有哪些?各部分的主要作用是什么?
3. PLC可以应用在哪些领域?
4. PLC的主要功能是什么?
5. 与一般的计算机控制系统相比,PLC有哪些优点?

第 11 章　工业企业供电与安全用电

本章主要介绍工业企业供配电的基本知识和保护接地以及保护接零的意义。

11.1　发电与输电的概念

发电厂按照所利用的能源种类可分为水力、火力、风力、核子能、太阳能、沼气等几种。现在世界各国建造最多的，主要是水力发电厂和火力发电厂，近些年来，核电站发展得也比较快。

各种发电厂中的发电机几乎都是三相同步发电机，它也分为定子和转子两个基本组成部分。定子由机座、铁心和三绕组等组成，与三相异步电动机或三相同步电动机的定子基本一样。同步发电机的定子常称为电枢。

同步发电机的转子是磁极，有显极和隐极两种。显极式转子具有凸出的磁极，显而易见，励磁绕组绕在磁极上，如图 11.1 所示。隐极式转子呈圆柱形，励磁绕组分布在转子大半个表面的槽中，如图 11.2 所示。和同步电动机一样，励磁电流也是经电刷和滑环流入励磁绕组的。目前已采用半导体励磁系统，即将交流励磁机（也是一台三相发电机）的三相交流经三相半导体整流器变换为直流，供励磁用。

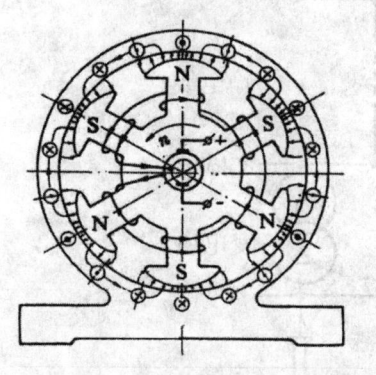

图 11.1　显极式同步发电机的示意图

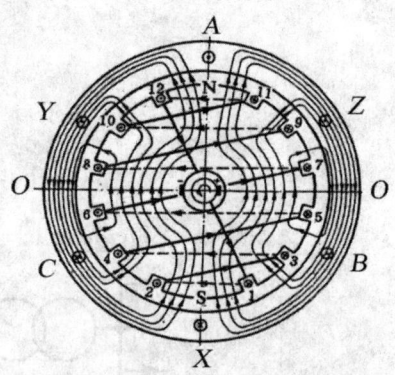

图 11.2　隐极式同步发电机的示意图

显极式同步发电机的机构比较简单，但是机械强度较低，宜用于低速（通常 n = 1000r/min）。水轮发电机（原动机为水轮机）和柴油发电机（原动机为柴油机）皆为显极式。例如国产 550MW 水轮发电机的转速为 142.9r/min（极数为 42）。隐极式同步发电机的制造工艺极为复杂，但是机械强度较高，宜用于高速（n = 3000r/min 或 1500r/min）。汽轮发电机（原动机为汽轮机）多半是隐极式的。

国产三相同步发电机的电压等级有 400/230V 和 3.15、6.3、10.5、13.8、15.75 及 18KV 等多种。至于为什么能产生三相对称电压，我们前面已有讲述。

大中型发电厂多建在产煤地区或水力资源丰富的地区附近，距离用电地区往往是几十公里，几百公里甚至上千公里以上。所以，发电厂生产的电能要用高压输电线输送到用电地区，然后再降压分配给各用户。电能从发电厂传输到用户，要通过导线系统，这系统称为电力网。

现在常常将同一地区的各种发电厂联合起来而组成一个强大的电力系统。这样可以提高各发电厂的设备利用率,合理调配各发电厂的负载,以提高供电的可靠性和经济性。

送电距离愈远,要求输电线的电压愈高。我国国家标准中规定输电线的额定电压为35、110、220、330、500kV 等。

图 11.3 所示的是输电线路的一例。

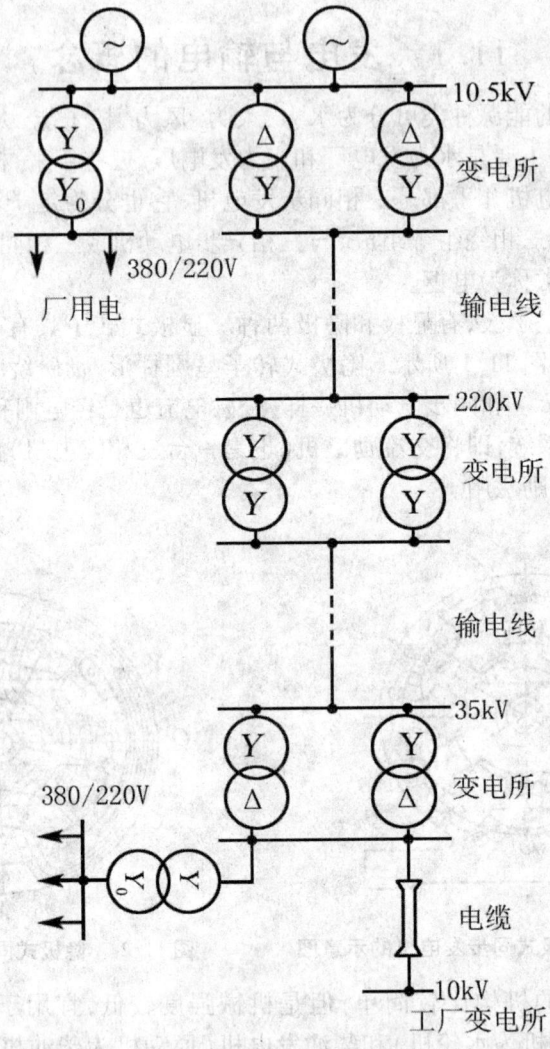

图 11.3 输电线路的一例

11.2 工业企业配电

从输电线末端的变电所将电能分配给各工业企业和城市。工业企业设有中央变电所和车间变电所(小规模的企业往往只有一个变电所)。中央变电所接受送来的电能,然后分配到各车间,再由车间变电所或配电箱(配电板)将电能分配给各用电设备。高压配电线的额定电压有 3kV,6kV 和 10kV 三种。低压配电线的额定电压是 380/220V。用电设备的额定电压多半是 380V 和 220V,大功率电动机的电压是 3000V 和 6000V,机床局部照明的电压是 36V。

从车间变电所或配电箱(配电板)到用电设备的线路属于低压配电线路。低压配电线路的联接方式主要是放射式和树干式两种。

放射式配电线路如图 11.4 所示。当负载点比较分散而各个负载点又具有相当大的集中负载时,则采用这种线路较为适合。

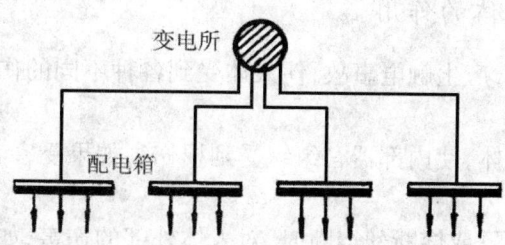

图 11.4　放射式配电线路

在下述情况下采用树干式配电线路:

(1)负载集中,同时各个负载点位于变电所或配电箱的同一侧,其间距离较短,如图 11.5(a)所示。

(2)负载比较均匀地分布在一条线上,如图 11.5(b)所示。

采用放射式或图 11.5(a)的树干式配电线路时,各组用电设备常通过总配电箱或分配电箱联接。用电设备即可独立地接到配电箱上,也可联成链状接到配电箱上,如图 11.6 所示。距配电箱较远,但彼此距离很近的小型用电设备接成链状,这样能节省导线。但是,同一链条上的用电设备一般不得超过三个。

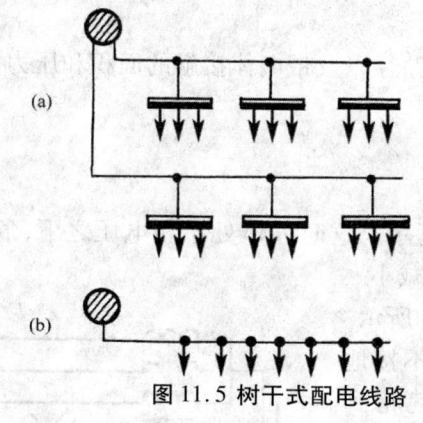

图 11.5　树干式配电线路

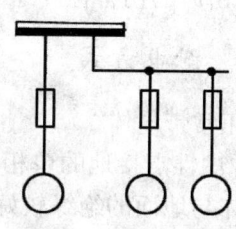

图 11.6　用电设备联接在配电箱上

车间配电箱是放在地面上(靠墙或靠柱)的一个金属柜,其中装有刀开关和管状熔断器。配出线路有 4~8 个不等。

采用图 11.5(b)的树干式配电线路时,干线一般采用母线槽。这种母线槽直接从变电所经开关引到车间,不经配电箱。支线再从干线经出线盒引到用电设备。

放射式和树干式这两种配电线路现在都被采用。放射式供电可靠,但敷设投资较高。树干式供电可靠性较低,因为一旦干线损坏或需要修理时,就会影响联在同一干线上的负载;但是树干式灵活性较大。另外,放射式和树干式比较,前者导线细,但总线路长,而后者则相反。

11.3 安全用电

在我们社会主义国家里,不仅要提高劳动生产率,减轻繁重的体力劳动,而且要尽一切可能保护劳动者的人身安全。所以安全用电是劳动保护教育和安全技术中的主要组成部分之一。

下面介绍有关安全用电的几个问题。

11.3.1 电流对人体的作用

由于不慎触及带电体,产生触电事故,使人体受到各种不同的伤害。根据伤害性质可分为电击和电伤两种。

电击是指电流通过人体,使内部器官组织受到损伤。如果受害者不能迅速摆脱带电体,则最后会造成死亡事故。

电伤是指在电弧作用下或熔断丝熔断时,对人体外部的伤害,如烧伤、金属溅伤等。

根据大量触电事故资料的分析和实验,证实电击所引起的伤害程度与下列各种因素有关。

1. 人体电阻的大小

人体的电阻愈大,通入的电流就愈小,伤害的程度也就愈轻。根据研究结果,当皮肤有完好的角质外层并且很干燥时,人体电阻大约为 $10^4 \sim 10^5 \Omega$。当角质外层破坏时,则降到 $800 \sim 1000 \Omega$。

2. 电流通过时间的长短

电流通过人体的时间愈长,则伤害的程度愈严重。

3. 电流的大小

如果通过人体的电流在 0.05A 以上时,就有生命危险。一般说,接触 36V 以下的电压时,通过人体的电流不致超过 0.05A,故把 36V 的电压作为安全电压。如果在潮湿的场所,安全电压还要规定得低一些,通常是 24V 和 12V。

此外,电击后的伤害程度还与电流流过人体的路径以及带电体接触的面积和压力等有关。

11.3.2 触电方式

1. 接触正常带电体

(1) 电源中性点接地的单相触电,如图 11.7 所示。这时人体处于相电压之下,危险性较大。如果人体与地面的绝缘较好,危险性可能大大减小。

(2) 电源中性点不接地的单相触电,如图 11.8 所示。这种触电也有危险。乍看起来,似乎电源中性点不接地时,不能构成电流通过人体的回路。其实不然,要考虑到导线与地面间的绝缘可能不良(对地绝缘电阻为 R'),甚至有一相接地,在这种情况下人体中就有电流通过。在交流的情况下,导线与地面间存在的电容也可构成电流的通路。

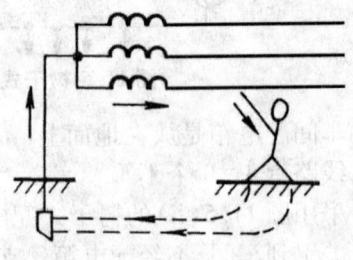

图 11.7 电源中性点接地的单相触电

(3) 两相触电最为危险,因为人体处于线电压之下,但这种情况不常见。

2. 接触正常不带电的金属体

触电的另一种情形是接触正常的不带电的部分。譬如,电机的外壳本来是不带电的,由于绝缘绕组损坏而与外壳相接触,使它也带电。人手触及带电的电机(或其他电气设备)外壳,相当于单相触电。大多数触电事故属于这一种。为了防止这种触电事故,对电气设备常采用保护接地和保护接零(接中性线)的保护装置。

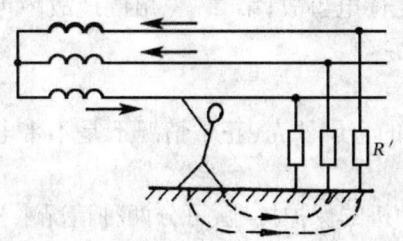

图11.8 电源中性点不接地的单相触电

11.3.3 接地和接零

为了人身安全和电力系统工作的需要,要求电气设备采取接地措施。按接地目的的不同,主要可分为工作接地、保护接地和保护接零三种,如图11.9所示。图中的接地体是埋入地中且与大地接触的金属导体

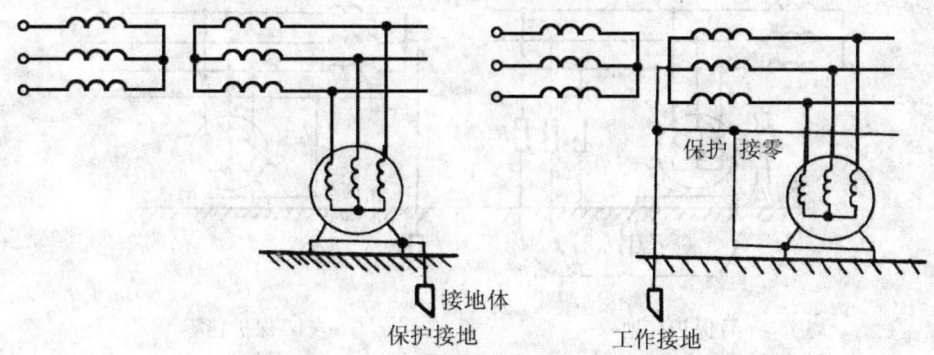

图11.9 工作接地、保护接地和保护接零

1.工作接地

电力系统由于运行和安全的需要,常将中性点接地,这种接地方式称为工作接地(图11.9),工作接地有下列目的:

(1)降低触电电压

在中性点不接地的系统中,当一相接地而人体触及另外两相之一时,触电电压将为相电压的$\sqrt{3}$倍,即为线电压。而在中性点接地的系统中,则在上述情况下,触电电压就降低到等于或接近相电压。

(2)迅速切断故障设备

在中性点不接地的系统中,当一相接地时,接地电流很小(因为导线和地面间存在电容和绝缘电阻,也可构成电流的通路),不足以使保护装置动作而切断电源,接地故障不易被发现,将长时间持续下去,对人身不安全。而在中性点接地的系统中,一相接地后的接地电流较大(接近单相短路),保护装置迅速动作,断开故障点。

(3)降低电气设备对地的绝缘水平

在中性点不接地的系统中,一相接地时将使另外两相的对地电压升高到线电压。而在中性点接地的系统中,则接近于相电压,故可降低电气设备和输电线的绝缘水平,节省投资。

但是,中性点不接地也有好处。第一,一相接地往往是瞬时的,能自动消除,在中性点不接地的系统中,就不会跳闸而发生停电事故;第二,一相接地故障可以允许短时存在,这样,以便寻找故障和修复。

2. 保护接地

保护接地就是将电器设备的金属外壳(正常情况下是不带电的)接地,宜用于中性点不接地的低压系统中。

图 11.10(a)所示的是电动机的保护接地,可分两种情况来分析。

(1)当电动机某一相绕组的绝缘损坏使外壳带电而外壳未接地的情况下,人体触及外壳,相当于单相触电。这时接地电流 I_e(经过故障点流入地中的电流)的大小决定于人体电阻 R_b 和绝缘电阻 R'_0,当系统的绝缘性能下降时,就有触电的危险。

(2)当电动机某一相绕组的绝缘损坏使外壳带电而外壳接地的情况下,人体触及外壳时,由于人体电阻 R_b 与接地电阻 R'_0 并联,而通常通过人体的电流很小,不会有危险。这就是保护接地保证人身安全的作用。

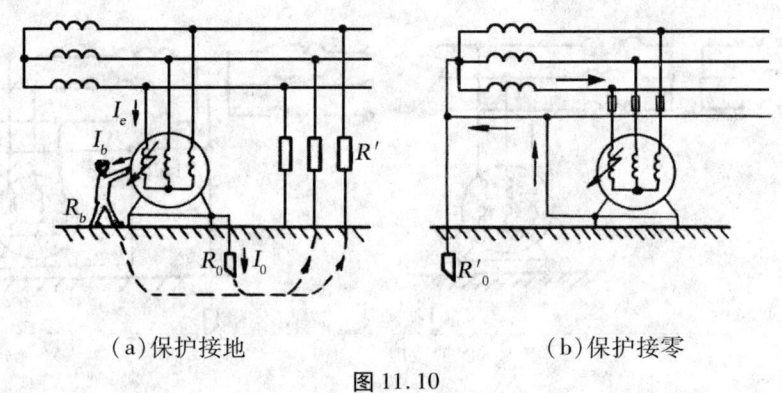

(a)保护接地　　　　　　(b)保护接零

图 11.10

3. 保护接零

保护接零就是将电气设备的金属外壳接到零线(或称中性线)上,宜用于中性点接地的低压系统中。

图 11.10(b)所示的是电动机的保护接零。当电动机某一绕组的绝缘损坏而与外壳相接时,就形成单相短路,迅速将这一相中的熔断丝熔断,因而外壳便不再带电。即使在熔断丝熔断前人体触及外壳时,也由于人体电阻远大于线路电阻,通过人体的电流也是极为微小的。

为什么在中性点接地的系统中不采用保护接地呢?因为采用保护接地时,当电气设备的绝缘损坏时,接地电流

$$I_e = \frac{U_P}{R_0 + R'_0}$$

式中,U_P 为系统的相电压;R_0 和 R'_0 分别为保护接地和工作接地的接地电阻。如果系统电压为380V/220V,$R_0 = R'_0 = 4\Omega$,则接地电流

$$I_e = \frac{220}{4 + 4} = 27.5\text{A}$$

为了保证保护装置能可靠地接地,接地电流不应小于继电保护装置动作电流的 1.5 倍或熔断丝额定电流的 3 倍。因此 27.5A 的接地电流只能保证断开动作电流不超过 $\frac{27.5}{1.5} = 18.3A$ 的继电保护装置或额定电流不超过 $\frac{27.5}{3} = 9.2A$ 的熔断丝。如果电气设备容量较大,就得不到保护,接地电流长期存在,外壳也将长期带电,其对地电压为

$$U_e = \frac{U_P}{R_0 + R'_0} R_0$$

如果 $U_P = 220V$, $R_0 = R'_0 = 4\Omega$ 则 $U_e = 110V$。此电压值对人体是不安全的。

4. 保护接零与重复接地

在中性点接地系统中,除采用保护接零外,还要采用重复接地,就是将零线相隔一定距离多处进行接地,如图 11.11 所示。这样,在图中当零线在 × 处断开而电动机一相碰壳时:

(1) 如无重复接地,人体触及外壳,相当于单相触电,是有危险的(如图 11.7 所示)。
(2) 如有重复接地,由于多处重复接地的接地电阻并联,使外壳对地电压大大降低,减小了危险程度。

为了确保安全,零干线必须连接牢固,开关和熔断器不允许装在零干线上。但引入住宅和办公场所的一根相线和一根零线上一般都装有双极开关,并装有熔断器以增加短路时熔断的机会。

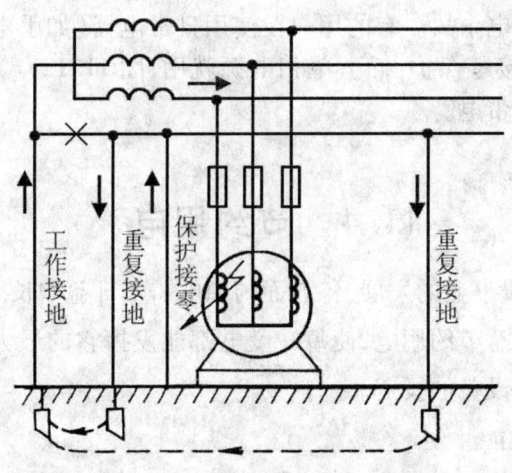

图 11.11　工作接地、保护接地和重复接地

5. 工作零线与保护零线

在三相四线制系统中,由于负载往往不对称,零线中有电流,因而零线对地电压不为零,距电源越远,电压越高,但一般在安全值以下,无危险性。为了确保设备外壳对地电压为零,专设保护零线,如图 11.12 所示。工作零线在进建筑物入口处要接地,进户后再另设一保护零线。这样就成为三相五线制。所有的接零设备都要通过三孔插座接到保护零线上。在正常工作时,工作零线中有电流,保护零线中不应再有电流。

·电工基础·

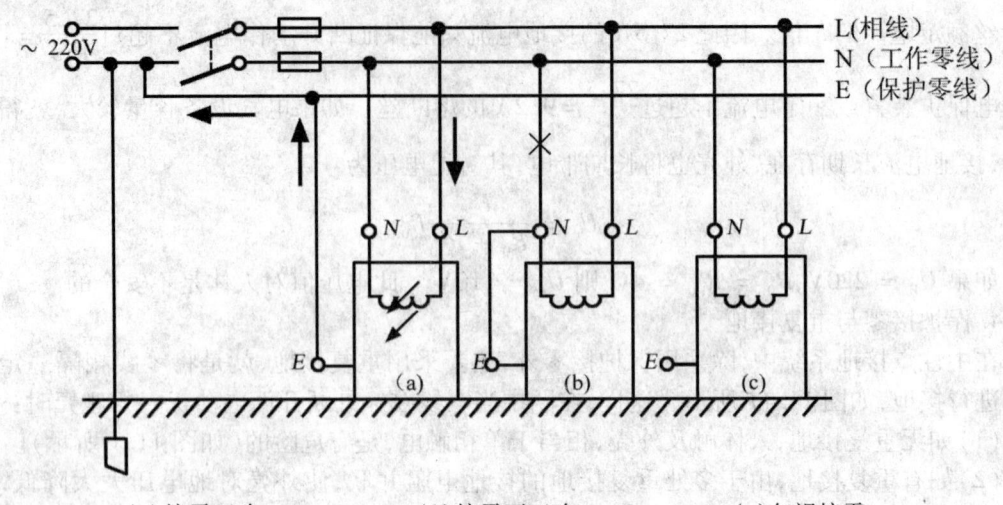

(a)接零正确； (b)接零不正确； (c)忽视接零
图11.12 工作零线与保护零线

图11.12(a)是正确联接。当绝缘损坏,外壳带电时,短路电流经过保护零线,将熔断器熔断,切断电源,消除触电事故。图11.12(b)的联接是不正确,因为如果在×处断开,绝缘损坏时外壳便带电,将会发生触电事故。有的用户在使用日常电器(如手电钻、电冰箱、洗衣机、台式电扇等)时,忽视外壳的接零保护,插上单相电源就用,图11.12(c)所示,这是十分不安全的。一旦绝缘损坏,外壳就带电。

11.4 节约用电

随着我国社会主义建设事业的发展,各方面的用电需要日益增长。为了满足这种需要,除了增加发电量外,还必须注意节约用电,使每一度电都能发挥它的最大效益,从而降低生产成本,节省对发电设备和用电设备的投资。

(1)发挥用电设备的效能

如前所述,电动机和变压器通常在接近额定负载时运行效率最高,轻载时效率较低。为此,必须正确选用它们的功率。

(2)提高线路和用电设备的功率因数

提高功率因数的目的在于发挥发电设备的潜力和减少输电线路的损失。对于工矿企业的功率因数一般要求达到0.9以上。关于提高功率因数的方法,前面有关章节我们已有相关叙述,这里不在叙述。

(3)降低线路损失

要降低线路损失,除提高功率因数外,还必须合理选择导线截面,适当缩短大电流负载(例如电焊机)的联接,保持联接点的紧接,安排三相负载接近对称,等等。

(4) 技术革新

例如：电车上采用晶闸管调速比电阻调速可节电 20% 左右；电阻炉上采用硅酸铝钎维代替耐火砖作保温材料，可节电 30% 左右；采用精密铸造后，可使铸件的耗电量大大减小；采用节能灯后，耗电大、寿命短的白炽灯亦将被淘汰。

(5) 加强用电管理，特别是注意照明用电的节约。

习题

11.1 为什么远距离输电要采用高电压？

11.2 在同一供电系统中为什么不能同时采用保护接地和保护接零？

11.3 为什么中性点接地的系统不采用保护接零？

11.4 区别工作接地、保护接地和保护接零。为什么在中性点接地系统中，除采用保护接零外，还要采用重复接地？

第12章 电工测量

电路中各个物理量(如电压、电流、功率、电能及电路参数等)的大小,除用分析与计算的方法求得外,还常常用实验的办法,也就是用电工测量仪表去测量。随着国民经济各部门生产过程电气化、自动化程度的提高,以及非电测量和远距离测量的迅速发展,使电工测量技术在现代各种测量技术中的地位愈来愈重要。电工测量仪表和电工测量技术的发展,保证了生产过程的合理操作和用电设备的顺利工作,同时也为科学研究提供了有利条件。反过来,电工技术方面的新成就又推动了测量技术的进一步发展。

电工测量技术的应用之所以能在现代各种测量技术中占有重要的地位,是因为它具有下述几个主要优点:

1. 电工测量仪表的结构简单,使用方便,并有足够的准确度;
2. 电工测量仪表可以灵活地安装在需要进行测量的地方,并可实现自动记录;
3. 电工测量仪表可以解决远距离的测量问题,为集中管理和控制提供了条件;
4. 能利用电工测量的方法对非电量(如温度、压力、速度、水位及机械变形等)进行测量。

12.1 电工测量仪表的分类

通常用的直读式电工测量仪表常按下列几个方面来分类:

1. 按照被测量的种类分类

电工测量仪表若按照被测量的种类来分,则如表12.1所示。

2. 按照工作原理分

电工测量仪表若按照工作原理来分,则如表12.2所示。

3. 按照电流的种类分类

电工测量仪表可分为直流仪表、交流仪表和交直流两用表,如表12.2所示。

4. 按照准确度分

准确度是电工测量仪表的主要特征之一。仪表的准确度与其误差有关。无论仪表制造的多么精确,仪表的读数和被测量的实际值之间总是有误差的。一种是基本误差,它是由于仪表本身结构的不精确所产生的,如刻度的不准确、弹簧的永久变形、轴和轴承之间的摩擦、零件位置安装不正确等。另外一种是附加误差,它是由于外界因素对仪表读数的影响所产生的,例如没有在正常工作条件下进行测量,测量方法不完善,读数不准确等。

仪表的准确度是根据仪表的相对额定误差来分级的。所谓相对额定误差,就是指仪表在正常工作条件下进行测量可能产生的最大基本误差 $\triangle A$ 与仪表的最大量程(满偏值)A_m 之比,如以百分数表示,则为

$$\gamma = \frac{\triangle A}{A_m} \times 100\% \tag{12.1}$$

第12章 电工测量

表 12.1　　　　　　　　电工测量表仪按照被测量的种类分类

次序	被测量的种类	仪表名称	符号
1	电流	电流表	Ⓐ
		毫安表	㎃
2	电压	电压表	Ⓥ
		千伏表	㎸
3	电功率	功率表	Ⓦ
		千瓦表	㎸
4	电能	电度表	kWh
5	相位差	相位差	φ
6	频率	频率表	f
7	电阻	欧姆表	Ω
		兆欧表	MΩ

表 12.2　　　　　　　　电工测量仪表按照工作原理分类

型式	符号	被测量的种类	电流的种类与频率
磁电式		电流、电压、电阻	直流
整流式		电流、电压	工频及较高频率的交流
电磁式		电流、电压	直流及工频交流
电动式		电流、电压、电功率、功率因数、电能量	直流及工频与较高频率的交流

目前我国直读式电工仪表按照准确度分为 0.1,0.2,0.5,1.0,1.5,2.5 和 5.0 七个等级。这些数字就是表示仪表的相对额定误差的百分数。例如有一准确度为 2.5 级的电压表,其最大量程为 50V,则可能产生的最大基本误差为

$$\Delta U = \gamma \times U_m = \pm \frac{2.5}{100} \times 50 = \pm 1.25 \text{V}$$

在正常工作条件下,可以认为最大基本误差是不变的,所以被测量较满偏值愈小,则相对测量误差就愈大。例如用上述电压表来测量实际值为 10V 的电压时,则相对误差为

$$\gamma_{10} = \frac{\pm 1.25}{10} \times 100\% = \pm 12.5\%$$

而用它来测量实际值为 40V 的电压时,则相对测量误差为

$$\gamma_4 0 = \frac{\pm 1.25}{40} \times 100\% = \pm 3.1\%$$

因此,在选用仪表的量程时,应使被测量的值愈接近满偏值愈好。一般应使被测量的值超过仪表满偏值的一半以上。

准确度等级较高(0.1,0.2,0.5级)的仪表常用来进行精密测量或校正其他仪表。

在仪表上,通常都标有仪表的型号、准确度的等级、电流的种类以及仪表的绝缘耐压强度和放置位置等符号,如表12.3所示。

表 12.3　　　　　　　　电工测量仪表上的几种符号

符　　号	意　　义
—	直流
~	交流
≃	交直流
3~ 或 ≈	三相交流
↯2kV	仪表绝缘试验电压2000V
↑	仪表直立放置
→	仪表水平放置
<60°	仪表倾斜60°放置

12.2　电工测量仪表型式

按照工作原理可将常用的直读式仪表主要分为磁电式、电磁式和电动式等几种。

直读式仪表之所以能测量各种电量的根本原理,主要是利用仪表中通入电流后能产生电磁作用,使可动部分受到转矩而发生转动。转动转矩与通入的电流之间存在着一定的关系

$$T = f(I)$$

为了使仪表可动部分的偏转角与被测量成一定比例,必须有一个与偏转角成比例的阻转矩来与转动转矩相平衡,即 $T = T_c$

这样才能使仪表的可动部分平衡在一定的位置,从而反映出被测量的大小。

此外,仪表的可动部分由于惯性的关系,当仪表开始通电或被测量发生变化时,不能马上达到平衡,而要在平衡位置附近经过一定时间的振荡才能静止下来。为了使仪表的可动部分迅速静止在平衡位置,以缩短测量时间,还需要有一个能产生制动力(阻尼力)的装置,它称为阻尼器。阻尼器只在指针转动过程中才起作用。

在通常的直读式仪表中主要是由上述三部分——产生转动矩的部分、产生阻转矩的部分和阻尼器组成的。

下面对磁电式(永磁式)、电磁式和电动式三种仪表的基本构造、工作原理及主要用途加以讨论。

12.2.1　磁电式仪表

磁电式仪表的构造如图12.1所示。它的固定部分包括马蹄形永久磁铁、极掌 NS 及圆柱

形铁心等。极掌与铁心之间的空气隙的长度是均匀的,其中产生均匀的辐射方向的磁场,如图12.2所示。仪表的可动部分包括铝框及线圈,前后两根半轴 O 和 O'、螺旋弹簧(或用张丝)及指针等。铝框套在铁心上,铝框绕有线圈,线圈的两头与并联在半轴 O 上的两个螺旋弹簧的一端相接,弹簧的另一端固定,以便将电流通入线圈。指针也固定在半轴上。

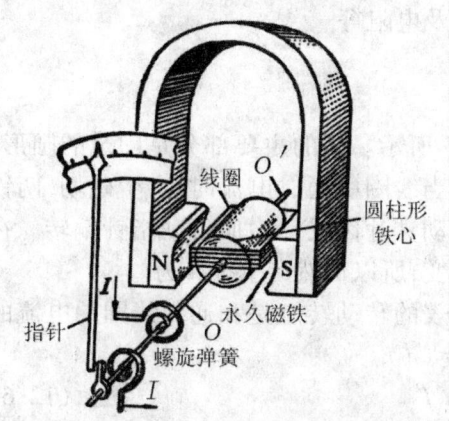
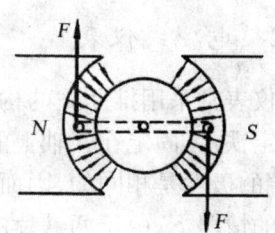

图12.1　磁电式仪表　　　　　图12.2　磁电式仪表的转矩

当线圈通有电流 I 时,由于与空气隙中磁场的相互作用,线圈的两有效边受到大小相等、方向相反的力,其方向(如图12.2)由左手定则确定,其大小为

$$F = BlNI \tag{12.1}$$

式中,B 为空气隙中的磁感应强度;l 为线圈在磁场内的有效长度;N 为线圈的匝数。

如果线圈的宽度为 b,则线圈所受的转矩为

$$T = Fb = BlbNI = K_1 I \tag{12.2}$$

式中 $K_1 = BlbN$,是一个比例常数。

在这转矩的作用下,线圈和指针便转动起来,同时螺旋弹簧被扭紧而产生阻转矩。弹簧的阻转矩与指针的偏转角 α 成正比,即

$$T_C = k_2 \alpha \tag{12.3}$$

当弹簧的阻转矩与转动转矩达到平衡时,可动部分便停止转动。这时

$$T = T_C \tag{12.4}$$

即

$$\alpha = \frac{k_1}{k_2} I = kI \tag{12.5}$$

由上式可知,指针偏转的角度是与流经线圈的电流成正比的,按此即可在标度尺上作均匀刻度。当线圈无电流时,指针应指在零的位置。如果不在零的位置,可用矫正器进行调整。

磁电式仪表的阻尼作用是这样产生的:当线圈通有电流而发生偏转时,铝框切割永久磁铁的磁通,在框内感应出电流,这电流再与永久磁铁的磁场作用,产生与转动方向相反的制动力,于是仪表的可动部分就受阻尼作用,迅速静止在平衡位置。

这种仪表只能用来测量直流,如通入交流电流,则可动部分由于惯性较大,将赶不上电流和转矩的迅速交变而静止不动。也就是说,可动部分的偏转是决定于平均转矩的,而并不决定于瞬间转矩。在交流的情况下,这种仪表的转动转矩的平均值为零。

磁电式仪表的优点是:刻度均匀;灵敏度和准确度高;阻尼强;消耗电能量少;由于仪表本身的磁场强,所以受到外界磁场的影响很小。这种仪表的缺点是:只能测量直流;价格较高;由于电流须流经螺旋弹簧,因此不能承受较大的过载,否则将引起弹簧过热,使弹性减弱,甚至被烧毁。

磁电式仪表常用来测量直流电压、直流电流及电阻等。

12.2.2 电磁式仪表

电磁式仪表常采用推斥式的构造,如图 12.3 所示。它的主要部分是固定的圆形线圈、线圈内部有固定铁片、固定在转轴上的可动铁片。当线圈中通有电流时,产生磁场,两铁片均被磁化,同一端的极性是相同的,因而互相推斥,可动铁片因受斥力而带动指针偏转。在线圈通有交流电流的情况下,由于两铁片的极性同时改变,所以仍然产生推斥力。

可以近似地认为,作用在铁片上的吸力或仪表的转动转矩是和通入线圈的电流的平方成正比的。在通入直流电流 I 的情况下,仪表的转动转矩为

$$T = k_1 I^2 \tag{12.6}$$

在通入交流电流 i 时,仪表可动部分的偏转决定于平均转矩。它和交流电流有效值 I 的平方成正比,即

$$T = k_1 I^2 \tag{12.7}$$

和磁电式仪表一样,产生阻转矩的也是联在转轴上的旋转弹簧。和式(12.3)一样,

$$T_C = k_2 \alpha$$

当阻转矩与转动转矩达到平衡时,可动部分停止转动。这时

$$T = T_C$$

即

$$\alpha = \frac{k_1}{k_2} I^2 = k I^2 \tag{12.8}$$

由上式可知,指针偏转的角度与直流电流或交流电流有效值的平方成正比,所以刻度是不均匀的。

在这种仪表中产生阻尼力的是空气阻尼器。其阻尼作用是由与转轴相联的活塞在小室中移动而产生的。

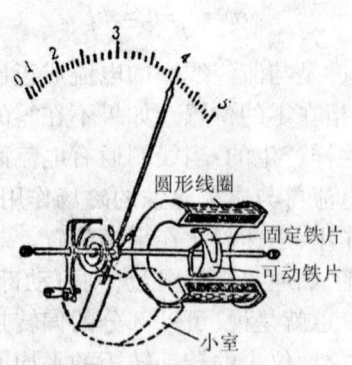

图 12.3 推斥式电磁式仪表

电磁式仪表的优点是:构造简单;价格低廉;可用于交直流;能测量较大电流和允许较大的过载;其缺点是:刻度不均匀;易受外界磁场(本身磁场很弱)及铁片中磁滞和涡流(测量交流时)的影响,因此准确度不高。

这种仪表常用来测量交流电压和电流。

12.2.3 电动式仪表

电动式仪表的构造如图 12.4 所示。它有两个线圈:固定线圈和可动线圈。后者与指针及空气阻尼器的活塞都固定在转轴上。和磁电式仪表一样可动线圈中的电流也是通过螺旋弹簧引入。

当固定线圈通有电流 I_1 时,在其内部产生磁场(磁感应强度为 B_1),可动线圈中的电流 I_2 与磁场相互作用,产生大小相等、方向相反的两个力,如图 12.5 所示,其大小则与磁感应强度 B_1 和电流 I_2 的乘积成正比。而 B_1 可以认为是与电流 I_1 成正比的,所以作用在可动线圈上的力或仪表的转动转矩与两线圈中的电流 I_1 和 I_2 的乘积成正比,即

$$T = k_1 I_1 I_2 \tag{12.9}$$

在这转矩的作用下,可动线圈和指针便发生偏转。任何一个线圈中的电流的方向改变,指针偏转的方向就随着改变。两个线圈中的电流的方向同时改变,偏转的方向不变。因此,电动式仪表也可以用于交流电路。

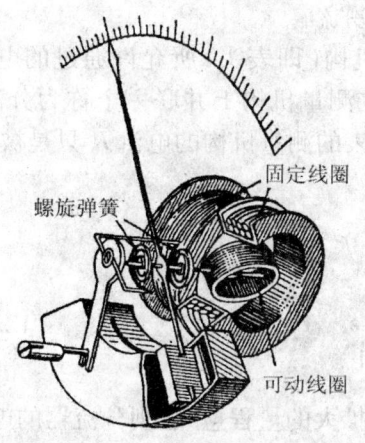

图 12.4 电动式仪表

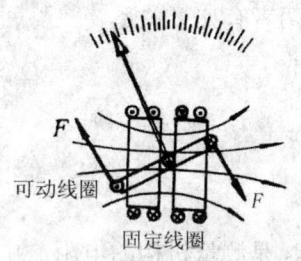

图 12.5 电动式仪表的转矩

当线圈中通入电流 $i_1 = I_{1m}\sin\omega t$ 和 $i_2 = I_{2m}\sin(\omega t + \varphi)$ 时,转动转矩的瞬时值即与两个电流的瞬时值的乘积成正比。但仪表可动部分的偏转是决定于平均转矩的,即

$$T = k_1 I_1 I_2 \cos\varphi \tag{12.10}$$

式中,I_1 和 I_2 是交流电 i_1 和 i_2 的有效值;φ 是 i_1 和 i_2 之间的相位差。

当螺旋弹簧产生的阻转矩 $T_C = k_2\varphi$ 与转动转矩达到平衡时,可动部分便停止转动。这时

$$T = T_C$$

即 $$\alpha = kI_1 I_2 \tag{12.11}$$

或 $$\alpha = kI_1 I_2 \cos\varphi \tag{12.12}$$

电动式仪表的优点是适用于交直流,同时由于没有铁心,所以准确度较高。其缺点是受外界磁场的影响大(本身的磁场很弱),不能承受较大的过载。

电动式仪表可用在交流或直流电路中测量电流、电压及功率等。

12.3 电流和电压的测量

12.3.1 电流的测量

测量直流电流通常都用磁电式电流表,测量交流电流主要采用电磁式电流表。电流表应串联在电路中,如图12.6(a)所示。为了使电路的工作不因接入电流表而受影响,电流表的内阻必须很小。因此,如果不慎将电流表并联在电路的两端,则电流表将被烧毁,在使用时须特别注意。

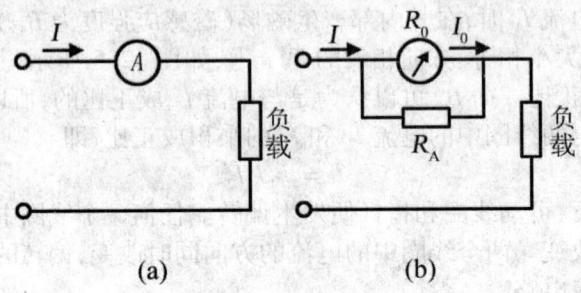

图 12.6 电流表和分流器

采用磁电式电流表测量直流电流时,因其测量机构(即表头)所允许通过的电流很小,不能直接测量较大的电流。为了扩大它的量程,应该在测量机构上并联一个称为分流器的低值电阻 R_A,如图12.6(b)所示。这样通过磁电式电流表的测量机构的电流 I_0 只是被测电流 I 的一部分,但两者有如下关系

$$I_0 = \frac{R_A}{R_0 + R_A} I$$

即

$$R_A = \frac{R_0}{\frac{I}{I_0} - 1} \quad (12.13)$$

式中 R_0 是测量机构的电阻。由上式可知,需要扩大的量程愈大,则分流器的电阻应愈小。多量程电流表具有几个标有不同量程的接头,这些接头可分别与相应阻值的分流器并联。分流器一般放在仪表内部,成为仪表的一部分,但较大电流的分流器常放在仪表的外部。

例 12.1 有一磁电式电流表,当无分流器时,表头的满偏电流为5mA,表头内阻为20Ω。今欲使量程为1A,问分流器的电阻应为多大?

解:

$$R_A = \frac{R_0}{\frac{I}{I_0} - 1} = \frac{20}{\frac{1}{0.005} - 1} = 0.1005\Omega$$

用电磁式电流表测量交流电流时,不用分流器来扩大量程。这是因为一方面电磁式电流表的线圈是固定的,可以允许通过较大的电流;另一方面在测量交流电流时,由于电流的分配不仅与电阻有关,而且也与电感有关,因此分流器很难制得精确。如果要测量几百安培以上的交流电流时,则利用电流互感器来扩大量程。

12.3.2 电压的测量

测量直流电压常用磁电式电压表,测量交流电压常用电磁式电压表。电压表是用来测量电源、负载或某段电路两端的电压的,所以必须和被测量并联,如图 12.7(a)所示。为了使电路的工作不因接入电压表而受影响,电压表的内阻必须很高。而测量机构的电阻是不大的,所以必须和它串联一个称为倍压器的高阻电阻 R_V,如图 12.7(b)所示,这样就使电压表的量程扩大了。

由图 12.7(b)可得

$$\frac{U}{U_0} = \frac{R_0 + R_V}{R_0}$$

即

$$R_V = R_0\left(\frac{U}{U_0} - 1\right) \tag{12.14}$$

由上式可知,需要扩大的量程愈大,则倍压器的电阻应愈高。多量程电压表具有几个标有不同量程的接头,这些接头可分别与相应阻值的倍压器串联。电磁式电压表和磁电式电压表都须串联倍压器。

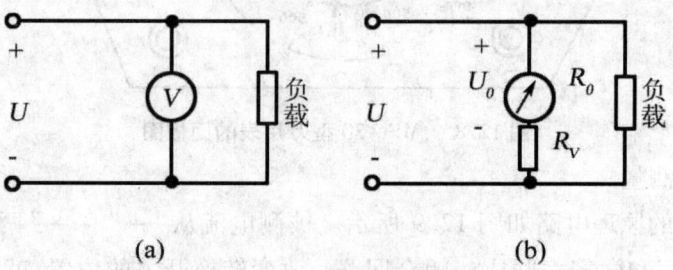

图 12.7 电压表和倍压器

例 12.2 有一电压表,其量程为 50V,内阻为 2000Ω。今欲使量程扩大到为 300V,问还需串联多大电阻的倍压器?

解

$$R_V = R_0\left(\frac{U}{U_0} - 1\right) = 2000 \times \left(\frac{300}{50} - 1\right) = 10000\,\Omega$$

12.4 万用表

万用表可测量多种电量,虽然准确度不高,但是使用简单,携带方便,特别适用于检查线路和修理电气设备。万用表有指针式和数字式两种。

12.4.1 指针式万用表

指针式万用表由磁电式微安表、若干分流器和倍压器、半导体二极管及转换开关等组成,可以用来测量直流电流、直流电压、交流电压和电阻等。图 12.8 是常用的 MF-30 型万用表的面板图。现将各项测量电路分述如下:

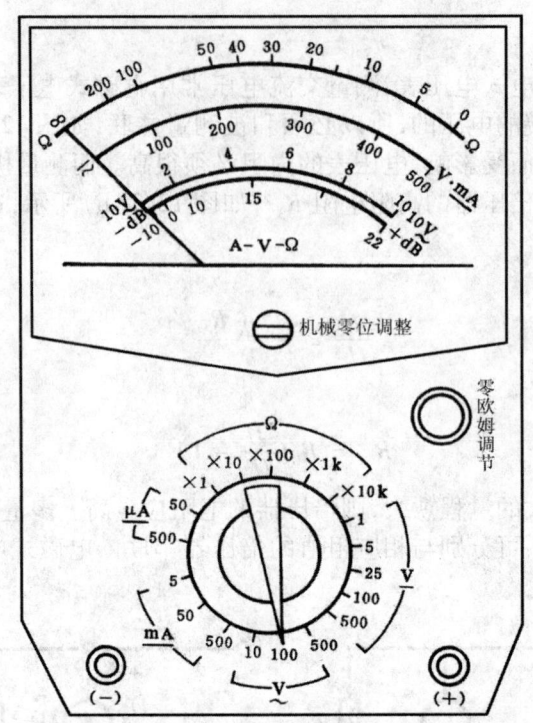

图 12.8　MF-30 型万用表的面板图

1. 直流电流的测量

测量直流电流的原理电路如图 12.9 所示。被测电流从"+"、"-"两端进出。$R_{A1} \sim R_{A5}$ 是分流器电阻，它们和微安表联成一闭合回路。改变转换开关的位置，就改变了分流器的电阻，从而也就改变了电流的量程。例如，转换在 50mA 档时，分流器电阻为 $R_{A1} + R_{A2}$，其余则与微安表串联。量程愈大，分流器电阻愈小。图中的 R 为直流调整电位器。

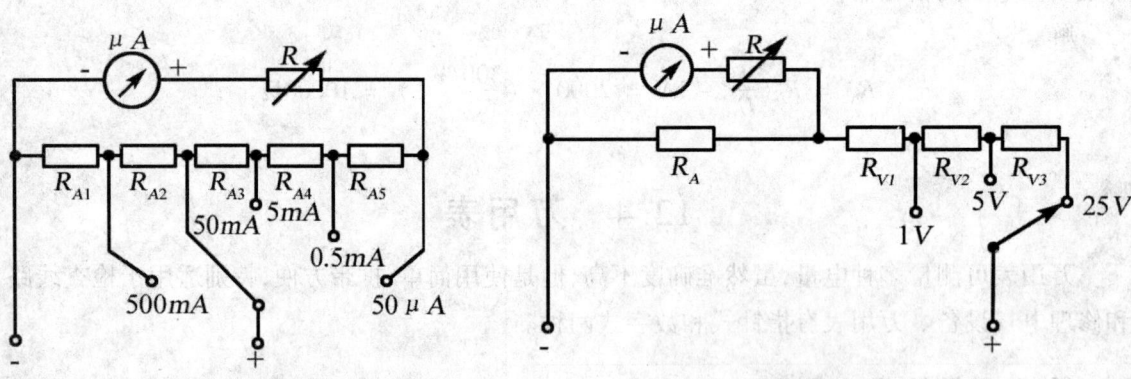

图 12.9　测量直流电流的原理图　　　　图 12.10　测量直流电压的原理图

2. 直流电压的测量

测量直流电压的原理电路如图 12.10 所示。被测电压加在"+"、"-"两端。R_{V1}，R_{V2}，……是倍压器电阻。量程愈大，倍压器电阻也愈大。

电压表的内阻愈高,从被测电路取用的电流愈小,被测电路受到的影响也就愈小。我们用仪表的灵敏度,也就是用仪表的总内阻除以电压量程来表明这一特征。MF-30型万用表在直流电压25V档上仪表的总内阻为500kΩ,则这档的灵敏度为$\frac{500\text{k}\Omega}{25\text{V}}=20\text{k}\Omega/\text{V}$。

3. 交流电压的测量

测量交流电压的原理电路如图12.11所示。磁电式仪表只能测量直流,如果要测量交流,则必须附有整流元件,即图中的半导体二极管D_1和D_2。二极管只允许一个方向的电流通过,反方向的电流不能通过。被测交流电压也是加在"+"、"-"两端。在正半周时,设电流从"+"端流进,经二极管D_1,部分电流经微安表流出。在负半周时,电流直接经D_2流出。可见,通过微安表的是半波电流,读数应为该电流的平均值;于是,指示读数便被折换为正弦电压的有效值。至于量程的改变,则和测量直流电压时相同。R'_{V1},R'_{V2}……是倍压电阻。

万用表交流电压的灵敏度一般比直流电压档的低。MF-30型万用表交流电压档的灵敏度为$5\text{k}\Omega/\text{V}$。

普通万用表只适于测量频率为45~1000Hz的交流电压。

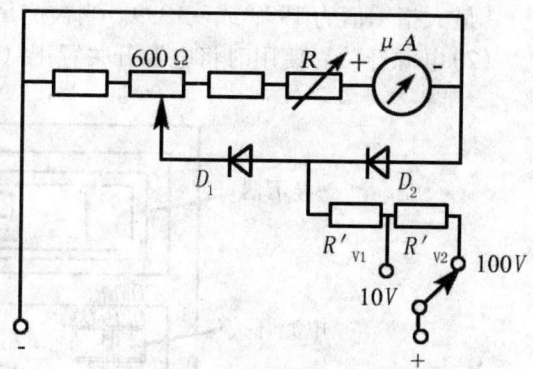

图12.11 测量交流电压的原理图

4. 电阻的测量

测量电阻的原理电路如图12.12所示。测量电阻时要接入电池,被测电阻也是接在"+"、"-"两端。被测电阻愈小,即电流愈大,因此指针的偏转角度愈大。测量前应先将"+"、"-"两端短接,看指针是否偏转最大而指在零(刻度盘的最右端),否则应转动欧姆调节电位器(图中的1.7kΩ电阻)进行校正。

使用万用表时应注意转换开关的位置和量程,绝对不能在带电线路上测量电阻,测量结束后应将转换开关转到万用表的安全档位。

此外,从图12.12还可以看出,面板上的"+"端接在电池的负极,而"-"端是接电池的正极的。

12.4.2 数字式万用表

以DT-830型数字万用表为例来说明它的测量范围和使用方法。

1. 测量范围

(1)直流电压分五档:200mV、2V、20V、200V、1000V。输入电阻为10MΩ。

(2)交流电压分五档:200mV、2V、20V、200V、750V。输入阻抗10MΩ。频率范围为40~500Hz。

(3)直流电流分五档:200μA、2mA、20mA、

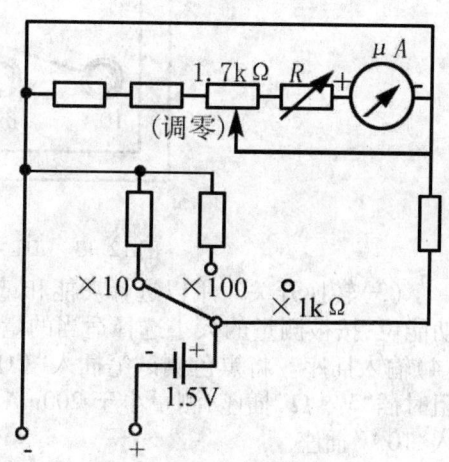

图12.12 测量电阻的原理图

200mA、10A。

(4) 交流电流分五档:200μA、2mA、20mA、200mA、10 A。

(5) 电阻分六档:200Ω、2kΩ、20 kΩ、200kΩ、2MΩ、20MΩ。

此外,还可以检查半导体二极管的导电特性,并能测量晶体管的电流放大倍数 h_{FE} 和检查线路通断。

2. 面板说明

图 12.13 是 DT－830 型数字万用表的面板图。

(1) 显示器。显示四位数字,最高位只能显示 1 或不显示数字,算半位,故称三位半($3\frac{1}{2}$ 位)。最大指示值为 1999 或 －1999。当被测量超过最大指示值时,显示"1"或"－1"。

(2) 电源开关。使用时将电源开关置于"ON"位置;使用完毕置于"OFF"位置。

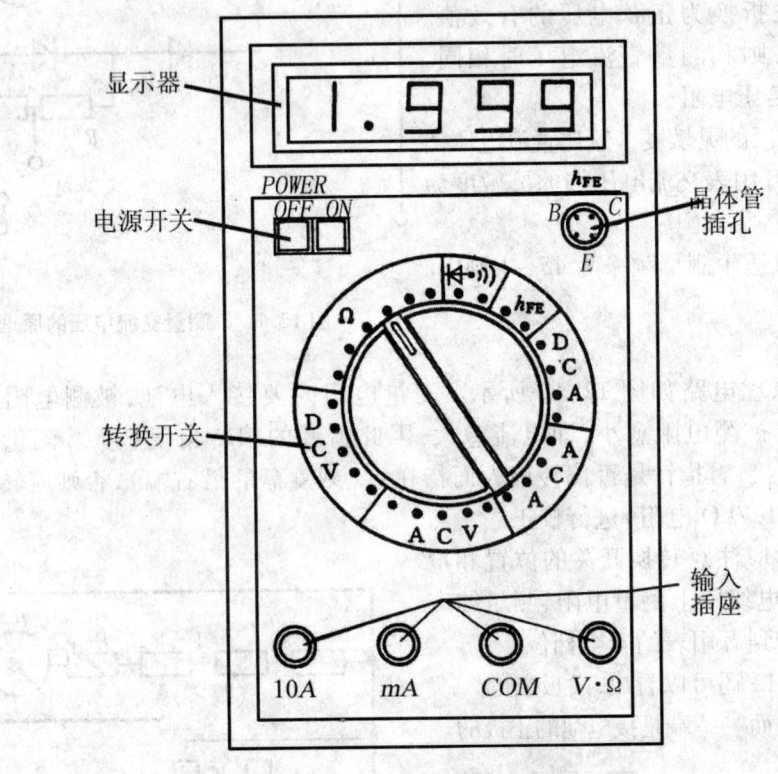

图 12.13　DT－830 型万用表的面板图

(3) 转换开关。用以选择功能和量程。根据被测的电量(电压、电流、电阻等)选择相应的功能位;按被测量的大小选择适当的量程。

(4) 输入插座。将黑色测试笔插入"COM"插座。红色测试笔有如下三种插法:测量电压和电阻时插"V·Ω"插座;测量小于 200mA 的电流时插入"mA"插座;测量大于 200mA 的电流时插入"10A"插座。

DT－830 型数字万用表的采样时间为 0.4s,电源电压为 9V。

12.5 功率的测量

电路中的功率与电压和电流的乘积有关,因此用来测量功率的仪表必须具有两个线圈:一个用来反映负载电压,与负载并联,称为并联线圈或电压线圈;另一个用来反映负载电流,与负载串联,称为串联线圈或电流线圈。这样,电动式仪表可以用来测量功率,通常用的就是电动式功率表。

12.5.1 单相交流和直流功率的测量

图 12.14 是功率表的接线图。固定线圈的匝数较少,导线较粗,与负载串联,作为电流线圈。可动线圈的匝数较多,导线较细,与负载并联,作为电压线圈。

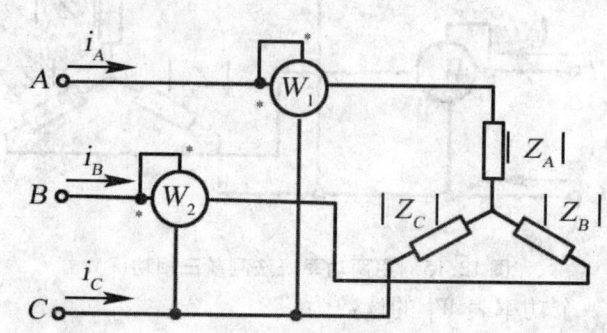

图 12.14 功率表的接线图

由于并联线圈串有高阻值的倍压器,它的感抗与其电阻相比可以忽略不计,所以可以认为其中电流 i_2 与两端的电压 u 同相。这样,在式(12.12)中,I_1 即为负载电流的有效值 I,I_2 与负载电压有效值 U 成正比,φ 即为负载电流与负载电压之间的相位差,而 $\cos\varphi$ 即为电路的功率因数。因此式(12.12)也可以写成

$$\alpha = k'UI\cos\varphi = K'P \qquad (12.15)$$

可见电动式功率表中指针的偏转角 α 与电路的平均功率 P 成正比。

如果将电动式功率表的两个线圈中的一个反接,指针就反向偏转,这样便不能读出功率的数值。因此,为了保证功率表正确联接,在两个线圈的始端标以"±"或"*"号,这两端均应联在电源的同一端,如图 12.14 所示。

功率表的电压线圈和电流线圈各有其量程。改变电压量程的方法和电压表一样,即改变倍压器的电阻值。电流线圈常常是由两个相同的线圈组成,当两个线圈并联时,电流量程要比串联时大一倍。

同理,电动式功率表也可测量直流功率。

12.5.2 三相功率的测量

在三相三线制中,无论负载联成星形还是三角形,也不论负载对称与否,都广泛采用两功率表法来测量三相功率。

图 12.15 所示的是负载联成星形的三相三线制电路,其三相瞬时功率为

$$p = p_A + p_B + p_C = u_A i_A + u_B i_B + u_C i_C$$

因为
$$i_A + i_B + i_C = 0$$
所以
$$p = u_A i_A + u_B i_B + u_C(-i_A - i_B) = (u_A - u_C)i_A + (u_B - u_C)i_B \quad (12.16)$$
$$= u_{AC} i_A + u_{BC} i_B = p_1 + p_2$$

由上式可知,三相功率可用两个功率表来测量。每个功率表的电流线圈中通过的是线电流,而电压线圈上所加的电压是线电压。两个电压线圈的一端都联在未串联电流线圈的一线上(图 12.15)。应注意,两个功率表的电流线圈可以串联在任意两线中。

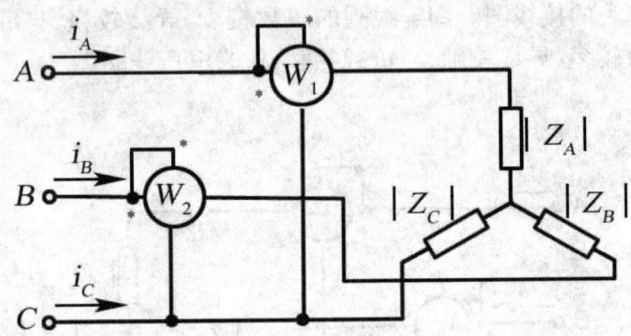

图 12.15 用两功率表法测量三相功率

在图 12.15 中,第一个功率表 W_1 的读数为

$$P_1 = \frac{1}{T}\int_0^T u_{AC} i_A dt = U_{AC} I_A \cos\alpha \quad (12.17)$$

式中 α 为 u_{AC} 和 i_A 之间的相位差。而第二个功率表 W_2 的读数为

$$P_2 = \frac{1}{T}\int_0^T u_{BC} i_B dt = U_{BC} I_B \cos\beta \quad (12.18)$$

式中 β 为 u_{BC} 和 i_B 之间的相位差。

两功率表的读数 P_1 与 P_2 之和即为三相功率

$$P = P_1 + P_2 = U_{AC} I_A \cos\alpha + U_{BC} I_B \cos\beta$$

当负载对称时,由图 12.16 的相量图可知,两功率表的读数分别为

$$P_1 = U_{AC} I_A \cos\alpha = U_l I_l \cos(30° - \varphi) \quad (12.19)$$
$$P_2 = U_{BC} I_B \cos\beta = U_l I_l \cos(30° + \varphi) \quad (12.20)$$

因此,两功率表的读数之和为

$$P = P_1 + P_2 = U_l I_l \cos(30° - \varphi) + U_l I_l \cos(30° + \varphi) = \sqrt{3} U_l I_l \cos\varphi \quad (12.21)$$

由上式可知,当相电流与相电压同相时,即 $\varphi = 0$,则 $P_1 = P_2$,即两个功率表的读数相等。当相电流比相电压滞后的角度 $\varphi > 60°$ 时,则 P_2 为负值,即第二个功率表的指针反向偏转,这样便不能读出功率的数值。因此,必须将该功率表的电流线圈反接。这时三相功率便等于第一个功率表的读数减去第二个功率表的读数,即

$$P = P_1 + (-P_2) = P_1 - P_2$$

由此可知,三相功率应是两个功率表的读数的代数和,其中任意一个功率表的读数是没有意义的。

在实用上,常用一个三相功率表(或称二元功率表)代替两个单相功率表来测量三相功率,其原理与两功率表法相同,接线图见图 12.17 所示。

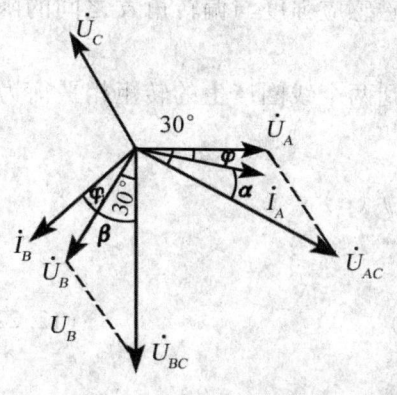

图 12.16 对称负载星形联接时的相量图

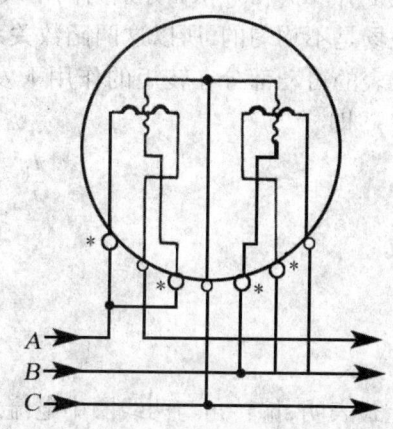

图 12.17 三相功率表的接线图

12.6 兆欧表

检查电机、电器及线路的绝缘情况和测量高阻电阻,常应用兆欧表。兆欧表是一种利用磁电式流比计的线路来测量高电阻的仪表,其构造如图 12.18 所示。在永久磁铁的磁极间放置着固定在同一轴上而互相垂直的两个线圈。一个线圈与电阻 R 串联,另一个线圈与被测电阻 R_X 串联,然后将两者并联于直流电源。电源安置在仪表内,是一手摇直流发电机,其端电压为 U。

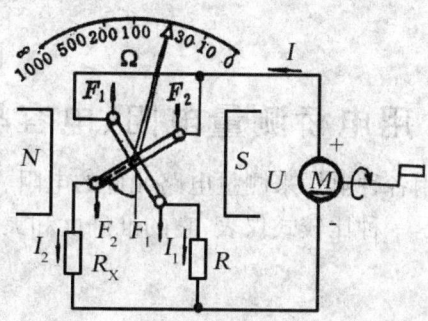

图 12.18 兆欧表的构造

在测量时两个线圈中通过的电流为

$$I_1 = \frac{U}{R_1 + R}$$

和

$$I_2 = \frac{U}{R_2 + R_X}$$

式中 R_1 和 R_2 分别为两个线圈的电阻。两个通电线圈因受磁场的作用,产生两个方向相反的转矩

和
$$T_1 = k_1 I_1 f_1(\alpha)$$
$$T_2 = k_2 I_2 f_2(\alpha)$$

式中 $f_1(\alpha)$ 和 $f_2(\alpha)$ 分别为两个线圈所在处的磁感应强度与偏转角 α 之间的函数关系。因为磁场是不均匀的,所以这两函数关系并不相等。

仪表的可动部分在转矩的作用下发生偏转,直到两个线圈产生的转矩相平衡为止,这时 $T_1 = T_2$,即

$$\frac{I_1}{I_2} = \frac{k_2 f_2(\alpha)}{k_1 f_1(\alpha)} = f_3(\alpha)$$

或

$$\alpha = f\left(\frac{I_1}{I_2}\right) \tag{12.22}$$

上式表明,偏转角与两线圈中电流之比有关,故称为流比计。

由于

$$\frac{I_1}{I_2} = \frac{R_2 + R_X}{R_1 + R}$$

所以

$$\alpha = f\left(\frac{R_2 + R_X}{R_1 + R}\right) = f'(R_X) \tag{12.23}$$

可见偏转角 α 与被测电阻 R_X 有一定的函数关系,因此,仪表的刻度尺就可以直接按电阻来分度。这种仪表的读数与电源电压 U 无关,所以手摇发电机的快慢不影响读数。

线圈中的电流是经由不会产生阻转矩的柔韧的金属带引入的,所以当线圈中无电流时,指针将处于随遇平衡状态。

12.7 用电桥测量电阻、电容与电感

在生产和科学研究中常用各种电桥来测量电路元件的电阻、电容和电感,在非电量的电测技术中也常用到电桥。电桥是一种比较式仪表,它的准确度和灵敏度都较高。

12.7.1 直流电桥

最常用的是单臂直流电桥(惠斯登电桥),是用来测量中值(约 1Ω 到 0.1MΩ)电阻的,其电路如图 12.19 所示。当检流计 G 中无电流通过时,我们说电桥达到平衡。前已述及,电桥平衡的条件为

$$R_1 R_4 = R_2 R_3$$

设 $R_1 = R_X$ 为被测电阻,则

$$R_X = \frac{R_2}{R_4} R_3 \tag{12.24}$$

式中 $\frac{R_2}{R_4}$ 为电桥的比臂,R_3 为较臂。测量时先将比臂调到一定比值,而后再调节较臂直到

电桥平衡为止。

电桥也可以在不平衡的情况下来测量:先将电桥调节到平衡,当有所变化时,电桥的平衡被破坏,检流计中流过电流,这电流与 R_X 有一定的函数关系,因此,可以直接读出被测电阻值或引起电阻发生变化的某种非电量的大小。不平衡电桥一般用在非电量的电测技术中。

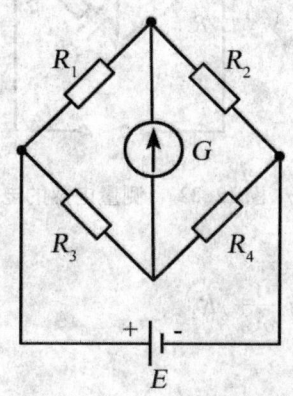 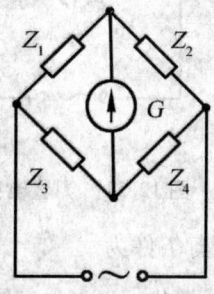

图 12.19　直流电桥的电路　　　　　　图 12.20　交流电桥的电路

12.7.2　交流电桥

交流电桥的电路如图 12.20 所示。四个桥臂由阻抗 Z_1、Z_2、Z_3 和 Z_4 组成,交流电源一般是低频信号发生器,指零仪器是交流检流计或耳机。

当电桥平衡时

$$Z_1 Z_4 = Z_2 Z_3 \tag{12.25}$$

将阻抗写成指数形式,则为

$$|Z_1| e^{j\varphi_1} |Z_4| e^{j\varphi_4} = |Z_2| e^{j\varphi_2} |Z_3| e^{j\varphi_3}$$

或

$$|Z_1||Z_4| e^{j(\varphi_1+\varphi_4)} = |Z_2||Z_3| e^{j(\varphi_2+\varphi_3)}$$

由此得

$$|Z_1||Z_4| = |Z_2||Z_3| \tag{12.26}$$

$$\varphi_1 + \varphi_4 = \varphi_2 + \varphi_3 \tag{12.27}$$

为了使调节容易些,通常将两个桥臂设计为纯电阻。

设 $\varphi_1 = \varphi_4 = 0$,即 Z_2 和 Z_4 是纯电阻,则 $\varphi_1 = \varphi_3$,即 Z_1 和 Z_3 必须同为电感性或电容性的。

设 $\varphi_2 = \varphi_3 = 0$,即 Z_2 和 Z_3 是纯电阻,则 $\varphi_1 = -\varphi_4$,即 Z_1,Z_4 中,一个是电感性的,而另一个是电容性的。

下面举例说明测量电感和电容的原理。

1. 电容的测量

测量电容的电路如图 12.21 所示,电阻 R_2 和 R_4 作为两臂,被测电容器(C_X、R_X,R_X 是电容器的介质耗损等效电阻)作为一臂,无耗损的标准电容器(C_0)和标准电阻(R_0)串联后作为另一臂。

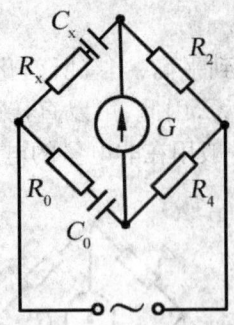
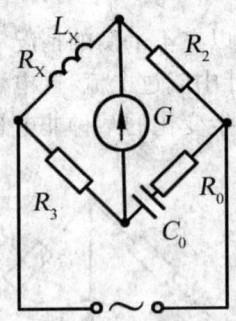

图 12.21　测量电容的电桥电路　　　图 12.22　测量电感的电桥电路

电桥的平衡条件为

$$(R_X - j\frac{1}{\omega C_X})R_4 = (R_0 - j\frac{1}{\omega C_0})R_2$$

由此得

$$R_X = \frac{R_2}{R_4}R_0$$

$$C_X = \frac{R_2}{R_4}C_0$$

为了同时满足以上两式的平衡关系,必须反复调节 $\frac{R_2}{R_4}$ 和 R_0（或 C_0）直到平衡为止。

2. 电感的测量

测量电感的电路如图 12.22 所示,R_X 和 L_X 是被测电感元件的电阻和电感。

电桥的平衡条件为

$$R_2 R_3 = (R_X + j\omega L_X)(R_0 - j\frac{1}{\omega C_0})$$

由上式可得出

$$L_X = \frac{R_2 R_3 C_0}{1 + (\omega R_0 C_0)^2}$$

$$R_X = \frac{R_2 R_3 R_0 (R_0 C_0)^2}{1 + (\omega R_0 C_0)^2}$$

调节 R_2 和 R_0 使电桥平衡。

12.8　非电量的电测法

非电量的电测法就是将各种非电量(例如温度、压力、速度、位移、应变、流量、液位等)变换为电量,而后进行测量的方法。由于变换所得的电量(电动势、电压、电流、频率等)与被测的非电量之间有一定的比例关系,因此通过对变换所得的电量的测量便可测得非电量的大小。

非电量的电测法具有下列几个主要优点：

(1)能连续测量,以自动控制生产过程(例如要自动控制锅炉设备时,必须不断地测量蒸汽压力、锅炉水位、出汽温度等);

(2)能远距离测量;

(3)能测量动态过程(可用惯性很小的示波器来观察);

(4)能自动记录(例如自动记录炉温);

(5)测量的准确度和灵敏度较高;

(6)采用微处理器做成的智能化仪器,可与微型计算机一起组成测量系统,实现数据处理、误差校正和自动监控等功能。

随着生产过程自动化的发展,非电量的电测技术日益重要。

各种非电量的电测仪器,主要由下列几个基本环节组成:

传感器→测量电路→测录装置

(1)传感器。传感器的作用是把被测非电量变换为与其成一定比例关系的电量。传感器的种类繁多,各有各的变换功能。它在非电量电测系统中占有很重要的位置,它获得信息的准确与否,关系到整个测量系统的精确度。

(2)测量电路。测量电路的作用是把传感器输出的电信号进行处理,使之适合于显示、记录及和微型计算机联接。最常用的测量电路有电桥电路、电位计电路、差动电路、放大电路、相敏电路以及模拟量和数字量的转换电路等。在最简单的情况下,测量电路就是联接传感器与测录装置的导线。

(3)测录装置。测录装置是指各种电工测量仪表、示波器、自动记录器、数据处理器及控制电机等。非电量变换为电量后,用测录装置来测量、显示或记录被测非电量的大小或其变换,或者通过控制电机(电器)来控制生产过程。此外,目前在非电量电测系统中广泛应用微型计算机,不仅能扩大测量系统的功能,而且也能改善对测量值的处理技术,并提高了可靠性。

下面介绍几种最常用的传感器以及相应的测量原理,以使读者对非电量的电测法有一了解。

12.8.1 应变电阻传感器

机械零件和各种结构杆件的应变(即伸缩度)通常用应变仪来测量,并由此计算其中的应力。应变仪中常用的传感器是金属电阻丝应变片,如图12.23所示。图中的电阻丝,是由直径为0.02~0.04mm的康铜或镍铬合金绕成图中的形状,粘在薄纸片上。在测量时,将此应变片用特种胶水贴在被测试件上。试件发生的应变通过胶层和纸片传给电阻丝,把电阻丝拉长或缩短,因而改变了它的电阻。这就把机械应变变换为电阻的变换。

电阻丝的电阻的相对变换 $\frac{\Delta R}{R}$ 和试件的轴向应变 $\frac{\Delta l}{l}$ 成正比,即

$$k = \frac{\Delta R}{R} \Big/ \frac{\Delta l}{l}$$

或

$$\frac{\Delta R}{R} = k \frac{\Delta l}{l} = k\varepsilon \tag{12.28}$$

式中 k 为电阻丝应变片的灵敏系数,其值约为2。

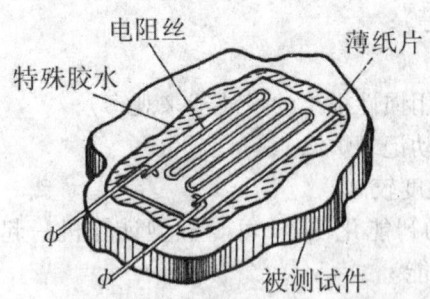

图12.23　金属电阻丝应变片

由于机械应变一般很小，所以电阻的变化也很小，（$\triangle R = 10^{-4} \sim 10^{-1} \Omega$）。因此要求测量电路能精确地测出微小的电阻变化。最常用的测量电路是电桥电路（大多采用不平衡电桥），把电阻的相对变化转换为电压或电流的变化。

图12.24是交流电桥测量电路，为简便起见，设四个桥臂皆为纯电阻，其中 R_1 为电阻丝应变片。电源电压一般为 $50 \sim 500$ kHz 的正弦电压 $\dot{U}$，输出电压为 $\dot{U}_0$，通过计算可得出两者的关系式

$$\dot{U}_0 = \frac{R_1 R_4 - R_2 R_3}{(R_1 + R_2)(R_3 + R_4)} \dot{U}$$

设测量前电桥平衡，即

$$R_1 R_4 = R_2 R_3, \quad \dot{U}_0 = 0$$

测量时应变片电阻变化了 $\triangle R_1$，则

$$\dot{U}_0 = \frac{R_1 R_4 + \triangle R_1 R_4 - R_2 R_3}{(R_1 + \triangle R_1 + R_2)(R_3 + R_4)} \dot{U}$$

如果初始时，$R_1 = R_2$ 和 $R_3 = R_4$，并略去分母中的 $\triangle R_1$，则得

$$\dot{U}_0 = \frac{\frac{1}{4} \times \triangle R_1}{R_1} \dot{U} \quad (12.29)$$

输出电压与电阻的相对变化成正比。

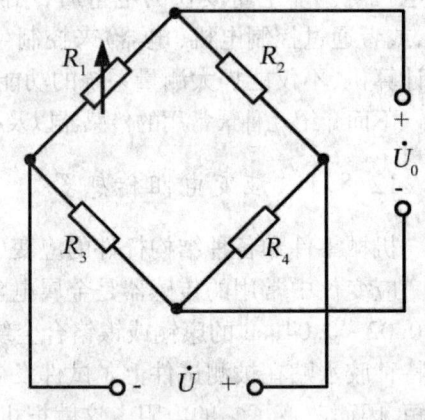

图12.24　交流电桥测量电路

由于被测应变信号很小，U_0 也是很小的。因此，还要经过放大、整流、滤波等环节而后输出，用测录装置显示或记录。

12.8.2　电感传感器

电感传感器能将非电量的变化变换为线圈电感的变化，再由测量电路转换为电压或电流信号。

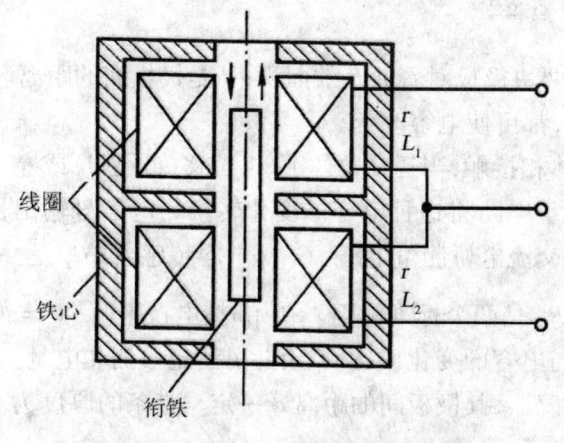
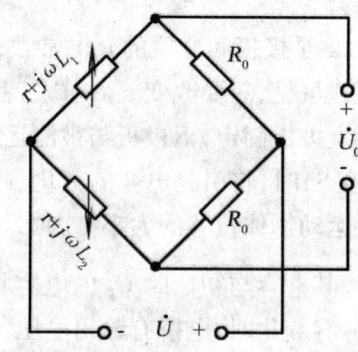

图 12.25　差动电感传感器　　　　图 12.26　交流电桥测量电路

图 12.25 是常用的差动电感传感器。有两只完全相同的线圈 rL_1 和 rL_2，上下对称排列，其中有一衔铁。当衔铁在中间位置时，两只线圈的电感量相等，$L_1 = L_2$。当衔铁受到非电量的作用做上下移动时，两只线圈的电感一增一减，发生变化，此即为差动。

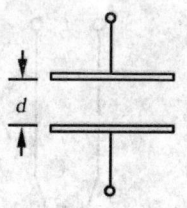
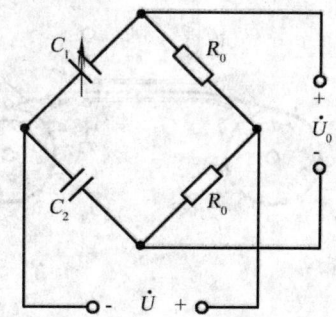

图 12.27　平板电容传感器　　　　图 12.28　交流电桥测量电路

图 12.26 是交流电桥测量电路，两只线圈分别为两个相邻桥臂，标准电阻 R_0 组成另外两个桥臂。

初始时，衔铁处于中间位置，电桥平衡，输出电压 $\dot{U}_0 = 0$。当衔铁偏离中间位置向上或向下移动时，电桥就不平衡，输出电压的大小与衔铁位移的大小成比例，其相位则与衔铁移动的方向有关。电桥的输出电压通常还要经过放大、整流（利用相敏整流器，可以同时鉴别衔铁位移的大小和方向）、滤波等环节而后输出，用测录装置指示或记录。

电感传感器的优点是输出功率较大，在很多情况下可以不经放大，直接与测量仪表相联。此外，它的结构简单，工作可靠，而且采用的是工频交流电源。因此，电感传感器的应用很广，常用它来测量压力、位移、液位、表面光洁度，以及检查零件尺寸等。

12.8.3　电容传感器

电容传感器能将非电量的变化变换为电容器电容的变化。通常采用的是平板电容传感器，如图 12.27 所示，其电容为

$$C = \frac{\varepsilon S}{d}$$

式中，ε 是极板间介质的介电常数；S 是两块极板对着的有效面积；d 是极板间的距离。

由上式可见，只要改变 ε、S、d 三者之一，都可使电容改变。

如将上极板固定，下极板与被测运动物体相接触，当运动物体上、下位移（改变 d）或左、右位移（改变 S）时，将引起电容的变化，通过测量电路将这种电容的变化转换为电信号输出，其大小反映运动物体位移的大小。图 12.28 是交流电桥测量电路：C_1 是电容传感器；C_2 是一固定电容器，其电容与初始时 C_1 的电容相等；R_0 是两个标准电阻。初始时，电桥平衡，$\dot{U} = 0$。当 C_1 的电容变化时，电桥有输出电压，其值与电容的变化成比例，由此可测定被测非电量。

图 12.29 是测量绝缘带条厚度的电容传感器，其极板间的距离 d 一定。带条的厚度为 δ，其介电常数为 ε，空气的介电常数为 ε_0，则电容

$$C = \frac{S}{\dfrac{d-\delta}{\varepsilon_0} + \dfrac{\delta}{\varepsilon}} \tag{12.30}$$

可见 C 是带条厚度 δ 的函数，由此可检查出带条厚度是否合格。

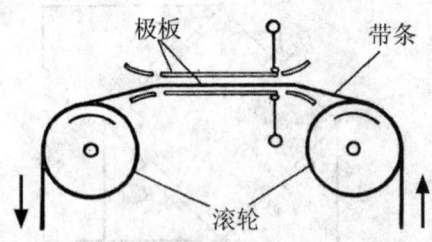

图 12.29　用电容传感器测量绝缘带条的厚度

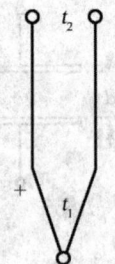

图 12.30　热电偶

12.8.4　热电传感器

热电传感器能将温度的变化变换为电动势或电阻的变化，主要有下列三种。

1. 热电偶

热电偶由两根不同的金属丝或合金丝组成，如图 12.30 所示。如果在两金属丝相联的一端加热（热端），则产生热电动势 E_t，它与热电偶两端的温度有关，即

$$E_t = f(t_1) - f(t_2) \tag{12.31}$$

设热电偶冷端的温度 t_2 保持恒定，则热电动势就只与热端的温度（被测温度）t_1 有关。热电偶温度计常用来测量 500～1500℃ 的温度。

表 12.4 是常用热电偶的主要技术数据。

表 12.4　　　　　　　　　　常用热电偶的主要技术数据

热电偶名称	成 分	极性	测量最高温度(℃)		当 $t_2=0℃$ 和 $t_1=1000℃$ 时的热电动势(mV)
			长时间	短时间	
铂铑—铂	90% Pt + 10% Rh 100% Pt	+ −	1300	1600	0.64
镍铬—镍铝	90% Ni + 10% Cr 95% Ni + 10% Al	+ −	1000	1250	4.1
镍铬—考铜	90% Ni + 10% Cr 55% Ni + 45% Ni	+ −	600	800	6.95
铜—考铜	100% Cu 55% Ni + 45% Ni	+ −	350	500	4.74
铜—康铜	100% Cu 60% Ni + 40% Ni	+ −	350	500	4.15

为了防止热电偶受到机械损坏或高温蒸汽的有害作用,常把它放在用钢、瓷或石英制成的保护套管中。

图 12.31 是热电偶应用于炉温控制系统的一例。

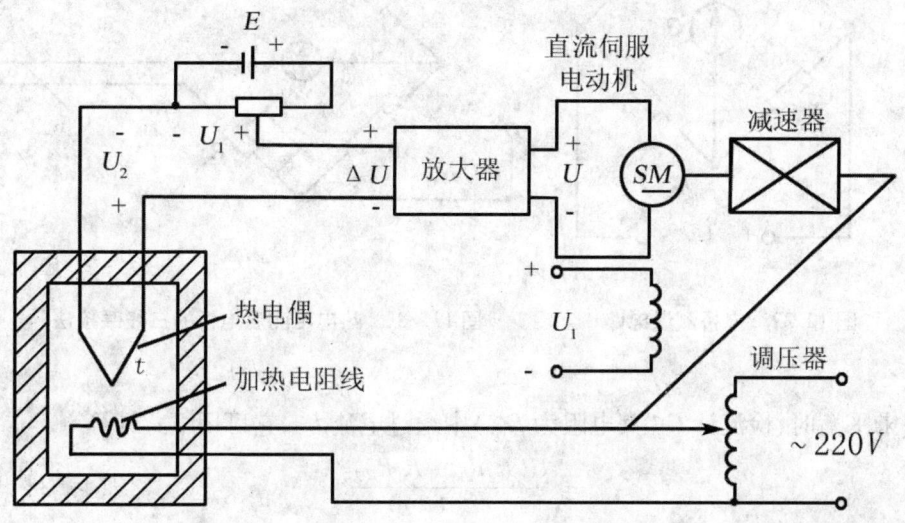

图 12.31　电炉炉温控制系统

机电工业中常用的原材料(如硅钢片)在热处理过程中需要连续若干小时保持一定温度后,才能达到预定的性能,这就要对炉温进行控制。图中,热电偶用来测量炉温,其热电动势或输出电压 U_2 正比于炉温。测量电路是电位计电路,给出基准电压 U_1,它与炉温给定值相对应。初始时,系统已调好,电路平衡,即 $U_1 = U_2$,差值电压 $\triangle U = 0$。此时炉温为给定值,电动机不动。

若某种原因使炉温高于给定值,则 $U_2 > U_1$,差值电压 $\triangle U$ 经放大后输出的电压 U 加在直流伺服电动机的两端,其极性所决定的电动机的转动方向,正好使电路重新平衡($\triangle U = 0$),即电动机通过减速器带动调压器手柄使加热电流减小。

2. 热电阻

热电阻传感器能将温度的变化变换为电阻的变化，用来测量温度。电阻温度计中的热电阻传感器是绕在云母、石英或塑料骨架上的金属电阻丝（常用铜或铂），外套保护管。电阻温度计被用来测量 $-200℃ \sim 800℃$ 的温度。

金属电阻丝的电阻随温度的变化关系，可用下式确定

$$R_t = R_0(1 + At + Bt^2) \tag{12.32}$$

式中 R_t 和 R_0 分别为温度 $t℃$ 和 $0℃$ 时的电阻值，R_0 值有 50Ω 和 100Ω 两种；A 和 B 为金属丝在工作温度范围内的电阻温度系数的平均值。对铜丝而言，$A = 4 \times 10^{-3}(1/℃)$，$B = 0$；对铂丝而言，$A = 3.98 \times 10^{-3}(1/℃)^2$，$B = -5.84 \times 10^{-7}(1/℃)$。

作为热电阻传感器的金属电阻丝，在工作温度范围内必须具有稳定的物理和化学性能；电阻随温度变化的关系最好是接近线性的；热惯性愈小愈好。

电阻温度计中常采用电桥测量电路，如图 12.32 所示。图中，R_1 是热电阻传感器；R_2，R_3 和 R_4 是标准电阻，其中一个或两个是可调的。

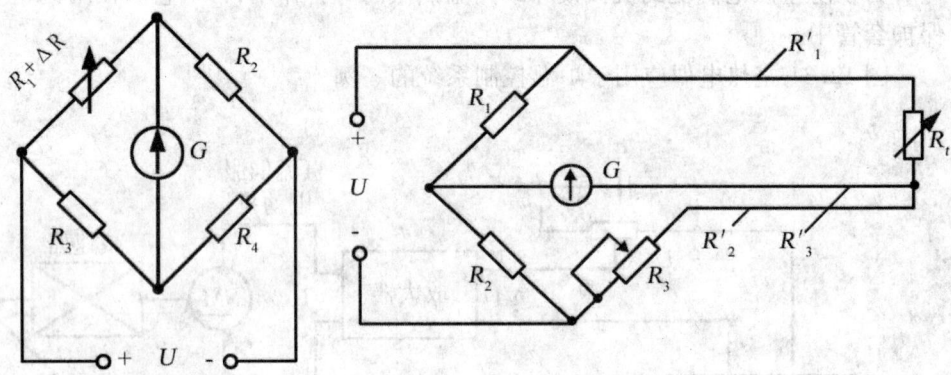

图 12.32　电桥测量电路　　图 12.33　热电阻测温电桥的三线联接法

当电桥未平衡时，检流计 G（其电阻为 R_G）中通过电流 I_G，它可用下式计算

$$I_G = \frac{U(R_2R_3 - R_1R_4)}{M} \tag{12.33}$$

式中

$$M = R_G(R_1 + R_2)(R_3 + R_4) + R_1R_2(R_3 + R_4) + R_3R_4(R_1 + R_2)$$

在测量前，先调节 R_2 或 R_3 使电桥平衡（$I_G = 0$）。平衡条件为 $R_2R_3 = R_1R_4$。

在测量温度时，传感器电阻丝的电阻变化了 $\triangle R$，于是式（12.33）的分子中的 $R_2R_3 - R_1R_4$ 便变为

$$R_2R_3 - (R_1 + \triangle R)R_4 = (R_2R_3 - R_1R_4) - R_4\triangle R = -R_4\triangle R$$

在式（12.33）的分母中以（$R_1 + \triangle R$）来代替 R_1，则可得 $M + \triangle M$，而

$$\triangle M = \triangle R[R_G(R_3 + R_4) + R_2(R_3 + R_4) + R_3R_4]$$

当 $\triangle R$ 很小，$\triangle M$ 也很小。于是可以认为式（12.33）的分母保持不变。这时的不平衡电流为

$$I_G \approx \frac{UR_4}{M} |\triangle R| \qquad (12.34)$$

它近似与 $\triangle R$ 成正比,于是检流计指针的偏转角

$$a \approx k_1 \triangle R \approx k_2 t \qquad (12.35)$$

式中 k_1 和 k_2 是比例常数。由上式可见,指针偏转角的大小即可指示出被测温度的高低。

如果热电阻的安装处离仪表较远,并由于热电阻的阻值较小,则联线的电阻也会因环境温度的变化而变化,从而产生测量误差。为此,可采用图12.33所示的三线联接法。其中,R_1 和 R_2 为固定电阻,通常取 $R_1 = R_2$;R_3 是调零电位计;热电阻 R_t 通过具有电阻 R'_1、R'_2 和 R'_3 的三根导线与电桥相联。R'_1 和 R'_2 两联线的长度相等(一般 $R'_1 = R'_2$),电阻温度系数相同,分别接在相邻桥臂内,当温度变化时引起的电阻变化相同,便可消除测量误差。

3. 热敏电阻

热敏电阻能将温度的变化变换为电阻的变化,可用于温度测量、温度控制和温度补偿。热敏电阻是半导体元件,它是将锰、镍、钴、铜和钛等氧化物按一定比例混合后压制成型,在高温(1000℃左右)下烧结而成的。其外形有珠状、片状、圆柱状和垫圈状等多种。

热敏电阻具有负的电阻温度系数,当温度升高时,其电阻值明显减小;同时,它的电阻与温度的关系是非线性的。电阻与温度的这两种关系如图12.34所示。

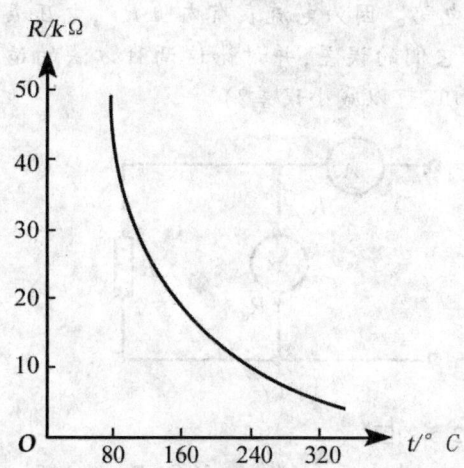
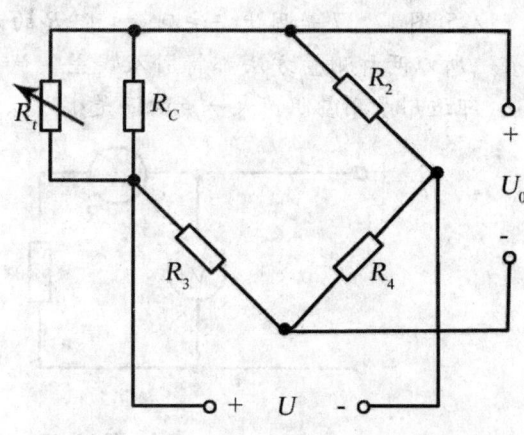

图12.34 热敏电阻的电阻-温度特性　　图12.35 热敏电阻与补偿电阻并联的电桥测量电路

热敏电阻的测温范围约为 $-50℃ \sim +300℃$,除可以测量一般液体、气体和固体的温度外,还可用来测量晶体管外壳温升、植物叶片温度和人体血液温度等。

测温时采用的也是电桥测量电路,如图12.35所示。由于电阻-温度特性的非线性,要用温度系数很小的补偿电阻与热敏电阻串联或并联,使等效电阻与温度在一定的温度范围内呈线性关系。

由于热敏电阻具有负的电阻温度系数,因此可用它来对正的电阻温度系数的电阻元件进行补偿,以减小温度误差。

习题

12.1 电源电压的实际值为220V,今用准确度为1.5级、满偏值为220V和准确度为1.0级、满偏值为500V的两个电压表去测量,试问哪个读数比较准确?

12.2 用准确度为2.5级、满偏值为220V的电压表去测量110V的电压,试问相对测量误差为多少? 如果允许的相对测量误差不应超过5%,试确定这只电压表适宜于测量的最小电压值。

12.3 一毫安表的内阻为20Ω,满偏值为12.5mA,如果把它改装成满偏值为250V的电压表,问必须串联多大的电阻?

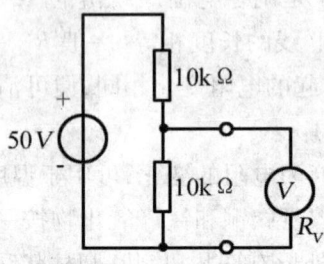

图12.36 习题12.4的图

12.4 图12.36是一电阻分压器电路,用一内阻 R_V 为 (1)25kΩ, (2)50kΩ, (3)500kΩ 的电压表测量时,其读数各为多少? 由此得出什么结论?

12.5 图12.37是用伏安法测量电阻 R 的两种电路。因为电流表有内阻 R_A,电压表有内阻 R_V,所以两种测量方法都将引入误差。试分析它们的误差,并讨论这两种方法的适用条件。(即适用于测量阻值大一点的还是小一点的电阻,可以减小误差?)

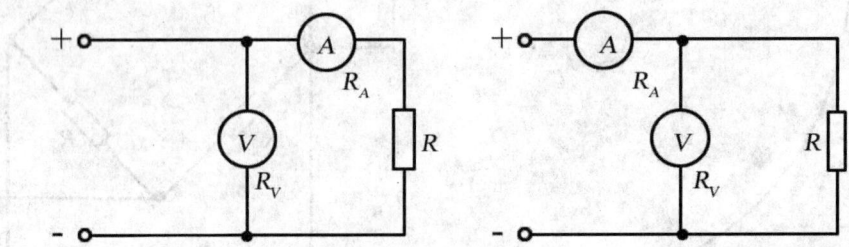

图12.37 习题12.5的图

12.6 图12.38所示的是测量电压的电位计电路,其中 $R_1 + R_2 = 50Ω$, $R_3 = 44Ω$, $E = 3V$。当调节滑动触点使 $R_2 = 3Ω$ 时,电流表中无电流通过。试求被测电压 U_X 之值。

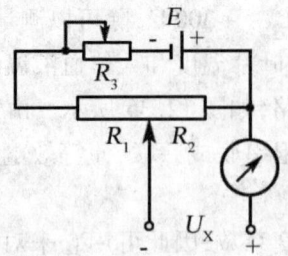

图12.38 习题12.6的图

12.7 图 12.39 所示的是万用表中直流毫安档的电路。表头内阻 $R_0 = 280\,\Omega$，满偏电流 $I_0 = 0.6\,\text{mA}$。今欲使其量程扩大为 1mA、10mA 及 100mA，试求分流器电阻 R_1、R_2 及 R_3。

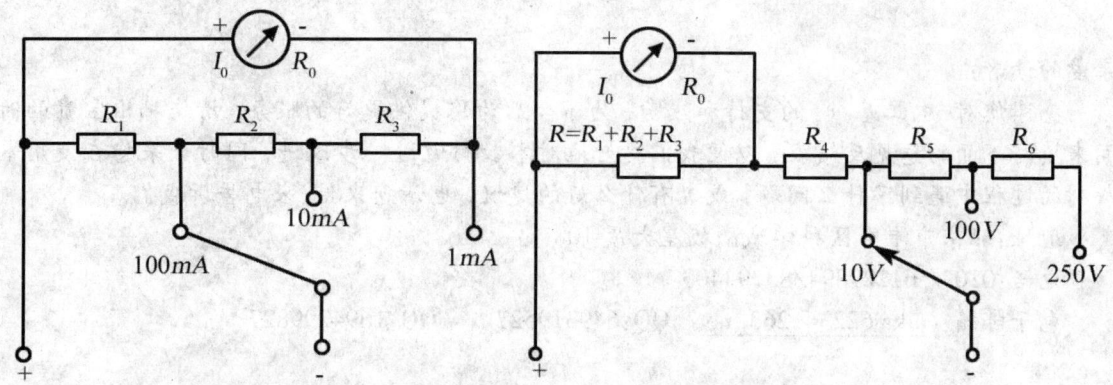

图 12.39 习题 12.7 的图　　　　图 12.40 习题 12.8 的图

12.8 如用上述万用表测量直流电压，共有三档量程，即 10V、100V 和 250V，试计算倍压器电阻 R_4、R_5 及 R_6。如图 12.40 所示。

12.9 某车间有一三相异步电动机，电压为 380V，电流为 6.8A，功率为 3kW，星形联接。试选择测量电动机的线电压、线电流及三相功率（用两功率表法）用的仪表，并画出测量电路图。

12.10 用两功率法测量对称三相负载（负载阻抗为）的功率，设电源线电压为 380V，负载联成星形，在下列几种负载情况下，试求每个功率表的读数和三相功率；(1) $Z = 10\,\Omega$；(2) $Z = 8 + j6\,\Omega$；(3) $Z = 5 + j5\sqrt{3}\,\Omega$；(4) $Z = 5 + j10\,\Omega$；(5) $Z = -j10\,\Omega$。

读者反馈意见

亲爱的读者：

感谢您对《电工基础》的支持和热爱，为了今后为您提供更好的服务，请您抽出宝贵的时间来填写下面的意见反馈表，以便我们更好地对本教材做进一步改进，同时如果您在使用本教材的过程中遇到了什么问题，或者有什么好的建议，也请您来信、来电告诉我们。

地址：北京市丰台区科学城南极星大厦108室

电话：010－61229894/83794403

电子邮箱：caikai6223@263.net　　QQ:649319527　　QQ:1694299827

教材名称:《电工基础》
个人资料：
姓名：_____ 年龄：_____ 所在院校/专业_____
文化程度：_____ 通讯地址：_____
联系电话：_____ 电子信箱：_____
您使用本书是作为：□指定教材□选用教材□辅导教材
您对封面设计的满意度：
□很满意□满意□一般□不满意□改进建议_____
您对本书印刷质量的满意度：
□很满意□满意□一般□不满意□改进建议_____
您对本书的总体满意度：
从语言质量角度看□很满意□满意□一般□不满意□
从科技含量角度看□很满意□满意□一般□不满意□
本书最令您满意的是：
□指导明确□内容充实□讲解详尽□实例丰富
您认为本书在哪些地方应进行修改？（可附页）
_____
_____

您希望本书在哪些方面可进行改进？（可附页）
_____
_____